BERLIN 1968

MICHAEL LUDWIG MÜLLER

BERLIN 1968

DIE ANDERE PERSPEKTIVE

BERLIN STORY VERLAG

16.40 Tatzeit

Polizistin 18.50

Finke Bernhard : Parkwart ?
grade Wagen geparkt,
da guckt er : Es kam ein
Herr mit Fahrrad, 5 Uhr
vor Beginn, schob Rad.
D. wollte über den Damm
gucke. Ein Fußgänger
hellbraune Wildlederjacke
Anfang 20. Kollegstufe
unter Arm. Nahm Schußwaffe
rief die Finke an vor : ?
drückte 2x ab.
D. nach ... Schwein...
... (1 in Hals) bar ...

IMPRESSUM

Deutsche Nationalbibliothek – CIP Einheitsaufnahme

Müller, Michael Ludwig:
Berlin 1968 – Die andere Perspektive
1. Auflage — Berlin: Berlin Story Verlag 2008
ISBN 13: 978-3-929829-85-3

© Berlin Story Buchhandlung & Verlag 2008
Unter den Linden 26, 10117 Berlin
Tel.: (030) 20 45 38 42
Fax: (030) 20 45 38 41
www.BerlinStory.de, E-Mail: Service@BerlinStory.de
Gestaltungsentwurf: Till Kaposty-Bliss
Umschlag und Satz: Norman Bösch

Frontispiz:
»Finke, Bernhard: Tankwart, DEA« schilderte das Dutschke-Attentat.
Der Notizzettel des Autors aus dem Jahr 1968 ist erhalten geblieben.

WWW.BERLIN-1968.DE

INHALT

Vorwort 9

BBC London, 15. April 1968. 16

NEUNZEHNHUNDERT 67 18

Mein 2. Juni 19
Die Jubelperser 29
Feindbild Schah 36
Nach der Oper 45
»Akademische Radaubrüder« 67
Hungerstreik für Fritz Teufel 78
Kommune 1: Legende und Wirklichkeit 87
Sommer 67 119
Der Untersuchungsausschuss. 129
    Dietrich Stobbe erinnert sich 135
Das Waterloo des Heinrich Albertz 138
Neuanfang mit Klaus Schütz. 144
    Klaus Schütz erinnert sich. 156
Die Anti-Springer-Kampagne 162

NEUNZEHNHUNDERT 68 192

Der Internationale Vietnam-Kongress 193
»Berlin steht für Freiheit und Frieden« 212

11. April 1968 221
Das Attentat auf Rudi Dutschke 237
Die Osterunruhen 242
Der Kampf an den Universitäten 264
Der Anfang vom Ende: Die Schlacht am Tegeler Weg 287

CHRONIK DER JAHRE 1967/1968 304

ANHANG 324
Personenregister 325
Quellen und Literatur 329
Abbildungsverzeichnis 331

VORWORT

1968 war ein schwieriges Jahr für die West-Berliner Bevölkerung. Sowjetbotschafter Pjotr A. Abrassimow und der DDR-Staatsratsvorsitzende Walter Ulbricht protestierten im Februar wieder einmal gegen die Präsenz und die Aktivitäten des Bundes sowie seiner Organe in der Stadt. Im April verbot die DDR-Regierung leitenden Beamten der Bundesregierung die Durchreise durch ihr Hoheitsgebiet nach West-Berlin. Auch einige missliebige Journalisten wurden willkürlich in dieses Verbot einbezogen. Im Juni führte die DDR den Pass- und Visumszwang für Berlin-Reisende ein.

Deprimierend ging das Jahr 1968 aber auch für die aufbegehrenden jungen Leute zu Ende, die im Jahr zuvor mit dem utopischen Ziel einer Revolutionierung von Staat und Gesellschaft angetreten waren. Zwar glaubten sie wie viele Altersgenossen in aller Welt, sie könnten mit Protesten ein baldiges Ende des Vietnamkrieges herbeiführen. Den Aufrufen ihrer Wortführer, in den westlichen Metropolen »zwei, drei, viele Vietnams« zu schaffen, wollten aber nur wenige wirklich folgen. Es wurde chic, den Ansteckbutton »Enteignet Springer« zu tragen. Doch für den Steinhagel auf das Berliner Springer-Verlagsgebäude im April musste Anwalt Horst Mahler mit mehr als einer halben Million Mark Schadensersatz geradestehen. Die Erwartung, dass nach dem »Pariser Mai« der Funke des Aufruhrs auch auf die deutschen Arbeitnehmer überspringen würde, erfüllte sich schon deshalb nicht, weil die Streiks und gewalttätigen Auseinandersetzungen in Frankreich ein schnelles Ende fanden. Die aufgeregten Warnungen vor der neuen deutschen Notstandsverfassung erwiesen

sich nach deren Verabschiedung Ende Mai als Schwarzseherei.
Der »Prager Frühling«, den in beiden Teilen Deutschlands manche mit ihren Lebensverhältnissen Unzufriedene als Vorbild für
eine bessere Form des Sozialismus herbeisehnten, geriet im August unter die Ketten sowjetischer Panzer.

Die Studenten an den West-Berliner Universitäten übten fast
während des ganzen Jahres massiven Druck auf missliebige Professoren aus, behinderten den Lehrbetrieb, besetzten und demolierten Institute. Aber es zeigte sich bald, dass diese Militanz
überflüssig und voreilig war, und auch die Aktionisten merkten
schließlich, dass sie sich damit vor allem selber schadeten: Reformen konnten sie an den Hochschulen auch ohne Gewaltanwendung durchsetzen. Erstes Ergebnis der »Justizkampagne«,
durch die der schon erlahmende Aufruhr neu entfacht werden
sollte, war der Pyrrhussieg der »Schlacht am Tegeler Weg«. Von
dieser brutalen Auseinandersetzung führte schließlich über
»privaten Terror« gegen »Charaktermasken des kapitalistischen
Justizapparats« der Weg zur Auflösung des SDS im März 1970.

Als sich das Jahr 1968 dem Ende zuneigte, wurden auch
manche Proteststrategen, die noch im Frühjahr mit glänzenden
Augen von einer neuen, paradiesischen Epoche fantasiert hatten, sehr nachdenklich. Zu Unruhen kam es zwar bis in die Siebzigerjahre, aber die Kämpfe wurden nach dem Jahreswechsel
1968/69 meist innerhalb der Hochschulen ausgetragen.

Dieses Buch schildert eine Jugendbewegung, die schon im
zweiten Halbjahr 1966 begann, aber erst nach dem Tod des Studenten Benno Ohnesorg im Juni 1967 größeren Zulauf erfuhr
und dann von der Berliner Öffentlichkeit auch stärker wahrgenommen wurde. Sie erregte – und ängstigte – viele sogenannte
normale Bürger; vor allem Menschen, die in bescheideneren
Verhältnissen lebten. Der Aufruhr war Teil einer Entwicklung,
die aus den USA kam und auf zahlreiche europäische Länder
sowie Japan übergriff. In der Bundesrepublik und Berlin schlugen die Unruhen überraschend schnell einen nicht unerheb-
lichen Teil der heranwachsenden Generation in ihren Bann.
Die Rebellion gegen Eltern und Autoritäten erreichte im April
1968 nach dem Attentat auf den Studentenführer Rudi Dutschke
ihren Höhepunkt.

Wichtigster Schauplatz der Auseinandersetzungen war in
Deutschland paradoxerweise der Westteil Berlins, dessen frei-

heitliche Existenz als westliche »Insel« inmitten einer feindseligen kommunistischen Umgebung stets ganz besonders bedroht war. Dieses Gemeinwesen, das unter alliiertem Besatzungsrecht stand, seit 1961 von einer die Bewegungsfreiheit seiner Bewohner einengenden Mauer umgeben und auf den Ausgleich seines Haushalts durch jährliche Milliardenzahlungen des Bundes angewiesen war, bot sich am wenigsten für gesellschaftspolitische Experimente an. Schon gar keine Sympathie zeigte die große Mehrheit der knapp 2,2 Millionen West-Berliner für das von Rudi Dutschke propagierte Modell einer »freien Stadt«, zumal es bereits zehn Jahre zuvor vom sowjetische Parteichef Nikita Chruschtschow vorgeschlagen und damit kompromittiert worden war.

Die meisten Wortführer des Protestes kamen aus Westdeutschland oder waren – wie Dutschke und sein enger Mitstreiter Bernd Rabehl – »Abhauer« (so eine Formulierung Rabehls) aus der im Westen damals noch allgemein als »Zone« bezeichneten DDR. Vielen SDS-Funktionären waren die Erfahrungen fremd, die man in Berlin während der ersten beiden Nachkriegsjahrzehnte gewonnen hatte. In dieser Zeit waren die Stadt geteilt und das Leben im Westteil durch eine sowjetische Blockade, das Chruschtschow-Ultimatum und den Bau der Mauer massiv bedroht und beeinträchtigt worden. Die vor allem durch die Lektüre der Werke von Karl Marx, Wladimir Iljitsch Lenin, Mao Tse-tung, Ernst Bloch, Theodor W. Adorno und Herbert Marcuse ideologisch geschulten Zuwanderer konnten sich nicht mit der Mentalität der einfacheren Bevölkerungsschichten arrangieren, die als kleinbürgerlich und spießig galten. Umgekehrt tat sich auch die Bevölkerung im Umgang mit den aufbegehrenden jungen Leuten schwer. Sie war es gewohnt, gegen Bedrohungen von innen und außen zusammenzustehen, und hielt deshalb die Aufmärsche und lautstarken Proteste, vor allem, wenn sie sich gegen die Schutzmacht USA wandten, für unerträglich und schädlich. Gerade in den Arbeiterbezirken wie Neukölln, Kreuzberg oder Wedding konnten es viele nicht begreifen, dass ausgerechnet junge Leute aus gesicherten Familienverhältnissen, die als Studenten privilegiert waren, gegen Eltern und Lehrer, Staat und Gesellschaft rebellierten und den Umsturz der parlamentarischen Demokratie planten.

Es kam häufig zu heftigen Zusammenstößen, bei denen auf beiden Seiten Wunden geschlagen wurden, die noch lange offen blieben. So manche damalige Verletzung scheint bis heute nicht völlig verheilt zu sein. Auch der Streit darüber, was 68 und die 68er bewirkt oder auch, welchen Schaden sie angerichtet haben, ist offenbar noch längst nicht ausgestanden. *Bild*-Chefredakteur Kai Diekmann hat im Oktober 2007 mit seinem Buch *Der große Selbstbetrug* deutlich gemacht, mit wie viel Brisanz das Thema 1968 weiter aufgeladen ist.

Der SDS-Veteran Oskar Negt, sprach in seinem 1995 erschienenen Buch *Achtundsechzig* von einem »symbolbesetzten« und »in jeder Hinsicht anstößigen« Jahr 1968. Der 1934 geborene Negt, einst Assistent von Jürgen Habermas, von 1970 bis zu seiner Emeritierung 2002 Professor für Soziologie in Hannover und dort viele Jahre mit Gerhard Schröder befreundet, hat sich den Glauben an den Sozialismus im besorgten Herzen bewahrt. Er meint, dass die 68er »zu früh Gekommene« seien und das Jahr 1968 »wie ein Pfahl im Fleisch« der deutschen Gesellschaft fortwirke, wie dies bisher schon vor allem in den Bereichen Erziehung und Bildung, Justiz sowie Kultur geschehen sei.

Die Zahl der 68er-Veteranen, die wie Wolfgang Kraushaar die Studentenrevolte als »Epochenbruch«, als »Knoten- und Umschlagspunkt in der Geschichte der alten Bundesrepublik« beschreiben ist groß (Wolfgang Kraushaar, *1968 als Mythos, Chiffre und Zäsur*). Als Sozialforscher an Jan-Philipp Reemtsmas Hamburger Institut für Sozialforschung stellt Kraushaar zwar fest, dass die 68er politisch weitgehend gescheitert seien, überbewertet aber gleichzeitig doch ihren gesellschaftspolitischen Erfolg. Gewiss, die moralische Wertepriorität hat sich seit den Siebzigerjahren von der Freiheit in Richtung Gleichheit – damit aber nicht nur zum Besseren – verschoben. Die Gleichstellung der Geschlechter ist weiter fortgeschritten. Auch andere gesellschaftliche Bereiche wurden liberaler gestaltet. Doch viele Errungenschaften der vergangenen Jahrzehnte, mit denen sich die APO-Aktivisten von einst so gerne schmücken, sind nur bedingt ihr Verdienst.

Wenn sich die 68er zum Beispiel die »Befreiung« der Sexualität aus den erstarrten Regeln einer muffigen Vergangenheit an ihre Fahne heften, dann ist dabei Prahlerei im Spiel. Die Liberalisierung der Sexualmoral war in der Bundesrepublik längst vor der Protestbewegung zum öffentlichen Thema gemacht worden. Unter anderem geschah dies durch den seit 1954 bei der Berliner *BZ* und ein Jahrzehnt später als Autor für mehrere Illustrierten tätigen Journalisten und Schriftsteller Oswalt Kolle.

Die Ansicht, dass die Adenauer-Ära in den Fünfziger- und frühen Sechzigerjahren eine farblose, verkrustete und »bleierne Zeit« gewesen sei, die von den revoltierenden jungen Leuten dringend durchlüftet werden musste, wird vor allem von Nachgeborenen vertreten, die jene Jahre nicht selber erlebt haben. Jutta Ditfurth, Mitbegründerin der Grünen, die im November 2007 eine Biografie über Ulrike Meinhof veröffentlichte, gibt zu, dass auch sie sich in diesem Punkt geirrt hatte. In einem Interview für den *Stern*, das bei Erscheinen ihres Buches veröffentlicht wurde (*Stern* 46, 8. November 2007), sagte die Autorin, sie habe »Staunen gelernt«, als sie sich bei den Recherchen über die Jugendjahre von Ulrike Meinhof näher mit den Adenauer-Jahren beschäftigte. In Wirklichkeit sei es »eine höchst lebendige Zeit voller Kämpfe« gewesen, »es gab massenhafte Demos gegen die Einführung der Bundeswehr, gegen die atomare Bewaffnung, wie Strauß sie forderte. Hunderttausende demonstrierten gegen den ›Atomtod‹«, heißt es in dem Interview.

In Berlin gab es im Übrigen ohnedies keine von Adenauer beherrschte Gesellschaft. Hier regierten nacheinander Ernst Reuter, Otto Suhr und Willy Brandt – allesamt Sozialdemokraten, Persönlichkeiten, denen man keine reaktionäre Politik vorwerfen konnte. Genauso verhält es sich mit der Mär, es hätte eines Rudi Dutschke sowie seiner Anhänger und Nachfahren bedurft, um in der Bundesrepublik dem Einfluss alter Nazis Einhalt zu gebieten. Es mag sein, dass so mancher 68er aus einem Elternhaus kam, in dem über die braune Vergangenheit nicht geredet wurde, bis die unbelasteten Söhne und Töchter gut zwanzig Jahre nach Kriegsende den Aufstand probten. Aber für viele Bundesbürger galt dies nicht. Ich habe als junger Mensch selber häufig miterlebt, wie Altnazis sehr schnell Einhalt geboten wurde, wenn sie sich zu Wort meldeten.

Jürgen Habermas meinte noch 1988, die 68er Generation habe in der Bundesrepublik eine »Fundamentalliberalisierung« bewirkt. Später jedoch antwortete er auf die Frage, was von dem glorreichen Jahr geblieben sei: »Frau Rita Süssmuth«. Mit dieser ironischen Bemerkung wollte er offenbar andeuten, dass die Rebellion nicht viel mehr als einen bescheidenen Linksruck der CDU bewirkt habe.

Natürlich haben die 68er auch Prozesse angestoßen, vor allem Entwicklungen beschleunigt, die bereits in Bewegung geraten waren. Hier stimme ich dem jungen Potsdamer Wissenschaftler Sebastian Wienges zu, der die Ansicht vertritt, dass die Aufrührer von 1968 für die weitere Entwicklung »weniger Initiatoren als Katalysatoren« waren. (Sebastian Wienges (Hg.) *68er-Spätlese – Was bleibt von 1968*)

Da 1968, wie Oskar Negt schreibt, inzwischen eine symbolträchtige Jahreszahl geworden ist, werden mit ihr auch Vorgänge belegt, die mit der Studentenbewegung nur entfernt zu tun haben oder wie der Terrorismus der Roten-Armee-Fraktion erst Jahre später Schlagzeilen machten. Wohl über keine Phase der Nachkriegszeit gibt es eine so umfangreiche zeithistorische Literatur, aber auch so viel Veteranenlatein wie über die kurze Zeitspanne der Studentenrebellion und Außerparlamentarischen Opposition (APO), die nach den Bundestagswahlen 1969 mit der Bildung der sozialliberalen Regierung Brandt/Scheel schnell ihre Bedeutung verlor. Über die Protestbewegung existieren allerdings auch gegen den Trend der Verherrlichung und Legendenbildung geschriebene Darstellungen und Analysen wie die des Bonner Politikprofessors Gerd Langguth. (Gerd Langguth, *Protestbewegung Entwicklung – Niedergang – Renaissance. Die Neue Linke seit 1968*). Aber es ist schon etwas Wahres an dem, was die Journalistin Bettina Röhl feststellt: Ein Heer von Achtundsechzigern wache auf dem einst von Dutschke propagierten Marsch durch die Institutionen »mit eisernen Fäusten« darüber, dass ihre vermeintlichen Heldentaten – vor allem aber deren Folgen – in einem glänzenden Licht erscheinen. Sie nennt die in die Jahre gekommenen und ihren alten Ideen anhängenden Revoluzzer die »angefixten Generationen, die heute zwischen Ende 40 und 75 Jahre alt sind«. Von ihnen würden seit Jahrzehnten Geschichtsschreibung, Forschung, Lehre, Medienberichterstattung, Spielfilme und die Kunst beherrscht. (Bettina Röhl, *Emanzipation von den 68er Säcken*, publiziert am 27. März 2007 unter www.chilli.cc).

Im Herbst 2007 hat *Bild*-Chefredakteur Kai Diekmann mit seiner Streitschrift *Der große Selbstbetrug* die Entwicklung der Bundesrepublik und ihren nach seiner Ansicht kritikwürdigen Zustand weitgehend den 68ern zur Last gelegt. Wer wie Diek-

mann 1964 geboren wurde, übersieht allerdings, dass man über die Fünfziger- und frühen Sechzigerjahre ein ähnliches Buch schreiben könnte.

Für die Anregung zu diesem Buch habe ich meinem Kollegen Sven Felix Kellerhoff, Redakteur für Zeitgeschichte der Tageszeitung *Die Welt*, ganz besonders zu danken. Auch dem Unternehmensarchiv und dem Infopool Berlin der Axel Springer AG mit ihren hilfsbereiten Mitarbeitern sowie der Staatsbibliothek, der Bibliothek des Instituts für Publizistik an der FU und der Bibliothek des Berliner Abgeordnetenhauses bin ich zu großem Dank verpflichtet. Schließlich gilt mein Dank dem Verleger Wieland Giebel dafür, dass er diese Arbeit überhaupt erst möglich gemacht und mir mit Rat und Ermunterung zur Seite gestanden hat.

Berlin, Februar 2008

Michael Ludwig Müller

^ *Podiumsdiskussion am 8. Juni 1967 zu Presseveröffentlichungen nach den Schah-Krawallen: Erich Kuby (2.v.l.), der Autor (3.v.l.).*

BBC LONDON

FÜR DAS TÄGLICHE RADIO-MAGAZIN *TODAY*
AM 15. APRIL (OSTERMONTAG) 1968, 8.30 UHR

INTERVIEWER CHRISTOPHER CAPRON

Wir sind jetzt verbunden mit Herrn Dr. Müller in Berlin. Er ist Redakteur der *Berliner Morgenpost*, einer Springer-Zeitung, und bearbeitet Universitäts- und Studentenfragen. Herr Müller, wie ist die Situation im Augenblick in Berlin?

Müller: Gestern hatten wir einige Demonstrationen am Kurfürstendamm, und sie sind von der Berliner Polizei aufgelöst worden. Danach haben sich die Studenten in der Technischen Universität versammelt, die nur einige Hundert Meter vom Kurfürstendamm entfernt ist.

Capron: Was ist die Ursache all dieser Unruhen?

Müller: Ich glaube, zuerst einmal waren es die Schüsse auf Rudi Dutschke. Natürlich. Aber meiner Meinung nach war es für eine Gruppe von Leuten nur eine gute Gelegenheit, die Revolution anzupacken, die sie seit langer Zeit haben wollen. Sie müssen wissen, dass wir eine zwar nicht zahlreiche, aber entschlossene Gruppe von Studenten hier haben, die in sehr ideologischen Begriffen denken. Sie sind der Überzeugung, dass sie eine Verbesserung unserer gesellschaftlichen Verhältnisse nur durch Zerschlagung der bestehenden politischen Institutionen erreichen können. Dieses grundsätzliche Denken ist der Ausgangspunkt für alles, was wir an Unruhe jetzt haben.

Capron: Was könnte man dagegen tun?

Müller: Meine Meinung ist: Die kleine, fanatische Gruppe ist nicht zufriedenzustellen, wenn man nicht jeden, der zum Establishment zählt, auf die Straße setzt. Aber die große Mehrheit der Studenten will ernster genommen werden. Mit ihnen sollte man reden, noch mehr reden, als dies bisher geschehen ist.

Capron: Herr Müller, ich danke Ihnen sehr für diesen Überblick.

Müller: Bitte sehr.

Capron: Wie ist es eigentlich im Augenblick – Sie sind ein Springer-Mann, ist das nicht gefährlich?

Müller: Ich würde nicht unbedingt sagen, dass es gefährlich ist. Was ich Ihnen sagen kann, ist dies: Ich stand vor unserem Verlagshaus, als am letzten Donnerstagabend die Massen ankamen und diese Leute ihre Steine und Feuerbrände gegen unser Haus schleuderten. Und da sagte ich mir, dass ich noch nie so stolz war wie in diesem Moment, dieser Zeitung anzugehören. Denn ich kann niemals auf der Seite dieser Leute stehen, die auf derartige Weise vorgehen. Es ist unmöglich, mit ihnen etwas zu tun zu haben.

NEUNZEHN HUNDERT 67

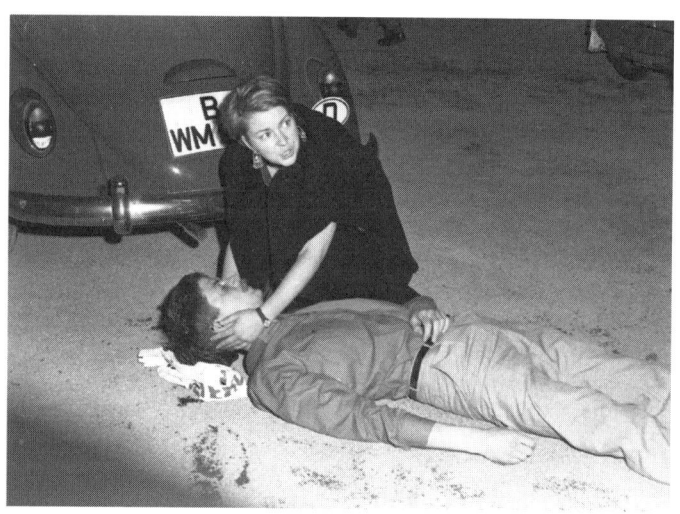

MEIN 2. JUNI

Der Lärm war bis zum Ernst-Reuter-Platz zu hören. Wer an diesem Freitag, den 2. Juni 1967 nach 19.15 Uhr vom dortigen U-Bahnhof über die Charlottenburger Bismarckstraße in Richtung Westen ging, wurde schon von weitem mit Pfiffen, Gejohle, Sprechchören, aber auch Kreischen und Gelächter empfangen. Dann vor der Deutschen Oper hinter rotweißen Absperrgittern beiderseits der Straße eine riesige, Menschenmenge wie bei Staatsbesuchen nicht unüblich, aber unruhiger, lauter, die Atmosphäre angespannter als sonst. Für den Verkehr hatte man zunächst noch Durchfahrten offen gelassen. Die Autos mussten jedoch langsam und mit besonderer Vorsicht fahren, denn Teile der Fahrbahn waren in beiden Richtungen bereits mit Tomaten, Eierresten, Stöcken, Sand, zerplatzten Milchtüten, Rauchkerzen, Gummiringen, vereinzelt auch Steinen bedeckt.

Ich mischte mich unter die Schaulustigen auf dem Bürgersteig rechts vor der Oper und konnte erreichen, dass man mich nach vorn bis an die Barriere durchließ. Hier hatte ich den abgesperrten Bereich und die gegenüberliegende Straßenseite gut im Blick. Dort waren zwischen dem Gitter an der Bordsteinkante und einem hohen Bauzaun dicht gedrängt außer vielen Neugierigen die ungeduldigsten und lautstärksten Gegner des Schahs konzentriert. Einige hatten sich Papiertüten mit einem gezeichneten Porträt des iranischen Gastes über den Kopf gestülpt. Andere hielten Plakate hoch, auf denen Slogans wie »Schah – Mörder«, »Schah, Schah, Scharlatan« und »Mo-Mo-Mossadegh«, aber auch »Ho-Ho-Ho-Chi-Minh« zu lesen waren. Aus der Menge erschollen diese und ähnliche Parolen immer wieder wie auf Kom-

< *Der tödlich verletzte Benno Ohnesorg auf dem Parkdeck an der Krummen Straße. Die Studentin Friederike Dollinger versucht zu helfen.*

mando. Flugblätter, die verteilt wurden, fanden kaum Leser. Sie flatterten auf die Fahrbahn.

Auf dem Bürgersteig kam es immer wieder zu Gerangel zwischen diesen Demonstranten sowie den vor und hinter ihnen postierten Polizisten. Aber solche Auseinandersetzungen waren in der damaligen erhitzten Atmosphäre in West-Berlin alltäglich. Als Hochschulberichterstatter der *Berliner Morgenpost* war ich sie gewohnt und maß ihnen – jedenfalls zu diesem Zeitpunkt – noch keine große Bedeutung bei. Mein Hauptaugenmerk galt vielmehr dem Operneingang, dem die festlich gewandeten Gäste der Gala-Aufführung der »Zauberflöte« eilig zustrebten. Senats-Protokollchef Rupprecht Rauch hatte sie – Politiker, Konsularisches Korps, prominente Vertreter aus Kultur und Wirtschaft, aber auch 576 Opern-Abonnenten dringend gebeten, die Plätze bis 19.30 Uhr einzunehmen.

Sogar viele Teilnehmer des Empfangs, den der Regierende Bürgermeister Heinrich Albertz von 18.50 bis 19.45 Uhr für die iranischen Staatsgäste Mohammed Reza Schah Pahlawi, seine Gemahlin Farah Diba und Begleitung im nahen Schloss Charlottenburg gab, bemühten sich, frühzeitig in der Oper zu sein. Ich beobachtete, wie zuerst Bundespräsident Heinrich Lübke mit Frau, dann Albertz im Dienstwagen mit begleitenden Polizeifahrzeugen nur etwa dreißig Meter von mir entfernt eintrafen und unter Gebrüll und Drohgebärden der feindseligen Menge auf der anderen Straßenseite zum Eingang mehr rannten als schritten. Gleich danach musste die Tür nochmals kurz für die Ehefrau des Regierenden Bürgermeisters geöffnet werden, die im nachfolgenden Wagen gesessen hatte.

Das Geschrei nahm zu, als etwa zehn Minuten vor 20 Uhr die Wagenkolonne des Schahs in großem Tempo heranbrauste. Der Wagen des Gastes fuhr sofort auf den Bürgersteig bis unmittelbar vor die Eingangstür, von wo das schützende Opernfoyer in wenigen Schritten zu erreichen war. In diesem Augenblick erreichte der Lärm seinen Höhepunkt und der erwartete Hagel aller möglichen Gegenstände, die von der gegenüberliegenden Straßenseite geschleudert wurden, ging nieder. Ich stellte fest, dass auch die gefährlichsten Waffen – Rauchbomben und kantige Granitsteine – nicht weit genug flogen, um jemanden zu gefährden. Der Gehweg vor der Oper, das konnte ich genau sehen, wurde nicht ein einziges Mal direkt getroffen.

Der Beginn der Opernvorstellung stand jetzt unmittelbar bevor. Ich wusste, dass die »Zauberflöte« mit einer längeren Pause dreieinhalb Stunden in Anspruch nahm und glaubte fest, dass in dieser Zeit noch kaum etwas passieren würde und ein großer Teil der Menschen sich bis zum Ende der Vorstellung zerstreut haben dürfte. Deshalb lag mir nun daran, meinen Bericht über den Abend möglichst bald zu beginnen. Zuvor wollte ich noch Schaulustige an anderen Stellen hinter den Absperrungen nach ihren Eindrücken befragen. Schon vor dem Eintreffen des Schahs war ich außer mit friedlich wartenden Schaulustigen mit den vor mir postierten Polizisten ins Gespräch gekommen, hatte ihnen gesagt, weshalb ich ganz vorn stehen wollte. Nun bat ich die Polizei, mich doch bis zur westlichen Seite der Absperrung in Richtung Wilmersdorfer Straße durchgehen zu lassen. Meiner Bitte wurde entsprochen. Ein Beamter half mir sogar, unter dem Gitter hindurch zu schlüpfen. Völlig unbehindert und unter den Blicken Tausender konnte ich also etwa zehn Minuten vor dem späteren plötzlichen Räumungseinsatz an der Oper vorbeispazieren, einen Blick durch die gläserne Tür nach drinnen werfen und die niedergegangenen Wurfgeschosse betrachten. Als ich auf der anderen Seite wieder unter dem Gitter hindurchkletterte, kam ein dort postierter Fotograf meiner Zeitung auf mich zu, meinte, anders als ich, dass es an dem Abend »noch spannend« werden könne, und drückte mir zwei belichtete Filmrollen in die Hand. Er wollte seinen guten Standplatz nicht aufgeben und bat mich deshalb, die Filme von einem Taxi zur Redaktion in der Kochstraße in Kreuzberg bringen zu lassen.

Ich fand auch gleich einem Taxistand nahe der Sesenheimer Straße, wo ein Fahrer den Auftrag gern übernahm. Danach sprach ich kurz mit einigen Zuschauern und schlenderte etwa um 20 Uhr seelenruhig über die Schillerstraße zur Krummen Straße, um wieder zur Bismarckstraße zu gelangen. Doch schon nach wenigen Metern kamen mir aufgeregte junge Leute im Eilschritt entgegen. Einige schimpften auf die »Bullen« und schrien erregt »Notstandsübung«. Auf meine erstaunte Frage, was denn los sei, raunte mir einer der Flüchtenden zu: »Sehen Sie doch, die verfolgen uns.« Da stürmte auch schon eine Kette Uniformierter mit Schlagstöcken in der Hand, die sie gegen Widerstrebende auch einsetzten, auf mich zu. Nur weil ich meinen Presseausweis vorzeigte, ließen sie mich ungeschoren.

So konnte ich bis zum Bauzaun gegenüber der Oper gelangen und das Schlachtgetümmel rundum beobachten. Überall Hektik, Rufe von Polizei und Demonstranten, Aufschreie Einzelner, die entweder gestürzt oder verletzt worden waren. Bis in den hinteren Winkel des an die Krumme Straße grenzenden überdachten Parkplatzes wurden junge Leute verfolgt. Offenbar suchten sie dort einen Schlupfwinkel, um der Räumungsaktion auszuweichen. Denn so freiwillig und ohne Gegenwehr, wie es später dargestellt wurde, wichen die Demonstranten keineswegs. Man tat gut daran, auf der Hut zu sein, denn es wurden immer noch vereinzelt Gegenstände geworfen. Am Rand der Bismarckstraße löste sich bei meinem Eintreffen gerade eine Sitzblockade von dreißig bis vierzig Demonstranten wieder auf. Es handelte sich um Studenten, die irrigerweise angenommen hatten, sie wären unangreifbar, wenn sie sich beim Herannahen der Polizisten einfach auf den Boden setzen würden. Diese sogenannten Sit-ins, die nach amerikanischem Vorbild an den Berliner Universitäten wirksam erprobt worden waren, verfingen beim massiven Großeinsatz dieses Freitagabends nicht. Die polizeiliche Übermacht setzte sich nach zehn bis 15 Minuten konsequent, ja brutal durch und ließ keine »gewaltlosen« Widerstandsnester zu. Aus der Gruppe der auf dem Boden Sitzenden nahmen zuerst einige Mädchen Reißaus, worauf auch ihre Begleiter einfach mit ihnen davonrannten.

Ich stand daneben, als mehrere Verletzte – Demonstranten und Polizisten – von Rettungswagen ins nahe Westend-Krankenhaus abtransportiert wurden, sah Leute mit blutigen Köpfen herumirren. Ein junger Mann zeigte weinend seine durch einen Polizeiknüppel zerschlagene Brille. Allerdings erzählte danach ein Augenzeuge, dass dieser Mann von der Polizei wegen eines wirklichen oder vermeintlichen Vergehens hatte abgeführt werden sollen. Er habe aber auf einmal wild um sich geschlagen und sich losreißen wollen. Erst da sei ihm im Handgemenge von einem Beamten ein Schlag auf die Brille versetzt worden.

Der schließlich freigeräumte Bereich an der Oper – etwa hundert Meter entlang der Bismarckstraße und die Krumme Straße bis zur Schillerstraße – war bald von Journalisten, aber auch von Mitarbeitern des Senats, des Charlottenburger Bezirksamtes, des Roten Kreuzes sowie anderen Offiziellen und Halboffiziellen bevölkert. Man tauschte Eindrücke aus und war sich in der Beurteilung weitgehend einig, dass die Polizei hier einen überflüssigen und mit unangebrachter Härte geführten Einsatz gegen Demonstranten führte, von dem auch harmlose Zuschauer betroffen waren.

Der Pressereferent des Berliner Roten Kreuzes, der von einem auf dem Mittelstreifen abgestellten Fahrzeug aus operierte, wusste in Abständen die neuesten Verletztenzahlen mitzuteilen. Das DRK war schließlich mit 14 Krankenwagen und einer ganzen Armee von Sanitätern im Einsatz. Zu den Gesprächspartnern der Pressevertreter gehörten aber vor allem die Charlottenburger SPD-Abgeordneten Gerd Löffler und Dietrich Stobbe. Sie hatten ihre Eintrittskarten für die Oper verfallen lassen und sahen es als ihre Pflicht an, das Geschehen kritisch zu beobachten. Beide Parlamentarier zählten zu den ganz wenigen Berliner Politikern, die während der in den folgenden Tagen und Wochen einsetzenden leidenschaftlichen Diskussionen das Drama, das sich an diesem milden Frühsommerabend vor der Deutschen Oper abspielte, nicht nur vom Hörensagen, sondern aus eigener Anschauung schildern und beurteilen konnten.

Ich befand mich in der Rolle des neutralen Beobachters, erlebte die Räumungsaktion von Anfang an, zunächst mit Erstaunen, dann mit Entsetzen. Kein Zweifel, die große Mehrheit der Demonstranten, vor allem ihre dem linksradikalen Sozialistischen Deutschen Studentenbund (SDS) angehörenden Wortführer, suchte seit geraumer Zeit die Konfrontation mit dem Staat. Aber, so sagte ich mir nicht erst seit diesem Tag, der von Ideologen angefachten Rebellion aufgewiegelter junger Leute war nicht durch brutales Dreinschlagen Herr zu werden. Politisch klug, so meinte ich, war das, was hier gegen Möchtegern-Revoluzzer geschah, jedenfalls nicht.

Auch Löffler und Stobbe teilten diese Ansicht. Gerd Löffler hatte ich Anfang 1967 kennengelernt, als er Mitglied eines parlamentarischen Untersuchungsausschusses war, der skandalöse Entwicklungen bei der Berliner Lotto-Gesellschaft aufzuklären hatte. Der knapp Vierzigjährige, der auch Leiter der Volkshochschule Schöneberg war, gehörte dem Abgeordnetenhaus seit über vier Jahren an und war zum stellvertretenden Fraktionsvorsitzenden aufgestiegen. Dietrich Stobbe, der später von Mai 1977 bis Januar 1981 Regierender Bürgermeister wurde, war damals 29 Jahre alt und Parlamentsneuling. Er hatte erst am Tag zuvor das Amt des parlamentarischen Geschäftsführers der SPD-Fraktion übernommen. Während Löffler dem Gespräch mit Journalisten nicht aus dem Weg ging, ja, es suchte, verhielt sich Stobbe weit zurückhaltender.

1967

Durchsage 2. Juni, 20.32 Uhr, Dr. Müller:

Die Bismarckstraße und die angrenzenden Straßen glichen
einem Hexenkessel, als 5 Minuten vor 20 Uhr die Wagenkolonne des Schahs eintraf. Studenten, die auf die der Oper
gegenüberliegende Fahrbahn zurückgedrängt wurden, warfen mit
Eiern, Tomaten, Rauchbomben, Stinkbomben und roter Farbe
sowie großen Steinen. Einige der Schah-Gegner waren auf die
Bäume gestiegen und die ganze Menge brüllte im Sprechchor:
"Nieder mit dem Schah",. Als die Demonstranten die
Absperrung durchbrachen, griff die Polizei zum Gummiknüppel.
Gegen 20.10 Uhr begann die Polizei, die Bismarckstraße und
die Krumme Straße zu räumen. Als auf wiederholte Aufforderung
die Studenten das Feld nicht räumten, wurde gegen 20.15 Uhr
ein Wasserwerfer eingesetzt. Auf beiden Seiten - bei der
Polizei durch Steinwürfe, bei den Demonstranten durch
Knüppelschläge - gab es zahlreiche Verletzte, die durch
Rettungsfahrzeuge inx und private Fahrzeuge ins Krankenhaus
gebracht wurden. Etwa 8000 bis 10 000 Demonstranten .
Kurz nach 20 Uhr hat die Polizei den südlichen Bürgersteig der
Bismarckstraße geräumt. "Knüppel frei" war das Kommando.
Schwere Zusammenstöße mit den Demonstranten. Nach Mitteilung
der Polizei sind zusätzliche Kräfte angefordert worden, so
daß jetzt um das Opernhaus mehr als 1 000 Beamte zusammenge-
zogen sind. Ständig fahren Krankenwagen mit Blaulicht und
Sirene heran und bringen verletzte Polizisten und Demonstranten
weg. Im Moment ist der südliche Bürgersteig völlig geräumt

Ich hatte die Redaktion in regelmäßigen Abständen über die
Entwicklung an der Oper zu informieren. Da ich in der Nähe
keine Telefonzelle fand, ging ich in das Restaurant »Hardy an der
Oper«, damals noch auf der westlichen Seite der Krummen Straße kurz vor der Baustelle an der Ecke Bismarckstraße, die bei
der Untersuchung der Krawalle eine Rolle spielen sollte. In dem
Lokal hielt sich mindestens ein Dutzend weiterer Journalisten
auf. Die einen hatten schon telefoniert, andere warteten darauf,
den einzigen vorhandenen Apparat benutzen zu können. Bis ich
an der Reihe war, hatte ich Zeit, meinen Text für die Morgenpost

^ *2. Juni 1967, 20.32 Uhr – Der erste von mehreren Situations-
berichten, die der Autor telefonisch in die Redaktion durchgab.*

DER TAGESSPIEC

UNABHÄNGIGE BERLINER MORGENZEITUNG

Nr. 6605 / 23. JAHRGANG BERLIN, SONNABEND, 3. JUNI 1967 25 J

Schwere Tumulte vor der Deutschen Oper

Ausschreitungen von Demonstranten beim Schah-Besuch – Zahlreiche Zivilisten und Polizisten verletzt

Wilson: Nur noch wenige Tage Zeit Nahost-Beratungen mit Johnson

De Gaulle betont erneut Verantwortung der vier Großmächte

Rotes Kreuz bestätigt Einsatz von Giftgas im Jemen

Appell an alle Seiten — Saudi-Arabien beschuldigt Ägypten

---

auf einem Zettel zu entwerfen. Und da ich das Vorgehen der Polizei falsch und unverantwortlich fand, wurde aus meinem Artikel ein geharnischter Kommentar über einen, wie ich schrieb, völlig verfehlten Einsatz. Ich erinnere mich noch, wie einige westdeutsche Kollegen, vor deren Ohren ich meine Sätze den Damen der Nachrichtenaufnahme im Verlagshaus Axel Springer diktieren musste, zustimmend mit dem Kopf nickten.

Doch in der Redaktion waren die Kommentatoren für die nächste Ausgabe längst eingeteilt. Deshalb nützte es auch nichts, dass ich mich noch mit dem Chefredakteur verbinden ließ, um ihm meinen Text ans Herz zu legen. Mein Artikel erschien nicht und blieb verschollen, als ich in den folgenden Tagen nach einer Kopie suchte. Chefredakteur Heinz Köster räumte mir gegenüber aber in der Folgezeit wiederholt ein, dass meine kritischen Anmerkungen, wenn sie am Morgen nach den Schah-Krawallen erschienen wären, dem von einer Anti-Springer-Kampagne überzogenen Verlag »zumindest nicht geschadet hätten«.

Ich hatte »Hardy an der Oper« kaum verlassen, als mir ein befreundeter Kollege nahe legte, zu dem schräg gegenüber, nur wenige Meter entfernten Parkplatz an der Krummen Straße zu gehen. Dort sah ich einen jungen Mann mit rotem Hemd und Sandalen zwischen einem Auto und einer Betonsäule auf dem Boden liegen. Eine Frau in dunkler Kleidung kümmerte sich um

^ *Der »Tagesspiegel« widmete am 3. Juni den »schweren Tumulten«, zu denen es am Vorabend gekommen war, lange Berichte.*

den Mann. Sie sagte mir, dass der Verletzte wohl einen Schädelbruch erlitten habe und ein Rettungswagen bereits unterwegs
sei. Erst in der Woche darauf konnte ich den Bildunterschriften
verschiedener Fotos entnehmen, dass es sich um die Studentin
Friederike Dollinger handelte. Der auf dem Rücken liegende
Mann, über den sie sich beugte, regte sich ab und zu ein wenig.
Als ich ihn ansprach, reagierte er aber nicht. In den wenigen
Minuten, die ich dort stand, erschienen wiederholt Polizisten die
sich umsahen, Fotografen, die Aufnahmen machten, aber auch
andere Neugierige. Sie tauchten auf und verschwanden wieder.
Es gab kein Gedränge. Und kaum einer ahnte, dass hier eine der
folgenschwersten Tragödien des Jahres 1967 ihren Lauf nahm.

Auch ein Laie konnte sehen, dass sich der Schwerverletzte in
Lebensgefahr befand. Ich teilte dies sofort der Redaktion mit. Dass
der Mann durch die Pistolenkugel eines Kriminalbeamten getroffen worden war, wollte und konnte man sich nicht vorstellen –
davon erfuhr man erst am folgenden Tag. Polizisten, unter denen
sich die erschreckende Tatsache, dass einer von ihnen geschossen hatte, wahrscheinlich sofort herumgesprochen hatte, blieben
zunächst schweigsam. Sie sind bei solchen Einsätzen ohnedies
nicht zu Presseauskünften befugt und verweisen jeweils auf die
Einsatzleiter. Die wiederum überlassen die Beantwortung heikler
Anfragen mit Vorliebe dem Pressesprecher im Polizeipräsidium.

Der Abgeordnete Gerd Löffler war allerdings im Vorteil. Ihn
informierten Polizeioffiziere schneller und bereitwilliger als
Journalisten. So konnte er mich schon bald nach 24 Uhr davon
unterrichten, dass es einen Toten gegeben habe. Meine Zeitung
änderte daraufhin, nachdem 62 000 Exemplare der Ausgabe vom
3. Juni 1967 bereit gedruckt waren, die Titelseite, um den Lesern
exklusiv mitzuteilen: »Von den schwer verletzten Demonstranten starb einer gegen Mitternacht im Krankenhaus Moabit an
den Folgen eines Schädelbruches.«

Mir war sofort klar, dass es sich um den jungen Mann ge-
handelte haben musste, den ich gut drei Stunden zuvor auf dem
Parkplatz an der Krummen Straße liegen gesehen hatte. Eine
halbe Stunde nach Mitternacht, als Stobbe schon nach Hause gegangen war, hatte Löffler auch den Namen des Toten und weitere persönlichen Angaben über ihn in Erfahrung gebracht. Meine
Zeitung schob nach dem Druck von 150 000 Exemplaren für die
Restauflagen eine weitere Änderung des Aufmachers von Seite

MiG-Pilot ließ Sowjets abblitzen

Blutige Straßenschlacht vor der Deutschen Oper

Wüste Ausschreitung beim Berlin-Besuch des Schahs

Jordaniens Botschafter zurückgeholt

Heute lesen Sie:

- Bummelpaß mit Pfiff
- Tauzielen am Brunnenmeier
- Hormone für die Schönheit

US-Bomben auf russisches Schiff?

Schnell informiert

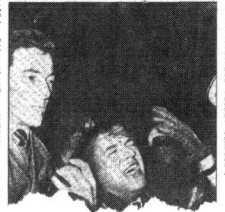

Dank an Berlin

Feuergefecht an der syrischen Grenze

Verwirrte Situation an der Freien Universität

„Maria Stuart" im Schiller-Theater

Das Wetter

Still und gedrückt?

---

eins nach, der zufolge »der 26-jährige Student Benno Ohnesorg aus Wilmersdorf« verstorben sei. Die Berliner *Morgenpost* war somit die einzige Morgenzeitung, die dies am 3. Juni berichten konnte. Als Todesursache galt immer noch Schädelbruch. Erst im Lauf des folgenden Tages gaben Polizei und Senat die nicht zutreffende Nachricht heraus, dass ein Kriminalbeamter »in Notwehr« nach einem Warnschuss den Todesschuss abgegeben habe. Aber auch da hieß es noch, der Student sei versehentlich durch einen Querschläger tödlich verletzt worden.

Mit zweitägiger Verspätung erfuhr dann die Öffentlichkeit die volle Wahrheit, nämlich dass kein Warnschuss, sondern ver-

^ *Titelseite der »Berliner Morgenpost« vom 2. Juni 1967. In einem Teil der Auflage konnte bereits über den Tod Ohnesorgs berichtet werden.*

15 Pf

B·Z·

Die größte Zeitung Berlins

Ein Todesopfer beim Schah-Besuch

Straßenschlacht vor der Oper!

- ● Zahlreiche Verletzte in Krankenhäusern
- ● Polizei mußte Wasserwerfer einsetzen
- ● Rauchbomben, Knallkörper, faule Eier

WETTER: Gewitter / 24 Grad

B·Z·Telefon 61081

Berlin, 3. Juni. BZ – Eine Straßenschlacht, wie sie Berlin seit Kriegsende nicht mehr gesehen hat, lieferten gestern abend linksradikale Demonstranten der Polizei. Nach ersten Berichten gab es ein Todesopfer und zahlreiche Schwerverletzte. Demonstranten waren mit Rauchbomben, Steinen und Eiern gegen die Polizei vorgegangen. Die Unruhen, die anläßlich des Schah-Besuchs ausgebrochen waren, hielten gegen Mitternacht noch an. (S. 3, 13–16.)

VON EINEM STEINWURF schwer verletzt – ein Polizist.

EINE BLUTÜBERSTRÖMTE FRAU wird in Sicherheit gebracht.

mutlich ein unbeabsichtigt ausgelöster Schuss aus einer entsicherten Dienstpistole abgegeben worden war. Den Namen Karl-Heinz Kurras, des Kriminalobermeisters, der geschossen hatte, gab erst am 7. Juni dessen Anwalt Gerd Joachim Roos bekannt. Er erstattete gleichzeitig Anzeige gegen den AStA der FU, weil der Schütze in Flugblättern, die von der Studentenvertretung zu verantworten waren, als »Mörder« bezeichnet worden war. Eine weitere Anzeige des Kripo-Beamten Kurras richtete sich »gegen Unbekannt«, nämlich gegen mindestens acht Personen – sprich: Demonstranten – von denen er in dem Parkhof an der Krummen Straße vor Abgabe des verhängnisvollen Schusses bedrängt und misshandelt worden sein wollte.

^ *Die »BZ« wusste bereits, dass es bei der Straßenschlacht vor der Oper neben zahlreichen Verletzten ein Todesopfer gegeben hatte.*

DIE JUBELPERSER

Mohammed Reza Pahlawi, der Schah des Iran, trat mit seiner Gemahlin Farah Diba und einem Tross von Mitarbeitern am 23. Mai 1967 von Teheran aus eine etwa einen Monat dauernde Weltreise an. Erste Station war die Tschechoslowakei, wo der Kaiser vom kommunistischen Staatspräsidenten Antonin Novotny auf das Freundlichste begrüßt und hoch geehrt wurde. Am 27. Mai trafen der Schah und Entourage dann in Deutschland ein. Nach dem Aufenthalt in der Bundesrepublik mit den Stationen Bonn, München, Berlin und Hamburg standen im Juni noch Staatsbesuche in Frankreich, Kanada, den USA und der Türkei auf seinem Reiseprogramm.

Auch wenn der damals Siebenundvierzigjährige kein autoritärer Herrscher einer vorderasiatischen konstitutionellen Monarchie, sondern demokratisch gewählter Präsident eines westlichen Landes gewesen wäre, hätte die Begleitung durch eine ausreichende Zahl von Sicherheitsbeamten nichts Ungewöhnliches bedeutet. Wie Innensenator Wolfgang Büsch (SPD) am 5. Juli 1967 vor dem parlamentarischen Untersuchungsausschuss aussagte, erfuhr die Staatsanwaltschaft nach dem 2. Juni die Namen von 18 »Jubelpersern«, die am 2. Juni an verschiedenen Stellen am Rande des Berliner Besuchsprogramms durch Ausschreitungen aufgefallen sein sollen. Büsch deutete an, dass darunter auch Angehörige des iranischen Geheimdienstes, der berüchtigten Savak, gewesen sein dürften, konnte jedoch – wie in solchen die Sicherheit betreffenden Fällen üblich – keine amtliche Bestätigung dafür bekannt geben.

Bei Staatsbesuchen ist es überall in der Welt eine Selbstverständlichkeit, dass einer im Gastland lebenden Kolonie von

Landsleuten Gelegenheit gegeben wird, sich ihrem Staatsoberhaupt zu zeigen und ihm mit Fähnchen, Plakaten und jubelnden Zurufen ihre Reverenz zu erweisen. In West-Berlin lebten damals 1100 Iraner, darunter rund 400 Studenten, von denen viele den Schah ablehnten. Doch die große Mehrheit bestand aus Anhängern des Schahs. Von ihnen sollten nach den Vorstellungen ihrer Botschaft wenigstens 50 bis 60 am Rande von offiziellen Terminen des Herrschers dabei sein. Ihre Auftritte wurden von Ali Ghazi koordiniert, dem Handelsattaché der in Köln-Marienburg ansässigen persischen Botschaft, der heute in der Bundesrepublik Deutschland im Exil lebt. Ghazi ist ein Sohn von Mohammed Ghazi, der im Januar 1946 in der nordwestiranischen Stadt Mahabad den einzigen Kurdenstaat gegründet hat, der je existierte. Seine Separatregierung, die von der damaligen sowjetischen Besatzung dieses Landesteils toleriert wurde, existierte allerdings nur elf Monate, denn nach dem Abzug der Sowjets wurde sie bereits im Dezember 1946 von Truppen des Schahs verhaftet und abgesetzt. Mohammed Ghazi sowie zwei seiner engen Verwandten wurden am 31. März 1947 im Herzen von Mahabad, genau auf dem Platz, auf dem der Kurdenführer die Republik ausgerufen hatte, durch den Strang hingerichtet. Die Tatsache, dass der auch wegen seiner früheren Rolle als Richter populäre »große weise Ghazi« trotz der drohenden Exekutierung bei seinem Volk geblieben und nicht geflohen war, macht ihn in ganz Kurdistan auch heute noch zum Volkshelden.

Schah Reza Pahlavi, der schon seit 1941 auf dem persischen Pfauenthron saß, und seine Regierung übten am Sohn dieses Helden wohl so etwas wie Wiedergutmachung, als sie Ali Ghazi in den Sechzigerjahren in den diplomatischen Dienst des Landes übernahmen. Da er Schulzeit und Studium in Deutschland absolviert hatte und akzentfrei Deutsch sprach, eignete sich der smarte, gut aussehende Mann für diese Aufgabe ganz besonders.

Ghazi verhandelte zusammen mit einem Vertreter des Iranischen Generalkonsulats bereits im Mai jenes Jahres wiederholt mit Senatsprotokollchef Rupprecht Rauch über das Besuchsprogramm des Schahs und dabei auch über die Möglichkeit, die schahtreuen Landsleute bei der Ankunft ihres Herrschers am 2. Juni um 11 Uhr auf dem Flughafen Tempelhof an einer Stelle zu postieren, wo sie gut gesehen und gehört würden. Da dem Bundeskriminalamt mehrere Attentatsdrohungen vorlagen, wei-

Die Vereinigten Staaten,die Befreiungsbewegungen und die
Sowjetunion.

SDS   SDS

Tschombe, H.H.Humphrey und andere Charaktermasken brutaler
Willkür und autoritärer Herrschaft über die in Unmündigkeit und
Bewußtlosigkeit g e h a l t e n e n Menschen, trugen sich in
den letzten Jahren ins 'Goldene Buch' der Stadt West-Berlin ein;
ihnen zu Ehren wurden Bankette gegeben, protestierende Menschen
verprügelt und festgenommen, universitäre und allgemeine Flag-
gen verhöhnt.
Senat und Rektorat nahmen beim Humphrey-Besuch Partei gegen die
Opfer des Krieges in Vietnam, der von der amerikanischen Machtelite mit zynischer Klarheit als Präventivkrieg gegen die sozial-
revolutionären Bewegungen in der dritten Welt, speziell Latein-
amerikas, geführt wird.
Eine wie auch immer geartete Niederlage der größten Kriegsma-
schinerie der Welt in Vietnam, wäre Ausgangspunkt neuer und tie-
ferer Befreiungskämpfe der Völker, die ihrer wachsenden Verelen-
dungstendenz durch emanzipatorischen Aufstand begegnen müssen.
Dieser Perspektive sehen die amerikanische Machtelite und die
noch immer stalinistischen Bürokraten von Ost-Berlin bis Moskau
mit Schrecken entgegen:
erstere haben erkannt, daß ein zweites Vietnam in Bolivien oder
Brasilien den Kampf um Sein oder Nichtsein der amerikanischen
Weltpolizisten-Rolle, des eigenen gegenwärtigen Gesellschaftssystems überhaupt einleitet;
letztere sehen nicht minder scharf, daß eine sich durch Politisierung der G e s a m t b e v ö l k e r u n g emanzipierende
'dritte Welt' die autoritäre Herrschaft der Bürokraten ü b e r
die Massen in große Gefahr brächte, ist es doch spezifisches
Kennzeichen jedes 'marxistischen' Revisionismus, die Entfremdung zwischen Partei und Massen durch Gewalt aufrechtzuerhalten,
nichts für die Bewußtwerdung der Menschen zu initiieren, die
menschliche Emanzipation zu verhindern.
Daraus ist auch die ambivalente Haltung der Sowjetunion im
Vietnamkonflikt, ihre Waffenlieferungen an den panzerwesten-
sicheren Schah,der einzig und allein sich durch seine von den
Amerikanern primär getragene Militärdiktatur halten kann, zu
erklären.Der Schah ist da, kommt auch nach Berlin, die Polizei
probt den Notstand, schrieb sogar die BZ vom 29.5.67.Proben wir
ihn auch: wie und mit welchen Aktionsformen können wir die Not-
standssituation durchbrechen?Am 2.6.67 haben S i e Gelegenheit,
Demokratie unter 'spezifischen'Bedingungen zu praktizieren.
12 Uhr vor dem Rathaus Schöneberg, 19⁰⁰ Uhr an der Oper!!

gerten sich die Berliner Sicherheitsorgane, einen solchen Standplatz auf dem Flugfeld nahe der ankommenden Maschine zu
akzeptieren. Einen anderen geeigneten Platz auf dem amerikanischen Teil des Flugplatzes lehnte wiederum der US-Flughafen-
kommandant ab. Als man im Rathaus Schöneberg überlegte, ob
die Schah-Anhänger nicht an der Ausfahrt zum Columbiadamm

^ *Am 2. 1967 Juni verteiltes Flugblatt, in dem zur Demonstration
gegen den Schah vor Rathaus und Oper aufgerufen wurde.*

aufgestellt werden könnten, lehnte Attaché Ghazi dankend ab. Dies, so meinte er, wäre für seine in Berlin lebenden Landsleute eine Beleidigung.

Um das Problem doch noch zu lösen, rief er in Absprache mit Protokollchef Rauch einen Tag vor dem Eintreffen des Schahs direkt bei Polizeipräsident Erich Duensing an. Ghazi pochte jetzt darauf, für die Iraner einen Standplatz während der Eintragung des Schahs ins Goldene Buch der Stadt am Eingang zum Rathaus zu bekommen. Duensing erteilte daraufhin Schutzpolizeikommandeur Hans-Ulrich Werner die Weisung, für 60 bis 80 Perser einen Platz auf dem John-F.-Kennedy-Platz vor dem Absperrgitter an der Rathaustreppe freizuhalten. Die Weisung wurde dem unmittelbar zuständigen Leiter der Polizeiinspektion Schöneberg, Werner Lohde, zusammen mit der Anordnung übermittelt, aus Rücksicht auf das Erscheinungsbild der Einsatzkräfte gegen Plakate und Sprechchöre von Demonstranten nicht einzuschreiten.

Als der Schah und sein Gefolge mit leichter Verspätung gegen 12.15 Uhr aus dem Hilton-Hotel (heute InterContinental) am Rathaus eintraf, hatte Gazi seine Landsleute schon in zwei gemieteten und mit dem Schild »Presse« gekennzeichneten BVG-Bussen vorfahren und den ihnen von Polizisten zugewiesenen Platz einnehmen lassen. Noch während die Wagenkolonne an der Treppe zum Rathaus ausrollte und der Beifall der Schah-Freunde sowie deutscher Neugieriger sich mit den Pfiffen und Sprechchören der Demonstranten mischte, merkten die Polizeioberen, dass sie die Schah-Anhänger an einer denkbar ungeeigneten Stelle platziert hatten, nämlich unmittelbar neben einigen Hundert hinter den rot-weißen Gittern agierenden feindseligen Studenten – unter ihnen viele aus dem Iran.

Die Situation wurde schnell unerträglich. Demonstranten warfen mit Rauchbomben, Eiern, Mehl und Farbpulver. Rufe wie »Willkommen, Herr Diktator!« wurden mit »Wir grüßen unseren Kaiser!« beantwortet. Beschimpfungen und Drohungen, teils in persischer Sprache, flogen hin und her. Es kam zu Handgreiflichkeiten, Schlägereien und Fußtritten über und durch das trennende Gitter. Schließlich drehten mehrere mit grün-weiß-roten Stoffaufnähern am Revers als Mitglieder der iranischen Kolonie ausgewiesene Iraner ihre Plakate um und hieben zum Entsetzen friedlicher Zuschauer und auch der Polizei mit den lattenähnlichen Stielen auf ihre Widersacher ein. Wie anschließend be-

kannt wurde, war der durch die Auseinandersetzung verursach-
te Lärm bis zum Bezirksverordneten-Sitzungssaal im dritten
Stock des Gebäudes zu hören, wo der Regierende Bürgermeister
Heinrich Albertz und der Herrscher aus dem Iran anlässlich der
Zeremonie wie bei solchen Anlässen üblich Reden hielten und
Geschenke austauschten. Albertz erhielt dabei einen alten Per-
serteppich im Wert von 80 000 Mark und wurde mit dem hohen
iranischen Orden »Homayoun« Erster Klasse ausgezeichnet.

Der Tumult draußen, so unerfreulich er gewesen sein mag,
wäre wohl bald in Vergessenheit geraten, wenn nicht viele Augenzeugen der hässlichen Szenen zwischen den verfeindeten
iranischen Brüdern den Eindruck gewonnen hätten, die Polizei
habe diese allzu lange gewähren lassen. Das Bild von wild um
sich schlagenden »Jubelpersern«, die vor den Augen der Ordnungskräfte auch unbeteiligte Schaulustige attackierten oder
doch wenigstens bedrohten und gefährdeten, ist noch nach
Jahrzehnten in so manchen Publikationen und Fernsehsendun-
gen zum 2. Juni zu sehen.

Dabei ist dies nur die halbe Wahrheit. Denn es gibt einen
ebenso banalen wie überzeugenden Grund dafür, dass die Pro-
Schah-Gruppe dicht bei ihren Intimfeinden von der linksgerichteten Conföderation Iranischer Studenten (CIS/NU) platziert

^ *Ein »Jubelperser« auf dem John-F.-Kennedy-Platz in Aktion.*
Die Stöcke von Plakaten wurden als Schlagwaffen verwendet.

wurden: die völlige Ahnungslosigkeit der Berliner Polizei darüber, wen sie hier vor sich hatte. Diese sträfliche Uninformiertheit der Ordnungskräfte offenbarte kapitale Führungsdefizite. Die zeigten sich auch Stunden später bei dem dramatischen Räumungseinsatz vor der Oper.

Wie der Schöneberger Polizeiinspektionsleiter Lohde am 26. Juni 1967 vor dem Untersuchungsausschuss erläuterte, sei man einfach davon ausgegangen, dass sich iranische Staatsbürger, ob »Jubelperser« oder Gegner des Kaisers, höchstens gegenseitig beschimpfen, nicht aber tätlich angreifen würden. Als dann beide Seiten gewalttätig wurden, habe man sie nur deshalb viel

^ Die »Morgenpost« (3. Juni 1967) schilderte ausführlich, wie der Schah und Gattin Farah Diba Berlin erlebten.

zu lange gewähren lassen müssen, weil eben wegen dieser Fehleinschätzung auf dem John-F.-Kennedy-Platz nicht genügend Kräfte zur Stelle waren, um sie voneinander trennen zu können. Die vorhandenen Polizisten reichten gerade aus, um die Absperrungen zu sichern, hinter denen sich mindestens 3000 Personen versammelt hatten. Deren Verhalten sei ebenfalls keineswegs kalkulierbar gewesen. Als die Situation eskalierte, habe Schutzpolizeikommandeur Werner seiner Reiterstaffel zugerufen: »Reitet da mal ein bisschen rein!« Die Reiter schwangen bei ihrem Einsatz den Schlagstock, was einige der Schläger zwar aus dem Konzept brachte, aber nicht zur völligen Beruhigung führte. Erst als eine zusätzliche Polizeieinheit aus der Belziger Straße herbeigeeilt war, konnte die blamable Auseinandersetzung unterbunden werden.

Handelsattaché Ghazi kreuzte mit seinen »Jubelpersern« dann, ohne dies bei der Polizei anzumelden, am frühen Abend auch am Schloss Charlottenburg beim dortigen Empfang des Senats für den Schah auf. Anschließend fuhren die Busse mit den Iranern zur Deutschen Oper weiter. Die Polizei war nun jedoch durch die Erfahrung am Rathaus vorgewarnt. Sie wies der persischen Gruppe am Schloss einen Platz zu, an dem sie mit niemandem in Konflikt geraten konnte. Sie standen an der Bismarckstraße nahe der Oper in einiger Entfernung von den Schahgegnern. Als sie trotzdem durch Zurufe und Gesten von den auf der anderen Straßenseite postierten Schah-Feinden erneut in Erregung gerieten, wurden sie von der Polizei so weit abgedrängt, dass sie weitgehend isoliert waren. Dazu später Kommandant Werner: »Wir sorgten dafür, dass sie hier keinen Schaden anrichten konnten.« Berichte darüber, dass dort mit Latten bewaffnete »Jubel- und Prügelperser« während der Räumungsaktion der Polizei gegen protestierende Studenten vorgegangen seien, gehört wohl zu den zahlreichen Legenden und Erfindungen, die von Veteranen des 2. Juni immer wieder gern aufgewärmt werden und gläubige Zuhörer finden.

FEINDBILD SCHAH

Bis 1965 war der Protest der Studenten in Berlin jahrelang vor allem auf die Verbesserung der Studienbedingungen und eine größere Mitsprache an den Hochschulen ausgerichtet. Dann entzündete er sich zunehmend an der amerikanischen Vietnam-Politik. In den USA war der von der Regierung Lyndon B. Johnson geführte »unerklärte Krieg« gegen die Eroberung Süd-Vietnams durch den kommunistischen Norden schon frühzeitig auf harten Widerstand der Neuen Linken gestoßen. Die Welle der Kritik schwappte schnell nach Großbritannien, Frankreich, Italien, Japan und auch Deutschland über. Vor allem an den Hochschulen wandten sich Studenten, Professoren und Assistenten gegen diesen Krieg.

In der Bundesrepublik spitzte sich die Diskussion über den Militäreinsatz der USA zu, nachdem Kanzler Ludwig Erhard kurz vor Weihnachten 1965 bei einem Besuch in Washington erklärt hatte, die Bundesregierung unterstütze die Abwehr des Kommunismus in Vietnam, weil dies auch im deutschen Interesse sei. Am 5. Februar 1966 fand in West-Berlin die erste Vietnam-Demonstration statt – organisiert von verschiedenen linken Studentengruppen, unterstützt von linken Intellektuellen. Weil Teilnehmer dabei die Fahne der Vietkong schwenkten, während das vor dem Amerika-Haus gehisste Sternenbanner vom Fahnenmast geholt wurde und Demonstranten gegen das Gebäude mehrere Eier warfen, gab es einen empörten Aufschrei in der Öffentlichkeit.

Die Strategen der sich bald häufenden und vom Allgemeinen Studentenausschuss (AStA) der Freien Universität sowie dem

Sozialistischen Deutschen Studentenbund (SDS) gesteuerten Vietnam-Aufmärsche konnten mit Genugtuung feststellen, dass sie mit den Attacken auf die amerikanische Schutzmacht einen wunden Punkt der Gesellschaft berührten. Von den USA hing die Existenz West-Berlins entscheidend ab. Wer in dieser Stadt die Amerikaner verhöhnte, wer gar an ihren Sicherheitsgarantien rüttelte, beschwor eine Polarisierung herauf. Er sägte an dem Ast, auf dem er saß. Er konnte mit einem Echo rechnen, das weit über Berlin und Deutschland hinaus reichte. Gerade dies schien den Initiatoren recht zu sein. Sie waren besessen von der Idee, jede sich bietende Gelegenheit zur »Bewusstseinsveränderung« nutzen zu sollen. SDS-Ideologen wie Rudi Dutschke und Bernd Rabehl verbanden damit die Hoffnung, auf diesem Weg den »unaufhaltsamen Prozess« hin zu einer sozialistischen Revolution und zur Einführung des Rätestaates voranbringen zu können.

Beim SDS wurde ein von Peter Gäng und Jürgen Horlemann geleiteter besonderer Arbeitskreis eingerichtet, der sich mit Süd-Vietnam als Beispiel einer von Kolonialismus und Imperialismus unterdrückten Gesellschaft beschäftigte. Deshalb interessierte man sich dort 1967 für andere außenpolitische Themen wie die Situation im Iran oder gar das von der Boulevardpresse glorifizierte dortige Herrscherhaus zunächst herzlich wenig. Als der junge exiliranische Literaturwissenschaftler und Stipendiat Bahman Nirumand im Frühjahr 1967 bei der SDS-Zentrale am Kurfürstendamm vorsprach und die seiner Meinung nach untragbaren Verhältnisse in seinem Heimatland schilderte, winkten die Funktionäre ab. Sie blieben auch unbeeindruckt, als er von der Möglichkeit eines baldigen Umsturzes in seinem Land schwärmte. Jedenfalls erfüllte sich zu diesem Zeitpunkt die Erwartung Nirumands, die Genossen des SDS zu Aktionen gegen den Anfang Juni geplanten Besuch des »brutalen persischen Diktators und Folterers« Schah Reza Pahlawi bewegen zu können, noch nicht.

Nirumand, der mit einer Dissertation über Bert Brecht promoviert hatte, trat als Abgesandter der Cönföderation Iranischer Studenten (CIS/NU) auf, einer von ihm 1960 in Heidelberg mitgegründeten Organisation linksgerichteter Schah-Gegner. Er hatte soeben ein bei Rowohlt erschienenes Taschenbuch mit dem Titel *Persien, Modell eines Entwicklungslandes* oder *Die Diktatur der Freien Welt* veröffentlicht. Im ursprünglichen

Manuskript stand, wie der damalige stellvertretende Rowohlt-Verlagschef Fritz J. Raddatz später verriet, ein Aufruf zur Ermordung des Schahs. Er habe, so Raddatz, diese Textstelle nach Rücksprache mit seinem Justitiar gestrichen. Nirumand wies dies als »Unwahrheit« zurück. Der Autor trauerte allerdings in dem schmalen Bändchen, dem Hans Magnus Enzensberger ein Nachwort anfügte, dem persischen Ministerpräsidenten Mohammed Mossadegh nach, dessen kurze Amtszeit von April 1951 bis August 1953 in dem Land zu heftigen inneren Auseinandersetzungen geführt hatte. Mossadegh schwamm damals auf der auch in anderen Ländern der Dritten Welt einsetzenden

Woge der Entkolonialisierung. Er verstaatlichte die bis dahin von der Anglo-Iranian Oil Company und damit den Briten beherrschte Ölindustrie des Landes. Als er mit den Sowjets zu flirten begann, schaltete sich der amerikanische Geheimdienst CIA ein, der Mossadegh mit Unterstützung des Schahs stürzte. Das diktatorische Regime, das Reza Pahlawi dann etablierte, führte ab 1963 eine Bodenreform und andere als »Weiße Revolution« bezeichnete Reformen durch, konnte aber weder die verbreitete Korruption noch die sozialen Gegensätze nachhaltig beseitigen. Vor allem bei einem Teil der wohlhabenden Oberschicht und dem schiitischen Klerus wurden die Vorhaben des fünf Jahre lang in einem Schweizer Internat erzogenen Schahs als zu westlich orientiert und »uniranisch« abgetan.

Nirumand träumte wie viele im Westen ausgebildete Nachkommen der iranischen Bourgeoisie vom Umsturz und einer glänzenden sozialistischen Zukunft, für die das Land und seine Gesellschaft jedoch viel zu wenig entwickelt waren. Vor allem schätzte er die Bedeutung, die der Islam in seinem Land spielte, falsch ein. Für die Vorstellungen, die er und die Organisation CIS/NU propagierten, fand er schließlich bei der Kommune 1 und ihren Anhängern begeisterte Unterstützung. Diese kleine, stets zu Provokationen und Clownerien bereite Gruppe wurde zum wichtigen Verbündeten Nirumands bei der Mobilisierung gegen den Schah. Noch viele Jahre später lobte der Schriftsteller die Kommunarden: «Da wurden wir sehr freundlich empfangen, und sofort wurden Aktivitäten gestartet.» Die bestanden zunächst darin, dass die Kommunarden Schah-feindliche Flugblätter verbreiteten. In einer dieser Flugschriften, die am 24. Mai vor der Mensa der FU verteilt wurde, hieß es: »Den Schah pissen wir vielleicht an oder, wenn wir das Hilton stürmen, erfährt er auch einmal, wie wohltuend eine Kastration ist, falls überhaupt noch was dranhängt ... Es gibt da so böse Gerüchte.« In der Nacht zum 30. Mai 1967 wurde an Häuserwände in verschiedenen Teilen der Stadt ein »Steckbrief« mit einem Porträt des »wegen Mord und Folterungen« gesuchten Schahs in Paradeuniform geklebt. Als dieses Flugblatt, das von einer angeblichen »Internationalen Befreiungsfront« unterzeichnet war, im Wedding geklebt wurde, nahm die Polizei einen Studenten und eine Dolmetscherin fest. Sie hatten ein Strafverfahren wegen Beleidigung des Staatsoberhauptes einer befreundeten Nation zu erwarten.

Unermüdlich warb Nirumand auch bei der Vorstellung seines Buches in verschiedenen Städten für Demonstrationen gegen Reza Pahlawi. Nach einem dieser Auftritte in Hamburg machte ihn der damalige persönliche Referent des dortigen Wirtschaftssenators Helmut Kern, der spätere SPD-Bundestagsabgeordnete Freimut Duve, mit der nicht nur in der linken Szene populären Chefredakteurin der Studentenzeitschrift *konkret*, Ulrike Meinhof, bekannt. Duve lud beide anschließend zum Essen zu sich nach Hause ein. Ulrike Meinhof begeisterte sich spontan für die revolutionären Gedanken des Exil-Iraners so sehr, dass sie die ganze Nacht hindurch im Duveschen Wohnzimmer mit ihm diskutierte. Nirumand und die Journalistin blieben in engem Kontakt, bis Ulrike Meinhof im Mai 1970 nach ihrer Beteiligung an der Befreiung des inhaftierten Kaufhausbrandstifters Andreas Baader untertauchen musste und zur Terroristin wurde.

Ein Ergebnis des abendlichen Gesprächs in Hamburg war ein seitenlanger »Offener Brief« der Meinhof an Kaiserin Farah Diba, der mit der Anrede »Guten Tag, Frau Pahlawi« begann. Ulrike Meinhof charakterisierte, wie sie selbst schrieb, die Adressatin Farah Diba nach einem von der Gattin des Schahs verfassten Artikel, der in der *Neuen Revue* erschienen war. Sie hatte den Iran noch nie besucht und wusste von den wirklichen Verhältnissen sowohl in diesem Land als auch in anderen Entwicklungsländern so gut wie nichts. Trotzdem glaubte sie, die Perserin just darüber belehren zu können. Der »Offene Brief«, der mit »Hochachtungsvoll« endete, erschien in der Juni-Nummer von *konkret*, wurde aber schon vorab am 1. Juni 1967 bei der Vorbereitungsveranstaltung zum Schah-Besuch im Audimax der Freien Universität verteilt.

Der vom SDS beherrschte AStA in Dahlem hatte im Mai 1967 das Thema Iran doch noch entdeckt. Zusammen mit mehreren anderen Organisationen lud er schon in der ersten Maihälfte zu einer als Podiumsdiskussion gedachten Veranstaltung ein. Außer dem Hauptreferenten Nirumand sollten zwei Berliner Experten für Vorderasien auftreten. Sie zogen ihre zuvor gegebene Zusage jedoch bald wieder zurück. Deshalb schrieb die Studentenvertretung Mitte Mai an die persische Botschaft und ersuchte darum, einen eigenen Fachmann zu schicken. Dort ahnte man längst, dass die Diskussion am Vorabend des Schah-Besuches nicht zur Wissensvermittlung über den Iran, sondern als Anti-Schah-Veranstaltung gedacht war; der Name Nirumand stellte für die Diplomaten ein rotes Tuch dar. Deshalb machte die Botschaft Druck auf die Bundesregierung, den Auftritt des schahfeindlichen Agitators zu untersagen. Die Iraner drohten sogar, andernfalls den Besuch von Reza Pahlawi in Berlin abzusagen. Das Auswärtige Amt in Bonn schaltete den Berliner Senat ein. Senatssprecher Hanns-Peter Herz intervenierte erfolglos beim AStA und auch beim Rektor der Universität. Vom AStA-Vorsitzenden Hartmut Häußermann – er leitet heute als Professor den Arbeitsbereich Stadt- und Regionalsoziologie an der Humboldt-Universität – kam ein striktes Nein. Auch FU-Rektor Hans-Joachim Lieber weigerte sich, den Auftritt Nirumands zu unterbinden, vor allem deshalb, weil er ohnedies mit den aufrührerischen Studentenfunktionären im Clinch lag. So konnte Bahman Nirumand vor einem 3000 bis 4000 Personen zählenden Publikum seine Thesen verkünden. Er erhitzte die Gemüter auch mit Vorwürfen an die Adresse deutscher Zeitungen, in deren Berichten man der Zeugungsfähigkeit des Schahs größere Bedeutung beimesse als dem Hunger, dem Analphabetismus und der Unterdrückung des persischen Volkes.

Bereits Stunden vor Beginn der Veranstaltung war die Atmosphäre gespannt. So wurde die vor dem Henry-Ford-Bau, dem Hauptgebäude der Universität, gehisste schwarz-rot-goldene Flagge im Laufe des 1. Juni zweimal von Unbekannten heruntergeholt. Beide Male zog der Pförtner eine neue Fahne auf. Als dann Nirumand auf dem Podium saß, war der Saal so überfüllt, dass sein Vortrag ins Foyer übertragen werden musste. Während der Redner über den »Kolonialismus« der Amerikaner im Iran sprach, entrollte ein Zuhörer auf der Empore die Vietcong-

Es droht der Verweis

Akademischer Senat entscheidet über „FU-Chinesen"

Werden die berüchtigten „FU-Chinesen" von der Hochschule entfernt, oder erhalten sie einen disziplinarischen Verweis? Darüber will der Akademische Senat unter Vorsitz von Rektor Lieber heute auf seiner ersten Sitzung im gerade begonnenen Sommersemester entscheiden. Zur gleichen Zeit soll eine Protestversammlung des AStA gegen den Akademischen Senat stattfinden.

Nach den von der Polizei vereitelten Aktionen beim Berlin-Besuch des amerikanischen Vizepräsidenten Humphrey hatte die linksradikale Studenten-Kommune im In- und Ausland für erhebliches Aufsehen gesorgt. Mehrere Mitglieder dieser Organisation nach rotchinesischem Vorbild gehören außerdem dem linksgerichteten Sozialistischen Deutschen Studentenbund (SDS) an. Mehrfach ist der SDS in der Vergangenheit mit spektakulären Aktionen und Demonstrationen an die Öffentlichkeit getreten. Weitere Tumulte will die FU-Verwaltung offenbar nicht mehr dulden. Denn der Akademische Senat will heute auch darüber entscheiden, ob dem SDS die Förderungswürdigkeit entzogen wird. Diese Maßnahme würde die linksextreme Studentenorganisation empfindlich treffen. Alle SDS-Aktionen, wie Vorträge, Diskussionen und offene Mitgliederwerbung, wären dann auf FU-Gelände verboten.

Vor Pressevertretern erklärte gestern der Vorsitzende des Allgemeinen Stu-

Professor Lieber

denten-Ausschusses (AStA), Hartmut Häußermann, die Studentenvertretung habe nie mit der „Kommune" zusammengearbeitet. „Wir wissen, daß uns die Aktivitäten dieser Gruppe bisher nur geschadet haben", fügte er hinzu.

Grundsätzlich lehnte der AStA-Chef jedoch jede Disziplinarmaßnahme gegen die betreffenden Studenten ab. Es sei völlig ausreichend, wenn ordentliche Gerichte Entscheidungen fällten.

In einem Brief an den Akademischen Senat bat der Sozialdemokratische Hochschulbund (SHB) gestern die Professoren, „der von der Polizei und Presse initiierten Kampagne" entgegenzutreten, die einen Keil zwischen Professoren und Studenten treiben wolle. Go

---

Drei Kinder bei Unfällen verletzt

Wieder wurden gestern drei Kinder bei Verkehrsunfällen verletzt. Beim plötzlichen Überschreiten der Fahrbahn der Zeitzer Straße (Neukölln) wurde der achtjährige Frank M. aus Neukölln von einem Personenwagen erfaßt. Er erlitt eine Gehirnerschütterung.

In der Otto-Erich-Straße (Wannsee) lief der zehn Jahre alte Heribert von R. in ein Auto. Der Schüler mußte mit einem Knöchelbruch ins Krankenhaus gebracht werden.

Mit Schürfwunden und Prellungen kam die fünfjährige Manuela R. aus Moabit davon. Sie war an der Beussel-Ecke Sickingenstraße (Tiergarten) von einem Lastwagen angefahren worden.

Fahne. Im Publikum war es schon zuvor zu einer Schlägerei gekommen, als einer der Anwesenden einen Mann des Geheimdienstes Savak zu erkennen glaubte. Persische Studenten gingen dazwischen und erreichten, dass sich der Verdächtigte entfernen konnte.

Zum Schluss seiner Ansprache verwies Nirumand darauf, dass der Schah eine Woche zuvor auf dem Weg in die Bundesrepublik in Prag empfangen worden sei. Dies löste bei einigen Zuhörern wütende Pfiffe und Protestrufe aus. Alsbald machte sich eine etwa hundertköpfige Menge zu Fuß zu der von der FU etwa zwanzig Minuten entfernten Podbielskiallee auf, wo sich

^ »Morgenpost« vom 19. April 1967: FU-Rektor erwog nach dem »Pudding-Attentat« Maßnahmen gegen die Kommune 1.

die Tschechische Militärmission befand. In der dortigen Villengegend hallten dann Sprechchöre durch die Nacht. Einige der
Demonstranten beschimpften das Prager KP-Organ *Rude Pravo*,
weil es beim dortigen Schah-Besuch die Verdienste des Monarchen gewürdigt hatte. Als sich nach einer halben Stunde in dem
Gebäude nicht einmal der Hausmeister blicken ließ, flogen Stei-

^ *Ein weiteres Anti-Schah-Flugblatt. Einige Demonstrationsaufrufe
waren mit SDS gezeichnet, aber von der Kommune 1 verfasst.*

ne gegen die Außenwand. Auch ein in der Nähe stehendes Polizeiauto wurde beworfen. Schließlich zerstreute sich die Menge.

Der seinerzeit dreißigjährige Nirumand konnte frohlocken. So ziemlich alles, was er inszeniert hatte, zeigte Wirkung und wurde auch von den Medien begierig aufgegriffen. Nirumands Initiativen brachten nicht nur den Gast ins Zwielicht, mit dem sich bis dahin außer den Offiziellen wahrscheinlich nur die Leser von Illustrierten und Boulevardzeitungen beschäftigt hätten. Das Ganze war auch eine enorme Werbung für sein dünnes, mit kruden, weltverbesserischen Sentenzen erweitertes Buch. Innerhalb weniger Monaten wurden davon 180 000 Exemplare verkauft.

Die Genossen vom linksradikalen SDS hatten längst eingesehen, dass sie die Brisanz des Themas Persien Wochen zuvor weit unterschätzt hatten. Sie und ihre wachsende Anhängerschar sprangen spät, aber doch noch auf den Zug der folgenschweren Anti-Schah-Demonstrantionen auf. Die Ereignisse des 2. Juni machten den SDS dann nicht nur in Berlin, sondern auch in den meisten Hochschulstädten West-Deutschlands für gut eineinhalb Jahre zur politischen Avantgarde der studentischen Linken, bis sich die Vorstellungen vom Sieg im emanzipatorischen Kampf in den Metropolen des Kapitalismus als Illusionen erwiesen und die Bewegung zu zerfallen begann.

Es ist weitgehend unbekannt, dass der Anti-Schah-Feldzug des Bahman Nirumand 1967 nicht ohne den mindestens ebenso revolutionär gesonnenen Schriftsteller Hans Magnus Enzensberger zustande gekommen wäre. Er hatte sich Anfang 1965 zu einer Lesung am Goethe-Institut in Teheran aufgehalten. Nirumand, der nach einer Tätigkeit als Literaturdozent an der dortigen Universität im deutschen Kulturinstitut beschäftigt war, hatte die Aufgabe, Enzensberger den Zuhörern vorzustellen und seinen Vortrag mit einigen Sätzen einzuleiten. So lernten sich beide kennen und führten in den folgenden Tagen lange Gespräche, bis Enzensberger den leidenschaftlich über die Probleme seines Landes sprechenden Iraner aufforderte, darüber doch ein Buch für deutsche Leser zu schreiben. Schon Ende 1965 kam Nirumand mit den für das Buch gesammelten Unterlagen nach Deutschland. Enzensberger verschaffte ihm ein Arbeitsstipendium der Humboldt-Stiftung und stellte den Kontakt zum Rowohlt Taschenbuch Verlag her, wo sich Cheflektor Fritz J. Raddatz seiner annahm.

Nirumand hat übrigens später bei verschiedenen Gelegenheiten darüber gesprochen, dass er am 2. März 1968 zusammen mit Rudi Dutschke nach Saarbrücken reiste, um dort einen Antennenmast des US-Soldatensenders AFN in die Luft zu sprengen. Die Bombe hatte ihnen der im Republikanischen Club in Berlin ein- und ausgehende Peter Urbach besorgt, ein, wie sich später herausstellte, Agent provocateur des Verfassungsschutzes. Urbach lebt heute angeblich mit geänderter Identität in den USA. Nirumand und Dutschke kamen nicht dazu, den Anschlag auszuführen. Zunächst wurde Dutschke auf dem Flughafen Frankfurt durchsucht. Dabei war die Polizei so unbedarft, dass er sein Gepäck mit dem Sprengkörper in einem Schließfach deponieren und später wieder abholen durfte. In Saarbrücken scheiterte die Aktion dann, weil sie von den ortskundigen SDS-Genossen – unter ihnen der Liedermacher Franz-Josef Degenhardt – unzureichend vorbereitet worden war. Genau einen Monat später, am 2. April 1968, wurde in Frankfurt am Main ein Kaufhaus von Andreas Baader und Gudrun Ensslin angezündet und damit die erste »Propaganda der Tat« für die revolutionären Ziele unheilvolle Wirklichkeit.

Bahman Nirumand kehrte 1979, kurz vor dem Sturz des Schahs, in sein Heimatland Iran zurück, stellte dort aber bald fest, dass der von den Ayatollahs errichtete Gottesstaat noch diktatorischer war als der des Schahs. 1982 kam er wieder nach Europa und lebt heute als Journalist und Schriftsteller in Berlin. Er ist auch Verfasser eines monatlich erscheinenden *iran-reports* der den Grünen nahestehenden Heinrich-Böll-Stiftung.

NACH DER OPER

Es ging am 2. Juni 1967 schon auf Mitternacht zu, als die für die Sicherheit des iranischen Kaiserpaares zuständige Berliner Polizeiführung mit Genugtuung feststellen konnte, dass Mohammed Reza Pahlawi, seine 28-jährige Gemahlin Farah Diba und ihre zahlreichen Begleiter heil in das Hilton-Hotel an der Budapester Straße zurückgekehrt waren. Dort hatte sich der Schah drei Etagen reservieren lassen. Dass der Abend nach den Turbulenzen rund um die Deutschen Oper für die Gäste doch noch glimpflich zu Ende gehen würde, erschien vorübergehend gar nicht so selbstverständlich. Denn schon vor Beginn der Opernvorstellung, aber auch noch danach waren warnende Hinweise auf ein drohendes Attentat auf den Monarchen eingegangen. Der Regierende Bürgermeister Heinrich Albertz, Innensenator Wolfgang Büsch sowie Senatsprotokollchef Rupprecht Rauch hatten sich deshalb in der Pause der »Zauberflöte« um 21.30 Uhr getroffen und überlegten, ob man die Staatsbesucher nicht sofort ins Hotel zurückbringen solle.

Man ließ Polizeipräsident Erich Duensing, der sich zu diesem Zeitpunkt an der nahen Goethestraße die immer noch anhaltende Auseinandersetzung zwischen Polizei und Demonstranten ansah, durch einen Funkwagen herbeiholen. Der Präsident wandte sich jedoch sofort mit Nachdruck gegen eine solche nach seiner Meinung übertriebene Vorsichtsmaßnahme und äußerte, dass es »für Berlin eine Blamage« wäre, wenn der Gast die Opernaufführung vorzeitig verlassen müsse. Er versprach, dass er den Schah nach Ende der Vorstellung »unversehrt wieder im Hotel abliefern« werde. Als Duensing dies drei Wochen später als Zeuge im Untersuchungsausschuss des Abgeordnetenhauses schilderte, fügte er hinzu: »So ganz wohl war mir bei meiner Antwort aber nicht.« Die politisch Verantwortlichen ließen ihre Bedenken fallen und entschieden sich, mit dem Schah in der Oper zu bleiben. Sie wichen wegen der vermeintlichen akuten Gefährdung jedoch nicht von seiner Seite, weshalb sie von der Räumungsaktion draußen nur wenig mitbekamen.

Als sie sich zu später Stunde im Hilton-Hotel noch einmal zur »Manöverkritik« zusammensetzten und am liebsten den ganzen Abend erleichtert abgehakt hätten, wurde ihnen allerdings bewusst, dass neue Gefahr von einer anderen Seite drohte. Erst jetzt erfuhren sie vom Tod des 26-jährigen FU-Studenten der Romanistik und Germanistik Benno Ohnesorg. Gleichzeitig wurde mitgeteilt, ein Kriminalbeamter habe »in einem wirren Tumult und im unübersehbaren Handgemenge« einen Warnschuss abgegeben. Der damals erst zwei Monate amtierende Innensenator Büsch war es dann, der als Erster gegenüber der Darstellung der Polizei, der Tote habe einen Schädelbasisbruch erlitten, misstrauisch wurde. Die Schädelbasisbruch-Diagnose hatte die Polizei nur allzu bereitwillig von einer der Frauen – angeblich einer Krankenschwester – übernommen, die sich zunächst an Ort und Stelle um den schwerverletzten Ohnesorg gekümmert hatten. Obwohl sich die Polizei mit der Klärung der Angelegenheit noch bis zum Montag Zeit lassen wollte, ordnete Senator Büsch sofort an, die Todesursache so schnell wie möglich durch Obduktion feststellen zu lassen.

In der Gesprächsrunde war man sich aber weitgehend darüber einig, dass der Tote auf das Konto der Demonstranten ginge. Albertz gab noch in der Nacht eine im Radio verlesene Erklärung ab, die ausdrückte, was zu dieser Stunde wahrscheinlich die große Mehrheit der Bürger Berlins dachte: »Die Geduld der Stadt ist am Ende. Einige Dutzend Demonstranten, unter ihnen auch Studenten, haben sich das traurige Verdienst erworben, nicht nur einen Gast der Bundesrepublik Deutschland in der deutschen Hauptstadt beschimpft zu haben, sondern auf ihr Konto gehen auch ein Toter und zahlreiche Verletzte – Polizeibeamte und Demonstranten. Die Polizei, durch Rowdys provoziert, war gezwungen, scharf vorzugehen und von ihren Schlagstöcken Gebrauch zu machen. Ich sage ausdrücklich und mit Nachdruck, dass ich das Verhalten der Polizei billige und dass ich mich durch Au-

Frankfurter Allgemeine
ZEITUNG FÜR DEUTSCHLAND

die Unabhängige Wählergemeinschaft — erreichten nicht einmal ein Prozent der Stimmen und blieben damit weit unter ...

Im Vergleich zu den letzten Landtagswahlergebnissen ein „Aufschwung aus der Talsohle" abzeichne, in die die FDP ...

gleichermaßen ... über den Ausgang der Landtagswahl. (Fortsetzung Seite 4, Spalten 4 und 5.)

Albertz: Wir lassen uns nicht terrorisieren
Der Regierende Bürgermeister zu den blutigen Zwischenfällen / Der Tod des Studenten Ohnesorg wird untersucht

D. C. BERLIN, 4. Juni. Nach den schweren Zusammenstößen zwischen Demonstranten und der Polizei, die in der Nacht zum Samstag ein Todesopfer gefordert haben, herrscht in Berlin eine gespannte Atmosphäre. Angesichts der labilen Situation, in der es leicht zu neuen Zwischenfällen kommen können, hat der Senat „bis auf weiteres jede öffentliche Demonstration" in der Stadt untersagt; nach einer Sondersitzung wurde mitgeteilt, daß gegen jeden, der sich dieser Anordnung widersetze, ohne Ansehen der Person vorgegangen werden solle. Der Regierende Bürgermeister Albertz drückte den Angehörigen der bei den Zusammenstößen vor der Deutschen Oper tödlich verletzten Studenten Benno Ohnesorg „seine und des Senats Anteilnahme" aus. Albertz sagte jedoch, daß die Geduld der Berliner ein Ende habe. „Wir lassen uns nicht länger von einer Minderheit terrorisieren."

Nachdem am Samstag Demonstrationsversuche auf den Universitätsgelände und vor dem Rathaus Schöne-

berg vereitelt worden waren, versammelten sich am Sonntag etwa 800 Studenten am Studentenwohnheim Siegmundshof, wo die sozialistische Jugend „Falken" für den erschossenen Benno Ohnesorg ein Gedenkkreuz errichtet hat. Die Studenten zeigten auch dort schwarze Fahnen und Protestschilder.

Unterdessen untersucht die Berliner Kriminalpolizei die Umstände, die zum Tode des sechsundzwanzigjährigen Studenten geführt haben. Nach Mitteilung der Polizei haben die Zusammenstöße, die am Freitag vor der Deutschen Oper zeitweilig den Charakter einer Straßenschlacht angenommen hatten, 44 Verletzte, darunter zwanzig Polizisten, gefordert; 47 Personen wurden vorläufig festgenommen, davon 33 wegen strafbarer Handlungen. Gegen einen der Studenten, der zugleich Mitglied einer sogenannten Kommune ist, wurde Haftbefehl wegen Landfriedensbruchs erlassen; nach Mitteilung der Polizei hatte er eine Gruppe angeführt, die Polizeibeamte mit Steinen bewarf.

Zu den Zusammenstößen am Freitag-

abend war es während der Anfahrt des Schahs zum Besuch der Deutschen Oper gekommen. Die meist studentischen Demonstranten warfen Eier, Tomaten, gefüllte Milchbeutel, Rauchentwickler sowie Knallkörper und schrien in Sprechchören „Mörder" und „Mo-Mo-Mossadegh". Als einer der Demonstranten die Absperrung durchbrach und von Polizisten verfolgt wurde, entstanden tumultartige Szenen. Vor Beginn der Opern-Aufführung gab es Vorletzte auch unter Polizisten, die sich von den Jugendlichen provoziert fühlten und entsprechend hart reagierten. Nachdem die Polizei mehrmals über Lautsprecher dazu aufgefordert hatte, die Straße zu räumen, mußten schließlich etwa hundert Polizisten eingesetzt werden, um dieser Weisung Nachdruck zu verleihen. Dabei machte die Polizei, die auf Grund von Verletzungen in den eigenen Reihen aufgebracht war, vom Gummiknüppel harten Gebrauch. Als die Demonstranten während der Opern-Aufführung noch einmal vordrangen, wurden Wasserwerfer eingesetzt. (Fortsetzung Seite 4, Spalten 2 und 3.)

genschein davon überzeugt habe, dass sich die Polizei bis an die Grenzen der Zumutbarkeit zurückgehalten hat.«

Diese Erklärung wurde Albertz schon bald als schwerer Fehler angekreidet. Aber er gab sie ab, ohne zu wissen, dass Ohnesorg durch die Pistolenkugel eines Polizeibeamten in Zivil erschossen worden war. Diese schwerwiegende und weiteres Unheil verheißende Information verbreitete die Polizei erst am folgenden Tag, einem Sonnabend. Der Anwalt der Witwe Christa Ohnesorg, Horst Mahler, der an der Obduktion des Toten teilgenommen hatte, verkündete sie vor Journalisten. Auch der Chef der Berliner Kriminalpolizei, Wolfram Sangmeister, meldete sich zu Wort und bestätigte, dass im Schädel des toten Studenten eine aus der Nähe abgefeuerte Pistolenkugel vom Kaliber 7,65 mm sichergestellt worden sei. Sangmeister war aber darauf bedacht, den Vorfall möglichst harmlos erscheinen zu lassen. Obwohl die Umstände, unter denen Ohnesorg erschossen worden war, noch völlig ungeklärt waren, trug er die Version vor, die der Schütze – sicher zur eigenen Entlastung – zu Protokoll gegeben hatte: Der Kriminalbeamte habe sich »in äußerster Bedrängnis« befunden, nachdem er bei der vorläufigen Festnahme einer Person von anderen Demonstranten »lebensgefährlich angegriffen worden« sei. Aus dem Senatspresseamt hieß es ergänzend, es habe sich lediglich um einen Warnschuss gehandelt, der »irgendwo abgeprallt« sei und den Studenten als Querschläger getroffen habe.

^ *»Frankfurter Allgemeine Zeitung« vom 5. Juni 1967 über die Haltung des Berliner Senats nach den Schah-Zwischenfällen.*

Man musste schon ziemlich vertrauensselig sein, um diese Darstellung als die volle Wahrheit anzusehen.

Erst am zweiten Tag nach den Ereignissen erfuhr man dann auch, dass am 3. Juni bereits Stunden vor der irreführenden Sangmeister-Erklärung der Obduktionsbefund vorgelegen hatte, dem zufolge Ohnesorg gar nicht von einem Querschläger getötet worden sein konnte. Nun wurde auch offiziell bekannt gegeben, dass der Beamte, dessen Name »aus Fürsorge« immer noch geheim gehalten wurde, zwei Schüsse abgegeben hatte, davon einen in den Hinterkopf des Studenten. Erst viel später erfuhr die Öffentlichkeit, dass noch in der Nacht vom 2. zum 3. Juni aus dem Schädel Ohnesorgs ein sechs mal vier Zentimeter großes Knochenstück entfernt und die Einschusswunde vernäht worden waren. Auf dem Parkdeck an der Krummen Straße war im Trubel des Polizeieinsatzes auch keine Tatortsicherung erfolgt. Offenbar glaubten die Beamten, dass der schwer verletzte Student mit dem Leben davonkommen würde. Dass man aber das Magazin der Dienstpistole von Kurras unverzüglich, also noch vor der kriminaltechnischen Untersuchung auswechselte, lässt auf Vertuschungsabsicht schließen.

Als ich am Morgen des 3. Juni in der Redaktion anrief, fragten die Kollegen, was denn mit dem Polizisten sei, der vor der Oper angeblich erstochen worden sei. Das sei doch nach der Mitteilung von Informanten am Abend über Lautsprecher bekannt gegeben worden. Ich hatte davon während meines stundenlangen Aufenthaltes am Ort des Geschehens nichts gehört. Auch im Gespräch mit Politikern und Kollegen war es kein Thema. Erst Ende Juni erfuhr ich dann mehr. Der für den Einsatz vor der Oper zuständige Polizeieinsatzleiter Heribert Iwicki sagte im Parlaments-Untersuchungsausschuss aus, ihm sei am 2. Juni gegen 21.10 Uhr tatsächlich von der Befehlsstelle »Berta 52« gemeldet worden, dass ein durch Messerstich verletzter Beamter im Krankenhaus verstorben sei. Er habe sofort herumtelefoniert und auch Polizisten los geschickt, um die Angelegenheit zu klären. Schon um 22 Uhr habe jedoch festgestanden, dass es keinen toten Polizeiangehörigen gab. Das Dementi habe er an Polizeipräsident Duensing und auch Journalisten, die ihn nach dem toten Beamten fragten, weitergegeben.

Der Regierende Bürgermeister Heinrich Albertz hatte am Vormittag des 3. Juni 1967 zunächst mit dem Schah zum Flughafen

BERLINER MORGENPOST

Chefredakteur: Heinz Köster Stellv. Chefred.: Johannes Otto. Chef vom Dienst: W. Brückmann. Verantwortlich für Politik: R. Stiege; Lokales: E. Wildberger jr.; Feuilleton: D. Strunz; Wirtschaft: H. Krafft; Allgemeines: U. Stöckmann; Sport: G. Weise; Sonderseiten: St. Gänsicke; Frau und Mode: H.-M. Schieja; Bild: W. Kathe, Alle in Berlin. — Verlagsleitung: H.-P. Scherrer Anzeigen: Alfred Wilhelm. — Verlag Ullstein GmbH, Berlin 61, Kochstraße 50. Druck: Axel Springer & Sohn, Berlin. Telefon 61 08 1. Fernschreiber: 01-83 508/01-84 565.

Heinrich Albertz bleibt hart

St. „Mit tiefer Betroffenheit" hat der AStA der Freien Universität gestern früh zur Kenntnis genommen, daß der Student Benno Ohnesorg bei den rüden Demonstrationen vor der Deutschen Oper tödlich verletzt wurde. Wer würde nicht diesen wahrhaft sinnlosen Tod eines jungen Menschen beklagen! Wer wäre nicht betroffen davon, daß die Krawallgier einiger radikaler Halbstarker eine Situation heraufbeschwor, in deren Hysterie das Unglück geschah.

Doch offenbar haben die Hauptverantwortlichen für den Tod von Benno Ohnesorg nichts dazugelernt. Die gleichen Leute, die am Freitagabend den Schah von Persien anpöbelten, die Tomaten, Eier, Rauchkerzen, Knallfrösche und Steine auf die Berliner Polizisten warfen und die lange, quälend lange Zeit die geduldigen Ordnungshüter mit Schmährufen bedachten, suchten gestern der Polizei die Schuld am blutigen Straßenkampf vor der Deutschen Oper in die Schuhe zu schieben.

＊

Die Polizei trägt keine Schuld an den Zusammenstößen, die eindeutig von unseren Krawall-Radikalen provoziert wurden. Die Polizei tat ihre schwere Pflicht. Der unglückliche Schuß, der Ohnesorg tötete, wurde nach menschlichem Ermessen in Notwehr abgegeben. Benno Ohnesorg ist nicht der Märtyrer der FU-Chinesen, sondern ihr Opfer.

Einen Augenblick lang neigte man zu der Annahme, das Blutvergießen vor der Deutschen Oper würde bei unseren Krawallbrüdern so etwas wie den Schlag des eigenen Gewissens vernehmbar machen. Weit gefehlt! Auf Flugblättern wurden der Regierende Bürgermeister Albertz und Innensenator Büsch als „Mörder" und als Verantwortliche für vorbereitete Verbrechen bezeichnet. Einige Lümmel forderten den Rücktritt von Polizeipräsident Duensing. Und der Theologie-Professor Helmut Gollwitzer, ein im persönlichen Schicksal gestandener Mann, ermutigte die Krawall-Radikalen gar mit der Bemerkung, der Senat hätte den Schah erst überhaupt nicht nach Berlin einladen sollen.

Woran eigentlich soll sich unsere akademische Jugend orientieren, wenn eine Autorität vom geistigen und moralischen Rang eines Gollwitzer nicht den Mut zum Rat aufbringt, man müsse mit guten Argumenten, aber nicht mit Rauchbomben und Steinwürfen überzeugen?

＊

Das Maß ist nun voll. Die Geduld der Berliner Bevölkerung ist erschöpft. Wir sind es endgültig leid, uns von einer halberwachsenen Minderheit, die noch meist Gastrecht bei uns genießt, terrorisieren zu lassen. Der gestrige Beschluß des Senats, „bis auf weiteres" alle öffentlichen Demonstrationen zu untersagen, muß aufrichtig begrüßt werden. Das gleiche gilt für die beschleunigte Reform des Hochschulgesetzes, die es ermöglicht, daß radikale Studenten disziplinarisch rasch belangt und ebenso schnell relegiert werden können.

Man wünschte sich für Heinrich Albertz und die tragenden politischen Kräfte Berlins, daß sie diesmal hart und konsequent bleiben. Sie stehen nicht allein. Auch wenn dieser oder jener renommierte Weise aus dem politischen Wolkenkuckucksheim das Gegenteil behauptet. Hochgestimmte Geister wie Helmut Gollwitzer, Günter Grass und Erich Kuby können die Verantwortung für die Lebensfähigkeit dieser Stadt nun einmal nicht übernehmen und, wie sich diesmal auf beklagenswerte Weise zeigte, nicht einmal für den Ruf Berlins.

Die Rädelsführer der gewalttätigen Unternehmungen gegen den Schah-Besuch haben sich des strafrechtlichen Tatbestandes der Zusammenrottung zu aufrührerischen Aktionen und des Landfriedensbruchs schuldig gemacht. An der Art und Weise der Verfolgung dieser kriminellen Vergehen werden wir erkennen, wie ernst es der Senat mit seinen gestrigen Beschlüssen meint.

49

NACH DER OPER

＾ »Morgenpost«-Kolumnist Rudolf Stiege wünscht im Leitartikel vom 4. Juni 1967 eine »harte und konsequente« Haltung Albertz'.

Tempelhof zu fahren und ihn nach Hamburg zu verabschieden. Für den frühen Nachmittag dieses Sonnabends berief Albertz im Rathaus Schöneberg den Senat zu einer Sondersitzung ein. Schon nach 11 Uhr erschienen in seinem Amtszimmer die SPD-Abgeordneten Gerd Löffler und Dietrich Stobbe. Beide hatten sich am späten Abend zuvor an der Oper voneinander mit dem Vorsatz verabschiedet, ihre verheerenden Eindrücke vom Polizeieinsatz dem Regierenden Bürgermeister unverzüglich mitzuteilen. Nun erlaubten sie sich, einfach an der Vorzimmerdame vorbei zu Albertz zu gehen. Schließlich war Löffler ja Vize-Fraktionschef und Stobbe parlamentarischer Geschäftsführer der SPD. Sie fanden Albertz an seinem Schreibtisch vor, wo er pausenlos per Fernschreiber eingehende Mitteilungen und Lageberichte der Polizei studierte. Wie sich Stobbe erinnert, empfing er die unangemeldeten und unerbetenen Besucher »höchst indigniert«. Als sie ihm das ihrer Meinung nach kopflose und taktisch völlig falsche Vorgehen der Polizeiführung schilderten und die Befürchtung äußerten, »dass diese Ereignisse bei den Studenten zu weiterem Aufruhr führen werden«, wollte Albertz nichts davon hören. Stobbe kann sich dies heute nur damit erklären, dass der Mann damals in seinem Denken noch viel zu sehr mit dem Polizeiapparat verquickt war, den er von 1961 bis Dezember 1966 als Innen- und Sicherheitssenator geleitet hatte. Es war die Welt, in der er sich zu Hause fühlte. »Die für die Aufgabe eines Regierungschefs unbedingt notwendige Distanz zu diesem Bereich hatte er sich in den gut fünf Monaten, seit er als Nachfolger von Willy Brandt an die Spitze des Senats gerückt war, noch nicht angeeignet«, sagt Stobbe. »Da sie ihm fehlte, konnte er gegenüber der Öffentlichkeit auch nicht unbefangen Stellung nehmen.«

Später erörterte Albertz noch vor der Senatssondersitzung die entstandene Lage auch mit den Chefs der drei Fraktionen sowie den Hochschulrektoren. Man kam überein, zumindest für die nächsten beiden Wochen in Berlin das Grundrecht auf Versammlungsfreiheit einzuschränken und keine Demonstrationen mehr zuzulassen. Das Verbot sollte »bis auf Weiteres« auch für die Hochschulen gelten. Gegen einen zur gleichen Stunde an der FU begonnenen Sitzstreik wurde jedoch keine Polizei eingesetzt.

Entgegen anderslautenden Darstellungen platzten Löffler und Stobbe nicht in die um 14 Uhr beginnende und eineinhalb Stunden dauernde Senatssitzung. Für diese nichtöffentlichen

Kabinettsberatungen gibt es ein gestrenges Reglement. Zutritt erhält nur, wer von Amts wegen dazu befugt ist. Beide Abgeordnete konnten sich deshalb dort auch nicht zum »Sprachrohr der empörten Studenten« machen. In der Sitzung kam es aber, wie Teilnehmer anschließend mitteilten, zu einer heftigen Diskussion, während der sich Albertz fragen lassen musste, ob er in seiner nächtlichen Erklärung die Rolle der Polizei an der Oper nicht zu blauäugig geschildert habe. Der Regierungschef wies dies empört zurück. Er sprach anschließend in einer Presseverlautbarung und am Abend im SFB-Fernsehen zunächst der Familie Ohnesorg sein Beileid aus, zeigte sonst aber, dass er nicht bereit war umzudenken: Albertz beharrte auf seinem schon in der vorausgegangenen Nacht bekundeten ausdrücklichen Lob für den Polizeieinsatz. Die Erklärung gipfelte in den Worten: »Die Geduld der Berliner hat ein Ende.« Deshalb kündigte die Landesregierung auch die Einrichtung von Schnellgerichten an – ein Vorhaben, das nie verwirklicht wurde.

Schon am Vormittag dieses Sonnabends hatten sich gegen 10 Uhr vor dem Hauptgebäude der FU, dessen Eingänge versperrt und durch die Polizei gesichert waren, etwa 500 Personen zu einer Kundgebung eingefunden. Bereits hier wurde ein Plakat mit der voreiligen Feststellung »Berliner Polizei beging einen Mord« gezeigt. Der AStA kündigte für die folgende Woche einen dreitägigen Studentenstreik an. Als am Mittag eine Gruppe von mehreren Hundert Hochschülern nach Schöneberg fuhr und zum John-F.-Kennedy-Platz vordringen wollte, um sich vor und während der Senatssitzung bemerkbar zu machen, wurde sie von der Polizei sofort abgedrängt. Auch Einzelpersonen durften den Platz nicht betreten. Weitere Studenten, die schon zuvor von der FU aus mit Rudi Dutschke als Anführer zum West-Berliner Regierungssitz unterwegs waren, wurden in Lichterfelde auf der Straße Unter den Eichen von der Polizei abgefangen und in einer Nebenstraße eingekesselt. Sie gaben eine halbe Stunde später nach der Zusicherung »freien Abzugs« ihr Vorhaben auf.

Am späteren Nachmittag sammelten sich erneut Studenten auf dem FU-Gelände. Manche trugen Trauer-Armbinden, andere schwarze Fahnen. Da ihnen der Zugang zum Audimax und anderen Universitätsgebäuden verwehrt wurde, öffnete der Dekan der Wirtschafts- und Sozialwissenschaftlichen Fakultät, Dietrich Wetzel, die ihm unterstellten Räume – entgegen der Anordnung

52

Erklärung

Anläßlich der Vorgänge um den Schahbesuch in Berlin wurde ein Student der FU von einem Kriminalbeamten in Zivil durch einen Schuß in den Hinterkopf getötet. Wir erwarten, daß alle Umstände, die zum Tode unseres Kommilitonen führten, durch die zuständigen Instanzen schnell und vollständig aufgeklärt werden.

Obgleich Untersuchungsergebnisse noch nicht vorlagen, hat der Berliner Senat eine weitgehend von der Presse übernommene einseitige Darstellung der Ereignisse gegeben und daraus folgende polizeistaatlichen Maßnahmen gerechtfertigt:

1. Unbefristete Aufhebung des Demonstrationsrechts und damit Eingriff in die Grundrechte der Koalitions- und Meinungsfreiheit.

2. Einführung von Schnellgerichten, die einer Sondergerichtsbarkeit für Studenten gleichkommt.

3. Öffentliche Billigung von teilweise äußerst brutalen Polizeieinsätzen, die den Charakter von Strafaktionen trugen.

4. Ankündigung eines Hochschulgesetzes, das nicht der Demokratisierung, sondern der Disziplinierung der Universität dient.

Wir sind der Überzeugung, daß diese Maßnahmen wichtige Staatsbürgerrechte grundlos einschränken und die Freiheit von Forschung und Lehre an den West-Berliner Hochschulen ernstlich bedrohen.

Zur Wiederherstellung legaler Verhältnisse in der Stadt und in der Universität fordern wir:

1. Aufhebung des Demonstrationsverbots.

2. Einsetzung eines unabhängigen Untersuchungsausschusses zur Aufklärung der Ereignisse vom Freitag.

3. Vorkehrungen zum Schutz aller Berliner Bürger gegen Übergriffe der Polizei.

4. Wiederherstellung der Hochschulautonomie und der vollen politischen Betätigungsfreiheit für ihre Bürger.

5. Vorlage eines Universitätsgesetzes, das dem Stand der hochschulpolitischen Diskussion gerecht wird und eine Strukturreform ermöglicht, anstatt ständestaatliche Prinzipien, wie z. B. das geltende Disziplinarrecht, neu zu legitimieren.

Angesichts der prekären Situation in der Stadt und an der Universität entschließen wir uns, uns bewußt und öffentlich an die Seite der Studenten und ihrer Repräsentanten zu stellen. Wir werden in den nächsten Wochen die uns gegebenen Möglichkeiten nutzen, um die noch nicht informierten Studenten, Dozenten und Bürger unserer Stadt über die Ereignisse der letzten Woche und ihre politisch-gesellschaftlichen Hintergründe und Folgen aufzuklären.

*

Diese Erklärung wurde am 5. Juni 1967 von 111 Assistenten der Wirtschafts- und Sozialwissenschaftlichen sowie der Mathematisch-Naturwissenschaftlichen Fakultät beschlossen und bisher von weiteren 178 Professoren und wissenschaftlichen Mitarbeitern der Freien Universität Berlin und des Max-Planck-Institutes für Bildungsforschung unterzeichnet.

^ *Erklärung von Assistenten und Professoren zum Tod von Benno Ohnesorg, veröffentlicht im »Tagesspiegel« am 7. Juni 1967.*

von Rektor Hans-Joachim Lieber. Schließlich waren fünf Hörsäle mit mehreren Tausend Zuhörern gefüllt, unter ihnen der Politikwissenschaftler Richard Löwenthal und der Schriftsteller Erich Kuby. Als der Schriftsteller Günter Grass die Versammelten aufforderte, Ruhe zu bewahren und nicht die Praxis der Polizei zu übernehmen, stieß er auf Unverständnis. Der Vorsitzende des erst am 30. April gegründeten Republikanischen Clubs, Klaus Meschkat, zugleich Mitglied des SDS, fand dagegen für seine Parolen gegen den Axel-Springer-Verlag viel Applaus. Er warf den Springer-Blättern vor, ebenso wie der Senat durch »Hetze« gegen die Studentenbewegung am Tod von Benno Ohnesorg mitschuldig zu sein, und forderte die Enteignung des Konzerns. Dann stellte der Theologieprofessor Helmut Gollwitzer die rhetorische Frage, ob West-Berlin »Vorort der Autorität und des deutschen Polizeistaates« sei. Auf Antrag von Rudi Dutschke wurde einmütig eine Resolution angenommen, in der unter anderem die »Entfaschisierung der Berliner Polizei«, die Auflösung des Springer-Konzerns sowie der Rücktritt von Albertz, Büsch und Duensing gefordert wurden. Die Studenten der Technischen Universität verurteilten in den Tagen darauf ebenfalls das Verhalten der Polizei und forderten eine rückhaltlose Aufklärung der Vorfälle.

Dutschkes Polemik brachte an jenem Nachmittag die Gemüter derartig in Wallung, dass eine Reihe von Zuhörern sofort aufbrechen und ihrem Unmut in der Stadt durch »Aktionen« freien Lauf lassen wollte. Ich habe noch lebhaft vor Augen, wie Dutschke auf der Straße zwischen den Universitätsbauten auf die offensichtlich zu unbedachten Handlungen entschlossene Gruppe per Megaphon und wild gestikulierend einredete und sie schließlich mit dem Argument, die Chancen für die herannahende sozialistische Revolution doch nicht durch verfrühten Aufruhr zu gefährden, zur Umkehr veranlasste.

An den ersten Tagen nach dem 2. Juni waren sich Berliner Politiker, Gewerkschaftsführer und Zeitungskommentatoren in der Beurteilung der Auseinandersetzungen vor der Oper noch weitgehend einig. Der SPD-Landesvorstand warf den Schah-Gegnern einen »Missbrauch des Demonstrationsrechts« vor. Die Polizeigewerkschaft sprach von einer »Minderheit wirrköpfiger, hysterischer notorischer Radaumacher«, der DGB-Landesvorsitzende Walter Sickert von einer »anarchischen Minderheit«, der CDU-Landesvorstand von einer Terrorisierung der Stadt durch

»einige Hundert radikale Müßiggänger«. Der Leitartikler des *Tagesspiegels* prangerte die »Randaliersucht gewisser linksextremer deutscher Studentengruppen« an, die »stets zur Stelle sind, wenn irgendwo mit einem Krawall zu rechnen ist«. Die Haltung, in der Schah und Kaiserin den Druck der Straße ertragen und scheinbar ignoriert hätten, verdiene Achtung. Das Blatt meinte sogar, der Ärger über Fehler, die es beim Einsatz der Polizei gegeben habe, müsse vor dem Abscheu über diejenigen verblassen, »denen auch jeder andere Anlass recht gewesen wäre, um hier die Atmosphäre einer Straßenschlacht zu entfachen«.

Der sozialdemokratische *Telegraf* urteilte, dass es »einer Handvoll Radaubrüdern« gelungen sei, »ein ganzes Stadtviertel zu terrorisieren«. In einem weiteren *Telegraf*-Kommentar war noch am 6. Juni von einer »Diktatur der Straße« zu lesen und davon, dass eine »winzig kleine Gruppe von Studenten mit terroristischen Mitteln Würde und Ansehen ... der ganzen Stadt gröblich verletzten«. Nach Meinung der im gleichen Verlag erscheinenden *nacht-depesche* hatte

GB BERLINER MO

RERUM CAUSAS
COGNOSCERE

BERLIN, SONNABEND, 3. JUNI 1967

Unsere Meinung:

Der Schah in Deutschland

Gz. Der morgen zu Ende gehende Staatsbesuch des persischen Kaiserpaares in der Bundesrepublik wird auf beiden Seiten ein Unbehagen zurücklassen. Es ist nicht nur das Unbehagen über Störungen, Krawalle und Demonstrationen, sondern mehr noch der Eindruck, daß es unter diesen Umständen nur unzulänglich gelang, die politische Aussage dieses Besuches bewußt zu machen. Offenbar hatte man sich auch zuviel vorgenommen. Die Haltung der Bevölkerung war eher freundlich-zurückhaltend als — zustimmend oder ablehnend — engagiert. Man wußte auch um die oppositionelle Haltung zahlreicher in Deutschland lebender Perser gegenüber dem Schah, um die Randaliersucht gewisser linksextremer deutscher Studentengruppen und schließlich um diejenigen, die auch ohne jegliches politische Interesse stets zur Stelle sind, wenn irgendwo mit einem Krawall zu rechnen ist. Was hier als Druck der Straße offenbar wurde, ist vom Schah und der Kaiserin in einer Haltung, die Achtung verdient, um dieser Aussage willen ertragen und scheinbar ignoriert worden. Jene Demonstranten zogen es diesmal vor, ihre Einstellung statt mit Argumenten mit der roten Fahne zu deklarieren.

Das vielfach kritisierte Massenaufgebot an Polizei war zweifelsfrei insoweit berechtigt, als der Ablauf eines Staatsbesuches nicht einigen Demonstranten oder dem anarchistischen Randaliertrieb einer unreifen Minorität überlassen werden kann. Doch daß — und hierin scheint die Berliner Polizei ein glücklichere Hand gehabt zu haben — in Westdeutschland ganze Stadtzentren und Verkehrswege blockiert wurden, läßt die Frage Weyers berechtigt erscheinen, ob nicht der äußere Ablauf solcher Besuche rücksichtsvoller sein kann.

Zwischenfälle, die es dort und in ernsterem Maße noch in Berlin gegeben hat, verdienen nicht nur deshalb ein Wort des Bedauerns, weil den Urhebern jener Radau- und Prügelszenen jegliches Gefühl für das Gastrecht und für die Form fehlt, in der auch der Ausdruck einer oppositionellen Meinung der Gebrauch einer selbstverständlichen Freiheit ist. Was von den Demonstranten verkannt oder bewußt ignoriert wurde, ist die Sonderrolle, die Persien im Verhältnis der Bundesrepublik zu den nahöstlichen Staaten spielt. Was dort — mit deutscher Hilfe — zur Entwicklung des Landes getan wurde, braucht einen Vergleich mit den Nachbarstaaten nicht zu scheuen. Dieser Staatsbesuch sollte somit das Zeichen des guten Standes dieser Beziehungen sein, und schon deshalb ist es selbstverständlich, daß es nur ein kleines Häuflein törichter Quertreiber gewesen sein kann, das dem öffentlichen Auftreten des Kaiserpaares in Deutschland den Charakter eines Spießrutenlaufens zu geben bemüht war. Was immer auch von der Polizei dabei falsch gemacht worden sein mag — jeglicher Ärger über sie muß verblassen vor der Abscheu gegen diejenigen, denen auch jeder andere Anlaß recht gewesen wäre, um hier die Atmosphäre einer Straßenschlacht zu entfachen.

Leitartikel von Klaus-Dieter Gurezka, Mitglied der politischen Redaktion des »Tagesspiegel«, zum Schah-Besuch (Titelseite vom 3. Juni 1967).

die von »randalierenden Demonstranten« heraufbeschworene »blutige Schlacht« ein Todesopfer gefordert.

Klare und deutliche Worte. Jedenfalls unterschieden sich diese Stellungnahmen kaum von denen in Zeitungen des Verlagshauses Axel Springer, die von Studentenführern und Linksintellektuellen im Westen ebenso wie von SED-Funktionären in Ost-Berlin der Einseitigkeit geziehen wurden. In der *Berliner Morgenpost* hieß es am 3. Juni: »Es geht gegen das unflätige Anpöbeln von Gästen, gegen die hemmungslos ausgetobte Lust am Krawall und gegen die unverschämte Ausrede, dieses Treiben sei Ausdruck politischer und ethischer Grundsätze und habe weltstädtischen Charakter. Wer es wohl meint mit Berlin, wer Berlin wirklich zur Brücke zwischen den Völkern in West und Ost machen will, der jage endlich die Krawall-Radikalen zum Tempel hinaus, die das Ansehen Berlins systematisch ruinieren.« Die *BZ* schrieb, was geschehen sei, »war kriminell in übelster Weise«. Die für die Krawalle Verantwortlichen könnten von der Bevölkerung kein Verständnis mehr erwarten. »Wer Terror produziert, muss Härte in Kauf nehmen.« Und die *Bild*-Zeitung meinte ebenso unmissverständlich: »Von jetzt an billigen wir kriminellen Minderheiten, die das Wort Demokratie nicht einmal buchstabieren können, keine Narrenfreiheit mehr zu. Wir werden sie einfach abschieben.«

Die Geschlossenheit in der Einschätzung dessen, was geschehen war und was weiter unternommen werden sollte, hielt nicht lange an. Denn in der Öffentlichkeit stieß die zögernde Art und Weise, mit der Senat und Polizei zur Aufklärung beitrugen, auf Unverständnis. Auch wohlmeinende Beobachter wurden stutzig. Widersprüchliche Auskünfte darüber, ob der Räumungseinsatz am 2. Juni um 20.07 Uhr von der Polizei überhaupt durch Lautsprecher angekündigt worden sei, sorgten für weitere Verwirrung. Der Polizeipräsident behauptete, dies sei laut und vernehmbar geschehen. Viele Augen und Ohrenzeugen meinten jedoch, die Polizisten hätten mit ihrem gewaltsamen und jede Verhältnismäßigkeit missachtenden Einsatz begonnen, bevor zum Verlassen des Bereichs an der Südseite der Bismarckstraße aufgefordert und »polizeiliche Maßnahmen« angedroht worden waren. Dort standen mehrere Tausend Demonstranten und Schaulustig in einem etwa 130 Meter langen und 6,18 Meter breiten »Schlauch« zwischen Absperrgitter und Bauzaun zusammengepfercht. Es meldeten sich später aber bei Zeitungen auch Augenzeugen, die von einer solchen frühzeitigen Durchsage aus einem links von der Oper operierenden Lautsprecherwagen gehört haben wollten. Dies legte den Schluss nahe, dass der erste Aufruf wegen des von den Demonstranten verursachten gewaltigen Lärms nicht weit genug gedrungen sein dürfte und die meisten dort Versammelten ahnungslos waren, als die Polizei losschlug.

Natürlich hatten manche der vor dem Absperrgitter postierten Polizisten schon vor diesem Zeitpunkt unter größtem Stress gestanden. Sie waren von aggressiven Demonstranten angebrüllt und als »Bullen«, »Schweine« und »Gestapo« tituliert, gelegentlich auch angespuckt worden. Manche hatten schon zehn Stunden Dienst hinter sich. Junge Leute aus den hinteren Reihen bewarfen sie mit Zigarettenkippen und Sandbeuteln. Einzelne Demonstranten mussten immer wieder am Übersteigen des Gitters und Durchbruch in Richtung Oper gehindert werden. Andere, die auf Bäume oder den Bauzaun geklettert waren, leisteten, wenn sie gebeten wurden, herunter zu kommen, oft erheblichen Widerstand und wurden dabei von Umstehenden unterstützt. Die Polizisten setzten deshalb schon frühzeitig den Schlagstock ein. Auch sogenannte polizeiliche Greiftrupps, die in die Menge geschickt wurden, um erkannte Übeltäter dingfest zu machen, gerieten in Bedrängnis. Im Gerangel wurden die Beamten wiederholt tätlich angegriffen und ihnen die Mützen vom Kopf geschlagen. Deshalb gaben einzelne Polizisten denn auch später vor dem parlamentarischen Untersuchungsausschuss zu erkennen, dass sie sich während des Räumungseinsatzes zu revanchieren suchten, obwohl dies natürlich gegen die Vorschriften verstieß.

So wurden vereinzelt aus den hinteren Reihen der Demonstranten auf die Fahrbahn geschleuderte Rauchbomben in die Menge zurückgeworfen, ein unverantwortliches Vorgehen. Unterabschnittsleiter Heinz Burck sagte am 3. Juli 1967 vor dem Untersuchungsausschuss ganz unverblümt: »Wir wollten den Demonstranten, die dort standen den Schneid abkaufen.« Als sie das Kommando »Schlagstock frei!« erhalten hatten und in den »Schlauch« den von Präsident Duensing angeordneten Keil trieben, vergaßen manche Uniformierte die Zurückhaltung, von der Albertz am Tag danach anerkennend sprach. Es kam zu beschämenden Exzessen, die dem Bild vom polizeilichen Freund und Helfer Hohn sprachen. Die von einem Buchautor im Mai 2007,

Straßenschlacht

BZ

Linksradikale Störenfriede haben gestern abend vor der Deutschen Oper in der Bismarckstraße der Polizei eine regelrechte Straßenschlacht geliefert. Der Anlaß war der Besuch des Schahs von Persien. Dennoch war das keine politische Demonstration. Es war das Werk eines Mobs. Ihm ging es nicht mehr um die politische Aussage in irgendeiner Form. Ihm ging es nur um Krawall, um Unruhe, um Prügelei. Um Terror.

Diese Straßenschlacht in der Bismarckstraße in Charlottenburg hat Schwerverletzte gefordert. Frauen, die gekommen waren, um den Schah zu sehen, wurden von Steinen getroffen blutend auf dem Mittelstreifen der Bismarckstraße

zusammen. Polizisten wurden schwer verletzt abtransportiert. Und auch die Demonstranten kamen nicht ungeschoren davon.

Rettungsamt und Deutsches Rotes Kreuz hatten gegen 21 Uhr 30 mehr als 20 Krankenwagen pausenlos im Einsatz. Dennoch mußten um diese Zeit 12 weitere Rettungswagen vom Rudolf-Virchow-Krankenhaus angefordert werden. Das Westend-Krankenhaus war von Verletzten überfüllt. Die Helfer mußten die Opfer dieser Straßenschlacht weiter ins Hildegard-Krankenhaus schaffen.

Um 20 Uhr 35 ging auch der erste Alarm an die Feuerwehr. Sie entsandte 10 Unfallwagen zur Bismarckstraße. Immer mehr Verletzte benötigten ärztliche Hilfe.

Fast 1000 Unruhestifter

Die Krawalle hatten schon vor dem Eintreffen des Schahs begonnen. Unter den rund 3000 Schaulustigen vor der Deutschen Oper befanden sich fast 1000 Unruhestifter. Sie wollten ihr „Happening". Und sie bekamen es.

Zu den ersten Zusammenstößen kam es, als die Polizei Studenten, die auf Bauzäune gestiegen waren, herunterholen wollte. Plötzlich hagelten

gel empfangen. Ein zweiter kam. Ein dritter. Die Polizei nahm jetzt keine Rücksicht mehr. Auch auf ihrer Seite kam es zu Härten.

Um die Rädelsführer zu fassen, brachen wiederholt Kriminalbeamte durch die Polizeiketten und drängelten sich zwischen die Krawallmacher. Auch dabei kam es zu massiven Schlägereien. Die Verletzte forderten. Zahlreiche Personen wurden festgenommen.

Erst gegen 21 Uhr hatte die Polizei die Demonstranten bis zur Krummen Straße abgedrängt. Die Bismarckstraße bot ein chaotisches Bild. Sie war von Steinen, Holzplatten, zerbrochenen Eiern, Tomaten, Milch, Farbe und Blut übersät.

Aber die Provos gaben keine Ruhe. Schon eine halbe Stunde später kam es in der Wilmersdorfer Straße zu neuen schweren Zusammenstößen. Dort hatten die Linksradikalen demonstrativ Berliner Zeitungen verbrannt. Der Einsatz der Polizei mußte erneut von Wasserwerfern und stützt werden.

Auch am Kurfürstendamm kam es zu Zusammenstößen und zu tumultartigen Szenen. Wiederholt mußte die Polizei den gesamten Straßenverkehr absperren. Nach diesem Chaos war es auch gegen Mitternacht noch

57

NACH DER OPER

vierzig Jahre nach jenen Ereignissen aufgestellte These, die Polizei habe von vornherein eine Strafaktion gegen die aufsässigen Studenten unternehmen wollen, erscheint allerdings sehr weit hergeholt. Eher scheint mir zuzutreffen, dass die Polizei mangels straffer Führung zeitweise Übersicht und Kontrolle verlor.

Dass der Todesschütze auf dem Parkdeck an der Krummen Straße Kriminalobermeister war und Karl-Heinz Kurras hieß, wurde erst am Sonntag, den 4. Juni bekannt. Angesichts der »defensiven Informationspolitik« amtlicher Stellen glaubte die Öffentlichkeit bald der polizeilichen Darstellung nicht mehr, wonach der damals 39-jährige Kurras von mehreren Demonstranten bedrängt oder gar mit blitzenden Messern bedroht worden sei und deshalb in Notwehr gehandelt habe. Es wurde sogar erzählt, Kurras habe sich am Boden liegend gegen die Angreifer wehren müssen, als er die Pistole zog. Im »*Tagesspiegel*« war mittlerweile von »Vernebelungsversuchen« zu lesen.

Die Ereignisse des 2. Juni brachten Staatsanwaltschaft und Gerichten viel Arbeit. Wie Justizsenator Hans-Günter Hoppe (FDP) Monate später im Senatspressedienst bekannt gab, wurden gegen 35 namentlich bekannte Demonstranten – die Mehrheit Studenten – Ermittlungsverfahren wegen des Verdachts des

^ *Bericht in der »BZ« vom 3. Juni 1967, in dem die »Straßenschlacht« vor der Oper als »Werk eines Mobs« dargestellt wird.*

Landfriedensbruchs, des Widerstands gegen die Staatsgewalt, der Aufforderung zum Ungehorsam gegen Gesetze, Körperverletzung und anderer Straftaten eingeleitet. Auch gegen 70 Polizeibeamte und sechs persische Staatsangehörige wurden die Staatsanwälte tätig, aber die juristischen Ermittlungen blieben ergebnislos. Drei Vertreter des iranischen Geheimdienstes Savak erhielten geringfügige Strafen. 52 Personen, unter ihnen 28 namentlich bekannte Demonstranten, wurden wegen der »Beleidigung eines ausländischen Staatsoberhauptes« angezeigt. Da aber die Regierung des Iran keine Strafverfolgung beantragte und auch die Bundesregierung darauf verzichtete, wurden die Verfahren Ende 1967 eingestellt. Insgesamt gesehen führten die Ermittlungen nur in wenigen Fällen zu Gerichtsverfahren oder Verurteilungen.

Der Todesschütze Kurras wurde am 21. November 1967 vom Landgericht Berlin wegen Mangels an Beweisen von der Anklage der fahrlässigen Tötung freigesprochen. Ein Freispruch zweiter Klasse. Das Urteil löste vor allem bei den Studenten einen Aufschrei der Empörung aus. Der Richter äußerte zwar die Vermutung, Kurras habe »in vielen Dingen die Unwahrheit gesagt«. Doch das Gericht hielt ihm zugute, dass er »überfordert und nervös« gewesen sei. 1968 erreichte Otto Schily als Nebenkläger vor dem Bundesgerichtshof in Karlsruhe eine Revision des Urteils, aber eine Kammer des Landgerichts kam im November 1970 erneut zu einem Freispruch. Kurras kehrte 1971 in den Polizeidienst zurück, wurde 1987 vorzeitig pensioniert und lebt heute in Spandau. Wie es zu seinen Schüssen an der Krummen Straße gekommen ist, vermochte weder ein Untersuchungsgremium noch ein Gericht zuverlässig zu klären. Darüber könnte allein Kurras selbst Auskunft geben. Aber er hat bis heute seine Darstellung, die erhebliche Zweifel nahe legt, nicht revidiert. Für Journalisten ist er nicht zu erreichen.

Benno Ohnesorg – dieser Name bekam mit dem Wochenende des 3. und 4. Juni 1967 schlagartig einen besonderen, beinahe Ehrfurcht gebietenden Klang. Bei aller Kritik, die viele Berliner an den politischen Aktivitäten und Zielen der radikalisierten Jungakademiker hatten – erschossen sollten sie nun wirklich nicht werden. Zwar gab die *Berliner Morgenpost* in ihrer Ausgabe vom 4. Juni noch zu bedenken, dass der tote Student »nicht Märtyrer der FU-Chinesen, sondern ihr Opfer« sei. Aber genau

Kurras bleibt vom Dienst suspendiert

Weitere Proteste gegen Freispruch

Kriminalobermeister Karl-Heinz Kurras bleibt so lange vom Dienst suspendiert, bis das Urteil der 14. Großen Strafkammer des Landgerichts vom Dienstag rechtskräftig ist. Dies teilte gestern Berlins Bürgermeister und Innensenator Kurt Neubauer (SPD) auf Anfrage mit. Die Entscheidung über ein Disziplinarverfahren wird erst getroffen, wenn ein rechtskräftiges Urteil vorliegt.

Justizsenator Hans-Günter Hoppe (FDP) erklärte zu den vor allem von studentischer Seite vorgebrachten Vorwürfen gegen den Freispruch von Kurras, in den öffentlichen Protesten sei keine sachliche Kritik zu finden gewesen. Vielmehr habe es bösartige Polemik gegeben, die den Richtern politische Motive unterstellte.

„Alle unvoreingenommenen Beobachter dieses Prozesses", so fährt Hoppe wörtlich fort, „haben bestätigt, daß sich das Gericht ohne jede politische Wertung nur um eine Rekonstruktion des Tatherganges bemüht hat." Da das Geschehen aber nicht bis zur letzten Gewißheit habe aufgeklärt werden können, „mußte ein Freispruch erfolgen".

Dazu stellte gestern die FDP-Fraktion des Abgeordnetenhauses fest: „Die Urteilsbegründung hat sichtbar gemacht, daß Kurras den Anforderungen des Polizeivollzugsdienstes nicht gewachsen ist."

Die Proteste gegen den Freispruch von Kurras, der am 2. Juni den FU-Studenten Ohnesorg tötete, hielten auch gestern an. Die „Vereinigten Arbeitsgemeinschaften an der FU (VAFU)" richteten an Senator Hoppe einen offenen Brief, in dem sie „aus Anlaß des für uns schwerverständlichen Urteils" detaillierte Fragen stellten. Sie wollen unter anderem wissen, wie viele Ermittlungsverfahren im Zusammenhang mit den Studentenunruhen seit dem 2. Juni eingeleitet worden sind.

Die Sozialistische Jugend „Die Falken" bezeichnete den Freispruch als ein „ungeheuerliches Fehlurteil". Der AStA-Vorsitzende an der FU, Johann Wolfgang Landsberg, erhielt gestern bei einem Gespräch mit Rektor Harndt die Zusicherung, daß das Auditorium maximum stehe am kommenden Montag von 10 bis 15 Uhr für eine Diskussion über die „Fälle" Teufel und Kurras bereit.

Die Humanistische Union erklärte zu dem Kurras-Urteil, die Öffentlichkeit müsse erneut den Eindruck gewinnen, daß die Justiz ein „Zwei-Klassen-Recht" praktiziere.

Kriminalobermeister Kurras hat jetzt Einspruch gegen einen richterlichen Strafbefehl erhoben, in dem er wegen unbefugten Waffenbesitzes zu 400 Mark Geldstrafe verurteilt worden war. Kurras hält diese Strafe für zu hoch. Mit dem Fall wird sich nun ein Moabiter Schöffengericht befassen. **M. M.**

---

das, ein Märtyrer der Studentenrevolte, ist er dann geworden und seitdem geblieben. In den Tagen nach dem 2. Juni wurden auf dem Hof des Hauses Krumme Straße 66/67 Blumen niedergelegt. Heute erinnert an der Stelle, wo der angeschossene Ohnesorg lag, bevor ihn ein Krankenwagen wegbrachte, nichts mehr an das damalige Ereignis. Es gibt keine Gedenktafel. Sogar die alte Hausnummer 67/68 ist verschwunden. Das Mahnmal »Tod eines Demonstranten«, der Abguss eines von dem Bildhau-

---

^ »Morgenpost«, 24. November 1967: Todesschütze Kurras blieb nach seinem Freispruch vorerst vom Dienst suspendiert.

er Alfred Hrdlicka geschaffenen Reliefs, befindet sich auf der gegenüberliegenden Seite der Bismarckstraße am U-Bahneingang rechts von der Oper. Es zeigt zwei brutale Polizisten, die einen Mann – Ohnesorg – kopfüber an den Füßen halten. Als es 1990 enthüllt wurde, warf der damalige Berliner Polizeipräsident Georg Schertz dem in Wien beheimateten und auch durch prokommunistische Erklärungen hervorgetretenen Künstler vor, die Geschichte zu verfälschen. Denn Benno Ohnesorg sei weder erschlagen noch vorsätzlich getötet worden. Wie sich die Zeiten und Erinnerungen ändern: Am 2. Juni 2007 berichtete die *Süddeutsche Zeitung*, dass Berlins Polizeipräsident Dieter Glietsch an der Krummen Straße, dort, wo Ohnesorg 40 Jahre zuvor von einer Pistolenkugel getroffen wurde, einen Kranz niederlegen ließ. Auf der Schleife hieß es: »In stillem Gedenken.«

Der Wandel im Bewusstsein kam seinerzeit innerhalb weniger Wochen in Gang. Und die Studentenvertreter der Freien Universitäten waren im Geschäft des Mobilisierens und der Sympathiewerbung viel zu erfahren, um die sich ihnen hier bietende neue Möglichkeit nicht weidlich auszunutzen. Sie veranstalteten schon am Montag, dem 5. Juni eine Vollversammlung, zu der etwa ein Viertel der damals in Dahlem eingeschriebenen gut 15 000 Studenten erschien. Einmütig wurde dort beschlossen, sich nicht auf die Untersuchungen anderer Stellen zu verlassen, sondern eigene Ermittlungen anzustellen, bei denen möglichst viele Zeugen der Vorgänge an der Oper gehört werden sollten. Es wurde zudem ein Komitee eingesetzt, das die Bevölkerung auf den Straßen der Stadt über die Probleme und Ziele der Studenten besser informieren sollte. Dabei ging es vor allem darum, eine »Gegenöffentlichkeit« zu den nach Ansicht der SDS-Funktionäre falschen Darstellungen in den Medien herzustellen. Ein drittes Gremium wurde gebildet, um die Trauerfeierlichkeiten für Benno Ohnesorg zu organisieren.

Schon am 5. Juni zeigte sich auf einer Sondersitzung des sich Konvent nennenden Studentenparlaments der Freien Universität im Audimax ein für die Initiatoren erster überraschender Erfolg. Es erschien Rektor Hans-Joachim Lieber und versicherte mit belegter Stimme den Studenten, die er noch drei Tage zuvor durch Demonstrationsverbot ausgesperrt hatte: »Uns verbündet das Gefühl der Solidarität, was auch immer in den letzten Wochen geschehen sein möge.« Geschehen war einiges. Am 19. April 1967 hatten Studenten die Sitzung des Akademischen Senats durch ein Sit-in im FU-Hauptgebäude massiv gestört, weshalb Lieber die Polizei zu Hilfe rief. Sie trug zuerst eine Reihe von Studenten ins Freie, brach dann den Polizeieinsatz aber ab, als die Weggetragenen schnurstracks wieder zu den auf dem Boden der Eingangshalle Sitzenden zurückkehrten. Der spektakuläre Vorgang hatte dazu geführt, dass Lieber drei Tage später gegen die führenden Studentenvertreter einschließlich Rudi Dutschke Disziplinarverfahren einleitete. Eine weitere Kampfansage hatte darin bestanden, dass Lieber im Auftrag des Akademischen Senats am 31. Mai dem SDS die Förderungswürdigkeit entzog und diese von der SPD sechs Jahre zuvor aus der Partei ausgeschlossene Studentenorganisation damit finanziell erheblich schlechter stellte.

Nun also völlig neue Töne. Der ohnedies zum liberalen Flügel der Professorenschaft zählende Lieber bot die Hand zur Versöhnung. Er hatte auch nichts dagegen, als am 6. Juni eine weitere studentische Vollversammlung verfügte, dass der Lehrbetrieb eine Woche lang ausschließlich für Beratungen über den 2. Juni und dessen Folgen genutzt werden solle.

Zum Stimmungsumschwung trugen sicherlich auch einige mit geharnischter Kritik garnierte Korrespondentenberichte in überregionalen Blättern bei. So bezeichnete der aus der Schweiz stammende und links stehende Journalist Rudolph Ganz am 5. Juni in der *Frankfurter Rundschau* die erste Erklärung von Albertz nach dem Bekanntwerden des Todes von Ohnesorg als »so zynisch« dass man »ernstlich daran zweifeln müsste, ob dieser Mann wirklich evangelischer Geistlicher gewesen ist«. Seine Ausführungen gipfelten in der Feststellung, »dass es demokratischen Geist, wie ihn andere westeuropäische Länder kennen, in West-Berlin kaum gibt«.

Die Wochenzeitung *Die Zeit* veröffentlichte am 9. Juni einen Meinungsartikel ihres Berlin-Korrespondenten Kai Hermann, in dem es hieß, West-Berlin sei in die »schwerste politische Krise seit dem August 1961«, als die Mauer gebaut wurde, geraten. Die Polizei habe sich gegen eine kleine, das Demonstrationsrecht überschreitende Gruppe »als wildgewordenes Rollkommando« gebärdet. Hermann, der während seiner Hamburger Studentenzeit dem SDS beigetreten war, dies aber seinen Lesern nicht mitteilte, äußerte die Vermutung, dass mit Gummiknüppeln ein Exempel statuiert werden sollte. Besonders erregte er sich da-

Die Polizei-Sc

Nach der Tragödie: Die Verantwortlicher

Berlin, im Juni

Eine Demonstration von einigen hundert Studenten gegen den Schah von Persien hat Westberlin an den Rand des Chaos gebracht und die schwerste politische Krise seit dem August 1961 heraufbeschworen. Die Berliner Polizei, vor die Aufgabe gestellt, gegen eine das Demonstrationsrecht überschreitende kleine Gruppe unter den Demonstranten vorzugehen, gebärdete sich als wildgewordenes Rollkommando. Diese Polizei ist nicht nur stärker, sondern auch angeblich besser ausgebildet als die irgendeines Bundeslandes — der besonderen Situation der Stadt entsprechend. Aber sie erwies sich trotz ihrer großen Übermacht als unfähig, eine Ansammlung erregter Studenten mit angemessenen Mitteln unter Kontrolle zu halten.

Berlins politische Führung aber, die seit Monaten ihre Hilflosigkeit gegenüber der oppositionellen Studentenschaft demonstriert hat, versagte in der ersten Bewährungsprobe, vor die der Senat Albertz gestellt ist — jener Senat, der mit so vielen Vorschußlorbeeren bedacht wurde, der Regierende Bürgermeister, der „einiges anders", nämlich besser als sein Vorgänger machen wollte, scheinen in der ersten Krise den Kopf zu verlieren.

Das Unbegreifliche begann beim Eintreffen des Schahs vor dem Schöneberger Rathaus am Freitagmorgen. Polizei und Protokoll postierten eine „schahfreundliche" Persergruppe vor den Absperrungen. Die Iraner stürzten sich plötzlich auf die dichtgedrängten Neugierigen und Demonstranten und schlugen mit Stahlruten, Totschlägern und Holzlatten auf sie ein. Die Polizei bildete für diese Aktion Spalier. Sie griff erst nach mehreren Minuten ein. Sie nahm nicht einen der Schläger fest und weigerte sich, Personalien festzustellen. Das alles geschah vor den Augen des Innensenators.

Dieser Schlägertrupp, zum Teil mit Pistolen und Ausweisen des persischen Geheimdienstes ausgerüstet, wurde dann am Abend von zwei städtischen Bussen in der Kolonne der Ehrengäste zur Oper gefahren. Dort durften die Perser sich wieder vor der Absperrung formieren, konnten ungehindert Steine in die Demonstranten werfen und später an der Jagd der Polizei auf die Studenten teilnehmen.

Was vor der Oper geschah, verlief zunächst nach dem Generalstabsplan des Polizeipräsidenten Dünsing. Er hatte die Anweisung gegeben, bis zum Eintreffen des Schahs nicht massiv gegen die Demonstranten vorzugehen, um dem Kaiserpaar den Anblick einer Straßenschlacht zu er-

sparen. Als sich die Türen der Oper hinter Ehrengast Dünsing geschlossen hatten und nen die Nationalhymnen erklangen, wurde ßen weisungsgemäß der Befehl „Knüppel gegeben. Das geschah zu einem Zeitpunk dem — wie der Polizeipräsident sich später drückte — „der Kampfauftrag erfüllt" wa der Schah, nur verbal belästigt, die Oper erreicht hatte.

Das läßt nur einen Schluß zu: Es sollt Exempel statuiert werden — mit Gummi peln. Der Polizeipräsident erklärte seine Stra auf einer Pressekonferenz mit dem Bild Wurst, deren linkes Ende stinkt: „Nehmen die Demonstranten als Leberwurst, nicht dann müssen wir in die Mitte hineinstecher mit sie an den Enden auseinanderplatzt." Im hin kehrte Dünsing zum Höhepunkt der Sc aus der Oper auf seinen — wie er sagte — fechtstand" zurück. Er muß demnach der scheußlichen Szenen gewesen sein, di um diese Zeit abspielten. Einige seiner Bea übten gnadenlose Selbstjustiz — unter den und mit Duldung ihres Behördenchefs un Einsatzleiter.

Offenbar um die Kampfesfreude der Bea zu steigern, wurde zunächst als Flüsterp dann von einem Einsatzleiter über Lautspr die Nachricht verbreitet, ein Polizist sei Messerstiche von Demonstranten getötet wo Dünsing konnte auch dieses „Mißverstän später der Presse erklären: Ein Beamter von einem Stein am Kopf getroffen, „ge wie ein Schwein". Da das Blut am Hals her gelaufen sei, habe man vermutet, ihm sa Halsschlagader durchstochen worden. Daß Nachricht noch über Lautsprecher verb wurde, als der verletzte Beamte sich längs Einsatz zurückgemeldet hatte, ist freili Schönheitsfehler in dieser Geschichte.

Vor der Oper und später in den Straße Innenstadt rächten die Polizisten den „Mor ihrem Kameraden. Bei einer dieser Selbs aktionen wurde der Student Benno Ohn erschossen. Wie es zu den Schüssen kam, da werden von offizieller Seite — nachdem de brauch von Schußwaffen zunächst überhau gestritten worden war — mittlerweile vie sionen verbreitet. Keine stimmt mit den B ten der vielen Augenzeugen überein.

Fest steht, daß Ohnesorg bevor oder na er von einer Kugel in den Hinterkopf get worden war, schwer mißhandelt wurde. Di duktion ergab Prellungen und Blutergüsse Schlageinwirkung am ganzen Körper des

---

^ Dieser Korrespondentenbericht von Kai Hermann in der »Zeit«
vom 9. Juni 1967 fachte die Studentenunruhen mit an.

cht von Berlin

n sich als Unschuldige auf / Von Kai Hermann

Mitglied des Berliner Abgeordnetenhauses erklärte ein Oberwachtmeister vor der "Warum hat der Kriminalbeamte nur gen? Wir hatten den Demonstranten doch sicher." Der Polizeipräsident bleibt jedoch der Behauptung, seine Beamten hätten über nicht bemerkt, daß jemand niedergeschossen sei.

Reaktion der politischen Führung auf die isse des zweiten Juni disqualifiziert den dieser Stadt. Es begann mit einer Erklärdes Regierenden Bürgermeisters, die nicht einzigen Wort den Tod des Studenten erte. Albertz bedauerte statt dessen, daß ein der Bundesrepublik Deutschland in der en Hauptstadt beschimpft und beleidigt" Er bedankte sich zugleich bei der Polizei äußerste Zurückhaltung — nachdem er dem Todesopfer und der großen Zahl verletzter unterrichtet worden war. Es ist dlich, daß die Studenten diese Erklärung ch" nannten. Sie offenbart zumindest einen lichen Mangel an menschlichem und poli-Takt.

ch Falschmeldungen, Verweigerung von ationen und Mangel an Informiertheit eierten Senat und Polizei die Vorfälle. er Rechtsanwalt der Studenten informierte esevertreter von der Tatsache, daß Benno org erschossen worden war. Am Sonnabend sich weder ein Mitglied des Senats noch der präsident der Presse. Der Senatssprecher allein an die Front geschickt — falsch oder ständig informiert. Als dann am Montag enator Büsch und Polizeisenator Dünsing er Pressekonferenz erschienen, mußte ein discher Journalist darum bitten, die Fragen Kollegen doch auf angemessenem Niveau ntworten.

kaum eine wesentliche Frage wurde eine Auskunft gegeben. So konnte der Innendrei Tage nach dem Geschehen noch nicht die vollständige Zahl der verletzt im enhaus liegenden Opfer der Polizeiaktion ngeben. Seine Begründung: Ein städtisches enhaus verweigere mit Berufung auf die ne Schweigepflicht die Auskunft. So ist es under, daß sich das Gerücht hält, es gebe weitere Todesopfer der Ausschreitungen r Oper.

erender Bürgermeister, Senat und Poliident haben kein Wort der Kritik an den maßnahmen geäußert. Sie billigten Form mfang der polizeilichen Maßnahmen wie- und ohne Vorbehalt — ohne die Ergeb-

nisse der Ermittlungen abzuwarten. Sie traten eine panische Flucht nach vorn an. Der Justizsenator wurde beauftragt, die Einrichtung von Schnellgerichten vorzubereiten, "um die Kriminalität nachhaltig bekämpfen zu können, mit der Sicherheit und Ordnung in unserer Stadt untergraben werden".

Der Senat verhängte zunächst ein generelles Demonstrationsverbot über die Stadt und setzte damit das Grundrecht der Versammlungsfreiheit außer Kraft. Später modifizierte er: Jeder Antrag, eine Studenten-Demonstration durchzuführen, werde einzeln geprüft und abgelehnt. Juristisch vertretbar scheint das Versammlungsverbot weder in der einen noch in der anderen Version. Der Senat war überdies bestrebt, auch Zusammenkünfte der Studenten innerhalb der Universität mit polizeilichen Maßnahmen zu verhindern. Das freilich scheiterte am Widerstand des Rektors und einiger Dekane. Sie stellten den Studenten die Hörsäle ohne Einschränkung für Diskussionen und Protestversammlungen zur Verfügung.

Zur Verschärfung der Lage trugen die auflagenstärksten Berliner Zeitungen bei. Da wurde der "schahfreundliche" persische Schlägertrupp in einer Bildunterschrift zu studentischen Demonstranten, die die Polizei angriffen. Da rief die BZ "Arbeiter, Angestellte und Beamte" zum Widerstand gegen die "Rabauken" auf, "deren Dasein zu einem nicht geringen Teil von den Steuergeldern der hart arbeitenden und um ihre Existenz ringenden Bevölkerung getragen wird". Da schürte schließlich Bild Pogromstimmung mit der Schlagzeile: "Studenten drohen: Wir schießen zurück" und der Unterzeile: "Sanfte Polizei-Welle".

Nur der besonnenen Haltung der Vertreter der Studentenschaft, die ihre Kommilitonen mehrmals im letzten Augenblick vor unbedachten Aktionen zurückhielten, ist zuzuschreiben, daß auf die Ereignisse am Freitag nicht eine zweite Katastrophe folgte. Doch noch gleicht die Innenstadt einem Heerlager. In der Innenstadt und im Bereich der Freien Universität stehen Tag und Nacht Mannschaftswagen der Polizei zum Einsatz bereit. Eine Entspannung der Lage ist nicht abzusehen.

Die Politik der Härte aus Schwäche wird jene Probleme nicht lösen, die durch Versäumnisse und Fehler der Vergangenheit geschaffen wurden. Politische Führung, Polizei und örtliche Presse haben dazu beigetragen, daß sich die Mehrheit der Studenten mit einer radikalen Minderheit solidarisierte.

rüber, wie Polizeipräsident Duensing in einer Pressekonferenz am 5. Juni das Vorgehen seiner Beamten gegen die lärmende Menge an der Bismarckstraße geschildert hatte: »Nehmen wir die Demonstranten als Leberwurst, nicht wahr, dann müssen wir in die Mitte hinein stechen, damit sie an den Enden auseinanderplatzt.« Diese dubiose »Leberwurst-Taktik« war allerdings auch innerhalb der Polizei äußerst umstritten. Und der in militärischen Kategorien befangene ehemalige Wehrmachtsoffizier Duensing hatte mit der Schilderung dieser Taktik den eigenen Interessen erheblich geschadet.

In einem Kommentar von Joachim Bölke, der am 4. Juni im *Tagesspiegel* erschien, hieß es: »Der Schusswaffengebrauch durch einen Polizisten ist das letzte aller möglichen Mittel, und seine Anwendung unterliegt den strengsten rechtlichen Begrenzungen. Dennoch kann er in bestimmten Situationen zulässig sein, und bei den schweren Tumulten, wie sie am Freitag vor der Deutschen Oper herbeigeführt wurden, sind leider auch solche Situationen denkbar. Doch weist der Schusswaffengebrauch immer darauf hin, dass die Polizei in der umsichtigen und klugen Anwendung der ihr sonst zur Verfügung stehenden normalen Mittel versagt hat.«

In einem Leserbrief in der *Berliner Morgenpost* vom 8. Juni konnte man lesen: »In keinem Fall kann man die Studenten mit Schimpfworten, Gummiknüppeln und administrativen Maßnahmen irgendwelcher Art beeinflussen. Damit hat man die überwiegende Mehrheit der mehr als 20 000 Studenten Berlins in eine falsch verstandene Solidarität mit einer Minderheit hineinmanövriert, die der Meinung ist, dass das Demonstrationsrecht auch das Recht umfasst, mit faulen Eiern zu werfen ...« In der *Frankfurter Allgemeinen Zeitung* war am 12. Juni zu lesen, die Berliner Polizei habe »ohne gravierende Notwendigkeit mit Planung einer Brutalität Lauf gelassen, wie sie bisher nur aus Zeitungsberichten über faschistische oder halbfaschistische Länder bekannt wurde«.

Die Einseitigkeit dieser Stellungnahme wurde noch von einem schrillen Kommentar des renommierten Kolumnisten Sebastian Haffner übertroffen, der am 19. Juni unter der Schlagzeile »Die Nacht der langen Messer« in der Illustrierten *Stern* erschien. Haffner, der den Krieg als Gegner des Nationalsozialismus im britischen Exil verbracht hatte, schrieb, von der Polizei sei »ein systematischer, kaltblütig geplanter Pogrom« an den Stu-

Nur weil wir die Meinungsfreiheit wirklich für das höchste Gut der Demokratie halten, geben wir Sebastian Haffner das Wort zu seinem Aufschrei über die Berliner Vorfälle. Die Verantwortlichen der Studenten haben uns gegenüber ausdrücklich bedauert, daß einige wenige unter ihnen mit durchaus unerlaubten Mitteln operieren. Eben das zwingt uns, die Operation von Berliner Polizei und Presse — mit denen wir keineswegs übereinstimmen (STERN Nr. 25: „Der Tod eines Studenten") — in einem anderen Licht zu sehen. Vergleiche mit Pogromen, SS, Faschismus, Auschwitz und Schreibtischtätern halten wir in diesem Zusammenhang für ganz und gar abwegig.

Sebastian Haffner

Die Nacht der langen Knüppel

Was sich in der Berliner Blutnacht des 2. Juni ereignet hat, war nicht die Auflösung einer Demonstration mit vielleicht etwas zu rauhen Mitteln. Es war ein systematischer, kaltblütig geplanter Pogrom, begangen von der Berliner Polizei an Berliner Studenten. Die Polizei hat die Demonstranten nicht, wie es üblich ist, verjagt und zerstreut, sie hat das Gegenteil getan: Sie hat sie abgeschnitten, eingekesselt, zusammengedrängt und dann auf die Wehrlosen, übereinander Stolpernden, Stürzenden mit hemmungsloser Bestialität eingeknüppelt und eingetrampelt. Während in der Berliner Oper zu Ehren des Schahs die „Zauberflöte" erklang, haben sich draußen Greuel abgespielt, wie sie außerhalb der Konzentrationslager selbst im Dritten Reich Ausnahmeerscheinungen gewesen sind.

Ungerecht aber wäre es, nur den Greifern und Schlägern der Duensingschen Polizei alle Schuld aufzuladen. Die Kurrás sind für die Nacht der langen Knüppel genausowenig allein verantwortlich, wie es die Kaduk und Boger, ein Rauschwitz waren. Die Hauptverantwortung tragen heute wie damals „Schreibtischtäter mit manikürten Händen.

Seit Monaten hat die in West-Berlin tonangebende und marktbeherrschende Presse des Verlegers Springer gegen die nonkonformistischen Berliner Studenten systematisch eine Pogromstimmung geschürt. Schon am Nachmittag vor der Blutnacht hat der Senatssprecher Herz einem mir bekannten Journalisten augenzwinkernd mitgeteilt: „Heute abend setzt's Keile." Und 24 Stunden später, in voller Kenntnis der Fakten also, hat der Regierende Bürgermeister Albertz die Polizei für ihre Untat gelobt und, nach dem Satze handelnd: „Nicht der Mörder, der Ermordete ist schuldig", weitere Terrormaßnahmen gegen die Opfer angekündigt. Er ist damit in der Methodik dem Beispiel Görings nach der Kristallnacht von 1938 gefolgt, der ja ebenfalls einen obrigkeitlich veranstalteten Pogrom zum Vorwand für außergesetzliche Sondermaßnahmen gegen die Opfer machte.

Ihre eigenen Worte und Taten überführen sie alle. Von Springer, dem eigentlichen Herrn des gegenwärtigen West-Berlin, über Albertz und Duensing führt eine ununterbrochene Kette der Komplicenschaft zu den Direkttätern. Und leider ist auch die West-Berliner Justiz aus dieser blutverklebten Kette nicht herauszunehmen. Schon im vorigen Dezember waren sistierte Demonstranten in den Polizeiwagen, die sie abtransportierten, sadistisch zusammengeschlagen worden. Die Berliner Staatsanwaltschaft hat die deswegen erfolgten Strafanzeigen mit Ermittlungen gegen die Anzeiger beantwortet — genau wie die Staatsanwälte und Richter der Nazi-Zeit, die ja auch bei SA-Überfällen auf Juden nie um juristische Mittel und Wege verlegen waren, den verprügelten Juden statt die prügelnde SA als Ordnungsstörer zu belangen. Der Staatsanwalt, der sich in dieser Weise ausgezeichnet hat — sein Name ist mir bekannt —, ist jetzt mit den Ermittlungen über den Tod Benno Ohnesorgs betraut worden.

Vielleicht erwarten Sie, daß ich mich nun konventionellerweise auch von „studentischen Extremisten" distanziere. Ich denke gar nicht daran, das zu tun. Die demonstrierenden Studenten sind hundertprozentig im Recht. Nicht einer von ihnen ist je bewaffnet gewesen; selbst die Steine, mit denen sie sich in höchster Todesnot in den Kesseln der Krummen Straße zu verteidigen suchten, mußten sie erst mit den Fingern aus dem Straßenpflaster klauben. Zu behaupten, daß sie Berlin „terrorisierten", ist schamlose Lüge und niederträchtige Verleumdung. Ihr ganzes Verbrechen besteht in der Demonstration für ihre Meinung, die von der Meinung der Springer-Presse abweicht; und mit dieser Demonstration bewahren sie das letzte noch glimmende Fünkchen von Meinungsfreiheit im Springer-Berlin vor dem Verlöschen.

Gerade hier zeigt sich lupenrein, daß dieses Springer-Berlin von 1967 in der Sache, wenn auch nicht in der Form, wieder ein faschistisches Berlin geworden ist. Denn das ist ja ein entscheidendes Erkennungsmal des Faschismus — das er mit dem Kommunismus teilt —, daß er

jede Abweichung vom offiziellen Meinungsmonopol mit Gewalt unterdrückt. Da es in Berlin, dank dem Springer-Monopol, keine Möglichkeit mehr gibt, oppositionelle Meinungen auf journalistischem Wege an eine breitere Öffentlichkeit heranzutragen, bleibt dazu nur noch das — völlig legale — Mittel der Demonstration. Und die wird dann eben mit Pogromhetze beantwortet und mit tatsächlichen Pogromen unterdrückt. Es ist in klassischer Form die alte faschistische Spirale von Lüge und Gewalt: Die Lüge braucht die Gewalt, um sich durchzusetzen, und die Gewalt braucht dann wieder die Lüge, um sich zu rechtfertigen. Und so in ständiger Steigerung immer weiter im Kreise. Das Ende kennen wir.

Vor fünf Jahren hat die „Spiegel"-Affäre noch Kräfte des Protestes ausgelöst, die immerhin einen Regierungswechsel erzwangen. Die „Spiegel"-Aktion jedoch war, verglichen mit der Berliner Blutnacht, geradezu zivilisiert zu nennen. Zwar handelte es sich auch damals schon um die versuchte Unterdrückung der Meinungsfreiheit; aber die „Spiegel"-Redaktion wurde immerhin nicht im Konferenzzimmer zusammengetrieben und zusammengepfercht, um dort niedergeknüppelt und niedergetrampelt zu werden. Augstein wurde nicht erst halbtot geschlagen und dann durch einen in Notwehr abgegebenen Warnschuß in den Hinterkopf endgültig abgetan. Und doch ist diesmal der Protest in der Bundesrepublik weit schwächer. Ist das nur wie schon Berlin weit weg, fast schon Ausland ist? Oder zeigt es, wie weit die Refaschisierung auch in der Bundesrepublik seit fünf Jahren schon fortgeschritten ist?

Bleibt das westliche Ausland. Die örtlichen Vertreter der Schutzmächte in West-Berlin zwar sind in tiefen, todesähnlichen Schlaf verfallen. Während der ganzen Ereignisse haben sie nicht das kleinste Zeichen gegeben, daß es sie noch gibt. Aber Washington, London und Paris tragen ja immer noch die letzte Verantwortung in West-Berlin, und ohne die Bereitschaft ihrer Völker, für West-Berlin zu sterben, hat West-Berlin wenig Aussicht, seine nächste Krise zu überstehen. Einst rief Ernst Reuter der ganzen Welt zu: „Blickt auf diese Stadt!"

Heute können Springer und Albertz von Glück sagen, daß die Welt Dringenderes zu tun hat, als auf ihre Stadt zu blicken. Denn wie es aber doch tut, kann sich nur abwenden, um sich zu erbrechen. ▪

^ *Auf Widerspruch stieß Sebastian Haffner mit der Kolumne »Die Nacht der langen Knüppel« im »Stern« vom 20. Juni 1967.*

denten begangen wurden. Am 2. Juni hätten sich vor der Oper
Gräuel abgespielt, »wie sie außerhalb der Konzentrationslager
selbst im Dritten Reich Ausnahmeerscheinungen gewesen sind«.
Berlin sei »wieder ein faschistisches Berlin geworden«. Dank
dem Springer-Monopol sei es nicht mehr möglich, oppositionelle
Meinungen auf journalistischem Wege an eine breite Öffentlichkeit heranzutragen. Es bleibe dazu »nur noch das – völlig legale
– Mittel der Demonstration«. Die aber werde mit Pogromhetze
beantwortet. Es sei eben in klassischer Form wieder »die alte
faschistische Spirale von Lüge und Gewalt« in Gang gekommen.
Hauptverantwortlich seien »heute wie damals Schreibtischtäter

mit manikürten Händen«, fuhr Haffner fort. Er denke nicht daran sich von »studentischen Extremisten« zu distanzieren. »Die
demonstrierenden Studenten sind hundertprozentig im Recht.«
Wenn behauptet werde, dass sie Berlin »terrorisieren«, so sei
dies »schamlose Lüge und niederträchtige Verleumdung«.

Der Regierende Bürgermeister Albertz wies die Kolumne
scharf zurück und sagte, sie gehe »an die Basis Berlins heran«.
Offenbar gebe es Menschen, die Pressefreiheit nur dann gelten
lassen wollten, wenn geschrieben werde, was sie in Anspruch
nähmen. Auch Kreise, die den Studenten nahe standen, reagierten mit Kopfschütteln. So erwiderte der Berliner SPD-Bundestagsabgeordnete Klaus-Peter Schulz am 16. Juli 1967 ebenfalls
im *Stern*, bei dem Artikel habe es sich nicht um einen »tempera-
mentvollen Aufschrei eines leidenschaftlich engagierten Publizisten«, sondern um eine »Geschmacklosigkeit« gehandelt. Der
Text sei ein »Hassgesang«. Haffner differenziere nicht zwischen
den Berliner Institutionen und dem unentschuldbaren Versagen
Einzelner in einer Entscheidungssituation.

Im *Tagesspiegel* schlug Günter Matthes am 21. Juni versöhnliche Töne an, als er eine Zwischenbilanz der Zeit seit den
Schah-Unruhen zu ziehen suchte: »Die ersten Reaktionen der
staatlichen Autoritäten haben eine harte Solidarität auf studentischer Seite hervorgerufen, die verständlich war. Die Bevölkerung erwartet nun Verständnis bei den Studenten dafür, dass sie
sich von Gruppen in ihren Reihen distanzieren sollten, deren
Aktivitäten zu einer Konfrontation, nicht zu einer Integration mit
Teilen der Bevölkerung führen, denen der ständige Demokrati-
sierungsprozess so wenig ein leeres Wort ist wie der politisch
aktiven Jugend.«

»AKADEMISCHE
RADAUBRÜDER«

Mit dem am 3. Juni durch den Berliner Senat erlassenen Demonstrationsverbot fanden sich die Anführer der studentischen Rebellion nicht ab. Es fachte im Gegenteil ihren Kampfeswillen an und brachte ihnen Sympathisanten. Zunächst aber starteten die Funktionäre des AStA der FU eine Informationsoffensive. Sie ließen noch am Abend des 3. Juni in der West-Berliner Innenstadt selbst gedruckte Flugblätter »An die Berliner Bevölkerung« verteilen, auf denen zu lesen war: »Lasst Euch nicht weiter gegen die Studenten aufhetzen!« Auf einem der Zettel wurde behauptet, Benno Ohnesorg sei »durch gezielte Pistolenschüsse ermordet« worden. Am Sonntag, den 4. Juni – es war der Tag, an dem in Nahost Israel von seinen arabischen Nachbarn angegriffen wurde und der Sechstagekrieg begann – stellten FU-Studenten an der Krummen Straße ein Mahnkreuz für Ohnesorg auf. Als es von der Polizei wiederholt entfernt wurde, bekam es einen Platz am Studentenheim Siegmunds Hof in Tiergarten.

In einem weiteren Flugblatt vom 6. Juni konstatierte der Vorsitzende der FU-Studentenvertretung, Bernhard Wilhelmer: »Die Presse in unserer Stadt informiert Sie einseitig.« Zum Schluss des Pamphlets wurde die Bitte geäußert: »Sprechen Sie einmal mit uns.« Insgesamt sollen damals binnen wenigen Tagen rund 300 000 Flugblätter verbreitet worden sein. Von den mehr als 500 Briefen, die daraufhin beim FU-AStA eingingen, waren nur wenige zustimmend. Die Mehrheit der Bürger schwankte zum Kummer der Initiatoren zwischen Abwarten und Ablehnung.

Wenn man die Aufzeichnungen und Verlautbarungen der damals tonangebenden Studenten heute mit jahrzehntelangem Ab-

stand liest, fallen einem einerseits ihre Selbstüberschätzung und
andererseits eine geradezu hysterische Empfindlichkeit gegenüber jeder Form von Kritik auf. Obwohl sie ständig Unruhe stif-
teten, glaubten sie, einen Anspruch darauf zu haben, besonders

^ Nach den Schah-Krawallen warb der AStA der FU mit Flugblättern bei den Berlinern um Verständnis.

beachtet, respektiert, mit Vorschusslorbeeren bedacht, ja geliebt zu werden. Dabei wurde ihren Anliegen viel Aufmerksamkeit zuteil. Der Verleger des Berliner *Tagesspiegel*, Franz-Karl Maier, räumte ihnen vom 13. Juni 1967 an sogar wöchentlich eine Meinungskolumne mit dem Titel »Studenten über ihre Probleme« ein. Dort sollten sie sich zu Fragen der Bildungsreform, jedoch nicht zu tagespolitischen Themen wie Vietnam äußern. Dieses Angebot wurde von den Studentenvertretungen akzeptiert, aber im Laufe der Zeit kam es häufig zu Differenzen, weil sich die Studenten nicht an die Auflagen halten wollten. So lehnte es die Zeitung im Februar 1968 zweimal nacheinander ab, Rubriken über die Vietnam-Demonstration und die Gegendemonstration drei Tage danach zu drucken. Die Kolumne fiel in diesen Fällen aus. In ihrer Kolumne vom 12. März beklagten sich die Studenten denn auch darüber, dass sie einer Zensur unterlägen. »Die großzügig zur Verfügung gestellte Kolumne«, heißt es da, »wird nur dann gebracht, wenn das, was drin steht, dem ›Tagesspiegel‹ passt.«

Viele der Rebellen kamen aus bürgerlichem Hause, kannten die Probleme der einfachen, arbeitenden Bevölkerung, die sie gewinnen wollten, nur vom Hörensagen und stritten für ihre Vorstellungen mit missionarischem Eifer. Sie wähnten sich ausgegrenzt und waren mit Vorverurteilungen gegenüber Andersdenkenden schnell bei der Hand. Wer ihre Ideen und Aktivitäten ablehnte oder ihnen gar mit gleicher Münze zurückzuzahlen versuchte, wurde schnell Opfer ihrer Kampagnen. Allerdings fanden sie im linksbürgerlichen Lager bei manchen Professoren und einflussreichen Medienmenschen wie Rudolf Augstein und Gerd Bucerius, die sie herablassend »Sugar-Daddies« nannten, bereitwillig ideelle, publizistische und finanzielle Unterstützung.

In den Tagen und Wochen nach dem Tod von Ohnesorg wurde der Kurfürstendamm fast an jedem Abend zu einem Diskussionsforum. Studenten, darunter auch dem SDS nahestehende Professoren wie der Philosoph Wilhelm Weischedel und der Theologe Helmut Gollwitzer, führten nach dem Vorbild der Heilsarmee einzeln oder in Gruppen gezielt Aufklärungsgespräche nicht nur über die Schah-Krawalle, sondern auch die Situation an den Hochschulen oder – ganz allgemein – die Rede- und Meinungsfreiheit, die für das folgende Jahr anstehende Verabschiedung der Notstandsgesetze sowie die Politik des Senats.

» AKADEMISCHE RADAUBRÜDER «

Die SPD-geführte Berliner Landesregierung war nach Ansicht nicht weniger Studenten zum »Polizeiregime à la Albertz« verkommen. Die Bürger hörten geduldig zu. Aber die redefreudigen jungen Leute erlebten auch, dass viele ihrem Unmut über die »akademischen Radaubrüder« Luft machten. Da in jenen Sommerwochen meist gutes Wetter herrschte, genossen die Spaziergänger diese fast an jeder Straßenecke stattfindenden Open-Air-Diskussionen, zumal man dabei auch mit Menschen, die überhaupt nichts mit den Studenten und ihren Problemen zu tun hatten, ins Gespräch kommen konnte.

Auch an der Technischen Universität waren die Schah-Krawalle in jenen Tagen Diskussionsthema, zumal sich die Auseinandersetzung vor der Deutschen Oper fast in Hörweite zum TU-Hauptgebäudes an der Straße des 17. Juni zugetragen hatten. Aber es fiel auf, dass in einer Sitzung des TU-Studentenparlaments vom 5. Juni dessen dem Sozialdemokratischen Hochschulbund (SHB) angehörender Vorsitzender Rolf Vieten nicht nur die Fehler der Polizei, sondern auch die Regelverstöße der Demonstranten kritisierte.

Am 7. Juni fand an der TU eine Trauerfeier für Benno Ohnesorg statt, bei der auch der evangelische Landesbischof Kurt Scharf sprach. Er erklärte mit verhaltener Kritik an der Obrigkeit, dass hinter den Vorgängen beim Schah-Besuch tiefere Ursachen lägen, die in der Gesellschaft zu suchen seien.

Ebenfalls am 7. Juni verkündete in einer vom AStA der Freien Universität anberaumten Versammlung Konventspräsident Wolfgang Lefèvre die mit dem stellvertretenden DDR-Staatsratsvorsitzenden und Vorsitzenden der Ost-CDU, Gerald Götting, in Ost-Berlin ausgehandelten Sonderbedingungen für den am folgenden Tag geplanten Trauerkonvoi bei der Überführung des Leichnams von Ohnesorg in seine Heimatstadt Hannover. Fahrzeuge, die daran teilnehmen wollten, sollten nicht kontrolliert werden. Die Insassen brauchten auch die Autobahngebühr von fünf Mark nicht zu entrichten. Allerdings mussten auf vom AStA bereits vorbereiteten Listen die Auto-Kennzeichen sowie die Namen aller Fahrgäste mit Geburtsdatum, Beruf und Passnummer angegeben werden. Busreisende, so Lefèvre, könnten einen Kostenzuschuss nach dem Bundesjugendplan erhalten.

Der Donnerstag, 8. Juni, wurde von Nachrichten beherrscht, die ahnen ließen, dass die Ereignisse vor der Oper ihre Wirkung

allmählich zu entfalten beginnen und den Politikern noch unruhige Zeiten bescheren würden. Polizeipräsident Erich Duensing, der am 2. Juni den umstrittenen Einsatz gegen die Demonstranten einschließlich der »Leberwursttaktik« angeordnet hatte, bat an diesem Tag um seine vorübergehende Beurlaubung. Es war ein Abschied, denn er kehrte später nicht mehr auf seinen Posten zurück. Außerdem wurde bekannt, dass Innensenator Wolfgang Büsch, der nunmehr auch in seiner Partei immer offener

^ Die »Morgenpost« widmete am 11. Juni 1967 der Straßendiskussion zwischen Studenten und Bevölkerung eine ganze Seite.

attackiert wurde, bereits am 3. Juni Rücktrittsabsichten geäußert hatte, aber vom Regierenden Bürgermeister Albertz, der
eine Kettenreaktion befürchtete, dringend um sein Verbleiben
im Amt ersucht worden war.

Das Abgeordnetenhaus stritt am 8. Juni in einer Sondersitzung mehr als fünf Stunden lang aufgewühlt und verunsichert
darüber, wie es weitergehen solle. Es setzte am Abend auch
einen Untersuchungsausschuss ein, der am 23. Juni erstmals
öffentlich tagte. Für Erstaunen sorgte bei der Sitzung der Regierende Bürgermeister Heinrich Albertz mit einer Rede, in der er
sich mit geradezu einschmeichelnden Tönen an die Studenten
wandte. Er äußerte sein tiefes Bedauern darüber, dass »für viele
Mitbürger das Wort Student schon ein Schimpfwort geworden«
sei und rief dazu auf, »die Studenten wieder voll in die Familie
der Berliner einzuschließen«. Zuhörer, die das fünf Tage zuvor
veröffentlichte harsche Statement von Albertz noch im Ohr hatten, wonach die Geduld der Stadt »am Ende« sei, wollten ihren
Ohren kaum trauen. Wie sich bald herausstellte, leitete Albertz
mit dieser Rede eine totale Kehrtwendung ein, die schließlich
dazu führte, dass er ein Schuldbekenntnis abgab und um Ver-
zeihung bat.

Während die Parlamentarier im Rathaus Schöneberg debat-
tierten, ging im überfüllten Auditorium Maximum der Freien
Universität eine Trauerfeier für den FU-Studenten Ohnesorg zu
Ende, an der auf ausdrücklichen Wunsch der von Anwalt Horst

^ *8. Juni 1967: Nach einer Gedenkstunde für Ohnesorg formierte*
sich an der FU ein Trauerzug von Studenten.

»AKADEMISCHE RADAUBRÜDER«

Mahler beratenen Witwe des Toten weder Albertz noch Büsch teilnehmen durften. Es erschienen aber auch keine sonstigen Vertreter des Senats. Der Dekan der Philosophischen Fakultät, Erich Loos, sowie mehrere Studentenvertreter sprachen versöhnliche Worte. Danach begleiteten schätzungsweise 15 000 Personen – außer Studenten auch 50 Professoren und Assistenten – den Sarg in einem kilometerlangen Zug von Dahlem bis zum Zehlendorfer Kleeblatt. Dort sprach der Theologe Gollwitzer Abschiedsworte. Dann machten sich der Wagen mit dem Toten und etwa 200 Fahrzeuge auf den Weg durch die DDR. Für die bevorzugte Abfertigung waren 104 Autos mit 300 Studenten angemeldet.

Zur allgemeinen Überraschung standen hundert Meter nach Einfahrt in die DDR vor dem Kontrollpunkt Drewitz unangekündigt etwa 4000 Angehörige der FDJ an der Autobahn Spalier und begrüßten den Konvoi mit gesenkten Fahnen. Eine Ehrenkompanie sowie zwei Musikkorps der Volksarmee traten auf. Als der Zug schließlich nach einer längeren Feier weiterfahren konnte, salutierten alle anwesenden Grenzsoldaten sowie ein Sowjetoffizier. Vor dem letzten Schlagbaum an der Ausfahrt zur Autobahn legten Soldaten Nelkensträuße auf den Wagen, der die Kränze beförderte. Wegen der Feierlichkeiten war der reguläre Transitverkehr in beiden Richtungen für eineinhalb Stunden unterbrochen. Die FDJ stand später auch bei Magdeburg an der Autobahn und marschierte dann in Marienborn wegen der be-

^ *Zehlendorfer Kleeblatt: Dieser Konvoi begleitete den Sarg Benno Ohnesorgs bei der Überführung nach Hannover durch die DDR.*

ginnenden Dunkelheit mit Fackeln auf. In Helmstedt wurde der Zug auf westlicher Seite von wütenden Berliner Lkw-Fahrern, deren Weiterfahrt gestoppt worden war, mit Beschimpfungen bedacht, von Braunschweiger Studenten jedoch mit schwarzen Fahnen empfangen und von einer Polizeieskorte bis Hannover begleitet. Die Trauerbekundungen in der DDR stießen in West-Berlin auf deutliche Kritik. Noch während die Überführung im Gang war, sagte Albertz vor dem Abgeordnetenhaus, die DDR habe den Trauerzug »für Propagandazwecke missbraucht«. Im gleichen Sinne äußerten sich andere Politiker sowie an den folgenden Tagen Leserbriefschreiber in verschiedenen Zeitungen.

Am folgenden Tag wurde Ohnesorg auf dem Bothfelder Friedhof in Hannover im privaten Rahmen beigesetzt. Danach veranstalteten der SDS und andere ihm nahe stehende Studentengruppen in der dortigen Sporthalle einen Kongress zum Thema »Hochschule und Demokratie«, an dem rund 5000 Personen teilnahmen, unter ihnen prominente Hochschullehrer aus dem linken Spektrum. Während der fünfstündigen Diskussion wurde deutlich, dass die Verfechter einer sozialistischen Revolution ihr Ziel mit unvermindertem Eifer verfolgten, ja, sich in ihren utopischen Zielen bestärkt fühlten. Der Frankfurter Sozialphilosoph Jürgen Habermas widersprach zwar der These des SDS, die Bundesrepublik sei auf dem Weg zum Faschismus und nannte das Land eine »leidlich funktionierende Demokratie«. Er verurteilte die Erschießung von Ohnesorg, hielt sie aber für »legalen Terror«. Er bescheinigte den studentischen Akteuren, sie hätten »keine langfristige Perspektive«, weshalb zu befürchten sei, dass sie in »baldige Indifferenz, politische Regression oder gar Irrationalismus« verfallen würden.

Rudi Dutschke, der sich über die Köpfe der anwesenden SDS-Funktionäre hinweg zum Wortführer der sich formierenden Außerparlamentarischen Opposition (APO) aufschwang, trat sogleich entschieden dagegen auf. Er kritisierte in seiner 45 Minuten dauernden Entgegnung, dass die Rede von Habermas zuviel Resignation und »begriffslosen Objektivismus« enthalte und propagierte die »bewusste Durchbrechung der etablierten Spielregeln dieser unvernünftigen Demokratie, die nicht unsere Spielregen sind« als »Ausgangspunkt der Politisierung der Studentenschaft.« Diese Methode, so fuhr Dutschke fort, sei »kein hirnloser, verzweifelter Aktionismus, sondern wohlüberlegt«.

Er teilte auch mit, dass der SDS für den darauffolgenden Dienstag in Berlin einen Aufmarsch gegen das Demonstrationsverbot angemeldet habe. Sollte er nicht genehmigt werden, würde
über Kampfmaßnahmen beraten. Habermas war schon zu seinem Auto gegangen, als ihn plötzlich die Sorge befiel, Dutschke könne mit »Kampfmaßnahmen« nicht nur Sitzstreiks, sondern auch die Anwendung von Gewalt gemeint haben. Deshalb
eilte er noch einmal zurück ans Mikrofon in der Halle und sagte, er habe Grund, den von Dutschke gepredigten Voluntarismus »linken Faschismus« zu nennen, womit er außer Applaus
auch laute Missfallenskundgebungen auslöste. Dutschke konnte
darauf nicht sofort antworten, weil er inzwischen schon abge-
reist war. Später schwächte Habermas zwar seinen Faschismus-
Vorwurf wieder ab. Aber sein damaliger Assistent, der SDS-
Mentor Oskar Negt, schrieb in seinem 1995 erschienenen Buch
Achtundsechzig, dass die Sache, auf die Habermas in seiner
Stellungnahme zur Dutschke-Rede warnend verwiesen hatte,
gleichwohl virulent geblieben sei: der mögliche Umschlag von
demonstrativer in manifeste Gewalt.

Wie ernst es den Studenten mit ihrem Kampf gegen jeden
war, den sie mit dem Establishment in einen Topf warfen, konnte
ich am gleichen Abend während einer Diskussion in der Kirchlichen Hochschule in Zehlendorf festzustellen. Ich saß dort mit einer Reihe Journalistenkollegen auf dem Podium. Die Fragestel-
ler überschütteten mich als Vertreter der im Verlagshaus Axel
Springer erscheinenden *Berliner Morgenpost* sofort mit massiven Vorwürfen und bissigen Fragen, während die doch nicht weniger kritischen Kommentare und Berichte in anderen Medien
so gut wie unerwähnt blieben. Mein Vorschlag, die Studenten
sollten, um Ausschreitungen wie am 2. Juni zu verhindern, eine
»interne Ordnungsgruppe« bilden, stieß auf helle Empörung. Mir
wurde entgegengehalten, dass ich wohl eine »studentische SA«
einführen wolle. Als ich von einem der Anwesenden besonders
unfair angegangen wurde, sprang mir der neben mir sitzen-
de Erich Kuby bei, den ich zehn Jahre zuvor in der Redaktion der *Süddeutschen Zeitung* in München kennengelernt hatte.
Er sagte, man möge doch die Kritik an Springer nicht auf mich
persönlich beziehen. Später aber ließ sich auch er zu ähnlichen
Attacken auf mich hinreißen. Ich zog aus dem Abend die Lehre,
dass es in der durch die »Anti-Springer-Kampagne« aufgeheizten

Atmosphäre zumindest zum damaligen Zeitpunkt für mich keine Chance gab, in einer öffentlichen Diskussion mit Studenten fair behandelt zu werden und den eigenen Standpunkt angemessen zu vertreten. Auch die meisten Kollegen des Verlagshauses Springer nahmen damals in Berlin keine Einladungen zu solchen öffentlichen Gesprächen im Hochschulbereich mehr an.

Dass die Ereignisse beim Schah-Besuch die Politiker in Bonn nicht kalt ließen, gab Bundesaußenminister Willy Brandt schon in den folgenden Tagen zu erkennen, als er bei einer Sitzung des SPD-Vorstandes forderte, solche Staatsbesuche künftig in einem »möglichst schlichten Rahmen« stattfinden zu lassen. Das in Berlin seit dem 3. Juni geltende Demonstrationsverbot wurde durch »Spaziergangs-Demonstrationen« auf den Berliner Straßen unterlaufen. Die Hochschüler erschienen dazu in kleinen Gruppen. Da Transparente nicht gezeigt werden durften, erregten 15 Studentinnen mit einem »Buchstabenballett« einiges Aufsehen. Jede von ihnen zeigte auf dem Rücken einen großen Buchstaben. Wenn sie sich in der richtigen Reihenfolge aufstellten, ergab dies den Slogan: »Albertz abtreten«.

Für den 13. Juni genehmigte der Innensenator dann überraschend einen Aufzug »gegen das Vorgehen der Polizei und der politischen Instanzen«. Den Studenten wurde zur Auflage gemacht, für je fünfzig Demonstranten einen Ordner zu stellen. Der Marsch sollte nicht länger als zwei Stunden dauern und in Charlottenburg vom Hammarskjöldplatz am Funkturm zum nur wenige Hundert Meter entfernten Theodor-Heuss-Platz führen. Die Organisatoren suchten die ihrer Auffassung nach unsinnige Auflage zur Karikatur zu machen, indem hinter jeweils fünfzig mit Armbinden als Ordner ausgewiesenen Studenten ein »Demonstrant« marschierte, der ein großes Pappschild mit dieser Bezeichnung trug. Auch die Mitglieder der Kommune 1 suchten dadurch, dass sie als Büßergruppe in Bettlaken gehüllt und unter einem Baldachin mitzogen, sich in Abständen niederknieten und vorbeifahrende Autos mit Wasser besprengten, die politischen Instanzen zu verspotten. Insgesamt schlossen sich dem Zug etwa 3500 Personen an.

Bei der Abschlusskundgebung auf dem Theodor-Heuss-Platz kam auch der damalige Charlottenburger Volksbildungsstadtrat und engagierte SPD-Linke Harry Ristock, der sich auf seine Kontakte zur rebellischen Jugend besonders viel zugute hielt, zu Wort. Als er sich gegen den Rücktritt von Albertz wandte aber glaubte, mit der Forderung nach einer »generellen Durchforstung« der Polizei bei den Studenten Zustimmung zu finden, erntete er stattdessen Zischen und Buh-Rufe. Rudi Dutschke, antwortete als nächster Redner:»Wir haben gerade einen Sozialdemokraten gehört. Wir hören sie schon seit 100 Jahren, und sie sagen immer, sie wollen besser werden. Aber systematisch versuchen sie die Kritik abzuwürgen.«

Von den Junitagen 1967 führte eine direkte Linie zum Internationalen Vietnam-Kongress des Februar 1968. Bei diesem Kongress wurde das Ziel der selbst ernannten Avantgarde, eine »zweite Front für Vietnam« in den Metropolen der kapitalistischen Welt – sprich den später von der Rote-Armee-Fraktion aus dem Untergrund betriebenen Guerillakampf – zu schaffen, offen propagiert. Dutschke rief dort den Tausenden von Teilnehmern aus vielen Ländern zu, der heutige Faschismus stecke »in den autoritären Institutionen und im Staatsapparat«. Und es sei »unsere Aufgabe«, die zu sprengen. Diese Worte ähneln auf fatale Weise Statements, die später von der terroristischen RAF zu hören waren. Wie auch Dutschke-Biograf Jürgen Miermeister 1986 feststellte, handelte es sich jedenfalls nicht nur um verbalradikale Rhetorik, »wie es ein pazifistischer Dutschke-Mythos haben will«. Noch hielten es Dutschke & Co für ratsam, eine Strategiediskussion, die sie am 24. und 25. Juni 1967 zusammen mit Gewerkschaftsfunktionären und Altvorderen der intellektuellen Linken veranstalteten, »vertraulich« zu führen. Dutschke bezeichnete die Zusammenkunft in seinen 1980 kurz nach seinem Tod erschienenen Tagebüchern als »historisch«, weil ein »Machtergreifungsplan« erörtert worden sei. Man wollte auf Chruschtschows Forderung, West-Berlin zu einer »Freien Stadt« zu machen, eingehen und glaubte, in diesem Gebilde mit Billigung der Großmächte das 1917/18 in der Sowjetunion gescheiterte Rätemodell einführen zu können. In diesen schon an sich völlig wirklichkeitsfernen Plan sollten auch die DDR und Osteuropa einschließlich der Sowjetunion nach einer dortigen »Revolution« einbezogen werden.

HUNGERSTREIK
FÜR FRITZ TEUFEL

Von den zahlreichen Demonstranten, die am 2. Juni 1967 festgenommen worden waren, blieb nur ein einziger länger in Untersuchungshaft, der FU-Student der Publizistik Fritz Teufel, Mitglied der sogenannten »Horrorkommune«. Er wurde sechs Wochen nach den Ereignissen vor der Deutschen Oper des schweren Landfriedensbruches angeklagt. Zwei Polizisten eines Greiftrupps hatten zu Protokoll gegeben, dass sie ihn beim Werfen eines Steines beobachtet hätten. Schon zuvor habe Teufel andere Demonstranten mit dem rhythmisch wiederholten Ruf »Notstandsübung« zu Gewalttätigkeiten gegen die Polizei veranlasst, sei also als Rädelsführer aufgetreten. Gegen Teufel lag bereits zuvor eine Anzeige vor, weil er Mitverfasser eines am 24. Mai vor der Mensa der FU verteilten Flugblattes war, auf dem – angeblich satirisch gemeint – zur Kaufhausbrandstiftung aufgerufen wurde.

Bei den Studentenvollversammlungen, die seinerzeit an der Freien Universität fast täglich stattfanden, wiesen die Vertreter des Allgemeinen Studenten-Ausschusses regelmäßig und zunehmend vorwurfsvoll darauf hin, dass »Fritz« oder auch der »Genosse Teufel« noch nicht frei sei. Bis sich dann Mitte Juni Rudi Dutschke der Sache intensiver annahm und zusammen mit Gleichgesinnten von der Humanistischen Studentenunion einen 48 Stunden dauernden »Hungerstreik für Fritz Teufel« plante. Teufel selbst kündigte aus seiner Zelle in Moabit an, ebenfalls während des Streiks keine feste Nahrung zu sich nehmen zu wollen. Freiwillige, die sich beteiligen wollten, gab es genug. Es fehlten nur geeignete Räume, um die Aktion möglichst spektakulär und medienwirksam aufzuziehen. Da kam der Geistliche der evangelischen Kirche Neu-Westend, Manfred Engelbrecht, wie gerufen. Er erklärte sich sofort bereit, das Gotteshaus an der etwas abgelegenen Eichenallee im Charlottenburger Westen am Nachmittag des 20. Juni für die Hungerstreikenden zu öffnen. Dies wurde den Medien schon deshalb vorab bekannt, weil es in kirchlichen Kreisen um das Vorhaben heftigen Streit gab. Als ich bei dem Pfarrer anrief und ungläubig fragte, ob die Information denn wirklich wahr sei, bejahte er dies scheinbar arglos. »Sie sehen doch am Fall Ohnesorg«, sagte Engelbrecht, »wie man die Studenten behandelt. Da halte ich es für meine Christenpflicht, diesen jungen Menschen hier zu helfen.«

So fuhr ich bald hinaus zu der erst sieben Jahre zuvor erbauten modernen Kirche mit dem zeltartigen Dach und dem gezackten Turm und fand dort im Kirchenschiff bereits zahlreiche junge Leute vor. Sie lagerten auf Decken und Schlafsäcken zwischen den Kirchenbänken, hatten sich in Taschen Ersatzkleidung, Toilettenartikel, Teekannen und Wasserflaschen mitgebracht. Die Streikwilligen unterhielten sich zwar nicht besonders laut, waren aber sonst offensichtlich recht guter Dinge. Allmählich kamen weitere Studenten oder Freundinnen und Freunde, aber auch Betreuer des SDS und der Humanistischen Studentenunion hinzu. Eine wachsende Schar von Journalisten und Bildreportern beobachtete das ungewöhnliche Treiben.

Es fiel auf, dass die Eingangstür im hinteren Teil der Kirche fortlaufend von Personen geöffnet und schnell wieder geschlossen wurde, die mit diesen nicht alltäglichen Kirchenbesuchern sichtlich wenig im Sinn hatten. Es handelte sich um Mitglieder der Pfarrgemeinde in dieser ruhigen Villengegend, die einen Blick auf die von ihrem Pastor ohne Absprache eingeladenen Gäste warfen. Unter denen, die kamen und wieder gingen, waren auffallend viele Frauen. Sie zeigten sich erstaunt, aber ihrer erregten Unterhaltung war zu entnehmen, dass sie auch verärgert waren. Einige versuchten sogar, Studenten am Betreten der Kirche zu hindern. Am späteren Abend war zu erfahren, dass Gemeindeglieder Pfarrer Engelhard aufgesucht, ihm Vorhaltungen gemacht und verlangt hatten, den Missbrauch des Kirchenraumes sofort zu beenden. Dann erschien der zuständige Charlottenburger Superintendent Richard Sudrow und versuchte die aufgebrachten Menschen zu beschwichtigen. Sudrow sprach auch mit dem Pfarrer, der mit dieser heftigen Reaktion seiner Ge-

Kein Hungerstreik in der Kirche

In der evangelischen Neu-Westend-Kirche in der Eichenallee versammelten sich gestern abend mehr als 400 Studenten, obwohl ein am Vortage angekündigter Hungerstreik in dem Gotteshaus von der Kirchenleitung und dem Kirchenrat untersagt worden war. Pfarrer Engelbrecht bat die Demonstranten, ein ruhiges Gespräch zu führen. Als erster Redner trat der als „roter Rudi" bekannte SDS-Student Dutschke auf die Kanzel.

Dutschke warf der evangelischen Kirche vor, sie erfülle durch das Verbot des Fastens ihre Aufgabe in unserer Zeit nicht. Als der Student die angeblich anwesende politische Polizei zum Verlassen der Kirche aufforderte, stellte sich ihm Pfarrer Engelbrecht entgegen. Die Polizisten sollten bleiben, denn sie könnten noch etwas lernen, meinte der Geistliche.

Dutschke teilte mit, daß der im Untersuchungsgefängnis Moabit seit dem 2. Juni festgehaltene Kommune-Student Fritz Teufel einen Hungerstreik begonnen habe. Für seine Freilassung hatten die Studenten ihr Fasten angesetzt.

Am Nachmittag hatten Dutschke und andere Mitglieder des SDS Bischof Scharf aufgesucht und noch einmal, aber vergeblich, um die Genehmigung des Hungerstreiks in der Kirche gebeten. Der Bischof erklärte sich aber bereit, heute bei den Behörden für die Freilassung Teufels einzutreten.

Vor der Kirche versammelten sich gestern abend zahlreiche Mitglieder der Neu-Westend-Gemeinde und diskutierten erregt darüber, warum der Pfarrer ausgerechnet ihre Kirche für den Hungerstreik zur Verfügung stellen wollte. Studenten hatten diese Demonstration sogar angekündigt, ohne daß der Kirchenrat überhaupt von dem Vorhaben unterrichtet worden war. **MM**

*

Die Entscheidung der Kirchenleitung gegen den geplanten Hungerstreik der Studenten zeige die hoffnungslose Situation der Kirche in der Gesellschaft. Das erklärte gestern abend der als „roter Rudi" bekannte Führer des Sozialistischen Deutschen Studentenbundes, Rudolf Dutschke, auf der Kanzel der evangelischen Neu-Westend-Kirche. Die Studenten wollen hungern, weil der 23-jährige Fritz Teufel durch richterliche Anordnung in Haft gehalten wird. Mit dem Flugblatt „Wann brennen die Berliner Warenhäuser?" soll er zu schwerer Brandstiftung aufgerufen haben. Viele Berliner waren geneigt, den Studenten ihre Sympathie nicht zu versagen, solange es diesen um ein echtes Anliegen zu gehen schien. Mit der nächtlichen Szene auf der Kanzel haben sie sich vermutlich auch die letzten Sympathien verscherzt.

meinde nicht gerechnet hatte. Er musste schließlich einsehen, dass er sich in einer unhaltbaren Situation befand und machte dem vor der Kirchentür stehenden Hungerstreikenden Rudi Dutschke deutlich, dass die Aktion wegen des Protests der Gemeinde in dieser Kirche nicht beginnen könne, also ein Ausweichquartier gefunden werden müsse.

Dutschke hatte Stunden zuvor bereits mit dem evangelischen Bischof Kurt Scharf verhandelt, um die Aktion in der Kirche absegnen zu lassen. Obwohl er dem Studentenprotest sonst viel Sympathie entgegenbrachte, war Scharf nicht dazu zu bewegen und sagte lediglich zu, sich am Tag darauf bei den Behörden für die Freilassung Teufels einzusetzen. Nachdem seine Leute sozusagen am Bischof vorbei in die Kirche gelangt waren, sträubte sich Dutschke nun lange gegen die Räumung. Als aber all sein Einreden auf den Pfarrer und dessen Schäfchen nichts half, marschierte Dutschke plötzlich in die Kirche und stieg schnurstracks auf die Kanzel. Da stand er nun mit offenem Kragen, ärmelloser Weste und der Tolle in der Stirn und predigte mit Pathos seiner versammelten und zum Fasten entschlossenen Anhängerschar, aber auch den versammelten Reportern. Es sei »hoffnungslos beschämend«, was aus dieser evangelischen Kirche geworden sei, sagte er. Mit volltönender Stimme befand er, dass eine Kirche eigentlich »Zufluchtsstätte der Entrechteten« sein müsse. Wenn jemand hier nichts zu suchen habe, dann seien dies »die Herren von der Polizei«, die er in der mittlerweile auf mehrere Hundert Personen angewachsenen Menge vermutete. Von den jungen Leuten, die sich zwischen die Kirchenbänke gelegt hatten, kamen zustimmende Rufe und Beifall, wenn Dutschke die Obrigkeit kritisierte. Aber man sah ihnen auch die Ratlosigkeit an: Was würde nun aus ihrer Unterstützungsaktion für den zum Idol stilisierten Fritz Teufel werden?

Dutschke brachte der Kanzelauftritt einen unverhofften Gewinn an Bekanntheit und Popularität. Er stand im Mittelpunkt eines Spektakels, das weit über Hochschulkreise, ja über Deutschland hinaus Wellen schlug. Und da die Angelegenheit eine innerkirchliche Debatte nach sich zog, wurden auch Bevölkerungskreise angesprochen, die sich für Studentenproteste sonst nur wenig interessierten. Es war aber vor allem eine Aufnahme, die der Fotograf der amerikanischen Nachrichtenagentur Associated Press (AP), Eduard Reiche, von Dutschke machte, die mehr Resonanz fand als alle Berichte. Dutschke auf der mit dem griechischen Christuszeichen XP geschmückten Kanzel stehend, ging per Fotofax in alle Welt. Die Aufnahme wurde nicht nur in den meisten deutschen, sondern auch in vielen ausländischen Blättern mit der von AP vorgegebenen provozierenden Unterzeile gedruckt: »Deutscher Studentenführer predigt in West-Berliner Kirche«.

Es dauerte an jenem Abend lange, bis Pfarrer Engelbrecht und die Organisatoren des SDS mit den kirchlichen Stellen einen Umzug in das Evangelische Studentenwohnheim an der Dahlemer Gelfertstraße vereinbart hatten. Erst gegen 23 Uhr packten die 80 bis 100 Teilnehmer des Streiks, darunter Dutschke und die gesamte Kommune 1, ihre Sachen und ließen sich dann im großen Saal des Heimes nieder. Niemand wusste später zuverlässig zu sagen, ob anschließend während der Nacht wirklich gefastet wurde. Immerhin versicherten einige Teilnehmer, nur Tee getrunken zu haben.

Am Nachmittag des 21. Juni gaben die Streikenden eine Pressekonferenz. Es erschienen etwa 30 Journalisten, die sich in einem Halbkreis stehend jeweils mit Namen und Nennung des Mediums, für das sie tätig waren, vorstellen mussten. Als ich an der Reihe war, konnte ich mir die Vorstellung sparen, denn mehrere Hungerstreikende, bei denen ich bekannt war wie ein bunter Hund, riefen meinen Namen in die Runde. Dutschke hatte sich als Diskussionsleiter offensichtlich gründlich darauf vorbereitet, mich ins Gebet zu nehmen. Er griff mit süffisantem Lächeln nach einem Packen Papier und verlas aus Artikeln und Kommentaren von im Springer-Verlag erscheinenden Zeitungen vor. Sie enthielten kritische Meinungsäußerungen zu Ausschreitungen und verurteilten die Ideologie, die dem Studentenaufruhr zugrunde lag. Ähnliche Stellungnahmen waren seinerzeit auch in Blättern anderer Verlage zu lesen. Nicht ein einziger der Texte stammte aus meiner Feder. Als ich auf seine Vorleseübungen hin stumm blieb, fragte Dutschke wiederholt mit höhnischem Unterton und zum Gaudium der Anwesenden, was ich denn zu den Artikeln zu sagen hätte. Schließlich entgegnete ich, dass ich auf Pressekonferenzen gewohnt sei, die Fragen selber zu stellen. Da heulte die auf dem Boden lagernde Menge auf und suchte mich durch Zwischenrufe und Fragen aus der Ruhe zu bringen. Der Lärm wurde so groß, dass ich die Fragen kaum verstehen, geschweige denn beantworten konnte. Als ich keinen Zweifel daran ließ, dass ich nicht bereit sei, mich wegen der Texte aus der Feder von Kollegen vor ein Tribunal stellen zu lassen, erntete ich erneut Entrüstung. Dutschke entschloss sich nun, das Spiel auf die Spitze zu treiben und erklärte, es würden noch einige weitere Fragen der Streikenden zugelassen. Danach sollten alle abstimmen, ob ich weiter bleiben könne oder den Raum verlassen müsse.

Ich blickte zu den in meiner Nähe stehenden Kollegen, um festzustellen, wie sie auf diesen manifesten Angriff eines »Studentenführers« auf das durch das Grundgesetz verbriefte hohe Gut der Meinungs- und Pressefreiheit reagieren würden. Und sah dabei auch in Gesichter, die nicht gerade Solidarität ausdrückten. Bei mehreren Korrespondenten glaubte ich sogar, die Augen schadenfroh blitzen zu sehen. Wenn es gegen den als Monopolisten verteufelten Springer ging, dann war in dieser Phase der Polarisierung manchem Verteidiger edler Werte so ziemlich alles recht. Während mir dies alles durch den Kopf ging, meldete sich ein seriös erscheinender Herr mittleren Alters in guter Kleidung, der dem bösen Spiel Dutschkes etwas

abseits hinten im Saal zugehört hatte. Er stellte sich als Reymar von Wedel, Justiziar der Berliner Evangelischen Kirche, vor. Beflissen machte er zuerst den Anti-Springer-Kotau, indem er versicherte, dass auch die Kirche dem Verleger kritisch gegenüberstehe. Gleichwohl mache sie hier von seinem Hausrecht Gebrauch. Deshalb stelle er fest: »Herr Müller kann bleiben.«

Damit war die Luft raus. Der gesamte Streik, mit dem sich auch der sozialistische Jugendverband »Die Falken« solidarisch erklärt hatte, ging nach der Pressekonferenz zu Ende.

Der feindselige Angriff auf den »Springer-Mann« hatte sein Ziel knapp verfehlt. Sehr wahrscheinlich war jedoch in der damaligen aufgeregten Atmosphäre der eine oder andere anwesende Medienvertreter enttäuscht, weil es nicht zum Eklat gekommen war. Noch am gleichen Abend riefen mich allerdings Kollegen der sozialdemokratischen *nacht-depesche* und der Nachrichtenagentur *dpa* an und versicherten, dass sie, falls ich des Saales verwiesen worden wäre, ebenfalls gegangen wären. Der

∧ *»BZ«, 22. Juni 1967: Bericht über eine »Pressekonferenz« der Hungerstreikenden in die Dahlemer Gelfertstraße.*

Hochschulberichterstatter eines anderen Berliner Konkurrenzblattes zeigte in seinem Artikel vom 22. Juni jedoch, dass er Dutschkes Vorgehen nicht gerade missbilligte. Er schrieb lapidar: »Als Stimmen laut wurden, den Vertreter des Springer-Blattes ›Berliner Morgenpost‹ aus dem Raum zu weisen, intervenierte ein Vertreter der Kirche mit dem Hinweis, dass in dem Evangelischen Studentenwohnheim die Kirche das Hausrecht hat.«

Generalsuperintendent Hans-Martin Helbich, der höchste evangelische Geistliche in West-Berlin, schrieb übrigens am 6. Juli im *Berliner Sonntagsblatt – Die Kirche*, dass ein politischer Hungerstreik in einer Kirche »ein völlig abwegiger Gedanke« sei, und bezeichnete Dutschke als »studentischen Eiferer«.

^ *18. August 1967: »Der Teufel ist los« – der Kommunarde zeigte sich nach vorübergehender Haftentlassung seinen Anhängern.*

Fritz Teufel wurde am 10. August 1967 mit der Auflage, sich zweimal wöchentlich bei der Polizei zu melden, aus der Untersuchungshaft entlassen. Da er der Auflage nicht nachkam, erging am 25. August ein neuer Haftbefehl. Er konnte nicht gleich vollstreckt werden, weil sich der Delinquent bei seiner Mutter Lotte in Ludwigsburg bei Stuttgart aufhielt. Teufel nahm aber am 15. September in Berlin an einem Go-in von etwa 150 jungen Leuten teil, die im Rathaus Schöneberg eine Sondersitzung des Abgeordnetenhauses über die Lage der Stadt stören wollten. Da er jetzt unauffällig gekleidet war und sich den für ihn charakteristischen Bart abrasiert hatte, konnte er ohne aufzufallen in die Brandenburghalle, also bis unmittelbar vor den Plenarsaal, gelangen, von wo die Gruppe aber durch die Polizei auf den John-F.-Kennedy-Platz zurückgedrängt wurde. Erst dort erkannten ihn Polizeibeamte und nahmen ihn fest.

Am 27. November begann unter starkem Publikumsandrang und scharfen Sicherheitsvorkehrungen in Moabit der Landfriedensbruchprozess gegen den inzwischen zu einer makaberen Berühmtheit gelangten Kommunarden. Vor dem Gericht zogen an diesem ersten Prozesstag nach einer Protestversammlung an der FU etwa Tausend Demonstranten mit roten und schwarzen Fahnen auf. Dutschke, sein chilenischer Vertrauter Gaston Salvatore und der SDS-Vertreter Wolfgang Lefèvre führten die Menge an. Mit Rufen wie »Teufel raus, Kurras rein!« wurden die Absperrungen durchbrochen. Es kam zu turbulenten und gewalttätigen Auseinandersetzungen. Die Polizei konnte die Menge nur

^ *27. November 1967: Zu Beginn des Teufel-Prozesses versuchen Studenten (Rudi Dutschke in der Mitte) das Gericht zu stürmen.*

Sturm auf das Gericht vereitelt

Eigener Bericht

MM. Berlin, 28. Nov.

Die Umgebung des Kriminalgerichtes Moabit war gestern nachmittag Schauplatz tumultartiger Zusammenstöße zwischen Studenten und Polizei. Etwa 1000 Jugendliche, die nach einer Diskussionsveranstaltung an der Freien Universität gegen 14 Uhr 30 nach Moabit gekommen waren und die Absperrungen durchbrachen, wurden mit Wasserwerfern und berittener Polizei abgedrängt.

Die von den SDS-Vertretern Dutschke und Lefèvre angekündigte Absicht, das Gericht lahmzulegen, in dem die erste Verhandlung im Landfriedensbruchs-Prozeß gegen Fritz Teufel stattfand, wurde vereitelt.

Die Demonstranten trugen zum Teil rote und schwarze Fahnen. Das Kommando zum Durchbrechen der Absperrgitter gab Dutschke. Als die Polizei hinter den Wasserwerfern vorging, wurden wiederholt Knallkörper geworfen. Erst gegen 18 Uhr war wieder Ruhe eingekehrt.

14 Festnahmen

Wie die Polizei mitteilte, wurden 14 Personen, darunter zwei Mädchen, vorübergehend festgenommen. Die Polizeibeamten händigten während der Demonstration 21 Dienstkarten aus. Drei Polizisten erlitten Verletzungen, während nach dem Polizeibericht keiner der Studenten zu Schaden kam. Der Schlagstock wurde beim Einsatz zwar gezogen, jedoch nicht angewendet. Eine Fahndung nach dem SDS-Studenten Dutschke ist nicht eingeleitet worden.

Bürgermeister und Innensenator Neubauer wies in einer improvisierten Pressekonferenz im Kriminalgericht darauf hin, daß die Demonstration im Gegensatz zur Vietnam-Kundgebung vom 21. Oktober nicht genehmigt gewesen sei. Jeder Teilnehmer hätte wissen müssen, daß das Vorgehen der Polizei darauf abgestimmt sein werde.

Die Junge Union hat die Versuche der Randalierer, Einfluß auf die Entscheidung eines unabhängigen Gerichts zu nehmen, „auf das schärfste" verurteilt. Die Vorgänge in Moabit machten überdeutlich, „daß Terror und Intoleranz die wahren Motive der Radaubrüder sind". Der Westberliner SED-Vorsitzende Danelius dagegen sprach von „Polizeiterror gegen die friedliebenden Demonstranten". Er forderte alle Arbeiter unserer Stadt auf: „Solidarisiert euch mit der studentischen Forderung: Freiheit für Fritz Teufel." **(Siehe Seite 3).**

durch ihre Reiterstaffel sowie den Einsatz von Wasserwerfern von der Erstürmung des Kriminalgerichts abhalten.

Am zweiten Verhandlungstag zog ein Polizeioberrat, der zuvor behauptet hatte, Teufel bei einem Steinwurf beobachtet zu haben, diese Darstellung wieder zurück. Er sagte: »Ich habe mich geirrt.« Nach der Mittagspause erhob sich Teufel nicht wie gewohnt mit dem Publikum, als das Gericht den Saal betrat. Als ihn der Vorsitzende fragte, ob er denn nicht ebenfalls aufstehen wolle, tat er dies mit der seitdem zum geflügelten Wort gewordenen Bemerkung: »Wenn es der Wahrheitsfindung dient.« Am 1. Dezember – nach 148 Tagen – wurde der Haftbefehl aufgehoben. Am 15. Dezember sagte Fritz Teufel in seinem Schlusswort effekthascherisch: »Ich habe einen Stein geworfen. Aber nicht gegen die uniformierten Männchen der Exekutive, sondern sozusagen in die Mühlen der Justiz, indem ich mich dagegen wehrte, mich zum Mehl der Ruhe- und Ordnungsbrötchen vermahlen zu lassen.«

Am 21. Dezember, noch rechtzeitig vor den Weihnachtsfeiertagen, wurde der Angeklagte aus Mangel an Beweisen freigesprochen.

^ *Bericht über den erfolglosen versuch, das Gericht zu stürmen, am 28. November 1967 in der »Morgenpost«.*

KOMMUNE 1 – LEGENDE
UND WIRKLICHKEIT

VON DER GRÜNDUNG BIS
ZUM »PUDDING-ATTENTAT«

Die Kommune 1 (K 1) wurde zum Jahresbeginn 1967 von Mitgliedern des SDS gegründet. Bis heute ranken sich um diese antibürgerliche und pseudopolitische Lebens- und Wohngemeinschaft zahlreiche Mythen. Als eine »Wolke aus Worten und Gesten« hat sie die *Frankfurter Allgemeine* 1985 in einem Rückblick bezeichnet. Was heißen soll, dass ihre provozierenden Aktionen, mit denen sie das Streben nach gesellschaftlichen Veränderungen simulierte, ohne einen echten Hintergrund und nichts weiter als spätpubertäres Gehabe waren. Sogar der den Kommunarden von der verklärenden 68er-Literatur bis heute zugeschriebene Beitrag zur sexuellen Emanzipation ist eine Täuschung. Aus Aufzeichnungen von Mitgliedern der Wohngemeinschaft, vor allen von Kommunefrauen, geht hervor, dass die meisten dieser Propagandisten der Revolution und der »freien Liebe« in spießigen und zeitweise sehr bescheidenen Verhältnissen lebten. Außerdem betätigten sich diese Hätschelkinder der meisten damaligen Medien sowie Horrorgestalten einer desorientierten und nur allzu leicht zu beeindruckenden Öffentlichkeit gesellschaftsfeindlich. Es wird sogar behauptet, die von der Kommune erstmals praktizierte Lebensweise habe befreiend gewirkt und zu einer nachhaltigen Auflockerung der vor 1968 bestehenden »bleiernen« gesellschaftlichen Verhältnisse in der Bundesrepublik Deutschland geführt. Wer sich mit der Geschichte der Kommune 1 eingehender beschäftigt hat, weiß, dass das nichts anderes als Legendenbildung ist.

Nachdem ihr Vorhaben eines gemeinsamen freien Zusammenlebens schon nach wenigen Wochen beinahe am Gruppenzwang gescheitert wäre, fristete diese auch »Horrorkommune« genannte Gemeinschaft dann ihre Existenz nur deshalb die lange Zeit von rund 22 Monaten, weil sie mit einer Überreaktion der Medienwelt rechnen konnte. Wo weitgehende Nichtbeachtung geboten gewesen wäre, wurden ihre – neu zuziehende und vorzeitig ausziehende Personen mitgerechnet – etwa ein Dutzend Mitglieder zu Figuren der Zeitgeschichte stilisiert und als Teil der »unruhigen Jugend« der späten Sechzigerjahre dargestellt.

»Ihr müsst euch entwurzeln!«, rief der damals noch in einem Keller des Münchener Künstlerviertels Schwabing hausende Dieter Kunzelmann einer Schar von zwei Dutzend Gleichgesinnten zu. »Weg mit euren Stipendien! Weg mit eurer Sicherheit! Gebt das Studium auf! Riskiert eure Persönlichkeit!« Entwurzelung müsse auch heißen: »Raus aus euren Zweierbeziehungen! Sucht nicht eure Sicherheit und euren Besitzanspruch bei dem anderen! Seid eine offene Persönlichkeit!«

Es war Juli 1966. Berliner und Münchener Aktivisten saßen in einer Ferienvilla im oberbayerischen Luftkurort Kochel beisammen, um sich die Köpfe darüber heiß zu reden, wie sie das verhasste bürgerliche Dasein aufgeben und eine neue, revolutionäre Form des Zusammenlebens finden könnten. Eine Woche lang dauerte das Treffen siebzig Kilometer südlich der bayerischen Landeshauptstadt. Erschienen waren aus Berlin außer Rudi Dutschke auch dessen Vertrauter und Ideengeber Bernd Rabehl sowie Eike Hemmer, ein ehemaliger Assistent des Berliner SPD-Linken Harry Ristock. Von den in der Villa versammelten Möchtegern-Revoluzzern gehörten außer Kunzelmann dessen damalige Freundin Dagmar Seehuber und der Student Hans-Joachim Hameister zu den Mitbegründern der Kommune 1. Nachmittags unternahm man gemeinsame Wanderungen am Kochelsee. Danach wurde bis in die frühen Morgenstunden debattiert. Auch die gerade in England stattfindende Fußballweltmeisterschaft war ein Diskussionsthema.

Gastgeber war der SDS-Student Lothar Menne, dessen Eltern ihr nobles Haus zum zweiten Mal innerhalb von sieben Monaten den politischen Freunden ihres Sohnes zur Verfügung stellten. Menne war von der Notwendigkeit einer grundlegenden Veränderung der überkommenen Lebensformen überzeugt. Aber als die Kommune-Pläne ein halbes Jahr später – wenn auch bescheidener, als gedacht – Wirklichkeit wurden, beteiligte er sich nicht an dem Experiment. Statt nach Berlin ging er an die Universität in Frankfurt am Main. Dort gab der gesellschaftskritische Sohn aus gutem Hause schon 1968 sein erstes Buch heraus – über den von der Studentenbewegung bewunderten kubanischen Guerillakämpfer argentinischer Herkunft Ernesto »Che« Guevara, der im Oktober 1967 im bolivianischen Dschungel umgekommen war. Von 1969 bis 1971 engagierte sich Lothar Menne dann im Solidaritätskomitee für die inhaftierte schwarze amerikanische Bürgerrechtlerin Angela Davis. Später leitete er als einer der erfolgreichsten deutschen Buchverleger nacheinander die Verlage Fischer, Hoffmann & Campe und Ullstein. Als er im Februar 2004 bei Ullstein gehen musste, machte er sich in Berlin mit einem eigenen Verlagsbüro selbständig und übernahm schon bald danach die Zusammenstellung der »Bild-Bestseller-Bibliothek«, also der Buchreihe des im Verlag Axel Springer erscheinenden Boulevardblattes *Bild-Zeitung*.

Menne soll, wie im Juli 2007 ein Informationsdienst schrieb, später gefragt worden sein, warum er nicht auch Mitglied dieser sich als Vorhut einer Kulturrevolution fühlenden Kommune geworden sei. Darauf habe er geantwortet, dass er sich bei dem Gedanken gegruselt habe, mit Kunzelmann unter einem Dach zu wohnen. Aber es war wohl nicht nur der sich in der Kommune als gestrenger Zuchtmeister aufspielende Kunzelmann, der manchen Aspiranten abschreckte.

Auch Rudi Dutschke, der in Kochel häufig das Wort geführt und zusammen mit Kunzelmann die Kommune-Idee entwickelt hatte, kniff, als es damit ernst werden sollte. Im Herbst 1966 beteiligte sich Dutschke noch an weiteren Diskussionen, zum Beispiel darüber, ob solche neuen politischen Wohngemeinschaften, die ja nicht nur in Berlin entstehen sollten, die verbotene KPD ersetzen könnten. Man wollte so revolutionär sein wie die Pariser Kommune von 1871. Auch den Roten Garden in der Volksrepublik China, die just in jenem Sommer des Jahres 1966 im Auftrag des »Großen Vorsitzenden« Mao mit großer Brutalität die Große Proletarische Kulturrevolution vorantrieben, gehörte die Bewunderung der Berliner Kommune-Strategen. Rudi Dutschke, Dieter Kunzelmann, Horst Mahler, Bernd Rabehl und Hans-Joachim Hameister diskutierten damals ernsthaft die Frage, ob nicht eine ähnliche Umwälzung wie in China in den westlichen Gesellschaften in Gang gesetzt werden könne. Die geplanten Kommunen sollten Maos Idee der »Volkskommunen« nachempfunden werden. Wenigstens ein Anfang auf dem Weg zur erträumten neuen, schöneren und gerechteren Welt sollte es sein, meinten die Berliner Vordenker.

Als sich das Jahr 1966 dem Ende zuneigte, forcierten die Kommune-Propagandisten ihre Appelle. Nun hieß es: weg von der lähmenden und sich stets im Kreis drehenden Theorie – hin zur anarchischen Aktion. Die Verwirklichung der Kommune wurde für sie so etwas wie eine Zauberformel. Ende November fasste Kunzelmann den Diskussionsstand in einem für Außenstehende schwer verständlichen Kauderwelsch zusammen: »Die Kommune ist nur dann fähig, systemsprengende Praxis nach außen zu initiieren, wenn innerhalb der Kommune effektiv die Individuen sich verändert haben, und diese können sich nur verändern, wenn sie jene machen.« Es müssten die bürgerlichen Abhängigkeitsverhältnisse wie Ehe, Besitzanspruch gegenüber Mann, Frau und Kind aufgehoben werden. Dazu gehöre auch die »Destruierung der Privatsphäre«, was bedeutete, dass kein Mitglied dieser Lebens- und Aktionsgemeinschaft mehr eigenen Besitz haben sollte. Über alles, was ein Kommunarde plante und unternahm, hatten er die Mitkommunarden zu unterrichten. Ziel war also, im Kollektiv aufzugehen.

Schon bevor die ersten zum Mitmachen bereiten Genossen in Berlin zusammenzogen, gaben sie im Dezember 1966 an zwei aufeinanderfolgenden verkaufsoffenen Sonnabenden auf dem Weihnachtsmarkt rund um die Gedächtniskirche einen Vorgeschmack auf ihre Happenings, die bald die Berliner Öffentlichkeit in Atem halten sollten. Beim ersten Mal erschienen sie gemeinsam mit etwa zweihundert Anhängern mitten im Einkaufstrubel und funktionierten eine für Nebenstraßen genehmigte Demonstration in einen wilden Vietnam-Protest auf dem Kurfürstendamm um. Ehe sich die Polizei versah, hielt Dutschke auf dem Wittenbergplatz eine Rede, in der er verkündete: »Die Zeit ist reif für eine neue Organisationsform der außerparlamentarischen Opposition. Lasst uns sofort damit beginnen!« Die Rede wurde später als Geburtsstunde der APO bezeichnet.

Am Silvesterabend 1966 waren dann die an der Gründung der Kommune 1 interessierten SDS-Genossen und ihr Anhang in einer Charlottenburger Studentenwohnung versammelt. Man wollte endlich feststellen, wer für die Kommune 1 wirklich ge-

wonnen werden konnte und wer nicht. Die Räume waren so voll, dass viele Neugierige auf dem Flur stehen mussten. Im Buch von Ulrich Enzensberger *Die Jahre der Kommune* ist zu lesen: »Früh um vier oder fünf Uhr wurde zum letzten Mal die Frage gestellt, ja oder nein.« Und da habe sich gezeigt, dass etwa die Hälfte der Anwesenden nicht bereit war, sofort zu beginnen. Sie beeilten sich jedoch zu versichern, dass dies keine grundsätzliche Ablehnung bedeute. Manche sagten auch, möglicherweise würden sie in den kommenden Wochen zu der Gruppe stoßen. Andere, die bei dieser Zusammenkunft ihre Beteiligung zusagten, sprangen in den folgenden Tagen doch noch ab. Die tiefste Enttäuschung bereitete wohl Dutschke seinen Mitstreitern, als er erklärte, dass er das Projekt Kommune 1 rundweg ablehne. Dazu trug seine Frau Gretchen, mit der er damals gerade ein halbes Jahr verheiratet war, ganz wesentlich bei. Seine Kritiker speiste Dutschke mit der Mitteilung ab, er werde parallel zur K 1 eine Wissenschaftskommune aufbauen – eine Ankündigung, die er nie wahr gemacht hat.

Der damals 27-jährige Kunzelmann, Sohn des Direktors der Kreissparkasse Bamberg, stieg allerdings mit voller Begeisterung ein. Er hatte schon Jahre zuvor das Gymnasium, dann eine Banklehre abgebrochen. In München hatte die aus Wien stammende Marion Stergar von ihm eine Tochter namens Grischa bekommen, die später in der K 1 lebte; Marion Stergar selbst schloss sich in Berlin der Kommune 2 an. Kunzelmann, der im Herbst 1966 nach Berlin zog, hatte in den Jahren zuvor in München als Mitglied mehrerer antiautoritärer Zirkel wie der

^ *12. August 1967: zwei Tage nach seiner Freilassung trat Teufel mit Unterstützern bei einem Happening auf dem Ku'damm auf.*

»Situationistischen Internationale«, der »Gruppe Spur« und der »Subversiven Aktion« (einer Berliner Zelle gehörte 1963 auch Dutschke an) ausprobiert, wie man durch allerlei derbe Scherze die Polizei zu verunglimpfen und die Öffentlichkeit möglichst publikumswirksam zum Narren zu halten vermag. Mit Kunzelmann zog auch die 27-jährige Sekretärin Dagmar Seehuber an die Spree, die aus einem bayerischen Dorf stammende Tochter eines Schlossers. Sie ließ sich von den Ideologen der Kommune am wenigsten unterkriegen und beobachtete das chaotische Treiben in der Wohngemeinschaft schon bald mit erheblicher Distanz. Jedenfalls leistete sie den Kommune-Machos einigen Widerstand. Kunzelmann, der wegen seines gebieterischen Auftretens »Patriarch« genannt wurde, bestand darauf, dass jedes Mitglied der Gruppe vor der versammelten Mitgliederschar seine Lebensgeschichte offenlegte. Bei diesen »Beichten« sollten auch alle privaten Beziehungen und Besitzverhältnisse mitgeteilt werden. Beteiligte klagten später über diese Art von Inquisition, die auf persönliche Befindlichkeiten keine Rücksicht genommen habe. Um letzte Reste von Privatheit zunichte zu machen, wurden später in der K 1 die Toilettentüren ausgehängt. Auch Telefongespräche durften nicht ohne Zuhörer geführt werden. Man machte sie per Lautsprecherübertragung zum Allgemeingut aller Bewohner.

Den ersten provisorischen Unterschlupf fand die Kommune 1 am Neujahrstag 1967 in der Wielandstraße in Charlottenburg. Da die zunächst sechsköpfige Gruppe auf die Schnelle keine geeignete große Wohnung fand, zog sie schon bald in den gutbürgerlichen Ortsteil Friedenau im Bezirk Schöneberg. Der Schriftsteller Uwe Johnson war als Verlagslektor nach New York gegangen und hatte sein Dachatelier in der Niedstraße 14 an den späteren Kommunarden Ulrich Enzensberger untervermietet. Am 19. Februar nahm man noch das Haus des Schriftstellers Hans Magnus Enzensberger, der sich für vier Wochen in Moskau aufhielt, als provisorisches Quartier dazu. Als Enzensberger zurückkam und dessen Wohnung geräumt werden musste, besetzte die Kommune am 6. März in der Stierstraße 3 auch die vorübergehend Dagrun Enzensberger überlassene Hauptwohnung Johnsons, ohne dessen Einverständnis eingeholt zu haben. Die K 1 bestand in der Anfangsphase aus Volker Gebbert, Hans-Joachim Hameister, Dieter Kunzelmann, Fritz Teufel, Dorothea Ridder und Dagmar Seehuber. Die im Februar geschiedene Ehefrau Hans Magnus Enzensbergers, Dagrun, und ihre neunjährige Tochter Tanaquil sowie der Student Detlev Michel stießen im März dazu.

Schon binnen weniger Wochen zeigte sich, was Skeptiker vorausgesagt hatten: Im Alltag des Kommunelebens kam es zu massiven persönlichen Spannungen. Die Gruppe drohte zu zerbrechen, noch ehe das Experiment richtig begonnen hatte. Vor allem die propagierte Abschaffung der Zweierbeziehung und das Ende von traditioneller Ehe und Familie ließen sich nicht einmal in Ansätzen verwirklichen. Schon am 15. März 1967 klagte Dagmar Seehuber in ihren Aufzeichnungen, die von der Polizei wenige Wochen danach bei einer Durchsuchung der K1 gefunden wurden, dass ihre Mitkommunarden Volker Gebbert sowie Ulrich und Dagrun Enzensberger den Versuch unternähmen, mit ihr »ein Viererverhältnis« zu begründen. Sie lehne dies jedoch ab, weil sie befürchte, dass durch solche Sonderbeziehungen »die politische Zielsetzung der Gemeinschaft verloren gehen und die internen und persönlichen Probleme in den Vordergrund gedrängt werden könnten«. Die Genossin Dagmar mochte sich also den sexualpolitischen Zwängen der Kommune nicht beugen, tat dies aber unter Hinweis auf andere revolutionäre Ziele und verhielt sich somit wenigstens in dieser Hinsicht kommunepolitisch korrekt.

Die meisten Mitglieder der Wohngruppe hatten Ende März 1967 das Gefühl, einer »Zwangsgemeinschaft« anzugehören. Bald brachen unter den Beteiligten Zwietracht und Eifersüchteleien aus. Jedenfalls erwies sich die vom SDS zur Propagierung der Kommune-Idee verbreitete Behauptung, dass Dagmar Seehuber und Dagrun Enzensberger nun »Gefährtinnen sämtlicher männlicher Teilnehmer« seien, als irreführend. Bei der Vergesellschaftung des Privateigentums ging Dagrun Enzensberger allerdings beispielgebend voran. Sie stellte für die anfangs häufig wenig gefüllte Kommunekasse ein Konto ihres Ex-Mannes Hans Magnus in Höhe von 5000 Mark bereit, über das sie verfügen konnte. Allerdings haperte es bei ihr in anderer Hinsicht, nämlich bei der Offenlegung des Privaten: Sie verschwieg dem mit ihr anfangs noch liierten Schwager Ulrich, dass sie schon bald mit Volker Gebbert ein Verhältnis einging – ein ganz gewiss »kleinbürgerliches« Verhalten. Dagrun Enzensberger machte sich schon nach wenigen Wochen keine Illusion mehr:. »Die

Kommune-Vorstellung hat sich zerläppert.« Sexualität könne nicht zur öffentlichen Angelegenheit gemacht werden: »Sie ist gebunden an Intimität und Privatheit«, heißt es in ihren Notizen. Auch Fritz Teufel, der sich als wortgewandter Erfinder von Späßen und ungenierter Provokateur hervortat, zeigte sich über den mangelnden Zusammenhalt der Gruppe unzufrieden und äußerte, dass es in der zur Revolutionierung der Gesellschaft gebildeten Kommune bisher untereinander nur »freundliches Desinteresse« gegeben habe. Kein Wunder, dass der kurz zuvor zugezogene Detlev Michel schon am 18. März wieder seine Sachen packte und zu seiner Mutter nach Braunschweig fuhr.

Illustriertenleser und Fernsehzuschauer ahnten von Frust und Ärger, die den Mitgliedern der Gruppe das Leben schwer machten, freilich wenig. So mancher brave Bundesbürger vernahm von der in der neuartigen Gemeinschaft zumindest vorgetäuschten »ungezwungenen« Lebensweise, vor allem der angeblichen sexuellen Befreiung, mit Bewunderung.

Anfang April wechselte der bis dahin beim SDS am Kurfürstendamm lebende spätere Kommune-Star Rainer Langhans in die Niedstraße. Er nannte dafür keinen politischen, sondern einen privaten Grund: seine Freundin hatte ihn verlassen. Der Mann mit dem Lockenkopf hatte bereits an den Diskussionen teilgenommen, welche in der Kommune mit externen Sympathisanten über einen Ausweg aus der Krise geführt wurden. Die Lösung hieß: »Nabelschau beenden« und die Aktivitäten »nach draußen« richten. Bei spektakulären Auftritten sollten der kapitalistische Staat und seine »Charaktermasken« durch Klamauk bis hin zu Gesetzesbrüchen provoziert und auf diese Weise entlarvt werden. Unter anderem philosophierte man in der Kommune 1 darüber, ob die Mitglieder nicht als Ladendiebe in Kaufhäusern und Supermärkten ausschwärmen und danach die Bevölkerung durch Wandzeitungen über den Sinn solcher Taten aufklären sollten. Auch Schüler, Studenten und Lehrlinge könne man zum Diebstahl auffordern und »mit eigenem Beispiel vorangehen«. Außerdem wurde vorgeschlagen, Luxusrestaurants schlagartig zu »besuchen«. Allerdings kam man von diesen Ideen wieder ab, weil eingewandt wurde, dass die Öffentlichkeit für »Klaugeschichten« wenig Sympathie aufbringen dürfte. Fritz Teufel schlug vor, Gerichtsakten, die Kommunarden wegen der bereits zu diesem frühen Zeitpunkt anhängigen Strafverfahren zugestellt wurden, öffentlich zu verbrennen. Ein weiterer Plan, im Nobelvorort Grunewald leer stehende Villen und andere Privathäuser bei »revolutionären Kommandoaktionen« zu besetzen, um gegen das Privateigentum auf dem Wohnungsmarkt zu protestieren, wurde zwar erwogen, aber dann zurückgestellt.

Die Nachricht vom bevorstehenden Berlin-Besuch des amerikanischen Vizepräsidenten Hubert Humphrey kam da gerade zum richtigen Zeitpunkt: Um den Spitzenpolitiker aus den wegen des Vietnamkrieges weltweiter Kritik ausgesetzten USA konnte man bequem einen Skandal anzetteln und sich als Revolutionär profilieren. Der Staatsgast sollte am 6. April 1967 eintreffen und bis zum Morgen des folgenden Tages in Berlin bleiben. Die Kommune plante ein simuliertes »Attentat«, mit dem der Gast lächerlich gemacht werden sollte. Bei einem Lokaltermin fand man heraus, dass die Joachimstaler Straße zwischen dem Kranzler-Eck und dem Kaufhaus Bilka (heute Karstadt Sport) sowie die Kreuzung Kurfürstendamm und Uhlandstraße für den »Zugriff« am besten geeignet wären. Der Konvoi des Vizepräsidenten sollte mit Rauchbomben, die roten Qualm verursachten, gestoppt werden. Dann wollten zwischen den Zuschauern stehende weibliche Kommune-Mitglieder auf die Fahrbahn durchbrechen und gegen die Wagenkolonne Eier sowie Plastikbeutel mit Schlagsahne, Pudding, Eis und Joghurt werfen. Dazu sollte im Chor »Hoch soll er leben«, »Backe, backe Kuchen« und »Berlin ist eine Reise wert« gerufen werden. Um wirkungsvolle Rauchbomben fertigen zu können, wurde der Chemiestudent Wulf Krause hinzugezogen. Er sollte Tipps geben und die Erprobung der Wurfgeschosse im Grunewald überwachen.

Da die Verabredung mit Krause telefonisch geführt wurde, wusste der Abhördienst der Alliierten, auf dessen Überwachungsliste die Nummer der K 1 längst registriert war, über die geplante Aktion sofort Bescheid. Vor allem die Amerikaner waren alarmiert, als in der Textabschrift des Telefongesprächs von »Bomben« und einem »Attentat« auf ihren Vizepräsidenten zu lesen war. Auf dem Dienstweg über den Innensenator wurde die West-Berliner Politische Polizei eingeschaltet, die am Abend des 5. April in der Niedstraße erschien und dem Spuk der »Spaßguerilla« ein vorzeitiges Ende machte. Insgesamt wurden elf junge Leute festgenommen, fünf davon in Nikolassee auf dem Rückweg von einem Rauchbomben-Test. Und weil eine solche polizei-

liche Blitzaktion nicht alle Tage gelingt, trug die Polizeipresse-
stelle die Kunde umgehend in die Öffentlichkeit. In der Mitteilung hieß es in etwas holperigem Deutsch, dass elf Personen
in Gewahrsam genommen wurden, weil sie »unter verschwö-
rerischen Umständen zusammengekommen sind und hierbei
Anschläge gegen das Leben oder die Gesundheit des amerikanischen Vizepräsidenten Hubert H. Humphrey mittels Bomben,
mit unbekannten Chemikalien gefüllten Plastikbeuteln oder mit
anderen gefährlichen Tatwerkzeugen wie Steine geplant haben«.

Am folgenden Tag erschienen alle Berliner Zeitungen mit
Schlagzeilen, die den Intentionen der Kommune 1 voll und ganz
entsprachen. Ja, sie hätten von ihr diktiert worden sein können.
Der *Tagesspiegel* berichtete im Aufmacher seiner Titelseite: »Elf
Personen von der Polizei festgenommen.«. Die *Berliner Morgenpost* verkündete: »Attentat auf Humphrey von Kripo vereitelt –
FU-Studenten fertigten Bomben mit Sprengstoff aus Peking«. Das
am Mittag erscheinende Blatt *Der Abend* meldete sogar: »Maos
Botschaft in Ost-Berlin lieferte die Bomben gegen Vizepräsi-
dent Humphrey«. Und *Bild* bezeichnete die gefassten Übeltäter
im Anklang an die polizeiliche Pressemitteilung kurzerhand als
»Verschwörer«. Die überregionale *Welt* allerdings war vorsichti-
ger und fragte: »Anschlag auf Humphrey geplant?«

Humphrey, der am 6. April um 13.15 Uhr in Tempelhof vom
Regierenden Bürgermeister Albertz und den drei westalliierten
Stadtkommandanten mit 19 Salutschüssen begrüßt wurde, blieb
während seines zwanzigstündigen Aufenthaltes von Demonstrationen nicht verschont. An einer Protestkundgebung von etwa
2000 Vietnamkriegs-Gegnern während eines Senatsempfangs
im Schloss Charlottenburg beteiligte sich unter anderem der
Schriftsteller Hans Magnus Enzensberger, der zusammen mit 24
Personen vorübergehend festgenommen wurde. Auch die Mitglieder der Kommune 2, die sich in den Räumen des SDS am Kurfürstendamm gebildet hatte, gehörten zu den Demonstranten.

Die Polizei merkte bald, dass sie mit ihrer voreilig an die Presse
weitergegebenen Mitteilung von einem »Attentatsversuch« stark
übertrieben hatte. Kriminaltechnische Experten stellten fest, dass
die angeblich zur Herstellung von Bomben bestimmten Materiali-
en relativ harmlos waren. Die »hochexplosiven Chemikalien«, die
in die Plastikbeutel gefüllt waren, entpuppten sich als Qualitäts-
weizenmehl. Allerdings hätten sich aus anderen in der Kommune

gefundenen Stoffen bei richtiger Mischung 175 Gramm Sprengstoff fertigen lassen. Schon am 6. April kurz nach Mitternacht
wurden die drei Frauen unter den elf Festgenommenen, nämlich
Dorothea Ridder, Dagmar Seehuber und Dagrun Enzensberger,
aus dem Gewahrsam entlassen. Die Männer kamen in der Nacht
zum 7. April frei und gaben noch am gleichen Tag eine Pressekonferenz in der SDS-Zentrale, von der Journalisten des Axel-Sprin-
ger-Verlages ausgeschlossen waren. Die Kommunarden erhoben
lautstarke Vorwürfe gegen die Polizei wegen falscher Anschuldi-
gung: Es sei kein aggressiver Akt geplant gewesen. Man habe nur
Humphrey lächerlich machen wollen, dessen Besuch ja »grober
Unfug« gewesen sei. Ihre Proteste, so warfen sie sich in die Brust,

^ *6. April 1967: Albertz überreicht US-Vizepräsident Hubert Humphrey im Rathaus eine Nachbildung der Freiheitsglocke.*

hätten »längst noch nicht das für die Stadt nötige Maß erreicht, um den borniertern Provinzialismus aufzureißen«. Im Übrigen verkündeten die Veranstalter zum Gaudium mancher anwesender Pressevertreter die Ansicht, dass eine Torte im Gesicht von Humphrey doch »sehr lustig« gewesen wäre.

Der 8. April war für die Kommune 1 wegen des riesigen Medienechos ein Freudentag. Das Presse-Echo sei »großartig«, hieß es. Kunzelmann, Langhans, Teufel & Co konnten sich sogar doppelt freuen: Auch seriöse auswärtige Blätter wussten sich angesichts der Blamage der Berliner Polizei und der Meinungsmache der ihrer Ansicht nach »die Zeichen der Zeit nicht begreifenden Frontstadt-Presse« kaum zu fassen. Die Vereinigten Staaten waren die wichtigste Garantiemacht der immer noch durch die Sowjetunion bedrohten Stadt West-Berlin. Darüber, dass eine Verunglimpfung des zweithöchsten Repräsentanten der USA keine Lappalie dargestellt hätte, verloren weder die »Spaß-Kommunarden« noch die mit ihnen sympathisierenden und meist aus den westdeutschen Bundesländern stammenden Korrespondenten auch nur ein Wort.

Die Tatsache, dass die FU gegen die sieben Studenten unter den Kommunarden umgehend Disziplinarverfahren mit dem Ziel, sie von der Universität zu entfernen, einleitete, bekümmerte diese kaum. Dieter Kunzelmann erhielt allerdings einen bitterbösen Brief seines sechs Jahre älteren Bruders Otto, der ihn bis dahin finanziell unterstützt hatte. »Der Skandale und Skandälchen ist es nun genug«, schrieb der als Lateinlehrer am Gymnasium der unterfränkischen Stadt Alzenau tätige Bruder am 18. April nach Berlin, nachdem er vom Treiben Dieters aus dem *Spiegel* erfahren hatte. »Der Zuschuss entfällt mit sofortiger Wirkung ...« Der Brief des Kunzelmann-Bruders, ein Klassenkamerad, der einst mit mir am Bamberger Alten Gymnasium das Abitur gemacht hatte, ist ein Dokument der Hilflosigkeit. So oder ähnlich haben damals viele Angehörigen des rebellisch gewordenen Nachwuchses reagiert. Sie nahmen die »Schandtaten« der Kommunarden bitter ernst, während diese von linken Chefideologen der Studentenbewegung mit Gelassenheit zur Kenntnis genommen und häufig verlacht wurden.

Weit mehr als solche Schreiben der Justizbehörden oder aus dem Verwandtenkreis dürfte die Wohngemeinschaft beunruhigt haben, dass sie nun ihre noblen Quartiere in der Niedstraße und der Stierstraße in Friedenau verlor. Uwe Johnson hatte auf der

Titelseite der *New York Times* von den angeblichen Attentatsplänen der West-Berliner Studenten gelesen, die in seine Wohnung und sein Atelier gezogen waren. Er war entsetzt und fürchtete, als Sympathisant der Gruppe betrachtet zu werden. »Ich lasse mir von diesen Leuten doch nicht meine Karriere kaputtmachen«, soll sich der Schriftsteller ereifert haben. Er rief sofort seinen Freund Günter Grass in Berlin an, der ebenfalls in der Niedstraße wohnte, und bat ihn, die in sein Atelier eingezogenen Leute an die Luft zu setzen. Dagrun Enzensberger gewährte Johnson eine Frist von zehn Tagen, in der sie für die Räumung seiner Hauptwohnung in der Stierstraße zu sorgen hatte. Grass überwachte den Auszug persönlich und ärgerte sich, dass dabei auch einige von den an möglichst viel PR interessierten Kommunarden informierte Fotoreporter auftauchten. Ulrich Enzensberger schwärmt in seinem Buch von dem dort abgedruckten Bild, das die Gruppe vor dem Haus Niedstraße zeigt: »Dagmar in ihrem Hosenanzug, Hameister mit schwarzem Herrenhut, Dieter in seiner geklauten Felljacke und breiter Popkrawatte, Fritz mit Pfeife, Volker mit über der Hose hängendem Hemd, Dorothea in elegantem dunklen Mantel und Rainer in Pose.«

Bis zum 1. Mai kam die Kommune 1 provisorisch bei der Kommune 2 in der SDS-Zentrale am Kurfürstendamm und danach in der Kreuzberger Wohnung des Schriftstellers Wolfgang Graetz unter, bis sie eine Siebenzimmerwohnung im dritten Stock der Eckhauses Kaiser-Friedrich-Straße 54a am Stuttgarter Platz bezog: eine Wohnung in der Charlottenburger Rotlichtgegend, die zuvor als Bordell genutzt worden war und wo in den Etagen unter und über der Wohngemeinschaft weiterhin käufliche Liebe angeboten wurde. Schon vor dem Einzug der Gruppe hatte die Polizei übrigens gegen alle Kommunemitglieder, weil sie unverheiratet zusammenlebten, ein Ermittlungsverfahren wegen des Verdachts der Kuppelei in Gang gesetzt.

Die Unterkunft am Stuttgarter Platz war in den folgenden 15 Monaten Ausgangspunkt fast aller frivolen Aktionen, mit denen diese »Kadertruppe mit Happeninganstrich« der Polizei und den Gerichten auf der Nase herumzutanzen versuchte. Dabei kam ihr zupass, dass sie als Themenlieferant sensationsgieriger, unkritischer Zeitungen und Magazine, aber auch von Radio- und Fernsehprogrammen begehrt war und weit über Deutschland hinaus eine zweifelhafte Berühmtheit erlangte.

KOMMUNE 1 – LEGENDE UND WIRKLICHKEIT

VOM STUTTGARTER PLATZ BIS ZUM ENDE DER WOHNGEMEINSCHAFT

Zwei der Gründungsmitglieder, nämlich Hans-Joachim Hameister und Dorothea Ridder sprangen vor dem Umzug nach Charlottenburg ab. Sie behielten ihr Zimmer beim SDS am Kurfürstendamm, zogen von dort aber bald mit der Kommune 2, der auch der spätere Terrorist Jan-Carl Raspe angehörte, zur Giesebrechtstraße weiter. Dafür kam Gertrud Hemmer, die mit ihrem Mann Eike bereits 1966 in Kochel dabei gewesen war und sich den neuen Vornamen »Agathe« zulegte, mit ihrem dreieinhalbjährigen Sohn Nessim von der K 2 für kurze Zeit zur K 1. Nessim erhielt zusammen mit Kunzelmanns zweieinhalbjähriger Tochter Grischa am Stuttgarter Platz ein eigenes Zimmer neben der Küche.

Diese Kommune 1, deren Mitgliederzahl nun zwischen sechs und acht schwankte, war zwar dem SDS zu unpolitisch und nicht diszipliniert genug. Die Anführer der Studentenbewegung distanzierten sich deshalb häufig von dieser Gruppe, nutzten ihre antiautoritären Aktionen aber immer wieder als Anstoß für die Emotionalisierung Zehntausender junger Leute weit über Berlin hinaus und als Prellbock für die Propagierung ihrer revolutionären Ziele.

So machten die Kommunarden schon vor dem Einzug in die neue Wohnung mit schrillen Wortmeldungen Furore. Am 20. April verteilte die Gruppe an der FU ein Flugblatt mit der von Fritz Teufel formulierten Anrede »Studenten, Lahmärsche und Karrieremacher«, in dem unter anderem die Aufforderung zu lesen war: »Vögelt nicht im Henry-Ford Bau!« (Hauptgebäude der FU). Das Flugblatt trug zwar die Herkunftsbezeichnung »SDS«, war

aber mit dem Verband nicht abgesprochen. Dies führte zu einer scharfen Reaktion des SDS-Bundesvorstandes in Frankfurt, der den Kommunarden »existenzialistischen Voluntarismus« sowie »politischen Zynismus« vorwarf und deren Mitgliedsrechte suspendierte.

Der Berliner SDS hatte sich schon im November 1966 mit den späteren Kommunarden angelegt, weil diese eine Diskussion von FU-Rektor Hans-Joachim Lieber mit Studenten gesprengt und auf einem dabei verteilten Flugblatt Professoren als »Fachidioten« bezeichnet hatten. Um seine Förderungswürdigkeit nicht zu verlieren, drohte eine SDS-Landesvollversammlung der Kommune am 9. Januar 1967 »verbandsinterne Konsequenzen« an. Einige Professoren, die sich beleidigt fühlten, erstatteten gleichwohl Anzeige gegen Unbekannt, woraufhin die SDS-Räume am Kurfürstendamm am 26. Januar von der Polizei durchsucht, die Adressenkartei beschlagnahmt und von vier Schreibmaschinen Schriftproben genommen wurden. Schon am 30. Januar gab die Justiz aber die Kartei ungeöffnet zurück. Der SDS war weiter auf die Zuschusszahlungen des Staates angewiesen, weshalb er direkten Konfrontationen mit der Obrigkeit nach Möglichkeit ausweichen wollte. Nachdem sich die Kommune 1 weitere Eskapaden geleistet hatte, schloss sie eine SDS-Landesvollversammlung am 12. Mai 1967 mit knapper Mehrheit aus.

Rudi Dutschke enthielt sich der Stimme. Der Präsident des FU-Studentenkonvents, Wolfgang Lefèvre, hatte zuvor in seiner Eigenschaft als SDS-Bundesvorstandsmitglied erklärt, die »blin-

∧ *26. Januar 1968: Nach der polizeilichen Durchsuchung der SDS-Räume am Kurfürstendamm.*

den Aktionen« der Kommune stellten in der aktuellen Situation an der Hochschule »eine Gefährdung der Arbeit des SDS dar«. Die Maßregelung verlor in Berlin aber schon bald nach den Schahkrawallen am 2. Juni, als Geschlossenheit im linken Lager besonders gefragt war, weitgehend ihre Gültigkeit.

Der wohl spektakulärste und verhängnisvollste Coup ihrer kurzen Geschichte gelang der K1 am 24. Mai mit der als harmloser Scherz ausgegebenen Aufforderung zur Warenhausbrandstiftung. Zwei Tage zuvor hatte es in Brüssel eine der größten Brandkatastrophen Belgiens gegeben. Das fünfgeschossige Kaufhaus »L'Innovation« und mehrere angrenzende Häuser gingen in Flammen auf, wobei 253 Menschen den Tod fanden. Die Tatsache, dass der Kaufhausdirektor laut *Bild*-Zeitung Brandstiftung durch Extremisten nicht ausschloss und in diesem Zusammenhang auch den Protest gegen den Vietnamkrieg nannte, animierte die Kommune, eine Serie von vier Flugblättern zu verfassen, von denen eines schon in der Überschrift vorgab, in Brüssel seien »neue Demonstrationsformen«, nämlich die der Brandstiftung, erstmals erprobt worden. Auf einem zweiten Flugblatt war zu lesen: »Ein brennendes Kaufhaus mit brennenden Menschen vermittelte erstmals in einer europäischen Großstadt jenes knisternde Vietnamgefühl (dabei zu sein und mitzubrennen), das wir in Berlin bislang noch missen mussten.« Auf einem anderen Flugblatt stand: »Wenn es irgendwo brennt in der nächsten Zeit, wenn irgendwo eine Kaserne in die Luft geht, wenn irgendwo in einem Stadion die Tribüne einstürzt, seid bitte nicht überrascht. Genauso wenig wie beim Überschreiten der Demarkationslinie durch die Amis, der Bombardierung des Stadtzentrums von Hanoi, dem Einmarsch der Marines nach China. Brüssel hat uns die einzige Antwort darauf gegeben: »Burn Ware House Burn!« (Wobei die englische Bezeichnung »ware house« falsch verwendet wurde. Sie bedeutet Lagerhaus.) Schließlich stellte die Kommune in einem vierten Flugblatt die Frage: »Wann brennen die Berliner Kaufhäuser?«

Die Flugblätter wurden an jenem 24. Mai vor der Mensa der FU verteilt und erregten sogleich erhebliches Aufsehen. Auch die Staatsanwaltschaft fand die Texte alles andere als lustig, sondern sah sie als direkte Aufforderung zur Brandstiftung an, weshalb sie noch im Mai ein Ermittlungsverfahren gegen sieben Kommune-Mitglieder einleitete. Im Prozess, der im März 1968

Wann brennen die Berliner Kaufhäuser ?

Bisher krepierten die Amis in Vietnam für Berlin. Uns gefiel
es nicht, daß diese armen Schweine ihr Cocacolablut im vietnamesischen Dschungel verspritzen mußten. Deshalb trottelten
wir anfangs mit Schildern durch leere Straßen, warfen ab und
zu Eier ans Amerikahaus und zuletzt hätten wir gern HHH in
Pudding sterben sehen. Den Schah pissen wir vielleicht an
oder, wenn wir das Hilton stürmen, erfährt er auch einmal,
wie ohltuend eine Kastration ist, falls überhaupt nocht was
dranhängt... es gibt das so böse Gerüchte.

Ob leere Fassaden beworfen, Repräsentanten lächerlich gemacht -
die Bevölkerung konnte immer nur Stellung nehmen durch die
spannenden Presseberichte. Unsere belgischen Freunde haben
endlich den Dreh heraus, die Bevölkerung am lustigen Treiben in Vietnam wirklich zu beteiligen: sie zünden ein
Kaufhaus an, zweihundert saturierte Bürger beenden ihr auf-
regendes Leben und Brüssel wird Hanoi. Keiner von uns braucht
mehr Tränen über das arme vietnamesische Volk bei der Früh-
stückszeitung vergießen. Ab heute geht er in die Konfektions-
abteilung vom DaDeWe, Hertie, Woolworth, Bilka oder Necker-
mann und zündet sich diskret eine Zigarette in der Ankleide-
kabine an. Dabei ist nicht unbedingt erforderlich, daß das
betreffende Kaufhaus eine Werbekampagne für amerikanische
Produkte gestartet hat, denn wer glaubt noch an das "made
in Germany" ?

Wenn es irgendwo brennt in der nächsten Zeit, wenn irgendwo
eine Kaserne in die Luft geht, wenn irgendwo in einem Stadion die Tribüne einstürzt, seid bitte nicht überrascht.
Genauso wenig wie beim Überschreiten der Demarkationslinie
durch die Amis, der Bombardierung des Stadtzentrums von
Hanoi, dem Einmarsch der marines nach China.

Brüssel hat uns die einzige Antwort darauf gegeben:

        burn, ware-house, burn !

                         KOMMUNE I (24.5.67)

stattfand, standen allerdings nur Fritz Teufel und Rainer Langhans als Angeklagte vor dem Kriminalgericht Moabit. Dort trat,
wie es später Hans Magnus Enzensberger ironisch ausdrückte, die »liberale Intelligenz Deutschlands in ihrer dialektischen
Pracht« als Gutachter zur Entlastung der Angeklagten auf, darunter der Schriftsteller Günter Grass, der am Inhalt der Flugblätter
allerdings »postfaschistische Züge« feststellte. Auch Hans Werner Richter, Mitinitiator und Vorsitzender der Gruppe 47, sprach

^ »Burn, ware-house, burn« – eines der angeblich nur satirisch
gemeinten Flugblätter der Kommune 1 vom 24. Mai 1967.

von »Texten von Wichtigtuern, dumm, arrogant, geschmacklos … Sie spielen Revolution und dienen den Reaktionären.« Unter anderem waren aber Publizistikprofessor Fritz Eberhard sowie die Literaturwissenschaftler Walter Jens und Peter Szondi von der Harmlosigkeit der Aufrufe überzeugt. Der Religionssoziologe Jakob Taubes verteidigte die Sprache der Flugblätter, weil sie »ganz allgemein in der Überspitztheit ihres aufrührerischen Pathos durch Dadaismus und Surrealismus vorbereitet« worden sei. Das Gericht schien von dem geballten akademischen Expertentum überfordert zu sein: Am 22. März 1968 endete das Verfahren mit Freispruch. In der Urteilsbegründung hieß es, man habe nicht beweisen können, dass die Angeklagten eine Befolgung ihres Aufrufes auch billigend in Kauf genommen hätten.

Keine zwei Wochen danach, in der Nacht vom 2. zum 3. April 1968, legten die späteren Terroristen Andreas Baader, Gudrun Ensslin und Thorwald Proll sowie der Münchener Schauspieler Horst Söhnlein, der später nicht mit in den Untergrund ging, in zwei Frankfurter Warenhäusern, dem Kaufhaus Schneider und dem Kaufhof, Feuer. Sie wurden zwei Tage danach gefasst und schließlich in Berlin zu je drei Jahren Zuchthaus verurteilt. Ulrich Enzensberger hat in seinem Kommune-Buch geschildert, dass Baader, Ensslin und Proll damals am Stuttgarter Platz ein- und ausgingen. Er habe sie zusammen mit einer Frankfurterin gut eine Woche vor ihrer Tat in den Räumen der Kommune angetroffen und gespürt, »dass sie zusammen etwas vorhatten«. Sie seien ihm euphorisch, nervös und abgehoben vorgekommen, aber er habe sie nicht nach ihrem Vorhaben gefragt. Der SDS und weite Teile der Außerparlamentarischen Opposition verurteilten die Frankfurter Tat. Obwohl die Mehrheit der K 1-Mitglieder stets versicherte, Gewalt als Mittel der Politik abzulehnen, gab die Kommune in einer zweideutigen Erklärung zu erkennen, dass sie Brandstiftung prinzipiell für legitim hielt. Fritz Teufel meinte, es sei »immer noch besser, ein Warenhaus anzuzünden, als ein Warenhaus zu betreiben«.

Was in den folgenden unruhigen Monaten auch immer in Berlin geschah – die Kommune war dabei. Zwei Tage bevor am 2. Juni 1967 der iranische Kaiser zu seinem Staatsbesuch eintraf, klebte sie ein in Form eines Steckbriefes gestaltetes Flugblatt mit dem Porträt des Staatsgastes und der Überschrift »Mord« an Hauswände. Mehrere Kommunarden waren beim Anti-Schah-

Protest vor der Oper dabei, wo Fritz Teufel als angeblicher Steinewerfer und Rädelsführer festgenommen wurde. Allerdings fehlten dort Ulrich Enzensberger, seine 19-jährige Freundin Dagmar Doetinchem de Rande sowie drei weitere Genossen, weil sie am frühen Abend des 2. Juni in einem Auto vor der Kommune 1 an der Kaiser-Friedrich-Straße sitzend der Polizei aufgefallen waren. An dem Wagen waren die erwähnten Schah-«Steckbriefe» angebracht. Die Gruppe wurde bis zum nächsten Morgen in Gewahrsam genommen.

Teufel konnte, weil er im Gefängnis saß, nicht dabei sein, als im Sommer in der Wohnung am Stuttgarter Platz *Stern*-Fotograf Thomas Hesterberg das weltweit durch die Gazetten gegangene Nackt-Bild der Kommune aufnahm – vier Männer und drei Frauen, die wie bei einer Polizeirazzia mit erhobenen Armen, gespreizten Beinen mit dem Gesicht zur Wand ihre unbekleidete Rückenansicht der Kamera zuwandten, daneben rechts der kleine Nessim. Antje Krüger, die gegen Ende des Jahres 1967 Rainer Langhans zuliebe von der K 1 in die K 2 wechselte und 1968, nachdem sie sich mit ihm verkracht hatte, wieder auszog, erzählte 1993 in einem *taz*-Interview, dass dieses Foto zwar »unheimlich Furore« gemacht habe. »Tatsächlich musste das Ganze aber ganz schnell gehen, weil alle froh waren, sich wieder anziehen zu können.« Von der früheren Kindergärtnerin, die auch ein Examen der Berliner Meisterschule für das Kunsthandwerk vorweisen konnte, stammt die Feststellung, dass die Kommune weit davon entfernt gewesen sei, die Verhältnisse zwischen den Menschen zu »entprivatisieren« und somit zu »revolutionieren«. Die K 1 habe eher eine Karikatur erzbürgerlich-patriarchalischer Zustände dargestellt. Die Frauen hätten gekocht und die Straße gefegt, auf der die Männer dann »revolutionäre« Sprüche geklopft hätten. Antje Krüger war, nachdem die drei GründungsFrauen der K 1 und weitere Mädchen ausgezogen waren, lange Zeit das einzige weibliche Kommune-Mitglied.

Überhaupt blickte Antje Krüger, die später als Garderobiere beim Film arbeitete, auf ihre Zeit in der Kommune mit erfrischender Nüchternheit zurück. Was in zahlreichen nostalgischen Schriften über die »68er-Revolution« als der angeblich bis heute fortwirkender liberalisierende Einfluss der Studentenbewegung – und da besonders der von der Kommune gepflegten Subkultur – auf die bundesdeutsche Gesellschaft gerühmt wird,

Urkommune „K I"

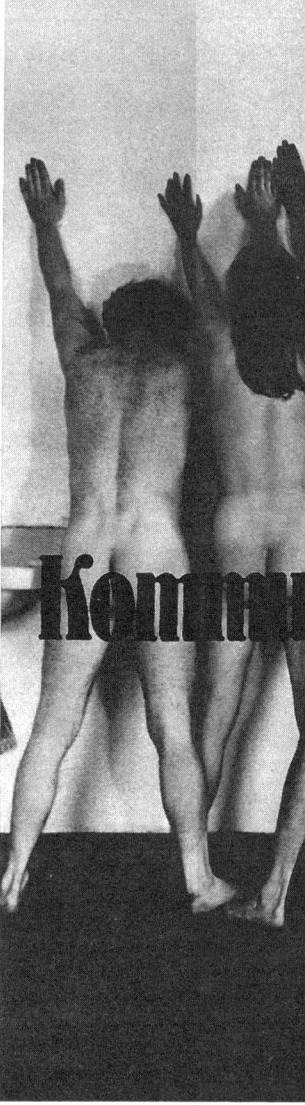

Von der Existenz einer Kommune hörte die Öffentlichkeit
zum erstenmal, als Mitglieder der Berliner Kommune I
verhaftet wurden, weil sie angeblich ein Attentat auf
Humphrey vorbereitet hatten. Als „Horror-Kommune"
oder auch „Liebes-Kommune" genossen sie breiteste
Aufmerksamkeit einer nach Pikanterien begierigen
Öffentlichkeit.
Inzwischen sind nach dem Vorbild der ersten Berliner
Kommune in vielen Großstädten Wohn- und Lebens-
gemeinschaften entstanden. Ein Teil hat sich inzwischen
wieder aufgelöst, andere Kommunen sind im Entstehen.
Allen gemeinsam ist der Wille, eine neue Form des
gesellschaftlichen Lebens zu finden, die Beziehungen
der Menschen untereinander zu verändern und die Kluft
zwischen dem Privatleben und ihrem politischen Engagement zu überwinden. In der Enklave dieser neuen gesellschaftlichen Einheit, frei von Zwang repressiver
Beziehungen in Elternhaus oder Ehe, wollen sie den
engsten Zwängen unserer Gesellschaft entrinnen und die
Keimzelle zu einer gesellschaftlichen Änderung werden
lassen.
konkret besuchte Kommunen in verschiedenen Großstädten: Studentenkommunen, Schülerkommunen,
Künstlerkommunen, lockere Wohngemeinschaften und
solche mit festen Statuten, Kommunen mit festen Pärchen
und Kommunen mit freier Liebe. Das Ergebnis:
Kommunen sind ein ernstzunehmendes, aber offenbar
sehr schwieriges Experiment.

konkret REPORT

in Deutschland

*Ein Bericht von
Wolfgang Röhl und
Detlef Schneider*

KOMMUNE 1 – LEGENDE UND WIRKLICHKEIT

^ *»Kommunen in Deutschland« – Report mit dem Aktfoto der Wohngruppe im linksgerichteten Magazin »konkret«, Heft 12/1967.*

liest sich bei ihr anders. Sie gesteht zwar, dass sie dem Kommuneleben auch fröhliche Seiten abgewinnen konnte, doch ihr fallen dabei weder Minirock, lange Haare, Drogenrausch oder Gammlerlook ein. Sie stellte vielmehr fest, dass es in den Räumen am Stuttgarter Platz und später in der umgebauten Fabrik an der Stephanstraße in Moabit vor allem »sehr zugig« war. Es habe kein Privatleben gegeben, und der Alltag sei komplett »durchorganisiert« gewesen. Die Aktionen, mit denen die K 1 Aufsehen erregte, bezeichnete sie als »Kinderkram«; die in der Öffentlichkeit verbreiteten Ansichten über die laxe Sexualmoral der Kommunarden seien »reine Projektionen« gewesen und hätten mit der Wirklichkeit nur wenig zu tun gehabt. Die Gemeinschaft habe »nur bestehen können, weil Normalbürger so hysterisch reagiert haben«. Auch bei den Angaben über den Rauschgiftkonsum der Gruppe scheinen sowohl Kommunarden wie Ulrich Enzensberger als auch Außenstehende stark übertrieben zu haben. Antje Krüger berichtete jedenfalls, dass »nur in der Endphase ab und zu gekifft« worden sei. Die eigentliche Drogenphase setzte wohl erst in den Monaten vor der Kommune-Auflösung im November 1969 ein. Bleibende Verdienste um die Geschichte der 68er hat sich Krüger dadurch erworben, dass sie das Archiv der Kommune 1 führte und bei deren Auflösung Ende 1969 dafür sorgte, dass die mühsam zusammengetragenen Unterlagen einschließlich vieler Briefe nicht verloren gingen. Sie brachte das Material zum Sozialistischen Anwaltskollektiv, von wo es später zum Hamburger Institut für Sozialforschung wanderte.

Obwohl die Kommune-Bewegung auf eine der wirklichkeitsfremden Vorstellungen zurückging, die Rudi Dutschke gemeinsam mit einigen Gleichgesinnten entwickelt hatte, distanzierte er sich schon ein Jahr später, als er auf dem Weg zum gefeierten »Studentenführer« bereits eine gewisse Prominenz erlangt hatte, unmissverständlich von der K 1. In seinem ersten *Spiegel*-Interview, das am 10. Juli 1967 erschien, sagte er auf die Frage, ob die K 1 »nicht einfach ein Klub von hochgradigen Neurotikern« sei, mit der für ihn typischen Dialektik: »Das ist es auch, aber daran ist nicht die Kommune schuld, sondern die Gesellschaft, die es zu solchen menschlichen Verkrüppelungen hat kommen lassen.«

Im Juli kam der Sozialphilosoph Herbert Marcuse, der an der Universität von Kalifornien in San Diego lehrte und Mentor der sich damals weltweit ausbreitenden Studentenunruhen war, in seine Geburtsstadt Berlin und hielt im überfüllten Audimax der FU dreitägige Vorlesungen über seine revolutionären Ideen. Aus Solidarität für den Inhaftierten Fritz Teufel stattete er auch der Kommune 1 einen kurzen Besuch ab. Wie Begleiter später erzählten, war der amerikanische Wissenschaftler von den so gar nicht romantischen Umständen, unter denen diese von rebellischen jungen Menschen als Vorbilder betrachteten»Gesellschaftsveränderer« am Stuttgarter Platz hausten, ziemlich enttäuscht. Klaus Rainer Röhl, seinerzeit Noch-Ehemann von Ulrike Meinhof und Herausgeber des vor allem in der linken Szene viel beachteten Magazins *konkret*, war – vermittelt durch Dutschke – schon im Mai 1967 bei der Kommune 1 erschienen, um sich das Experiment einmal aus der Nähe anzusehen. Er war bereits über zehn Jahre lang heimliches Mitglied der verbotenen KPD und ließ das damals in einer Auflage von mehr als 150 000 Exemplaren erschienene Magazin monatliche mit 40 000 Mark aus der DDR finanzieren. Wie seine Tochter Bettina Röhl in ihrem Buch *So macht Kommunismus Spaß* berichtet, kam Röhl »genervt« nach Hamburg zurück. Er habe erzählt, dass die damals von der Presse häufig als »FU-Chinesen« bezeichneten Berliner Kommunarden über Kurzwelle stündlich die deutschsprachigen Nachrichten von Radio Peking hörten. In seinem Bericht in der August-Nummer von *konkret* machte Röhl dann von seiner Abneigung »gegen die alle Arbeiter verachtenden, parasitär lebenden Zottelköpfe und Schmuddelkinder« keinen Hehl.

Von dem Happening, dass die Kommunarden am 12. August 1967, zwei Tage nach der Entlassung des Untersuchungshäftlings Fritz Teufel, auf dem Kurfürstendamm inszenierten, berichteten die Medien tagelang. Mit dabei war auch der damals 23-jährige spätere Kaufhaus-Brandstifter und RAF-Terrorist Andreas Baader, der in München wegen Urkundenfälschung vorbestraft war und als Beruf »Journalist« angab. Er hatte sich bereits wenige Tage zuvor als Pyromane hervorgetan, als er nach Überwindung eines Sicherheitsschlosses auf der Turmruine der Kaiser-Wilhelm-Gedächtnis-Kirche Rauchbomben deponierte, die mittels eines von ihm selbst gebastelten elektrischen Glühzünders zur Explosion gebracht wurden.

Im August besuchte Dutschke, begleitet von dem mit der Studentenbewegung sympathisierenden Kabarettisten Wolfgang Neuss, die K1 ein letztes Mal. Dutschke und Neuss redeten auf

Teufel ein, die Auflage zu befolgen, wonach er sich zweimal wöchentlich bei seinem Polizeirevier zu melden hatte. Doch in der Kommune hoffte man aufgrund der Erfahrungen der vorausgegangenen Wochen, die Konfrontation mit der Justiz bestehen zu können. Nachdem die Märtyrerrolle Teufels großes Aufsehen erregt hatte, glaubten die Kommunarden, seine nochmalige Inhaftierung würde vor allem bei den unzufriedenen Studenten zu noch größerer Mobilisierung führen. Die Clownerien Teufels nutzten sich jedoch allmählich ab und das Interesse an ihm ließ selbst im linken Lager nach.

Während den Kommunarden vor allem aus berufstätigen und bürgerlich-konservativen Bevölkerungskreisen von Anfang an kein Verständnis entgegengebracht wurde, gewann die antiautoritäre Lebensgemeinschaft bei linksliberalen Zeitgenossen bis in das Jahr 1968 hinein Kultstatus. So gingen bei der Kommune-Adresse neben Beschimpfungen und Verwünschungen ihrer Gegner auch Hilfegesuche von Menschen ein, die meinten, wer mit der Obrigkeit respektlos umspringe, könne dies auch in ihrem Namen tun. Ganze Schulklassen aus westdeutschen Bundesländern schrieben bewundernde Briefe. Die Wohnung am Stuttgarter Platz war häufig von Freunden der Hobby-Revoluzzer oder solchen, die sich dafür ausgaben, regelrecht belagert. Schon dort entwickelte sich die Popularität von Rainer Langhans, Dieter Kunzelmann und Fritz Teufel bei weiblichen Anhängern zu einem Problem. Dies zeigte sich noch deutlicher vom Oktober 1968 an, als die K 1 nach Moabit gezogen war. Den Verehrerinnen hatte es offenbar vor allem die Aufmachung der Kommune-Männer angetan – Armeemäntel oder Mao-Anzüge, Perlenketten und lange Haare. Der Briefschlitz der K1 war fast täglich durch mit Herzchen und Lippenabdrücken geschmückte Kuverts verstopft. In einem erhalten gebliebenen Liebesbrief wird Langhans wegen seiner Haarpracht als »Lieber Curly, süßer Curly« angeredet. Und Kunzelmann empfing die Botschaft: »Lieber Dieter, kleiner Dieter … Du bist so nett, wir haben Dich gern.« Allerdings schickte ihm ein Mädchen auch den Vers: »Kommunarde Kunzelmann, Du wirst bestaunt von allen Seiten / auf Grund Deiner Orgasmusschwierigkeiten.« Teufel, der ja wegen seiner langen und wiederholten Inhaftierungen einen Märtyrernimbus hatte, wurde von Fans als »Lieber Fritzek, schüchterner Fritzek« bezeichnet. Ulrich Enzensberger schreibt, dass Teufel die Beliebtheit bei den

»Groupies« weidlich ausnützte, »vor Schulmädchen keineswegs Halt machte, aber auch vor Schriftstellerinnen, Funktionärinnen, ja Philosophinnen nicht zurückgeschreckt, wenn sie ihm nur willig entgegenkamen ...«. Da Teufel sich um geknickte Herzen nicht kümmerte, mussten sich andere Kommunarden der weinenden weiblichen Wesen annehmen. Sie taten dies nicht gerade mit Begeisterung. So mancher von ihnen atmete auf, als dass »allzu bunte Treiben« ihres Mitkommunarden im Juli 1968 mit dessen Auszug vorüber war.

Der Mummenschanz, den die Kommune 1 wochenlang den Berlinern bot, verlor mit der Zeit an Neuigkeitswert. Gleichwohl lebte die Wohngemeinschaft von ihren Provokationen nicht schlecht. Haupteinnahmequelle waren Honorare von tausend bis zu mehreren tausend Mark, die sie sich für Interviews und Fotoaufnahmen, aber auch eigene Publikationen zahlen ließ. In der Kommune war für alle Journalisten der deutliche Hinweis ausgehängt: »Erst blechen, dann sprechen«. Der *Stern* zahlte der K 1 im Sommer 1967 für eine mehrseitige Reportage über ihr »Liebesleben« 5000 Mark. Als sich im Herbst 1969 Uschi Obermaier für eine weitere *Stern*-Reportage auszog, sollen der Illustrierten von Rainer Langhans, dem damaligen Geliebten und Manager des Fotomodells, 20 000 Mark in Rechnung gestellt worden sein.

Die Kosten für die Verteidigung des am 2. Juni 1967 an der Oper festgenommenen Fritz Teufel übernahm – ebenso wie die Anwaltshonorare für den Prozess gegen den Ohnesorg-Todesschützen Kurras – *Spiegel*-Herausgeber Rudolf Augstein. In den Kommune-Räumen stand eine leistungsfähige Ranck-Xerox Druck- und Vervielfältigungsmaschine, auf der nicht nur Flugblätter, eine »Kommune-Illustrierte«, die Schrift »Quellen zur Kommune-Forschung« und Ähnliches, sondern auch die Kopien »progressiver« Literatur für den Eigenvertrieb, den Weiterverkauf an einschlägige Buchhandlungen aber auch für den Versand an auswärtige Interessenten hergestellt wurden. Die Maschine stand im Herbst 1966 zuerst im Keller eines nur von der Straße aus zugänglichen Ladenraums in Rixdorf, im Vorderhaus darüber bewohnte der aus München zugezogene Dieter Kunzelmann vorübergehend eine Einzimmerwohnung. Auf ihr wurde seinerzeit als erster deutscher Raubdruck nach dem Krieg das bereits 1927 erschienene und 1964 neu aufgelegte Buch *Die Funktion des Orgasmus* von Wilhelm Reich gedruckt, ein vom Inhalt her bereits angestaubtes Standardwerk der Sexualaufklärung. Die Kommunarden, von denen die Maschine übernommen wurde, boten den Reich-Raubdruck am Stuttgarter Platz für fünf Mark an. Allein dieses Werk soll der Kommune-Kasse mehr als 6000 Mark eingebracht haben. Auch mit dem *Roten Buch* des chinesischen Diktators Mao Tse-tung trieb die Kommune wie auch der SDS regen Handel. Sie bekam eine Menge dieser »Mao-Bibeln« von der Botschaft der Volksrepublik in Ost-Berlin; wegen der großen Nachfrage wurde das Büchlein auch direkt beim Verlag für fremdsprachliche Literatur in Peking als Luftpostsendung bestellt. Für die Überweisung der Kosten von 90 Pfennig je Exemplar lagen Formulare bei. Die K 1 verkaufte das Buch bei Teach-ins vor Hörsälen und an anderen Veranstaltungsorten für zwei Mark das Stück. Eine weitere Einnahmequelle bot die Mao-Plakette, ein Kommune-Fan-Artikel, den 1967/68 nicht nur die Mitglieder dieser Gruppe sowie bekennende Maoisten, sondern viele andere sich »fortschrittlich« dünkende junge Leute am Revers trugen.

Am 6. Januar 1968 erregten die Kommune und etwa 150 ihrer Anhänger erhebliches Aufsehen, als sie den alljährlich im Palais am Funkturm stattfindenden Juristenball zu stören versuchten. Sie bewarfen die ankommenden Ballgäste mit Knallkörpern, Taxifahrer und Polizei mit Schneebällen und verteilten ein Flugblatt, auf dem zu lesen war: »Jeder Staatsanwalt in die Strafanstalt!« Als sie von der Polizei abgedrängt wurden, rannten die Demonstranten zum gegenüber dem Hammarskjöldplatz gelegenen Haus des Rundfunks und richteten ihre Sprechchöre gegen den Regierenden Bürgermeister Klaus Schütz, der dort im Großen Sendesaal des SFB ein Konzert tschechoslowakischer Künstler besuchte. Es wurden 14 Personen festgenommen, darunter die Kommunarden Kunzelmann, Langhans, Teufel und Antje Krüger. Im Gerangel wurden sechs Polizisten die Dienstmützen entwendet.

Der erst seit dem 19. Oktober 1967 im Rathaus Schöneberg amtierende Schütz zeigte sich auf dem SPD-Landesparteitag vom 10. und 11. Februar 1968 vor allem darüber verärgert, dass auch linke Flügelleute seiner Partei an einer von der APO für das bevorstehende Wochenende vorbereiteten großen Vietnam-Demonstration teilnehmen wollten. Schütz geriet so in Rage, dass er die den Staat herausfordernden Studenten hart attackierte und sich zu der Äußerung hinreißen ließ: »Da müsst ihr diese

DER LETZTE WALZER MIT HOPPE

DAS würde Euch so passen, wochentags Ladendiebe, Sittenstrolche
und Demonstranten zu verknacken und samstags den Justizangestellten
unter den Rock zu greifen.

IHR TANZT ALS OB

Als ob Ihr nicht die Typen wärt, die mit 10000 Verfahren jeden
Tag den lächerlichen Versuch unternehmen, die Leute zu bremsen,
die Euch bald die Stühlchen unterm Hintern wegziehen, die Pfründen
abnehmen, die schwarzen Röcke verbrennen, produktive Arbeit machen
lassen.

IHR TANZT ALS OB IHR MENSCHEN WÄRT!

Da wird nichts draus.

Jehtdochinjustizpalast!

Husch,husch, zurück zwischen die Schreibtische, Ihr fleischge-
wordenen Aktenbündel!

Jeden Moment könnt Ihr in die Hosen machen.

Bei zwanzig Mark Eintritt auch aufs Tanzparkett, meint Ihr.

Ihr wollt tanzen?

Vergrämte Neurotiker, vertrottelte Minityrannen, Höppe, Dehnicke,
Schwerdtner, Pahl und Pagel - tanzen wollt Ihr?

Daß wir nicht lachen!

Ihr tut soch nur so. Uns braucht Ihr nichts mehr vor umachen. Wir
kennen Euch schon ganz gut und lernen Euch immer besser kennen.

Tanzt doch mit uns, wenn Ihr tanzen wollt!

Macht doch mal ein Fest mit denen, die Ihr immer nach Moabit, Plötzen
see und Tegel schickt. Dann würden die wenigstens mal die richtigen
Leuteumbringen, verstückeln, ausrauben und vergewaltigen.

Der Kuntze ist so on gegangen worden. Ihm nach, Ihr Idioten!

JEDER STAATSANWALT IN DIE STRAFANSTALT !
GEFÄNGNISSE ENTLASTEN ! NUR RICHTER MÜSSEN KNASTEN!
BRECHT DEM SCHÜTZ DIE GRÄTEN ' ALLE MACHT DEN RÄTEN!

Kommune I
6.1.68

Typen sehen, da müsst ihr ihnen ins Gesicht sehen, dann wisst
ihr: ... denen geht es darum, unsere freiheitliche Grundordnung
lahmzulegen.« Schütz merkte sofort, dass er Öl ins Feuer gegos-
sen hatte, und machte deutlich, dass er nicht »die« Studenten,
sondern nur eine verhältnismäßig kleine Minderheit gemeint
hatte, die »eiskalt« die Ordnung in Berlin untergraben wolle. In
seinem Buch »Logenplatz und Schleudersitz« hat er 24 Jahre später den Satz ausdrücklich bedauert und geschrieben, die Worte
seien fehl am Platz gewesen, weil es seinerzeit »darum gehen
musste, Erregungen, wirkliche und künstliche, abzubauen«.

Die Kommune 1 sah in der Schütz-Äußerung einen willkom-
menen Anlass, wieder einmal auf sich aufmerksam zu machen.
In einem Leserbrief an das studentische Monatsblatt *FU-Spiegel*
spottete sie darüber, dass der rechte Arm von Schütz aufgrund

^ *Flugblatt, verteilt beim Berliner Juristenball am 6. Januar 1968.*
Hans-Günter Hoppe (FDP) war der damalige Justizsenator.

einer Kriegsverletzung, die er Ende April 1945 in Italien erlitt, teilweise gelähmt ist. In dem Brief der Kommune hieß es: »Wie wurde Schütz ein Krüppel? ... Den Arm verlor Schütz wegen Feigheit vor dem Feind.«

Als am 11. April 1968 Rudi Dutschke am Kurfürstendamm durch Schüsse schwer verletzt wurde, war bei der Kommune am Stuttgarter Platz gerade ein größerer Personenkreis versammelt. Als die Kommunarden von dem Attentat erfuhren, machten sie sich auf den Weg zur Technischen Universität, von wo sie sich am Abend dem Protestzug zum gut fünf Kilometer entfernten Springer-Verlagshaus an der Kochstraße in Kreuzberg anschlossen. Sie übernahmen die Parolen von Ideologen, die behaupteten: »Springer hat mitgeschossen.« Später prahlten Mitglieder der Wohngemeinschaft damit, dass sie Steine und Fackeln gegen die gläserne Hochhausfassade geworfen und auch Auslieferungsfahrzeuge des Konzerns umgestürzt und mit Molotowcocktails angezündet hatten. Dieter Kunzelmann und der wenige Wochen zuvor in die K 1 gezogene Slawistikstudent Karl Heinz Pawla gal-

^ *»Seht euch diese Typen an« – »BZ«-Bericht vom 12. Februar 1968 über diesen umstrittenen Ausspruch von Klaus Schütz.*

ten als besondere Helden, weil sie es gewagt hatten, mit einer kleinen Vorhut bis zum Windfang des Springer-Haupteingangs vorzudringen. Auch sonst taten sich die K 1-Aktivisten Hameister, Kunzelmann und Teufel während der gewalttätigen Auseinandersetzungen vor dem Springer-Haus hervor.

Als am 27. Mai das Germanische Seminar der FU von Studenten besetzt wurde, waren die Kommunarden Langhans, Pawla und Teufel dabei. Sie fehlten auch sonst bei kaum einer der vielen Protestaktionen, von denen in jenem turbulenten Sommersemester 1968 der Lehrbetrieb an der Freien und der Technischen Universität beeinträchtigt wurde. Sozusagen als revolutionärer Stoßtrupp trugen sie dazu bei, am 10. Mai 1968 nach einer Gastvorlesung Herbert Marcuses das Wappen der Universität von der Stirnwand des vollbesetzten Audimax herunterzuholen und es anschließend vor dem in einer benachbarten Villa gelegenen Dienstsitz des Rektors in Brand zu setzen. Am 27. Juni unternahm die K 1 ihren laut Enzensberger »letzten Ausflug« an die FU. Sie beteiligte sich an der Besetzung der Rektoratsvilla. Fritz Teufel zog unter aufmunternden Zurufen der Umstehenden Robe und Barett des FU-Rektors über, setzte sich auf das Kommune-Klapprad und kurvte durch den Henry-Ford-Bau bis ins Audimax, wo gerade über die »Aktion« gegen Rektor Ewald Harndt diskutiert wurde. Teufel fuhr den Mittelgang entlang, lehnte das Rad ans Rednerpult und bedankte sich unter dem Beifall seiner Gesinnungsfreunde, aber auch mancher anderer unpolitischer Studenten dafür, in das »hohe Amt des Rektors« gewählt worden zu sein.

Für einen weiteren Skandal sorgte am 4. September 1968 der Kommunarde Karl Heinz Pawla, genannt »Kalle«, als er wegen Hausfriedensbruchs, Beleidigung, groben Unfugs und Widerstandes gegen die Staatsgewalt, begangen am 11. April am Eingang zum Springer-Hochhaus, vor dem Kriminalgericht Moabit stand. Pawla ließ plötzlich seine Hose herunter und verrichtete zum Entsetzen von Richtern, Zeugen und Publikum nach Einnahme eines Laxativs seine Notdurft. Die Zeitung *Der Telegraf* schrieb am folgenden Tag, dass sich der Kommunarde, bevor die konsternierten Gerichtsdiener eingreifen konnten, auch noch mit den Prozessakten das Gesäß abgewischt habe.

Der Mietvertrag für die nächste und letzte Unterkunft der Kommune 1 wurde am 10. Juli 1968 unterschrieben. Für monatlich 800 Mark erhielt die Wohngesellschaft im Hinterhof der

Moabiter Stephanstraße 60 ein ehemaliges Fabrikgebäude, das sie »Kommunefabrik« nannte. In der Gruppe träumte vor allem Rainer Langhans davon, dort nicht nur zu wohnen, sondern auch ein Zentrum der Subkultur einzurichten mit einer Diskothek im Erdgeschoss. Dieses Zentrum kam aber nicht zustande. Zweieinhalb Monate lang waren die Kommunarden damit beschäftigt, das in Teilen marode Gebäude umzubauen und zu sanieren. Als sie Ende September endlich vom Stuttgarter Platz nach Moabit umzogen, waren diese Arbeiten nur notdürftig abgeschlossen. Im zweiten Stock, wo in einem geräumigen, aber niedrigen Schlafsaal mit grobem Dielenfußboden und verrosteten Fenstern ein Matratzenlager eingerichtet wurde, spielte sich dann ein großer Teil des Kommunelebens ab, das man sich wohl vor allem laut und anstrengend vorstellen muss. Tag und Nacht lief Musik, es kamen ständig Besucher in größerer Anzahl. Dauergäste wurden ein Stockwerk tiefer behelfsmäßig untergebracht.

Vor dem Umzug war die Wohngemeinschaft noch am 21. September zu den Internationalen Essener Songtagen in Essen gefahren, dem ersten Undergroundfestival in der Bundesrepublik. Daran nahm auch die Münchener Krautrock-Band Amon Düül teil, bei der das Fotomodell Uschi Obermaier die Rumba-Rassel schwang. Sie fand bereits da Gefallen an dem struwweligen Beau Langhans. Als Düül und seine Leute im November nach Berlin kamen, um eine Schallplatte aufzunehmen, verliebten sich der Kommunarde und die schöne Uschi ineinander. Aber erst kurz vor Weihnachten 1968 holte Rainer Langhans die Münchner Architektentochter, die mit 13 Jahren die Schule abgebrochen hatte, nach Berlin. Von ihrem Mitkommunarden Kunzelmann, der schon Dutschkes Ehefrau Gretchen nach deren Darstellung gemobbt hatte, wurde die Obermaier als »Untermaier« verspottet. Sie zog zu einem Zeitpunkt in die Kommune in der Stephanstraße, als die Studentenrebellion bereits ihren Zenit überschritten hatte und auch die APO im Niedergang war. Es ist also nichts weiter als eine hübsche, aber unwahre Legende, wenn Uschi Obermaier bis heute in Büchern, Illustriertenstorys und Filmen als »Ikone« der damaligen Jugendrevolte glorifiziert wird. Dafür kam sie zu ihrem nicht einmal elf Monate dauernden Gastspiel viel zu spät nach Berlin. Sie ist ehrlich genug, einzugestehen, dass sie auch völlig unpolitisch war. Wohl deshalb weigerte sie sich von vornherein, die von keinem der Kommunarden eingehaltene Regel von der freien Liebe in der Gruppe zu beachten. Vielmehr pochte sie auf eine exklusive Beziehung zu Langhans, der sie trotz seiner Orgasmusschwierigkeiten als »wandelnden Lustautomaten« bezeichnete.

Angeblich war sie in den Sechzigerjahren mit einer Tagesgage von 1200 Mark das teuerste deutsche Fotomodell und hielt mit dem verdienten Geld die Kommune finanziell über Wasser. Uschi Obermaier und Rainer Langhans galten auch noch nach dem Ende der Kommune als das Vorzeigepaar der sexuellen Revolution. Als es Langhans mit der Treue nicht mehr so ernst nahm, suchte sich die Obermaier Ersatz in der glitzernden Welt von Popstars wie Mick Jagger, Keith Richards und Jimi Hendrix, weshalb sie sich ihren Nimbus von der schönen Kommunardin bis heute bewahren konnte.

Der K 1 wurde gut 22 Monate, nachdem sie mit hohen revolutionären Erwartungen gestartet worden war, ein plötzliches und unrühmliches Ende zuteil. Während am 5. März 1969 bei der Bundesversammlung in der »Ostpreußenhalle« unter dem Funkturm Gustav Heinemann zum Bundespräsidenten gewählt wurde, durchsuchten fünfzig Polizisten die Kommune 1 und fanden einen von dem dort seit zwei Jahren ein- und ausgehenden Peter Urbach bei den Bewohnern hinterlassenen Brandsatz. Urbach war, wie sich später herausstellte, ein Agent provocateur des Verfassungsschutzes, die »Bombe« also dessen Produkt. Gleichwohl leitete die Bundesanwaltschaft erstmals ein Verfahren gegen die K 1 ein. Nachdem die beiden Altkommunarden Kunzelmann und Langhans deshalb inhaftiert worden waren, gerieten sie sich in die Haare. Langhans, der eine »zärtliche Kommune« vorgezogen hätte, warf in einem Brief an Anwalt Horst Mahler dem weiterhin auf Kampf gegen die Herrschenden programmierten Kunzelmann »Bürgerkriegsgetue« vor. Am 10. April wurden beide wieder freigelassen und lebten bis zum Juli noch nebeneinander in der Stephanstraße. Nachdem aber Karl Heinz Pawla eine Haftstrafe angetreten hatte, Dieter Kunzelmann mit Freundin Ina Siepmann nach Bayern und Fritz Teufel im September mit Freundin Inga Möller nach Italien entschwunden waren, fühlten sich Rainer Langhans, Uschi Obermaier sowie eine aus München zugezogene Neukommunardin trotz zahlreicher täglicher Besucher bald ziemlich allein. Langhans lud deshalb im Herbst eine Kölner Gruppe, die Horla-Kommune, ein, nach Berlin zu

kommen und im ersten Stock der Kommune-Fabrik als Untermieter zu wohnen.

Die Kölner zogen auch ein, zahlten aber statt der verlangten
1000 Mark Miete überhaupt nichts. Auf den Vorschlag, für sie
eine andere Unterkunft zu suchen, ging die Gruppe nicht ein.
Als schließlich Mitte November Langhans Rocker aus dem Märkischen Viertel, die kurz zuvor schon bei der »Schlacht am Tegeler Weg« dabei gewesen waren, zu Hilfe holte, um die Gäste
zu vertreiben, verbündeten sich diese mit den Zahlungsunwil-
ligen. Die Rocker ließen sich gegen Langhans mit dem Hinweis
aufwiegeln, dass dieser »Zuhälter« sei, weil er seine Freundin
Uschi gegen viel Geld für Nacktaufnahmen anbiete. Die Hor-
las zeigten als Beleg die am 9. November 1969 erschienene
Ausgabe des »Stern« vor, in der ein im Spätsommer gemachtes
Kommune-Gruppenfoto mit der Obermaier oben ohne gezeigt
wurde. Das reichte, um die Rockerbande in Gang zu setzten.
Sie stieg – angeführt von ihrem Chef »Willi« – ein Stockwerk
höher, verprügelte das »fette Schwein« Langhans mit Freundin
und verwüstete die Kommunewohnung derart, dass nur noch
ein Trümmerhaufen übrig blieb. Weinend fanden beide bei
Freunden Asyl, bis sie einige Tage später verkündeten: »Wir haben die Schnauze voll«, nach München flogen und nicht mehr
zurückkehrten. Die *BZ* berichtete am 18. November 1969, dass
die Nachbarn in der Stephanstraße aufatmeten. Die Kommune
habe zentnerweise Schmutz, zerschlagenes Mobiliar und Ratten
hinterlassen.

SOMMER 1967

Als »kleine radikale Minderheit« hatten die unzufriedenen Studenten in West-Berlin jahrelang um Beachtung und Berücksichtigung ihrer Forderungen nach Reformen geworben. Hochschulen und Politik stellten sich in diesen Fragen nicht etwa taub. Man sprach mit den Studentenführern über zeitgemäße Veränderungen. Aber es verging viel Zeit, ohne dass sich etwas bewegte. Die Fachleute in Senat und Parteien sowie an den Universitäten waren darüber uneins, ob und wie weit das überkommene System der Ordinarienherrschaft verändert werden sollte. In einem Punkt wollten jedoch weder die meisten Politiker noch die Professoren den vom linksradikalen Sozialistischen Deutschen Studentenbund dominierten Studentenvertretern auf keinen Fall entgegenkommen: in der Frage des politischen Mandats.

Es waren Studenten gewesen, die 1948 den Anstoß zur Gründung der Freien Universität gegeben hatten. Studentenvertreter saßen auch 1967 noch im Akademischen Senat. Sie sprachen mit in Belangen der Prüfungsordnungen und der Zulassung von Studenten. Darüber hinausgehende Stellungnahmen des AStA zur Innen- und Außenpolitik hatte man akzeptiert, solange sie im Einklang mit der Politik der Regierenden waren. Nun aber verurteilten die Funktionäre den Vietnamkrieg der Amerikaner, unterstützten Befreiungsbewegungen in der Dritten Welt und attackierten die Notstandsgesetzgebung der Bundesregierung. Sie kümmerten sich nicht um die verfassungsrechtlich begründeten Einwände gegen das politische Mandat und nahmen sich ungeniert heraus, für ihre Kommilitonen das Wort zu ergreifen. Und die Mehrheit des studentischen Fußvolkes nahm dies auch hin.

Nach dem 2. Juni 1967 betrachteten sich die Wortführer des Studentenprotests erst recht als Vorkämpfer für Freiheit, Gerechtigkeit, Frieden und Selbstbestimmung. Und ein zunehmender Teil der Studentenschaft, der nun den radikalen Kurs deutlicher unterstützte, bestärkte sie in dieser Haltung. Störungen des Lehrbetriebs und Missbrauch des Demonstrationsrechts wurden zu einer alltäglichen Erscheinung. Es entstand in diesem Sommer und Herbst 1967 immer mehr der Eindruck, als ob den zornigen neuen Linken die Zukunft gehöre und die Rebellion nicht zu bremsen sei. Die sich häufenden Aufzüge auf den verkehrsreichsten Straßen und Plätzen West-Berlins beunruhigten viele Bürger. Sie wussten zwar, gegen Sattheit, Routine und Ideenlosigkeit der Etablierten aufbegehrende Jugendliche hatte es immer gegeben. Aber musste der Protest so krass und undiszipliniert ausfallen und so sehr nach einer gerade im Westteil Berlins verfemten Ideologie ausgerichtet sein?

Der tragische Tod Benno Ohnesorgs beherrschte das Denken vieler, auch wenn in der Öffentlichkeit darüber weit weniger gesprochen und geschrieben wurde, als sich das die Nachgeborenen heute vorstellen mögen. Die Menschen in West-Berlin nahmen in jenem Sommer 1967 eher das klägliche Erscheinungsbild wahr, das die Politiker des Senats im Zusammenhang mit den Ereignissen am 2. Juni geboten hatten, als das, was sich an den Universitäten tat. Gleichzeitig trat eine Polarisierung ein: auf der einen Seite die Mehrheit der Bürger, die hofften, dass die Krise bald überwunden sei, auf der anderen Seite eine aktive linke Minderheit. Zu ihr gehörten nicht nur Studenten, sondern auch die im Dezember 1966 nach Bildung der großen Koalition in Bonn als loser Zusammenschluss linker und antiautoritärer Gruppierungen entstandene Außerparlamentarische Opposition. Nachdem es unter der Großen Koalition von CDU und SPD im Bundestag keine wirkliche Opposition mehr gab, glaubte diese bundesweit unter dem Kürzel APO auftretende Ersatz-Opposition der Regierung Beine machen zu müssen. In Berlin hatte sie ihr Koordinierungszentrum im rund 500 Mitglieder zählenden Republikanischen Club an der Wielandstraße nahe dem Kurfürstendamm.

In der Pfalzburger Straße 20 in Wilmersdorf hatte der *Berliner Extra-Dienst* seine offizielle Adresse. Redigiert wurde das kleinformatige Blatt mit einer Auflage von 2600 Exemplaren aber beim Republikanischen Club, dessen Sprachrohr es war. Die Publikation fand eine Zeit lang durchaus Beachtung. Später stellte der *Extra-Dienst* immer häufiger politische Vorgänge so bizarr dar, dass er in den Verdacht geriet, heimlich durch die DDR finanziert zu werden. Dieser Verdacht, der von der APO stets energisch zurückgewiesen wurde, ließ sich nach der Wende anhand von Stasi-Unterlagen eindeutig beweisen. Wie Hubertus Knabe in seinem 2001 erschienenen Buch *Der diskrete Charme der DDR* darlegte, waren Chefredakteur Carl L. Guggomos und sein Geschäftsführer Walter Barthel über viele Jahre eifrige Zuträger des Ost-Berliner Ministeriums für Staatssicherheit. Guggomos, ein früherer Redakteur der sozialdemokratischen *Vorwärts*, hatte den Stasi-Namen »Gustav« und Barthel war schon 1959 als »IM Karl« angeworben worden. Laut Knabe führte das Ministerium Erich Mielkes im Republikanischen Club »mindestens vier weitere Inoffizielle Mitarbeiter und ebenso viele Kontaktpersonen, von denen jedoch bislang nur die Decknamen bekannt sind«.

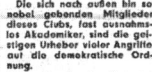

Wielandstraße 27

Club der noblen Radikalen

Der Republikanische Club ist in West-Berlin zum Sammelbecken der „außerparlamentarischen Opposition", besser: der antiparlamentarischen Opposition geworden.

Hier in diesem Club werden zahlreiche Demonstrationen, unter anderem auch gegen die Justiz ausgebrütet, hier entstand die Fibel „Springer enteignon?", hier wurde das „Springer-Hearing" vorbereitet, hier ersann man das Spionagefragebogen für Westberliner Betriebe. Mitglieder des gewerkschaftlichen Arbeitskreises werden aufgefordert, in den Betrieben zu schnüffeln. Sie sollen dem Club Auskunft geben über Gewinne und Investitionen, über den Management und den Betriebsrat.

Die sich nach außen hin so nobel gebenden Mitglieder dieses Clubs, fast ausnahmslos Akademiker, sind die geistigen Urheber vieler Angriffe auf die demokratische Ordnung.

● Vorsitzender des Clubs ist Dr. Klaus Meschkat, Assistent am Osteuropa-Institut an der FU.

● Zum Vorstand gehört der Leiter des IG-Metall-Jugendheims „Berlin" am Pichelssee, Lothar Pinkall, Schwiegersohn des IG-Metall-Chefs Brenner. In der Satzung des Clubs heißt es, daß im Falle der Auflösung das Club-Vermögen der IG Metall zufallen soll.

Knut Nevermann

● Zum Vorstand gehört auch: FU-Assistent Johannes Agnoli, Unterzeichner eines Vietkong-Spendenaufrufs des kommunistisch gesteuerten „Ständigen Ausschusses für Frieden und internationale Verständigung", aktiver Teilnehmer der Anti-Springer-Kampagne, Mitglied des „Komitees der 100".

Agnoli veröffentlichte jetzt ein Buch im Berliner Voltaire-Verlag. Inhaber: Nikolaus Neumann, ebenfalls führendes Club-Mitglied.

In Neumanns Büchern taucht auch der Name Knut Nevermann auf, ehemaliger FU-ASTA-Vorsitzender. Der „Extra-Dienst" schrieb über Nevermann, daß auch er die Revolution wolle.

Johannes Agnoli

Um das weibliche Radikalelement nicht zu vergessen: Die RIAS-Kommentatorin Marianne Regensburger gehört auch zum Club.

Und FU-Professor Flechtheim (Kampagne für Abrüstung, Humanistische Union) und Professor Taubes, verheiratet mit der Akademikerin Rätin Margherita von Brentano, Nichte des verstorbenen ehemaligen Bundesaußenministers, und FU-Stipendiat Ekkehart Krippendorff. Und und ...

Die Linken haben ein Domizil gefunden.

Ekkehart Krippendorff

Marianne Regensburger

Bericht über den Republikanischen Club, dem viele »noble Radikale« aus der APO angehörten. (aus: »Springer Extra«, Februar 1968)

Eine Aufzählung der wichtigsten in diesem Club vertre-
tenen Organisationen zeigt, wie weit das Spektrum der Bewe-
gung reichte. Es waren vertreten: der Sozialistische Deutsche
Studentenbund (SDS), der Sozialdemokratische Hochschulbund
(SHB), der Liberale Studentenbund Deutschlands (LSD), die
Evangelische Studentengemeinde (ESG), die Gewerkschaftliche
Studentengemeinschaft (GSG), die Humanistische Studenten-
Union (HSU), die offiziellen Studentenvertretungen von FU, TU,
Pädagogischer Hochschule, Hochschule der Künste und Kirch-
licher Hochschule, die Kampagne für Abrüstung, die Huma-
nistische Union, die Liga für Menschenrechte, die Freunde der
Publizistik, Vertreter von vier DGB-Gewerkschaften sowie die
US-Campaign. Natürlich agierten unter dem Dach der APO auch
die Kommune 1 und die aus ihr hervorgegangene Kommune 2
als »Spaßguerillas«, die in jenen Monaten mit schrillen Auftritten
von sich reden machten und häufig ein Katz- und Maussspiel mit
Ordnungskräften und der Polizei trieben.

Kein Wunder, dass sich demokratisch legitimierte Politiker
angesichts dieser Konkurrenz um den drohenden Verfall ihrer
Autorität Sorgen zu machen begannen. So brach in der Berliner

^ *Aus dem »Berliner Extra-Dienst«: Beschreibung der Aufgaben des
Republikanischen Clubs und des Extra-Dienstes.*

SPD schon frühzeitig ein heftiger Streit darüber aus, ob der »gefährlichen Minderheit« der aggressiven Studenten mit der bisherigen Senatsmannschaft Paroli geboten werden könne. Davon erfuhr man auch in der Bundes-SPD. Schon am 22. Juni 1967 kam deshalb Helmut Schmidt, der Vorsitzende der SPD-Bundestagsfraktion, aus Bonn nach Berlin und fragte die Genossen auf einer Funktionärskonferenz, ob sie von der Gesamtpartei noch Hilfe erwarteten, wenn sie, anstatt aufrecht zu stehen, sich »im personalpolitischen Clinch am Rande der Arena am Boden wälzen« würden. Wie die *Berliner Morgenpost* exklusiv zu berichten wusste, forderte am gleichen Tag der SPD-Landesvorsitzende und Bundestagsabgeordnete Kurt Mattick in einer internen Gesprächsrunde, den Senat innerhalb der nächsten Wochen »in entscheidenden Positionen« – somit auch der des Regierenden Bürgermeisters – umzubilden. Kritische Stimmen in seiner Partei verwarfen die Überlegungen aber sofort als »Selbstmordplan«, weil den studentischen Rebellen durch eine rasche Neubesetzung von Senatorenposten das Gefühl vermittelt würde, sie könnten »die Landesregierung kippen«.

Mattick, dessen Aversion gegenüber Albertz in der SPD bekannt war, suchte, als er unter Beschuss aus den eigenen Reihen geriet, seinen Plan am 24. Juni im *Telegraf* als »unsaubere Gerüchtemacherei« hinzustellen und musste ihn schließlich aus taktischen Gründen vorerst aufgeben. Man verständigte sich in den SPD-Spitzengremien während einer neun Stunden dauernden Sitzung darauf, das Thema bis nach der Sommerpause zu vertagen. Der Vorgang war aber ein Warnschuss für Albertz.

Am 29. Juni fand im Bundestag die Erste Lesung der von der großen Koalition aus CDU und SPD vorbereiteten neuen bundesdeutschen Notstandsverfassung statt. Da sie aufgrund alliierten Rechts in West-Berlin nicht automatisch in Kraft gesetzt werden konnte, hatten Amerikaner, Briten und Franzosen bereits 1965 gemeinsam mit Juristen des Senats eine Konzeption erarbeitet, die den künftigen Zivilschutz in enger Anlehnung an die geplante Regelung des Bundes sicherte. Die Alliierte Kommandantur erließ dafür die Anordnung BK/O (65) 11. Für die Stadt war also alles bereits geklärt. Dem Konvent der FU bot die Bonner Parlamentssitzung jedoch wieder einmal Gelegenheit, sich in allgemeinpolitischen Fragen zu Wort zu melden, für die es kein Mandat hatte. In einem Offenen Brief an die drei Westalliierten, den

Senat, den Präsidenten und die Fraktionsvorsitzenden des Abgeordnetenhauses forderte das von dem SDS-Aktivisten Wolfgang Lefèvre geleitet Studentenparlament dazu auf, die Übernahme der Notstandsgesetze nach Berlin zu verhindern. Pure Rhetorik. Drei Tage später wies der Senat das Ansinnen zurück.

Trotz des zwischen den führenden Genossen verabredeten Stillhaltens wuchs in den darauffolgenden Wochen die Unzufriedenheit mit Heinrich Albertz weiter. Dessen Zickzackkurs gegenüber dem studentischen Machtanspruch verstörte vor allem das Fußvolk der Partei. Da »der Pastor, den es in die Politik verschlagen hatte«, zu wenig führte und zwischen Härte und Toleranz schwankte, warnten seine internen Gegner davor, die Berliner Sozialdemokraten zur »Studenten-Partei« zu machen. Es sei an der Zeit, dass sich der Senat wieder auf die wirklichen Probleme der Stadt konzentriere.

Schon seit dem 23. Juni fand im Rathaus Schöneberg die öffentliche Zeugenvernehmung durch den parlamentarischen Untersuchungsausschuss statt, der die Vorgänge anlässlich des Schah-Besuches zu durchleuchten hatte. Der Ausschuss sorgte während der nachrichtenarmen Ferienzeit in seiner ersten Sitzungsphase, die mit acht Anhörungen bis zum 13. Juli dauerte, für erhebliches Aufsehen. Der zwangsbeurlaubte Polizeipräsident Erich Duensing wurde gleich zu Beginn vom Vorsitzenden Gerd Löffler regelrecht in die Zange genommen.

Duensing bestritt zunächst, die Aufstellung der »Jubelperser« vor dem Rathaus Schöneberg befohlen zu haben. Er musste sich aber drei Tage später korrigieren und erklären, seine falsche Aussage sei »wahrscheinlich durch die Hitze« ausgelöst worden. Er gab auch zu, die umstrittene Räumung des »Schlauches« gegenüber der Oper, wo am 2. Juni mehreren Tausend Menschen standen, zwischen 19.50 und 1955 Uhr am gerade nicht anwesenden Kommandeur der Schutzpolizei, Hans-Ulrich Werner, vorbei für den Zeitpunkt »nach Opernbeginn« angeordnet zu haben. Aus seiner Aussage war auch zu entnehmen, dass niemand anderer als er Schaulustige und Demonstranten von vornherein auf dem südlichen Gehweg der Bismarckstraße versammelt haben wollte – und dies entgegen einem von Albertz noch am Morgen des 2. Juni durch dessen Sekretärin übermittelten Wunsch, dieses Straßenstück frei zu halten. Ein Wunsch, der auch von Protokollchef Rauch und dem Bonner Auswärtigen Amt geteilt worden war.

Nr. 152 / 70. Jahrg. Preis 20 Pf / Ausw. 25 Pf

MORGENPOST

Berliner Lokal-Anzeiger   UNABHÄNGIG   *   Dienstag, 4. Juli 1967 / A 1707 A

Widersprüche vor dem Ausschuß im Rathaus

Neue Version über Polizei-Einsatz

Eigener Bericht

Berlin, 4. Juli

Neue Widersprüche gab es gestern in der Sitzung des parlamentarischen Untersuchungsausschusses. Entgegen

den Schilderungen aller bisherigen Zeugen sagte Polizeioberkommissar Heinz Burck, der Leiter des Einsatzkommandos Charlottenburg, daß am 2. Juni von seinen Beamten bereits ein etwa 40 Meter breiter Streifen des Bürgersteigs auf der südlichen Seite der Bismarckstraße geräumt worden wäre, ehe andere Polizeikräfte einen „Keil" in das Zentrum der Demonstranten gestoßen hätten.

-te die „Abkömm-Aktion": Polizei-
ommissar He-   k

„Leberwurst-Prinzip"

Burck widersprach mit dieser Schilderung auch der Darstellung, die Polizeipräsident Duensing bereits drei Tage nach dem Schah-Besuch vor der Presse und später vor dem Ausschuß gegeben hatte. Einsatzleiter Burck sagte, das „Leberwurst-Prinzip", wonach man in die Mitte steche, damit es nach den Seiten spritze, entspreche nicht polizeitaktischen Grundsätzen.

Mit drei Polizeizügen habe er von etwa 20 Uhr 07 an den „Schlauch" der Demonstranten aus der Krummen Straße aus abschnittsweise räumen lassen. Nach etwa 40 Metern seien die Beamten des 1. Zuges Wedding auf den „harten Kern" von Demonstranten gestoßen, die so viele Schwierigkeiten gemacht hätten, daß der Einsatz eingestellt werden mußte. (Fortsetzung auf Seite 6.)

Zuchthaus für Rehse

Eigener Bericht

Berlin, 4. Juli

Zu fünf Jahren Zuchthaus verurteilte gestern das Schwurgericht den 64jährigen Kammergerichtsrat a. D. Hans-Joachim Rehse wegen Beihilfe zum vollendeten Mord in vier Fällen. Rehse hatte als früherer richterlicher Beisitzer des Volksgerichtshofes an über 300 Todesurteilen mitgewirkt, von denen sieben jetzt zur Anklage standen.

In der Urteilsbegründung wurde Rehse als ein typischer Befehlsempfänger bezeichnet, der zwar nicht auf Todesstrafen gedrängt habe, aber bei den Beratungen stumm geblieben sei. Die angebotene Kaution in Höhe von 100 000 Mark für eine Haftverschonung lehnte das Gericht ab. (Siehe auch Seite 3.)

Mao „unfähig und egoistisch"

Deutsche Presse-Agentur

Moskau, 4. Juli

Als eine „verängstigte, reaktionäre, diktatorische, egoistische und unfähige Person" wurde der rotchinesische Parteivorsitzende Mao Tse-tung gestern von der sowjetischen Regierungszeitung „Iswestija" bezeichnet. Seine Aufrufe für ein einfaches Leben und für die Tugenden der Armut seien nur ein Vorwand dafür, „soviel Geld wie möglich für die Entwicklung der Militärtechnik — besonders der Atomraketen — abzuweisen, um eine abenteuerliche Außenpolitik führen zu können". Mao lasse das chinesische Volk in Armut dahinleben, damit er ein Arsenal von Atomwaffen schaffen könne.

Wieder Öl aus Libyen?

Auch Heribert Iwicki, der an der Oper zuständige Einsatzleiter der Polizei, kam bei seiner Aussage ins Schlingern. Er suchte das gewalttätige und, wie sich zeigte, verhängnisvolle Eingreifen seiner Beamten damit zu rechtfertigen, dass es vor Beginn der Räumung bereits elf verletzte Polizisten gegeben habe, davon fünf, die durch Steinwürfe getroffen worden seien. Der Vorsitzende Löffler wies aus den Verletztenlisten des DRK nach, dass diese Angabe nicht zutreffen konnte. Am dritten Tag der Anhörung, dem 28. Juni, gab Iwicki dann zu, dass er falsch informiert gewesen sei. Vor dem Großeinsatz habe es nur zwei verletzte Polizisten gegeben.

Der Ausschuss deckte auch andere Schwachstellen auf. So musste der Abteilungsleiter in der Senatsinnenverwaltung, Senatsrat Hans-Joachim Prill, die Behauptung zurücknehmen, der auf seine Initiative zurückgehende Einsatz ziviler Greiftrupps sei schon Ende 1966 vom Sicherheitsausschuss des Abgeordnetenhauses gebilligt worden. Löffler hielt ihm ein Ausschussprotokoll

^ Bericht der »Berliner Morgenpost« über die Sitzung des Parlamentarischen Untersuchungsausschusses am 4. Juli 1967.

entgegen, in dem zu lesen war, dass dieser Vorschlag von den Parlamentariern »in keinem Punkt« unterstützt worden war.

Der 33-jährige Roman Herzog, damals FU-Professor für Staatsrecht und Politik (von 1994 bis 1999 Bundespräsident), stellte am 5. Juli als sachkundiger Zeuge fest, dass die Teilnahme an Demonstrationen »nur ohne Waffen« erlaubt sei. »Nicht nur Messer, Stahlruten oder ähnliche Dinge, sondern auch Stöcke, Latten und Steine sind Waffen, wenn sie als Werkzeuge in einer Auseinandersetzung Mann gegen Mann verwendet werden«, belehrte er den Ausschuss. Wer nach der Auflösung einer solchen Menschenansammlung durch die Polizei und der Aufforderung, sich zu entfernen, bleibe, begehe eine strafbare Handlung, nämlich Landfriedensbruch. Allerdings sei die Polizei nicht immer zum Eingreifen verpflichtet, fügte Herzog ganz offensichtlich als kritische Anmerkung zu den Vorgängen an der Oper hinzu. »Sie kann ihr Ermessen walten lassen.«

Am 9. August kam es vor dem Rathaus Schöneberg bei der Trauerfeier für den im Alter von 91 Jahren verstorbenen, als Nazi-Gegner hoch geachteten Reichstagspräsidenten der Weimarer Zeit, den Sozialdemokraten Paul Löbe, in Anwesenheit von Bundeskanzler Kurt Georg Kiesinger (CDU) und Außenminister Willy Brandt (SPD) zu einem peinlichen Zwischenfall. Bunt kostümierte Mitglieder der Kommune 1 veranstalteten einen Mummenschanz mit einem aus Pappe gefertigten Sarg, den sie aus einem Lieferwagen entluden. Als sie diese Sargattrappe durch die versammelte Menge tragen wollten, entstieg ihr das Kommune-Mitglied Dieter Kunzelmann im Nachthemd. Er warf Flugblätter mit politischen Parolen in die Luft. Auf einem der Flugblätter war zu lesen: »Den Senat mit seiner Polizei und Justiz, sie alle werden wir am Mittwoch feierlich und in gebührendem Rahmen begraben.« Die Polizei machte dem makaberen Spiel schnell ein Ende und nahm 24 Demonstranten wegen »Störung der Totenruhe« fest.

Als der Mentor der internationalen Studentenbewegung, der Soziologieprofessor Herbert Marcuse, vom 9. bis zum 11. Juli vor seinem andächtig lauschenden Publikum im Audimax der FU über das »Ende der Utopie« und den zivilen Ungehorsam als »potentiell befreiende Gewalt« dozierte, war Rudi Dutschke so hingerissen, dass er schon am 12. Juli im *Oberbaumblatt* einen Aufsatz »Zum Besuch Herbert Marcuses« veröffentlichte. Auch alliierte Militärparaden verliefen nicht mehr ohne Störungen. So versuchten am 20. August Studenten in Neukölln einen Truppenaufmarsch der Amerikaner aufzuhalten, indem sie sich vor den Soldaten auf den Boden legten und Flugblätter gegen den Vietnamkrieg verteilten. Sie wurden von aufgebrachten Zuschauern tätlich angegriffen.

Für Geschäftsleute in der City West wurde es mittlerweile schwierig, lange Sonnabende zu veranstalten. Das KaDeWe und das Bilka an der Joachimstaler Straße (heute Karstadt Sport), zwei große Kaufhäuser, die am 27. August anlässlich der Funkausstellung versuchten, bis 21 Uhr zu öffnen, mussten wegen angedrohter Brandstiftung vorzeitig schließen, nachdem etwa 300 vom SDS mobilisierte Demonstranten aufgekreuzt waren. Sie verteilten vom Republikanischen Club, dem SDS und den Falken verfasste Flugblätter und begannen mit dem Personal und den Kunden zu diskutieren. Vor dem KaDeWe kam es zu einer Prügelei, bei der einer der Störer verletzt wurde.

Die krisenhafte Situation ging in den Augen der Öffentlichkeit vor allem zu Lasten der SPD-geführten Landesregierung. Das bedeutete Wasser auf die Mühlen der oppositionellen Berliner CDU, die am 30. August vor Journalisten schwere Vorwürfe gegen den Senat Albertz erhob: Es bestünden begründete Zweifel, ob er noch in der Lage sei, Recht und Gesetz gegen anarchische und umstürzlerische Gruppen zu schützen.

Die 22. Delegiertenkonferenz des SDS vom 4. bis zum 8. September fand zwar in Frankfurt am Main statt, aber der 2. Juni und seine Folgen, der bei Reden und Abstimmungen dominierende SDS-Flügel der »Antiautoritären« um Rudi Dutschke und auch die Kommune 1 beherrschten das Treffen. Dutschke forderte, die »Propaganda der Schüsse«, die Che Guevara in Lateinamerika betrieb, durch eine »Propaganda der Tat« in den Metro-

^ *Kaufhäuser, die am 26. August 1967 (Funkausstellung) länger öffnen wollten, mussten nach APO-Protesten schließen.*

polen des Kapitalismus zu vervollständigen, was nichts anderes als der Aufruf zum Guerillakampf in den Ballungszentren der westlichen Welt bedeutete. Als Basis für diesen Kampf nannte Dutschke die Universität.

In einer vier Seiten langen Resolution kündigte der SDS schließlich eine »Kampagne zur Entlarvung und Zerschlagung des Springer-Konzerns« an. Es müsse eine »aufgeklärte Gegenöffentlichkeit« geschaffen und die »Diktatur der Manipulation« gebrochen werden. Als bekannt wurde, dass der Haftbefehl gegen den anwesenden Fritz Teufel wieder in Kraft gesetzt worden war, wählte ihn der Kongress zum Ehrenpräsidenten.

Der »Waffenstillstand«, der im Juni zwischen den Flügeln der Berliner Sozialdemokraten bis nach der Sommerpause vereinbart worden war, ging am 15. September – eine Woche vor dem Ende der Parlamentsferien – mit einer Sondersitzung des Abgeordnetenhauses zu Ende. Auf der Tagesordnung stand eine große Anfrage der CDU zur inneren Ordnung in der Stadt. Auch hier gab es vor Beginn die bereits zu einer Dauererscheinung gewordenen Tumulte. Es musste ein Go-in von in die Brandenburghalle des Rathauses Schöneberg bis vor den Plenarsaal vorgedrungenen Demonstranten abgewehrt werden. Der Kommunarde Teufel wurde vor dem Rathaus festgenommen. Da seine Kommune-Genossen Dieter Kunzelmann und Rainer Langhans diese Polizeiaktion verzögerten, indem sie dagegen einzuschreiten versuchten, wurden im März 1969 Kunzelmann zu neun und Langhans zu sieben Monaten Gefängnis ohne Bewährung verurteilt.

In der Parlamentssitzung forderte CDU-Oppositionsführer Franz Amrehn, »endlich für Ordnung zu sorgen und das Ansehen Berlins zu wahren«. Der Regierende Bürgermeister Heinrich Albertz antwortete darauf zunächst mit entschlossener Stimme: Er habe Verständnis für die Empörung, »die in den letzten Monaten nach bestimmten Ereignissen durch unsere Stadt lief wie eine heiße Welle«. Aber der Versuchung, dagegen Gewalt einzusetzen, müsse widerstanden werden. Albertz fügte in den vorab verbreiteten Text seiner Rede eine grüblerische Bemerkung ein, die als persönliches Bekenntnis seiner Mitschuld am Tod von Benno Ohnesorg, aber auch als Vermächtnis des seinen baldigen Sturz vorausahnenden Politikers gewertet wurde: »Ich war am schwächsten, als ich am härtesten war, in jener Nacht des 2. Juni, weil ich dort objektiv das Falsche tat.«

DER UNTERSUCHUNGS- AUSSCHUSS

Schon am 8. Juni 1967, sechs Tage nach den Krawallen während des Schah-Besuches, hatte das Abgeordnetenhaus einen Untersuchungsausschuss zur Aufklärung der die Öffentlichkeit aufwühlenden Vorgänge eingesetzt. Das Gremium erhielt den Auftrag, die Ereignisse vor dem Rathaus Schöneberg am Mittag und die Zusammenstöße am Abend des 2. Juni zwischen Demonstranten und Polizei an der Deutschen Oper zu durchleuchten. Es hatte aber darüber hinaus auch ganz allgemein die Methoden unter die Lupe zu nehmen, mit denen bestimmte Gruppen Unruhen an der FU und in der Öffentlichkeit herbeigeführt hatten. Die Arbeit des Ausschusses verlief in zwei Phasen. Die erste mit acht öffentlichen Zeugenanhörungen erstreckte

^ *Der Untersuchungsausschuss hörte am 12. Dezember den Politologen Sontheimer (vorn links) und Professor Elze. Rechts hinten »MM«.*

sich bis zu der Mitte Juli 1967 beginnenden Sommerpause. Die zweite Phase mit 13 öffentlichen Sitzungen begann am 5. Dezember und dauerte bis zum 22. Februar 1968.

Zum Vorsitzenden wurde der damals 39-jährige Diplom-Politologe und SPD-Abgeordnete Gerd Löffler gewählt. Er war seit 1961 Mitglied des SPD-Kreisvorstandes Charlottenburg, hatte aber bei den Abgeordnetenhauswahlen am 14. März 1967 im Wedding den früheren Wahlkreis von Willy Brandt erhalten. Löffler gehörte seit 1963 auch dem SPD-Fraktionsvorstand im Landesparlament an, war seit 1964 auf Bundesebene Mitglied im Bildungspolitischen Ausschuss des Parteivorstandes und als Hochschulexperte unumstritten. Als Repräsentant des gemäßigten rechten Flügels der Berliner Sozialdemokraten, des sogenannten »Pfeifenklubs«, hatte Löffler so manchen Strauß mit dem damaligen Wissenschaftssenator Professor Werner Stein, einem SPD-Linken, auszufechten. In West-Berlin wurde seit Mitte der Sechzigerjahre über eine grundlegende Reform des Berliner Hochschulwesens diskutiert. Über Einzelheiten, vor allem die von Studenten und Assistenten geforderten zusätzlichen Mitbestimmungsrechte, gab es unter den Parteien, aber auch innerhalb der SPD und zwischen den Politikern und Hochschulinstanzen erhebliche Meinungsverschiedenheiten.

Löffler hatte mit der Leitung des Ausschusses in jenen Monaten eine der wohl einflussreichsten und öffentlichkeitswirksamsten Aufgaben der Berliner Politik inne. Ein Teil der Ausschusssitzungen wurde im Radio übertragen, wichtige Zeugenvernehmungen in Ausschnitten über das Fernsehen ausgestrahlt. Der Vorsitzende Löffler konnte die Verantwortlichen für den Polizeieinsatz am 2. Juni sowie renommierte Sachverständige wie den späteren Bundespräsidenten Roman Herzog vor seinen Ausschuss laden. Herzog war es, der am 9. Juli 1967 den Einsatz von polizeilichen Greiftrupps vor der Oper als »mildestes Mittel der Gewaltanwendung« bezeichnete. Gehört wurden auch andere namhafte Hochschullehrer, führende Studentenvertreter, sogar Mitglieder der von vielen Bürgern mit leisem Schaudern betrachteten Kommune 1 sowie zahlreiche Augenzeugen der Schah-Krawalle – Demonstranten und Zuschauer. Dabei trat Löffler immer bestens vorbereitet auf und führte ein gestrenges Regiment. Gelegentlich ähnelten die Anhörungen gerichtlichen Verhören. Wollte zum Beispiel ein Zeuge persönliche Ansichten und Eindrücke schildern, unterbrach ihn der Vorsitzende mit der Bemerkung: »Uns interessieren hier nur die beobachteten Tatsachen.« Wurden aus dem Publikum Beifalls- oder Missfallensbekundungen laut, schritt Löffler sofort mit scharfen Rügen ein. Und blieben geladene Personen wie der Kommunarde Ulrich Enzensberger und dessen zeitweilige Freundin Dagmar von Doetinchem de Rande einer Sitzung unentschuldigt fern, machte Löffler von seiner staatsanwaltschaftlichen Befugnis Gebrauch und ließ die Säumigen durch die Polizei vorführen.

Gerd Löffler wusste genau, was beim Schah-Besuch geschehen war. Er hatte am Mittag des 2. Juni die Handgreiflichkeiten zwischen den »Jubelpersern« und iranischen Schah-Feinden am Rathaus Schöneberg beobachtet und am Abend die Ausschreitungen sowie die polizeiliche Räumungsaktion vor der Oper miterlebt. Er kannte also, was der Ausschuss zu untersuchen hatte, aus eigener Anschauung und weit besser als seine Parlamentarierkollegen aus der eigenen Partei sowie der CDU und FDP. Und er hatte, bevor er die Leitung des Gremiums übernahm, bereits eine Vorstellung davon, welche Folgen diese Vorgänge haben sollten. Zusammen mit seinem Charlottenburger Fraktionskollegen Dietrich Stobbe, der ihn zur Oper begleitet hatte, kümmerte sich Löffler im Sommer 1967 auch intensiv um die Hochschulen. Beide suchten den Kontakt vor allem zu Studenten jeder Couleur. Löffler und Stobbe waren überzeugt davon, dass es zu der Entfremdung zwischen dem akademischen Nachwuchs und der Politik auch wegen gravierender Fehler des von Heinrich Albertz geleiteten Senats gekommen war.

Schon vor der Oper hatte Löffler, während Reporter ihn umstanden, seinem Herzen Luft gemacht und unverhohlen ausgesprochen, der Innensenator und der Polizeipräsident hätten versagt und müssten nach einem solchen Fiasko eigentlich zurücktreten. Auf wiederholte Fragen, ob dies auch für den Regierenden Bürgermeister Albertz gelten könne, zögerte Löffler eine Weile, äußerte aber dann, es sei nicht auszuschließen, dass auch darüber diskutiert werden müsse. Ich hatte schon vor der Oper den Eindruck, dass seine Kritik tiefer ging und grundsätzlicher Natur war.

Als Löffler dann am 8. Juni – sicher nicht ohne sein Zutun – für den Vorsitz des Untersuchungsausschusses vorgeschlagen wurde, weigerte er sich im Plenum des Abgeordnetenhauses,

DER UNTERSUCHUNGSAUSSCHUSS

Sechs Stunden lang Zeugen befra;

Dritte öffentliche Sitzung des parlamentarischen Untersuchungsausschusses über die Vorfä

Tsp. Berlin. Der parlamentarische Untersuchungsausschuß, der die Vorfälle beim Schah-Besuch am 2. Juni klären soll, trat gestern im Rathaus Schöneberg zu seiner bisher längsten Zeugenvernehmung zusammen. Im Verlauf der sechsstündigen Befragung ergab sich, daß der Einsatzleiter Iwicki um 20 Uhr 07 den Räumungsbefehl gab, nachdem zwei Polizisten verletzt worden waren. Am Freitag hatte Iwicki dagegen behauptet, die große Zahl von elf verletzten Polizisten habe ihn zu schnellem Vorgehen gegen die Demonstranten gezwungen. Aus Unterlagen der Polizei ergab sich, daß eine warnende Lautsprecherdurchsage offenbar erst kurz nach Beginn der Räumungsaktion erfolgte. Bisher hatten Polizeiangehörige ausgesagt, die erste Warnung sei zwei Minuten vor Beginn der Räumung durchgegeben worden.

Der Ausschußvorsitzende Löffler (SPD) machte den Einsatzleiter Iwicki auf den Widerspruch zu dessen Aussagen vom Freitag aufmerksam. Iwicki antwortete, bei den Angaben, wann welcher Polizist wo verletzt worden sei, habe er sich auf die Mitteilungen der einzelnen Dienststellen verlassen müssen. „Die Beamten werden nach bestem Wissen und Gewissen ihre Angaben gemacht haben." Zur Räumung selbst sagte Iwicki: „Ist es nicht Motiv genug, wenn ich verletzte Beamte gesehen habe?" Dazu meinte der Ausschu. . . . Dr. Bei.

rechtfertigen einen solchen Befehl zur raschen Räumung?" Iwicki: „Ich halte das für eine Fürsorgepflicht. Ich kann meinen Beamten nicht zumuten, sich derart ernsten Verletzungen auszusetzen,"

Iwicki bestritt, einen Befehl „Schlagstock frei" gegeben zu haben. Die Anwendung von körperlicher Gewalt bei der Räumung sei nur vorgesehen gewesen, wenn es notwendig sei. Ungeklärt blieb deshalb, wie das Deutsche Rote Kreuz einen Polizeifunkspruch mit dem Befehl „Schlagstock frei" aufnehmen konnte.

Zu Berichten über eine Lautsprecherdurchsage, in der fälschlich der Tod eines durch Stichwunden verletzten Polizisten gemeldet worden war, sagte Iwicki, diese Nachricht sei von einem Kriminalbeamten überbracht worden, der wiederum angegeben habe, vom Sanitätspersonal unterrichtet worden zu sein. Daß dies eine Falschmeldung war, habe sich erst gegen 22 Uhr herausgestellt.

Aufschluß über den Zeitpunkt der ersten Lautsprecherwarnungen gab die Eintragung in das Betriebstagebuch eines Einsatzwagens. Um 20 Uhr 08 vermerkte der Autor den Beginn der Räumungsaktion. Um 20 Uhr 09 wird der Einsatz eines Lautsprecherwagens registriert. Zur Frage wann und wie den Zuschauern die Räumungsaktion angekündigt wurde, erklärte Iwicki: „Die Vielzahl der Durchsagen war so . . . . ber . . on lästig

begründet, „w nehmen" und a Polizei, so blieb der Demonstra

Einer vertrat fälle an der Op Als Beweis na Kiste mit faule sowie zwei Tri menen gefunde hätten, zurückw der zu Aktione dem Rathaus störender Perso wäre es seine Störungen geko ereigneten.

Schließlich be Attentatspläne vor dem Berlin die persische M geteilt, daß 20 l und Messern" e ten. Prüfungen gaben unzutreff

Klagen über Z

Über die Zus Senatsdienststel Leiter der für p ständ

---

von seinen Erlebnissen vor der Oper öffentlich zu berichten. Er sagte: »Ich werde mich hüten, Dinge zu sagen, die aufzuklären vornehmste Aufgabe des Untersuchungsausschusses sein wird.«

Ich verdankte in der Nacht des 2. Juni dem Gespräch mit Löffler wichtige Informationen für meine journalistische Arbeit. Trotzdem nahm ich mit einigem Unbehagen zur Kenntnis, dass er nicht Zeuge, sondern Vorsitzender des Ausschusses wurde. Als ich dann als Berichterstatter der *Berliner Morgenpost* die Zeugenanhörungen über Monate zu begleiten und darüber zu schreiben hatte, stellte ich aber fest, dass das Verhalten Löfflers nicht zu beanstanden war. Er verhielt sich unparteiisch, fair und korrekt. Allerdings wurde ihm schon bald aus seiner eigenen Partei der, wie ich meine, ungerechtfertigte Vorwurf gemacht, er habe einseitig zu Lasten der Polizei ermittelt. Die Studentenfunktionäre und der SDS jedoch glaubten im Gegenteil feststellen zu können, dass Löffler ihren Anliegen zu wenig Verständnis entgegenbringe. Mir wäre es dennoch lieber gewesen, wenn auf seinem Stuhl ein anderer gesessen hätte. Denn für die Verantwortlichen, deren Verhalten kritisch durchleuchtet und bewertet wur-

^ *»Tagesspiegel«-Bericht über die Ausschusssitzung am 28. Juni 1967: Polizei-Einsatzleiter Iwicki musste Angaben korrigieren.*

ah-Besuch

den Kopf zu
ı schützen. Die
auf die Taktik

q, die Zwischen-
ısiert gewesen
ıestellung einer
Demonstranten
bei Festgenom-
ıl dazu gedient
ınstranten wie-
ısen. Wenn vor
lie Personalien
η worden seien,
h zu größeren
ıch vor der Oper

über angebliche
hah. Einen Tag
iserpaares habe
Nost-Berlin mit-
wehren, Pistolen
der Oper plan-
ı, daß diese An-
selen.

elt

von Polizei und
ır Ausschuß den
ıdsatzfragen zu-
ⁿⁿverwaltung.

Fünf Berliner Polizisten, die bei den Zwischenfällen vor der Oper verletzt worden waren, wurden gestern vor dem parlamentarischen Untersuchungsausschuß gehört. Photo: berlin-bild

nicht." Löffler: „Wie ist das denkbar?" Prill: „Die Frage müßte an die Polizeiführung gerichtet werden. Sie hat die Informationspflicht. — Ich habe seit längerer Zeit beanstandet, daß solche Entwürfe nicht an die Aufsichtsbehörde gelangen." Es werde in Kürze eine Geschäftsordnung für die Polizei ergehen, die sie verpflichte, Ausarbeitungen vorzulegen.

Unter den elf Zeugen sagten unter anderem fünf vor der Oper verletzte Polizisten aus. Der Beamte Barthel erklärte: „Wir hatten den Auftrag, Demonstranten, die über die Absperrung wollten, zurückzuhalten." Er habe keine Laut-
ⁿⁿⁿⁿⁿherdurchsage

den Zwischenfällen zwei Demonstranten je ein Ei werfen sehen und halte dies für einen legitimen Bestandteil der Demonstration. Ferner habe er beobachtet, daß die Polizei mit Gummiknüppeln auf Demonstranten eingeschlagen habe, die auf dem Bauzaun gegenüber der Oper saßen und der Aufforderung, diesen Zaun zu verlassen, nicht umgehend nachgekommen seien. Lautsprecher-Aufforderungen der Polizei zur Räumung habe er erst gehört, als die Polizei schon begonnen habe, den „Schlauch" vor der Oper zu räumen.

Für morgen hat der Ausschuß eine nicht-
öff⸱⸱⸱⸱ Sitzung einberufen. Die nächste

de, ging es um sehr viel. Es stand ihr politisches und berufliches Schicksal auf dem Spiel. Zumindest galt dies für den Regierenden Bürgermeister Heinrich Albertz, Innensenator Wolfgang Büsch und Polizeipräsident Erich Duensing, alle drei Mitglieder der SPD. Diese Persönlichkeiten, die damals im Kreuzfeuer der Kritik standen, hätten das Recht erhalten müssen, vor einem Untersuchungsführer auszusagen, der – wenn auch nur im persönlichen Gespräch – über sie nicht bereits den Stab gebrochen hatte.

Der Bericht über die erste Sitzungsphase des Ausschusses, den der Vorsitzende am 17. September 1967 im Rathaus Schöneberg der Presse vorstellte, enthielt exakt das kritische Urteil über die Polizeiführung, das ich von Löffler schon vor der Oper gehört hatte. Allerdings überraschte mich, dass die erwartete Kritik an der politischen Führung der Stadt zunächst völlig fehlte. Sie wurde jedoch bei der Parlamentsdebatte über den Bericht am 21. September nachgeholt, und zwar nicht nur von der Opposition.

Gerd Löffler gehörte von 1964 bis 1970 dem Kuratorium der Freien Universität an und war im gleichen Zeitraum auch Leiter der Volkshochschule Schöneberg. 1968/69 war er als Vorsitzen-

der des Wissenschaftsausschusses im Abgeordnetenhaus maßgeblich an der Schaffung des neuen Berliner Hochschulgesetzes beteiligt, das am 1. August 1969 in Kraft trat. Im März 1970
übernahm er für fünf Jahre das Amt des Schulsenators. Von April
1975 bis Mai 1977 war er Wissenschaftssenator und anschließend zwei Jahre lang Landesvorsitzender der Berliner SPD.
Neun Monate, bevor Gerd Löffler am 9. Januar 2004 starb, hatte
ich Gelegenheit zu einem ausführlichen Gespräch mit ihm. Er
bezeichnete seine Tätigkeit 1967/68 an der Spitze des Untersuchungsausschusses rückwirkend als »solide Leistung«. Über
»sein« Hochschulgesetz dagegen wollte er nicht reden.

Der Schuß auf Benno Ohnesorg

Anklage im Fall Kurras — Das Ermittlungsergebnis

Fest steht: Der Student Benno Ohnesorg wurde am 2. Juni abends gegen 20 Uhr 30 erschossen. Getroffen von einer Kugel aus einer Polizei-Dienstpistole. Der Schütze war der Kriminalobermeister Karl-Heinz Kurras.

Gleich nach diesen drei Feststellungen beginnt das Fragen. Denn wie konnte dieses bedrückendste Ereignis der Anti Schah-Demonstrationen geschehen? »Notwehr« — sagten die einen, »Querschläger« – die anderen, »Durch Zufall im Gewühl« hieß die letzte Version, um die provokatorische Behauptung zu entkräften, es sei »Mord«.

Jetzt endlich liegt ein gründliches Ermittlungsergebnis vor. Nach sorgfältigen Recherchen und vielen Zeugenvernehmungen kam die Staatsanwaltschaft zu dem Schluß: Kurras habe durch Fahrlässigkeit den Tod des Studenten Benno Ohnesorg verursacht. Generalstaatsanwalt Dehnicke erhob Anklage und beantragte, das Hauptverfahren gegen Kurras zu eröffnen.

Die Richter der 14. Großen Strafkammer, die frühestens im Oktober oder November das Verfahren eröffnen könnten, werden noch viele Fragen zu klären haben. Eine Anklage ist noch nicht das Urteil. Der Verteidiger wird seine Einwände und Widerlegungen vortragen. Aber auch der Nebenkläger, der Rechtsbeistand der Witwe Ohnesorg, wird auf immer noch offene Fragen hinweisen, was zu einer Anklageverschärfung führen könnte.

Ausgangspunkt aller Beurteilungen wird jedoch das jetzt vorliegende Ermittlungsergebnis sein. Den Richtern stellt sich die Situation zunächst so dar:

Am Abend des 2. Juni standen sich in der Höhe des Grundstücks Krummestr. 66/67, dem Tatort, etwa gegen 20 Uhr 30 Demonstranten und eine Polizeikette gegenüber. »Greiftrupps« im Zivil versuchten, mutmaßliche Rädelsführer festzunehmen.

Ein Demonstrant, der als Rädelsführer festgenommen werden sollte, rannte auf das Grundstück Krumme Straße 66/67. Durch den Parkhof und über den dahinterliegenden Grünstreifen wollte er sich flüchten.

Ein Kriminaloberkommissar und der Angeklagte Kurras verfolgten ihn. Demonstranten stürzten hinterher. Zeugen hörten: »Wir müssen ihn halten! Ein Bulle allein! Das sind nur zwei Polizisten! Jetzt haben wir sie! Hinterher!« Und auch: »Schlagt ihn tot! Tretet ihn tot!«

Es entstand ein Gewühl. Weitere Schutzpolizisten waren auf dem Grundstück geeilt. Einige Demonstranten versuchten, dem ersten mutmaßlichen Rädelsführer, der festgenommen werden sollte, zu helfen.

Unter ihnen befand sich auch Benno Ohnesorg. Als er — nicht um Kurras festgenommen werden sollte, wehrte er sich mit Faustschlägen und Fußtritten. Er befreite sich und rannte in Richtung Krumme Straße davon. In der Mitte des Grundstücks wurde er

von mehreren uniformierten Polizisten gestellt, geschlagen und ging zu Boden.

Der Polizei gelang es in kurzer Zeit, die störende Menschenansammlung aufzulösen. Die Demonstranten mußten das Grundstück Hufelandig verlassen. Eine bedrohliche Situation für Polizeibeamte war nicht mehr gegeben.

Erst zu dieser Zeit fiel der erste Schuß. Der angeklagte Kriminalobermeister, vorher ebenfalls von Menschen umgeben, glaubte sich in eine gefährliche Situation, zog seine Waffe und hielt wutschnaubend einen Finger am Abzug der entsicherten Pistole. Er wollte einen Warnschuß abgeben.

Der traf unbeabsichtigt Benno Ohnesorg. Über dem rechten Ohr drang die Kugel in das Gehirn ein.

Zwei Polizisten können zu dieser Situation präzise Aussagen machen. Sie standen in der Nähe des Schützen. Einer schrie Kurras sinngemäß an – »Bist du denn wahnsinnig, hier zu schießen?« Kurras habe stotternd geantwortet: »Die ist mir losgegangen.«

Zur Zeit des Schusses hatten den Polizeibeamten Benno Ohnesorg fest im Griff. Später wurden Kurras sofort von einem Kollegen Vorhaltungen gemacht.

Durch dieses Zutun hätte sich der Schuß gelöst.

da er mit seinem Schuß auch Polizeibeamte gefährdet habe.

Ein zweiter Polizist bestätigt, daß zu dieser Zeit an dem Tatort keine erhebliche Störung mehr war.

Die Aussagen stehen sich gegenüber. Denn Kurras, der den Gebrauch der Schußwaffe sofort meldete, gab eine gegenwärtige Gefahr für Leib und Leben abwehren müssen.

Kurras verweist darauf, daß er an mehreren Körperstellen Blutunterlaufungen erlitten habe. Von zwei Personen mit gezücktem Messer sei ihm auch eine Verletzung am rechten Mittelfinger beigebracht worden. Der Schuß sei losgegangen, als Demonstranten ihn am Arm gepackt hätten.

Trotz dieser Notwehr-These hat die Staatsanwaltschaft auf Grund der Zeugenaussagen Anklage erhoben. Sie geht davon aus, daß zum Zeitpunkt des tödlichen Schusses für den Angeklagten eine Situation bestand, die das Halten einer ungesicherten Waffe und die Abgabe eines Warnschusses verbot.

Soweit die Situation, wie sie sich zu Beginn des Prozesses den Richtern darstellen wird. Die Frage nach der Notwehr, ob sich Kurras subjektiv bedroht fühlen konnte und die Frage, wann, warum und wo der zweite von Kurras zugegebene Schuß fiel, werden erst vor Gericht geklärt werden können und vermutlich den Prozeßverlauf erheblich beeinflussen. ULRICH EGGESTEIN

Streit um Swetlana

HAMBURG, 3. August (dpa)

Das Nachrichtenmagazin »Der Spiegel« hat gestern beim Landgericht Hamburg eine einstweilige Verfügung gegen den Verlag des »Stern«, Gruner und Jahr, erwirkt. Wie der Verlagsdirektor des Nachrichtenmagazins, Becker, mitteilte, wird der Verlag des »Stern« bei Goldstrafe in unbeschränkter Höhe, für jeden Fall der Zuwiderhandlung festzusetzen sei, oder Haftstrafe bis zu sechs Monaten verboten, im »Stern« in der kommenden Ausgabe aus die Memoiren der Stalin-Tochter Swetlana in einer Arti-

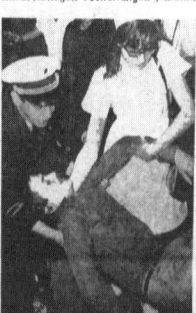

TÖDLICH GETROFFEN: Benno Ohnesorg

^ Der »Abend« berichtete am 5. August über die Ermittlungsergeb-
nisse zu den Auseinandersetzungen an der Deutschen Oper.

DIETRICH STOBBE
ERINNERT SICH

Der 1938 in Ostpreußen geborene und in Niedersachsen aufgewachsene Dietrich Stobbe ist einer der wenigen noch lebenden früheren Politiker, die am Abend des 2. Juni 1967 die Auseinandersetzungen an der Deutschen Oper als Augenzeugen miterlebt haben. Er war später von Januar 1973 bis Mai 1977 Berliner Bundessenator, danach bis Januar 1981 Regierender Bürgermeister und von 1983 bis Ende 1990 SPD-Bundestagsabgeordneter. 1991 begann er eine neue berufliche Karriere in einem Beratungsunternehmen. Seit mehr als zehn Jahren betreibt er mit Partnern eine Consulting-Firma, einen bundesweit vor allem auf kommunaler Ebene tätigen Berliner Beratungsdienst mit 25 Beschäftigten.

Als blutjunger Parlamentsneuling – er war erst im März 1967 ins Abgeordnetenhaus gewählt worden – hielt er sich beim Schah-Besuch vor der Oper auf. Es war sein zweiter Tag im Amt des parlamentarischen Geschäftsführers der SPD-Abgeordnetenhausfraktion. Bis Ende Mai hatte er noch als Vorstandsassistent der Berliner Kindl-Brauerei gearbeitet.

Schon am frühen Nachmittag jenes 2. Juni hatte Stobbe vom Fenster seines Dienstzimmer im zweiten Stock des Rathauses Schöneberg aus beobachtet, wie »Jubelperser« mit Schah-Gegnern in Streit gerieten und sich daraus Tätlichkeiten entwickelten, bevor die Polizei sehr spät eingriff. Hätte sie die peinlichen Szenen nicht viel schneller unterbinden müssen, fragten sich wie Stobbe die meisten Zuschauer. Stobbe verabredete sich mit seinem Freund Gerd Löffler für den Abend vor der Deutschen Oper. Sie wollten vor allem darauf achten, ob sich das schlagkräftige Gefolge dieses Staatsbesuchers dort erneut so zügellos verhalten und die Polizei so passiv bleiben würden.

Doch die »Jubelperser« stellten dort, wie Stobbe heute bestätigt, kein Problem dar. Er und Löffler hatten auf den Besuch der »Zauberflöte« verzichtet und sich hinter dem Absperrgitter auf dem südlichen Gehsteig der Bismarckstraße gegenüber dem Operneingang ein wenig zur Krummen Straße hin, einen Platz gesichert. Was dann bald nach 20 Uhr geschah, war für sie schockierend. Stobbe: »Der brutale und undurchdachte Einsatz der Polizei, die ihre Kommandos laut herausschreienden Polizeioffiziere, wildes Einschlagen auf Flüchtende – das war doch gewiss die falsche Taktik.«

Er versichert auch, er sei – anders als die protestierenden Studenten – von der Notwendigkeit des Schah-Besuchs in Berlin durchaus überzeugt gewesen. Berlin war für ihn trotz der deutschen Teilung »die eigentliche Hauptstadt«. Deshalb hätte sich die Stadt ihre Staatsgäste nicht aussuchen können, sagt er. Aber andererseits regten ihn die Demonstrationen auch nicht auf. Er hätte sie zugelassen. Der Räumungseinsatz, der zum Tod des Studenten Ohnesorg führte, stellte für ihn von vornherein eine falsche Taktik dar. Zumal er schon wusste: »Den Dutschkes kam der überzogene Polizeieinsatz nur gelegen.«

Von der studentischen Sichtweise war der damals 29-Jährige damals ohnedies noch nicht weit entfernt. Er hatte erst sechs Jahre zuvor am Otto-Suhr-Institut der Freien Universität das Politologen-Diplom erworben. 1961 war er ein Jahr lang Berliner Vorsitzender des ebenfalls links orientierten, aber anders als der SDS mit dem Grundprogramm der SPD weitgehend im Einklang befindlichen Sozialdemokratischen Hochschulbundes (SHB). In der Berliner SPD gehörte Stobbe damals zum Freundeskreis der gemäßigt rechten Mehrheit. Wie er heute versichert, strebte er stets eine Position in der Mitte an, hielt aber Distanz zu der den Regierenden Bürgermeister Heinrich Albertz stützenden sogenannten »Mitte-Gruppierung«, die gerade 1967 zwischen den beiden großen Flügeln der Berliner SPD, dem rechten »Pfeifenklub« und dem linken »Donnerstagskreis«, zerrieben wurde. »Ich trat für Reformen ein, ließ mich jedoch nie zum Revolutionär machen. Mao war für mich ein Verbrecher«, beschreibt Stobbe seine Grundsätze. »Wer ›Alle Macht den Räten‹ forderte, hatte aus meiner Sicht ein falsches Weltbild, die Verherrlichung der Vietcong hielt ich für unangebracht.«

Der 2. Juni hat laut Stobbe gezeigt, »dass der Staat, wenn er mit seiner Exekutivgewalt auf Rebellen eindrischt, keine Lösung von Problemen erreicht«. Die Lehre dieses Tages für die Regierenden müsse lauten: »Das Gewaltmonopol mit Bedacht einsetzen«. Und für die Bürger – in diesem Fall: die Studenten – gebe es kein Recht der Gewaltausübung etwa durch das Werfen von Steinen, auch nicht gegen Sachen.

Stobbe hatte vor der Bundestagswahl 1965 als Wahlhelfer Willy Brandts 543 Wahlkampfauftritte des SPD-Kanzlerkandidaten mit organisiert. Nach den Schah-Krawallen ließ sich Brandt von ihm und dem SPD-Bundestagsabgeordneten Rolf Heyen erläutern, was in Berlin los war, was der 2. Juni zu bedeuten hatte und ob der auf seinen ausdrücklichen Wunsch ein knappes halbes Jahr zuvor zu seinem Nachfolger im Amt des Regierenden Bürgermeisters gewählte Heinrich Albertz noch eine Chance habe. Stobbe: »Ebenso wie Heyen sagte ich dem damaligen Bundesaußenminister Brandt: ›Die Autorität von Albertz schwindet stündlich.‹«

Dietrich Stobbe ^

DAS WATERLOO DES
HEINRICH ALBERTZ

Einer der vielen Vorgänge, um die von den 68ern ein Geflecht von Dichtung und Halbwahrheiten gesponnen wurde, war der Rücktritt des Berliner Regierenden Bürgermeisters Heinrich Albertz am 26. September 1967. Albertz selber zeichnete sich als ein Meister in der Kunst aus, Ereignissen eine geheimnisvolle Aura zu verleihen, sich mit geraunten Andeutungen auszudrücken und das Gefühl zu vermitteln, er wisse mehr, als er sagen könne. Er trug frühzeitig dazu bei, eine nicht oder nur unzureichend informierte Öffentlichkeit in dem Glauben zu lassen, dass er mit seinem Verzicht auf das Regierungsamt die Konsequenz aus den auch von ihm mit verschuldeten schweren Fehlern beim Polizeieinsatz des 2. Juni gezogen habe.

Albertz wurden, als er dann in seinen eigentlichen Beruf, den des Pastors, zurückgekehrt war, zahlreiche Ehrungen zuteil, weil es hieß, er habe getan habe, was bei Politikern selten sei, nämlich sich seiner Verantwortung gestellt. Er gilt bis heute vielen als Vorbild, weil er die Niederungen der Politik verließ, als er 1970 sein Abgeordnetenmandat niederlegte und aus der nach seinen Worten verfilzten Berliner SPD austrat. Es gibt Stimmen, die meinen, dieser Mann sei ein Opfer der mittelmäßigen Berliner Politik und seiner Partei geworden, der in Flügelkämpfe verstrickten, durch Ideenlosigkeit und Routine gelähmten Berliner SPD.

Gerade in der großen Mehrheit dieser Partei gab es aber nie einen Zweifel daran, dass Heinrich Albertz an seinem Sturz weitgehend allein schuld war. Er selbst hatte im April 1967 gegenüber dem *Spiegel* zugegeben, dass ihm die Berliner SPD immer

»ein Buch mit sieben Siegeln« bleiben werde, dass er also große Probleme habe, in ihr richtig heimisch zu werden. Und es gibt immer noch viele Genossen, die aus eigenem Erleben davon berichten können, dass Albertz an jenem 26. September keineswegs freiwillig den Hut nahm, sondern bis zuletzt mit List und Tücke um seinen Posten kämpfte. Veteranen der APO, von denen auch weiterhin kolportiert wird, Albertz habe sich aus freien Stücken von der Führung des Senats verabschiedet, die er nur ein Dreivierteljahr zuvor übernommen hatte, betreiben schlicht Geschichtsklitterung. Auch die in zahlreichen Nachschlagewerken sowie Informationsdiensten wie etwa den »Munzinger Biographien« zu findende Auskunft, Anlass für den Rücktritt sei der Tod von Benno Ohnesorg gewesen, trifft nicht zu.

Der frühere langjährige Berliner SPD-Abgeordnete Hans-Jürgen Heß, hat 1983 in seiner als Buch mit dem Titel *Innerparteiliche Gruppenbildung* veröffentlichten Doktordissertation die Vorgänge, die dem Rücktritt von Albertz vorausgingen, minutiös beschrieben. Seine Schilderung ist schon deshalb von hoher authentischer Bedeutung, weil er seinerzeit als 32 Jahre alter stellvertretender Kreisvorsitzender der SPD Zehlendorf an den wichtigsten Sitzungen der SPD-Führungsgremien teilnahm.

Heß verweist darauf, dass Albertz in einer von ihm 1976 veröffentlichten Schrift den 2. Juni als einen persönlichen »Schicksalstag« darstellte, von dem er nie losgekommen sei. Damit, so Heß, habe er jedoch nur seinen späteren Bewusstseinswandel,

∧ *Kriminalobermeister Karl-Heinz Kurras (M.) im Gespräch mit seinem Anwalt Gerd Joachim Roos (l.) und Heinrich Albertz (r.).*

nicht den eigentlichen Grund für seinen Rücktritt meinen können. Denn schon bei der Senatsbildung im April 1967 habe Albertz die SPD-Spitzenfunktionäre des rechten Mehrheitsflügels
dadurch »gedemütigt«, dass er dessen Repräsentanten bei der
Vergabe der Senatsposten nicht entsprechend deren Kräftever-
hältnis in der Partei beteiligte. Diese Gruppierung nahm sogleich
Rache, indem sie den Albertz-Favoriten für das Amt des Bürgermeisters, Bundessenator Dietrich Spangenberg, in der Fraktion
zweimal durchfallen ließ, worauf dieser verzichten musste. Die
Kontroverse wirkte sich auch auf den SPD-Landesparteitag am
26. und 27. Mai 1967 aus. Weil sie Albertz distanziert gegen-

überstanden, schlossen der rechte und der linke Flügel rechtzeitig ein Zweckbündnis, um bei den Vorstandswahlen die Mitte-
Gruppe um Albertz weitgehend auszuschalten. Heß nennt diesen Vorgang »das innerparteiliche Schlüsselereignis für den späteren Sturz von Heinrich Albertz«.

Ein Schwachpunkt von Albertz war auch, dass er die Linie
der harten Polizeieinsätze gegen die sich ausweitenden Studentenunruhen, die er schon als Innensenator jahrelang vertreten
hatte, auch noch beibehielt, als er am 14. Dezember 1966 als
Nachfolger von Willy Brandt zum Regierenden Bürgermeister
gewählt wurde. Dazu Heß: »Offenbar fühlte er sich mehr als
Sicherheitspolitiker denn als Regierender Bürgermeister.« Die
Lagebesprechungen bei Albertz nach dem 2. Juni seien »von
Unwissenheit über die Entwicklungen im Hochschulbereich ge-
prägt« gewesen. Deshalb habe die SPD-Abgeordnetenhausfraktion Gerd Löffler und Dietrich Stobbe als ständige Beobachter
der Universitäten eingesetzt, die dort auch den Dialog mit der
studentischen Szene gesucht hätten.

Von der Bonner Parteiführung wurde Albertz trotz der Kritik aus Berlin noch monatelang gestützt. Zwar bemühte sich
der SPD-Landesvorsitzende Kurt Mattick im Auftrag des rechten Führungskreises bei Parteichef Willy Brandt angesichts der
Vertrauenskrise um Unterstützung für eine Lösung des Berliner
Führungsproblems. Auch Dietrich Stobbe und der Juso-Landes-
vorsitzende Rolf Heyen drängten bei Brandt schon im Juni auf
eine sofortige Ablösung von Albertz. Doch alle diese Vorstöße
blieben zunächst erfolglos. Es schien, als ob Brandt seinem alten
Vertrauten Albertz, der noch Anfang der Sechzigerjahre zusammen mit Egon Bahr und Klaus Schütz der um »Gottvater Willy«

gescharten »Heiligen Familie« angehört hatte, kein Haar krümmen wolle.

Als Albertz am 19. September – anders als noch im Juni – das Rücktrittsgesuch des seiner Mitte-Gruppe angehörenden Innensenators Wolfgang Büsch annahm, tat er dies, weil der Freundeskreis der rechten Parteimehrheit darauf pochte. Albertz ließ Büsch also fallen, um laut Heß »seine eigene Haut zu retten«. Damit setzte er aber einen Prozess in Gang, der eine Woche später auch ihm zum Verhängnis werden sollte.

Die nächste Hürde, die sich vor Albertz aufbaute, war die Frage der Neubesetzung des Innenressorts. Er wusste, dass der rechte Flügel für die Büsch-Nachfolge den dynamischen Kurt Neubauer – seit 1963 Senator für das Mammutressort Soziales, Gesundheit Jugend und Sport – ausersehen hatte. Aber gerade dieses Amt, das er selber viele Jahre inne gehabt hatte, traute er dem 44-Jährigen nicht zu. Damit nicht genug: Die SPD-Rechten forderten für Neubauer auch den Posten des Bürgermeisters in Personalunion. Dies wollte sich Albertz erst recht nicht aufzwingen lassen.

Anstatt diesen Vorstellungen eigene Personalvorschläge entgegenzusetzen und in der Partei offensiv eine Auseinandersetzung zu suchen, reagierte Albertz nun zaudernd. Er ließ die innerparteiliche Diskussion treiben. Sie wurde auch am 22. September am Rande einer Abgeordnetenhaussitzung geführt, in deren Mittelpunkt das Ergebnis des Untersuchungsausschusses über die Ereignisse des 2. Juni stand.

Am Sonnabend, dem 23. September 1967 begann dann um 9.30 Uhr im Jagdschloss Glienicke jene denkwürdige Klausurtagung der Berliner SPD, in der sich Albertz mit einer Vorlage über die »Grundlagen der Sicherheit und der Lebensfähigkeit West-Berlins« durchsetzte, zu der auch – damals noch nicht für alle Berliner Politiker selbstverständliche – Verhandlungen mit der DDR gehören sollten. Als der SPD-Landesausschuss das »Glienicker Papier« einstimmig billigte, wertete Albertz dies als Vertrauenserklärung für sich. Die Sitzung wurde nach elf Stunden für das Abendessen unterbrochen. Um 21.30 Uhr gingen die Genossen zum zweiten Teil der Klausur über, zur Personaldebatte. Und hier zeigte es sich, dass es mit der Einigkeit nicht weit her war. Albertz suchte mit einer List weiterzukommen: Er überraschte die Anwesenden damit, dass er Neubauer für den Posten des Innensenators vorschlug. Gleichzeitig gab er zu bedenken, die Frage, ob der Innensenator zusätzlich Bürgermeister werden solle, müsse noch diskutiert werden. Nach stundenlangem Hin und Her sagte schließlich Neubauer, auch er wolle erst die Diskussion in der Partei abwarten, ehe er über die Annahme des Amtes entscheide. Gegen Mitternacht wurde die Tagung erneut unterbrochen. Danach erklärte Neubauer, er verzichte unter den gegebenen Umständen auf eine weitere Bewerbung. Ein Paukenschlag, der das bevorstehende Aus für Albertz ahnen ließ.

Die Tagung nahm damit ein für die Beteiligten unbefriedigendes Ende. Als sich die Kontrahenten am Montag, den 25. September im SPD-Landesvorstand wiedertrafen, richtete der Bundestagsabgeordnete und spätere Senator Harry Liehr an Albertz die provozierende Aufforderung, selbstkritisch zu prüfen, ob er noch den Aufgaben im Amt des Regierenden Bürgermeisters gewachsen sei. Es zeigte sich immer deutlicher, dass Albertz beim rechten Parteiflügel auch den letzten Kredit verspielt hatte und dort niemand bereit war, für ihn in die Bresche zu springen. Der Vorstand vertagte sich bis zur gemeinsamen Sitzung von Landes- und Fraktionsvorstand am Mittag des folgenden Tages. Bis dahin sollte Albertz ein in sich schlüssiges Personalkonzept erstellt haben – eine Erwartung, die er nicht erfüllen konnte. Denn sein Ersatzkandidat für das Amt des Innensenators, Bausenator Rolf Schwedler, verzichtete in der Senatssitzung am 26. September auf den ihm angebotenen Ressortwechsel, weil ihn die zum »Königsmord« entschlossenen rechten Flügelleute unter Druck gesetzt hatten.

Aus der Umgebung von Albertz war später zu hören, dass er in dieser für ihn bereits aussichtslos gewordenen Situation noch händeringend Kontakt zu seinem Mentor Willy Brandt suchte. Er habe sich sowohl am 25. als auch am 26. September vergeblich darum bemüht, Brandt telefonisch zu sprechen. Als der Außenminister in Bonn nicht an den Apparat ging, habe Albertz verbittert feststellen müssen, dass ihn auch der fallen ließ.

Am 26. September, einem Dienstag, kam somit die schmerzliche Entscheidung unausweichlich auf Heinrich Albertz zu. Als er sah, dass er verloren hatte, suchte er ein letztes Mal die Initiative zu behalten, um sich angesichts der Personalnöte seiner Partei in Berlin vielleicht doch noch eine kleine Chance für ein Comeback zu sichern. Noch bevor Landes- und Fraktionsvorstand der SPD zusammentraten, reichte er bei dem im Rathaus Schöneberg auf dem gleichen Flur, nur wenige Türen entfernt amtierenden Abgeordnetenhauspräsident Walter Sickert seinen Rücktritt ein. Der beauftragte ihn sofort, die Amtsgeschäfte bis zum Amtsantritt eines Nachfolgers weiterzuführen. So entging Albertz der drohenden Personaldiskussion in den Parteigremien und der demütigenden Abwahl im Parlamentsplenum. Die Pressekonferenz, in der er am Nachmittag des 26. September seine Demission verkündete, dauerte 60 Sekunden. Albertz begründete seinen Schritt mit den Worten: »Meine Versuche, einen arbeitsfähigen Senat zu bilden, sind gescheitert.« Seine vage Hoffnung, in Ermangelung eines anderen geeigneten Bewerbers, zurückgeholt zu werden, erfüllte sich nicht.

Schon am nächsten Tag kam Günter Struve, Intimus des Staatssekretärs im Auswärtigen Amt, Klaus Schütz, aus Bonn nach Berlin und sondierte bei den Genossen die Lage. Struve machte schon da deutlich, dass Willy Brandt seinen Staatssekretär für die wichtige Aufgabe in Berlin freizugeben bereit war. Und umgekehrt signalisierten die Berliner Genossen, dass Schütz als Retter in der Not durchaus akzeptiert würde.

NEUANFANG
MIT KLAUS SCHÜTZ

So wie sich die Chronisten über die Gründe des Rücktritts von Heinrich Albertz nicht einig sind, gibt es auch mehrere Versionen darüber, warum Klaus Schütz den erst im Dezember 1966 angetretenen Posten des beamteten Staatssekretärs im Auswärtigen Amtes aufgab, um Nachfolger von Albertz zu werden. Schütz hat im persönlichen Gespräch nie einen Zweifel daran gelassen, dass für ihn die Aufgabe in Bonn die verlockendere war. Die Rolle im Auswärtigen Amt hatte ihn auf das Parkett der internationalen Diplomatie und in die große Politik geführt, ja, sie war für ihn ein Traumjob, der ihm nach zehn Monaten gerade so richtig Spaß zu machen begann. Und dies noch dazu an der Seite Willy Brandts, für ihn und viele Jüngere in der SPD schon damals eine »Lichtgestalt«. Der 41-Jährige empfand es als großes Glück, dass er seit über einem Jahrzehnt zu dessen engsten Mitstreitern zählen und wie zuvor in Berlin nun auch in Bonn für ihn arbeiten konnte.

»Nein«, bestätigte Schütz noch vor wenigen Jahren, »es war nicht so, dass ich mit aller Macht aus dem Auswärtigen Amt wegstrebte.« Dies ist noch eine Untertreibung. Denn in Wirklichkeit versuchte er den bitteren Kelch, der auf ihn zukam, so lange er konnte abzuwehren. Er ging zunächst auf keines der Angebote ein, die ihm einflussreiche Albertz-Gegner unter den Berliner Genossen schon bald nach dem 2. Juni 1967 machten. In den Fünfzigerjahren hatte er den verbissenen innerparteilichen Grabenkampf zwischen dem »Pfeifenklub« um Brandt und den Berliner SPD-Linken um Franz Neumann aus der Nähe erlebt und wusste zur Genüge, welche Niederungen dort auf ihn warteten.

Hans-Jürgen Heß, der die Partei jahrzehntelang als Funktionär, Parlamentarier und als Wissenschaftler gründlich studieren konnte und deshalb als hervorragender Sachkenner gilt, meint allerdings, dass die Behauptung von Schütz, er habe das Amt des Staatssekretärs nur widerstrebend aufgegeben, nicht zutreffe. Schon aus der Eile, mit der er im entscheidenden Moment gehandelt habe, könne »auf sein besonderes Interesse an der Übernahme des Berliner Staatsamtes geschlossen werden«.

In seinen 1992 erschienenen Lebenserinnerungen *Logenplatz und Schleudersitz* hat Schütz geschildert, dass er am 26. September 1967 durch den Rücktritt von Albertz überrascht wurde, denn er sei von seinem Bonner Amt viel zu ausgefüllt gewesen, um die sich zuspitzende Entwicklung um die Senatsumbesetzung in Berlin genauer zu beobachten. »Jetzt aber ging der Rummel los«, beschrieb er den massiven Druck, der in jenen Tagen von seiner Partei auf ihn als den Wunschkandidaten für die Albertz-Nachfolge ausgeübt wurde.

Schütz schickte am 27. September zunächst seinen Vertrauten Günter Struve nach Berlin, um sondieren zu lassen, wie ernst die Rufe gemeint waren und ob es in der durch Machtkämpfe und Intrigen geschüttelten dortigen SPD für ihn wirklich eine Chance gäbe. Struve, der sich schon in Berlin als versierter Zwischenträger und Redenschreiber für Brandt und Schütz betätigt hatte und nun im Inlandsreferat des Auswärtigen Amtes untergekommen war, machte den Genossen unmissverständlich klar, dass der Staatssekretär über einen Wechsel zurück an die Spree nur nachdenken werde, wenn ein offizieller Ruf an ihn ergehe und der SPD-Landesverband geschlossen zu der Kandidatur stehe.

Am gleichen Tag erfüllte bereits der Vorstand des SPD-Kreisverbandes Wilmersdorf diese Vorbedingung. Schütz war dort Parteimitglied und hatte bei den Berliner Wahlen im März 1967 in Wilmersdorf auch ein Abgeordnetenhausmandat errungen. Jetzt preschten die Funktionäre dieses Kreises vor und nominierte ihn einstimmig als Kandidaten für den zum 15. Oktober einberufenen außerordentlichen Landesparteitag. Die eigentliche Vorentscheidung fiel am 28. September am Urlaubsort von Willy Brandt, dem Wildbad Kreuth in den Tegernseer Alpen. Schütz war dort bei seinem Partei- und Ressortchef erschienen, um sich Rat zu holen. Brandt hatte während der Krise um Albertz lange Zeit den Standpunkt vertreten, die Bonner Parteiführung solle sich möglichst wenig einmischen. Doch nun änderte er seine Haltung grundlegend, weil er zu der Auffassung gelangt war, die Situation müsse schnell bereinigt werden. Er und Schütz gingen in dem Kurort zwei Stunden lang spazieren. Schütz sagte zu Brandt, dass er noch völlig unschlüssig sei, wie er auf das Berliner Angebot reagieren solle. Er hegte die Hoffnung, dass ihn der Außenminister unbedingt als seinen Stellvertreter behalten und erklären würde, er sei an seiner Seite unentbehrlich.

Noch ehe beide das Thema hinlänglich besprochen hatten, gelangten sie zu einer Batterie Fernsehkameras, die am Weg aufgebaut waren. Brandt wurde von einem Reporter gleich gefragt, ob er Schütz nach Berlin ziehen lassen würde, und der antwortete zur Verblüffung von Schütz: »Wenn die Berliner und die SPD diesen Mann haben wollen, dann sollen sie ihn bekommen. Ich werde ihn freistellen.« Diese Szene, die über sein weiteres Schicksal entschied, ist Klaus Schütz später immer wieder durch den Kopf gegangen. Er fragte sich, was geschehen wäre, wenn er einfach nein gesagt hätte. Er war zwar durch die Worte des großen Meisters wie vom Donner gerührt worden, aber auch Parteisoldat genug, um sie als Befehl aufzufassen, dem es zu gehorchen galt. Gegenüber Journalisten erklärte der Noch-Staatssekretär, er werde, wenn tatsächlich gewünscht, »eines der wichtigsten Ämter der freien Welt« übernehmen. Bei anderer Gelegenheit sagte er, das Amt des Berliner Regierenden Bürgermeisters sei die »zweitwichtigste Position in der Bundesrepublik«.

In seinen Lebenserinnerungen beschrieb Schütz seine Reaktion auf die Kreuther Äußerung Brandts so: »Von da ab bin ich marschiert.« Später verriet er in einem Interview, dass er schon deshalb lieber Staatssekretär geblieben wäre, weil man da nicht ständig als Redner im Rampenlicht stehen müsse. »Ich war kein großer Rhetoriker, der Massen begeisterte«, sagte er. »Der Regierende Bürgermeister ist kein Amt, in das man freiwillig geht. Es erfordert außergewöhnliche Anstrengungen. Man muss auch Sachen tun, die einem wenig zusagen oder einem überhaupt keinen Spaß machen.« Andererseits sei das Amt für ihn auch eine große Ehre gewesen. »Ich will es auf keinen Fall verkleinern, aber es war in der Tat nicht das, wonach ich gestrebt hatte.« Solange er dann das Amt ausübte, sprach Schütz aus einleuchtenden Gründen nicht mehr gern von diesen Überlegungen. Die Bevölkerung sollte nicht das Gefühl haben, dass sie von jemandem regiert und repräsentiert wurde, der das politische Spitzenamt der Stadt nur widerstrebend übernommen hatte.

Zunächst einmal segnete am 29. September 1967 das SPD-Präsidium den Wechsel von Schütz nach Berlin ab. Dafür reisten auch SPD-Landeschef Kurt Mattick, Abgeordnetenhaus-Fraktionschef Alexander Voelker und der amtierende Berliner Regierungschef Heinrich Albertz nach Bonn. Brandt unterbrach seinen Erholungsurlaub. Vor dieser Sitzung war von Mattick auch der Chef der SPD-Bundestagsfraktion, Helmut Schmidt, als möglicher Anwärter ins Spiel gebracht worden. Der befand sich zu dem Zeitpunkt auf einer Auslandsreise, ließ aber von dort wissen: »Auf den Platz des Regierenden Bürgermeisters gehört ein Mann, der die Situation der Stadt genau kennt.«

Am Wochenende 30. September/1. Oktober kamen Schütz und Brandt nach Berlin, um mit führenden Sozialdemokraten die Frage der Durchsetzbarkeit des Kandidaten abschließend zu klären. Die dem rechten Mehrheitsflügel angehörenden Senatoren Kurt Neubauer und Rolf Schwedler, die unter Umständen selber für das Spitzenamt in Frage gekommen wären, hatten sich schon zuvor beeilt, einen Regierenden Bürgermeister Schütz als »eine gute Lösung« zu bezeichnen. Auch der Sprecher des linken Flügels, Harry Ristock, signalisierte Unterstützung, wenn der Bewerber »ein überzeugendes Sach- und Personalkonzept vorlegt«. Entscheidend werde sein Auftritt auf dem Landesparteitag sein.

Die offizielle Nominierung des Bewerbers Schütz fand am 2. Oktober durch den SPD-Landesausschuss statt. Dort erschien auch Willy Brandt und forderte die Delegierten zur Selbstbesinnung und sachlicher Zusammenarbeit auf. Schließlich wurde Schütz mit 25 gegen acht Stimmen als Kandidat für den Landesparteitag vorgeschlagen.

Schon am 6. Oktober konnte Brandt bei einer Feier anlässlich des 100. Geburtstages von Walther Rathenau in der FU einen Vorgeschmack von dem erleben, was seinem Gefolgsmann Schütz an der Spree bevorstand. Zu Beginn der Veranstaltung versuchte eine Gruppe von lärmenden Demonstranten in das Hauptgebäude, den Henry-Ford-Bau der Universität einzudringen. Vor der Tür verteilte Rudi Dutschke Flugblätter, auf denen Brandt aufgefordert wurde, zum Vietnamkrieg und zur am

21. April 1967 durch einen Militärputsch unter dem Obersten Papadopoulos entstandenen Diktatur in Griechenland Stellung zu nehmen. Als Studenten an die Scheiben des Audimax klopften und mit roter Farbe auf den Boden »Enteignet Springer!« schrieben, wurde der Vorplatz geräumt. Der Außenminister wurde wütend und rief: »Wer stört, wird aus der Universität herausgeschmissen.« Brandt äußerte sich auch zum Besuch des Schahs am 2. Juni und sagte, das Recht auf freie Meinungsäußerung sei kein Recht auf Beleidigung. Es könne niemandem gleichgültig sein, ob ein Staatsoberhaupt in Washington und Moskau anständig empfangen werde, in Berlin aber nicht.

Schon einen Tag später waren etwa 2000 studentische Rebellen mit einer unangemeldeten »Spaziergangsdemonstration« erneut auf der Straße. Sie forderten die Freilassung des Kommunarden Teufel und die volle staatliche Anerkennung der DDR. Klaus Schütz, zu diesem Zeitpunkt noch Kandidat, sprach von »unerträglichen Auswüchsen« und kündigte an, er werde nach seiner Wahl »rigoros gegen die Rowdys vorgehen«.

Am 8. Oktober wurde Ernesto »Che« Guevera, der mit seinem Aufruf, »zwei, drei, viele Vietnams« zu schaffen, zum Idol der rebellischen Jugend des Westens geworden war, bei einem Gefecht mit der bolivianischen Armee als Anführer einer Guerillagruppe im Dschungel erschossen. Ein gemeinsames Beileidstelegramm, das die Studentenvertretungen der Freien und Technischen Universität, der Pädagogischen Hochschule und andere links stehende Gruppierungen an die Regierung des kommunistischen Diktators von Kuba, Fidel Castro, am 11. Oktober nach Havanna schickten, erregte die Berliner Öffentlichkeit. Wissenschaftssenator Werner Stein (SPD) stellte gegenüber der Studentenschaft klar, dass ihre gewählten Repräsentanten zu einem solchen allgemeinpolitischen Alleingang keine Befugnis hatten.

Auf dem SPD-Landesparteitag am 15. Oktober redete Brandt der Partei erneut ins Gewissen. Der Ehrgeiz Einzelner habe sich der Aufgabe der SPD für Berlin unterzuordnen, sagte er. »Wir können keine Diadochenkämpfe im Miniformat gebrauchen.« Schütz setzte sich mit 191 Stimmen bei 43 Gegenstimmen und zehn Enthaltungen deutlicher als erwartet durch. Einen Tag später stellte er in der Fraktion sein Konzept für die Besetzung des Senats vor. Vor allem mit der Nominierung des ehrgeizigen Kurt Neubauer für das Doppelressort Bürgermeister und Innensenator entsprach er einem dringenden Wunsch des rechten Flügels. Auch sonst stellte Schütz mit seiner ausgewogenen Personalliste, die das gesamte Spektrum der Partei abdeckte, wichtige Weichen für das folgende Jahrzehnt seiner Regierungstätigkeit.

Bei der Wahl des Regierenden Bürgermeisters durch das Abgeordnetenhaus am 19. Oktober 1967 entfielen auf Klaus Schütz 81 Ja-Stimmen bei 38 Gegenstimmen und drei Enthaltungen. Mit diesem Tag begann für West-Berlin eine neue Ära. Obwohl ihm die Volkstümlichkeit seines Lehrmeisters Brandt fehlte, verschaffte sich Schütz durch seine ruhige, sachbezogene Art schnell Anerkennung und hohen Respekt.

Schon zwei Tage nach der Wahl kam es bei einer Vietnam-Demonstration in der West-Berliner Innenstadt mit rund 7000 Teilnehmern zu neuen schweren Krawallen mit Wasserwerfereinsatz. In dem Aufzug wurden Plakate mit dem Porträt von Che Guevara und der Aufschrift »Che lebt!« mitgetragen. Die Schlusskundgebung fand am Kurfürstendamm Ecke Joachimstaler Straße statt, an einer Kreuzung, die wegen der sich dort häufenden Ausschreitungen von der Polizei »Spielwiese« genannt wurde. Rudi Dutschke und der schon beim Anti-Schah-Protest im Juni in Erscheinung getretene persische Stipendiat Bahman Nirumand warben in Ansprachen für ihre revolutionären Vorstellungen. Als Dutschke dann gemeinsam mit dem Kommunarden Dieter Kunzelmann die Menge – über die von der polizeilich genehmigten Route hinaus – zum Amerika-Haus führen wollte, folgte sie ihnen allerdings nicht.

Die Regierungserklärung, die Schütz am 26. Oktober abgab, enthielt neben vielem Altvertrauten auch neue Akzente. So wollte er – anders als Albertz – nicht als Antreiber für eine innerdeutsche Entspannungspolitik auftreten, sondern seine Arbeit konsequent den Bemühungen der Bonner CDU/SPD-Koalition unterordnen. Er hob hervor, dass die Souveränität der alliierten Schutzmächte, von denen die Existenz West-Berlins abhing, für ihn an erster Stelle stehe. Dieses Anliegen hatte bei ihm während seiner ganzen Regierungszeit absolute Priorität. Als vorrangiges Ziel bezeichnete er es in der Erklärung auch, das durch die krisenhafte Entwicklung der vorausgegangenen Monate geschwächte »Vertrauen zwischen Bevölkerung und politischer Führung« wieder zu festigen. Auch werde er sich um ein fruchtbares Gespräch zwischen Bevölkerung und Studenten bemühen. Im Umgang mit den kritischen Studenten solle »nicht mit Kanonen auf Spatzen« geschossen werden, sagte er. Randalierer würden jedoch klar und eindeutig in die Schranken verwiesen. »Was Berlin im letzten Sommer erlebt hat, darf und wird sich nicht wiederholen.« Sein gedämpfter Optimismus bewies, dass sich Schütz noch keine Vorstellung davon machte, wie tief die Kluft zwischen Studenten und Politik bereits war. Er sollte sie bald hautnah zu spüren bekommen.

Zunächst wurde aber an den Hochschulen vor allem über die auf eine Initiative des SDS zurückgehenden Pläne für eine »Kritische Universität« (KU) gestritten. Schon am 18. Juni 1967 hatte ein Kreis von Studentenfunktionären, Assistenten und Professoren ein erstes Konzept für eine solche »progressive« Studienorganisation für Studenten der West-Berliner Hoch- und Fachschulen entworfen. Wegen der dabei propagierten radikalen Ziele war das Scheitern vorprogrammiert. Die KU sollte den etablierten Lehrbetrieb Schritt für Schritt »modellhaft umfunktionieren«, das überkommene Methodengerüst der Hochschulen erschüttern und »einzelne Professoren der Lächerlichkeit preisgeben«. Schon Anfang Juli wurde dann die KU ausgerufen und verkündet, dass »alle gesellschaftlichen Kampfmittel eingesetzt« würden. Doch die Masse der nicht ideologisch beeinflussten Kommilitonen blieb den alternativen Lehrveranstaltungen dieser KU fern. Am 1. November folgte die offizielle KU-Gründungsversammlung im überfüllten Audimax der FU. Befürworter und Gegner stritten sich stundenlang. Viele Hochschullehrer betrachteten schon den Namen Kritische Universität als unsinnig. Denn, so argumentierten sie, jede Universität müsse kritisch sein, wenn sie ihrem wissenschaftlichen Anspruch nachkommen wolle. Einige Professoren richteten später fachorientierte Gegenveranstaltungen zu den von der KU angekündigten Themenschwerpunkten ein. Schließlich wurden im Rahmen der Kritischen Universität 30 Arbeitsgruppen gebildet. Doch das Vorhaben KU kam im Lauf des Jahres 1968 von selbst weitgehend zum Erliegen – wegen mangelnden Zuspruchs und fehlender Finanzmittel.

Als der Regierende Bürgermeister Schütz am 24. November 1967 erstmals eine Hochschule, nämlich die Kirchliche Hochschule in Zehlendorf, besuchte, kam er dort wegen der Sprechchöre und Zwischenrufe der Studenten kaum zu Wort. Am 20. Dezember unternahm er nochmals an der Freien Universi-

SEITE 12 · BERLINER MORGENPOST

Hintergründe der „Kritischen Universität"

Der Ansatzpunkt der „Kritischen Universität" ist die längst fällige Reform der deutschen Hochschule. Doch ihr Ziel geht weiter. Es heißt Klassenkampf und Sturz des gegenwärtigen Gesellschaftssystems. Werden die „Revolutionäre" Erfolg haben?

Die Arme gehen hoch zur Abstimmungsversammlung der „Kritischen Universität" im Auditorium max. der Freien Universität.

Eine Waffe in den Händen der SDS-„Revolutionäre"

Von M. L. Müller

tät den Versuch zu einem Meinungsaustausch mit der unruhigen akademischen Jugend. Doch sein Auftritt im Audimax, wo er eingekeilt zwischen Studenten ans Rednerpult treten musste, wurde zu einem Fiasko. Die studentischen Veranstalter machten es ihm durch massive Störungen unmöglich, zusammenhängende Gedanken vorzutragen. Immer wieder hallten ihm Beschimpfungen wie »Schwätzer« und »Faschist« sowie der Slogan »Schützchen, nimm dein Mützchen« entgegen. Auf Plakaten wurde der feindselige Spruch gezeigt: »Alle Macht den Räten – brecht dem Schütz die Gräten!« Der Regierende Bürgermeister ließ es auch scheinbar gleichmütig über sich ergehen, dass mitten in der Veranstaltung plötzlich ein junger Mann auf dem Podium aufsprang, sich hinter Schütz stellte und über seinen Kopf ein Pappschild mit der Aufschrift »Solche Idioten regieren uns« empor hielt.

^ *Am 1. November 1967 wurde die »Kritische Universität« eröffnet. Die »Morgenpost« beleuchtete am 5. November die Hintergründe.*

Bevor sich die Versammlung auflöste, rief Dutschke zu einem nicht angemeldeten nächtlichen Demonstrationszug zur Griechischen Militärmission in der Uhlandstraße auf. Etwa 400 Personen versammelten sich eine halbe Stunde später vor dem Gebäude, veranstalteten ein Hupkonzert und riefen Sprechchöre. Ein Polizeiaufgebot konnte Übergriffe verhindern. Anschließend lief die Menge im Eilschritt zum nur schwach gesicherten Amerika-Haus am Bahnhof Zoo, wo 17 Fensterscheiben und zwei Schaukästen mit Pflastersteinen zertrümmert wurden, bevor die Beamten auf der vereisten Straße hinterher kamen. Dutschke musste sich auf ein weiteres Strafverfahren wegen Aufforderung zu einer strafbaren Handlung gefasst machen. Zu dem Zeitpunkt schwebten bereits zehn Verfahren gegen ihn. Auch am amerikanischen Konsulat in der Dahlemer Clayallee wurden in der Nacht Scheiben eingeschlagen.

Schütz gab sich am nächsten Tag gelassen. Er entschuldigte sich beim amerikanischen Stadtkommandanten für die Krawalle und Ausschreitungen. Angesichts der Vorfälle an der FU äußerte er: »Ich bin nicht bereit, mich weiter anpöbeln zu lassen.« Allerdings wolle er sich von einer radikalen Minderheit auch künftig nicht aus den Universitäten heraustreiben lassen und versuchen, mit den liberalen und demokratischen Studenten zu reden.

Gleichwohl war der angestrebte Dialog mit den für die anhaltenden Unruhen an den Hochschulen verantwortlichen Kräften schon vorbei, noch ehe er begonnen hatte. Die Strategen des

^ *Während des Auftritts von Klaus Schütz am 20. Dezember gab es im Audimax der Freien Universität tumultartige Szenen.*

17 Fensterscheiben wurden im Amerika-Haus zertrümmert.   Dieses Schild löste in der FU Tumulte aus. Eine Studentin hielt es über Sch...

Mit Rowdys nicht meh

„Regierender" entschuldigte sich für Studenten

Bild

Blumenspende der Studenten

Rausgedrängt. Ein Kino...

Berlin, 21. Dezember „Alle Berliner verurteilen das rowdyhafte Verhalten einiger Jugendlicher gegen das Amerika-Haus. Ich bedauere den Vorfall."

Das schrieb der Regierende Bürgermeister Schütz gestern an den Amerikanischen Stadtkommandanten Fergusson. In der Nacht zum Mittwoch waren rund 200 Randalierer zur Griechischen Militärmission und zum Amerika-Haus gezogen. Mit Steinen hatten sie dort 17 Fensterscheiben und zwei Schaukästen zertrümmert.

...jährigen Klaus Sch wird ein Strafverfahren wegen Landfriedensbruchs eingeleitet. In der Griechischen Militärmission wurde eine Fensterscheibe eingeworfen.

Die Demonstranten... abgeordneten sich am Dienstagabend nach einer Diskussion mit Klaus Schütz im überfüllten Auditorium maximum der FU. Bei dieser Veranstaltung kam es zu heftigen Tumulten (BILD berichtete darüber).

Dazu Schütz: „Ich kann mir schwer vorstellen, wie ich unter den augenblicklichen Voraussetzungen und ...

...in diesem Rahmen weiter mit den Studenten sprechen soll. Ich bin ... ein Gespräch bereit. Aber ich bin nicht bereit, ...ich weiter anpöbeln zu lassen."

Vor der Veranstaltung hielt die Marschroute von Schütz: Bei Beleidigungen verlasse ich den Saal. Er mußte sich aber an der FU Beleidigungen wie „Schwätzer, Idiot und Faschist" gefallen lassen. Der Regierende Bürgermeister: „Der größte Teil der Anwesenden wollte mit mir diskutieren. Ihretwegen bin ich geblieben."

SDS hatten Oberwasser. Sie mussten sich auch durch die publizistische und finanzielle Unterstützung, die sie in diesen Herbstmonaten 1967 aus Teilen des linksliberalen bürgerlichen Lagers erhielten, in ihren revolutionären Plänen bestärkt fühlen.

Die Vollversammlungen der unruhigen Studenten verlagerten sich um diese Zeit immer mehr von der Freien Universität weit draußen im Vorort Dahlem zur Technischen Universität im Innenstadtbezirk Charlottenburg, weil an der Straße des 17. Juni zusammen mit dem Hauptgebäude das neue, moderne Auditorium Maximum fertig gestellt war. Dort fand am 25. November die feierliche Rektoratsübergabe statt, bei der die Professoren erstmals auf ihre traditionellen Talare verzichteten. Dennoch regnete es schon zu Beginn Flugblätter von der Empore. Es kam zu lauten, provozierenden Zwischenrufen, als Klaus Schütz als Vorsitzender des TU-Kuratoriums sprach. Als er wenige Monate später – früher als so mancher seiner SPD-Genossen – merkte, dass vor allem mit den aus der AStA-Villa der FU an der Garystraße 20 in Dahlem operierenden Gegnern des demokratischen Staates kein Ausgleich zu finden war, zog sich Schütz mit dem ihm eigenen Schuss von Zynismus von der Beschäftigung mit

^ Am 20. Dezember wurde Schütz an der FU verhöhnt. Damit war seine Dialogbereitschaft erschöpft. (»Bild-Zeitung«, 21.12. 1967)

Klaus Schütz — ein Zyniker der Macht

Aber der Regierende Bürgermeister von Berlin versteht die Macht nicht einmal zu benutzen

„Ich verstehe Ihre Frage nicht", sagte Klaus Schütz vor dem Fraktionssaal der SPD im Bonner Bundeshaus, „ich bin nie für oder gegen etwas, ich bin immer für Willy Brandt — fragen Sie ihn, wofür wir sind." So zynisch speiste der damalige Berlin-Senator in Bonn Ende November 1966 Journalisten ab, die wissen wollten, ob er mehr der Kleinen oder der Großen Koalition zuneige.

Zehn Jahre lang hatte Schütz im Kielwasser Brandts neue Gestade angesegelt, bis er sich zuletzt wieder in den Hafen Berlin abtreiben ließ — diesmal nicht als Leichtmatrose, sondern als Steuermann ohne Patent und Fortune. Seitdem folgt eine Havarie der anderen.

Ein Parteifreund von Schütz charakterisierte den wendigen Sozialdemokraten so: „Als Zyniker verachtet er, wie einst Konrad Adenauer, die Menschen, aber er kann sie nicht mal benützen, wie der alte Herr."

Hinter Brandt war dem heute 41-jährigen Schütz die Karriere zum Spaziergang geworden. Sein scheinbar unaufhaltsamer Aufstieg begann mit der Rolle des Jungsozia-

die Interzonen-Autobahn, er schrieb — des Mißerfolgs im voraus gewiß — Briefe an den Ostberliner Oberbürgermeister und an ein Mitglied der DDR-Regierung, und er animierte die DDR-Bevölkerung zu drängenden Briefen (wegen Passierscheinverhandlungen) an ihre Ämter und Oberen.

Schütz wollte sich auch die „Delikatesse" nicht entgehen lassen, als Regierender Berliner einem Empfang beizuwohnen, zu dem nicht er selbst, sondern sein Vorgänger im Amt des Bundesratspräsidenten, Lemke, von Sowjet-Botschafter Zarapkin gebeten worden war — worauf er prompt ausgeladen wurde.

In Springers „Welt" tönte Schütz im November 1967: „Dieser Senat holt sich seine Erfolge in den Betrieben und auf den Straßen Westberlins. Er wird erfolgreich sein, weil er sich an Berliner Notwendigkeiten ausrichtet..." Drei Monate später verbot er eine Vietnam-Demonstration der Studenten, die sich daraufhin die Erlaubnis, ihre Meinung zu äußern, von preußischen Verwaltungsrichtern holten.

Als schlechter Verlierer reagierte

So gilt auch sein Lieblingsschlagwort „Ich spreche mit jedem" nicht für Studenten.

Da sich Klaus Schütz, der Selbstkritik stets durch Zynismus ersetzt, immer zu Höherem berufen fühlte, schlug er gut gemeinte Hinweise auf die Schwierigkeiten des Berliner Amtes in den Wind. „Wer ist Herr Dutschke?" fragte er höhnisch vor seinem Weggang von Bonn. „Ich kenne diesen Namen nicht."

Und Dutschkes Gesinnungsfreund Teufel („Ist das auch so einer?") diente ihm bei einer feucht-fröhlichen Abschiedsparty in seiner Dienstvilla auf dem Bonner Venusberg zu neckischen Gesellschaftsspielen. In der Pose eines Kommersdirigenten stach er mit dem linken Zeigefinger auf seine Gäste ein, wobei er rief: „Freiheit für..." und der angesprochene Besucher mußte dann laut ergänzen: „Teufel!" Mit diesem Ruf an den Lippen — „Freiheit für Teufel" — trat der Staatssekretär von der Bonner Bühne ab.

Eine Geheimwaffe gegen aufrührerische Massen oder unmutige Zuhörer trägt Schütz stets bei sich:

Hochschulfragen fast völlig zurück. Er äußerte gegenüber einem Journalisten: »Der Brandgeruch in Dahlem stört mich nicht, solange ich Frieden auf dem Kurfürstendamm habe.«

Bei den Wahlen zum FU-Konvent im Dezember 1967 hätten die Organisatoren des Aufruhrs allerdings beinahe ihre Mehrheit verloren. SDS, SHB und mit ihnen verbündete andere linke Gruppen erhielten im Studentenparlament nur 40 der insgesamt 76 Sitze, eine »neue Mitte«, die sich als Gegenbewegung zusammengefunden hatte, schnitt mit 36 Sitzen überraschend gut ab. Auch die Zustimmung zur Kritischen Universität war mit 53 Prozent Ja- gegen 42,7 Prozent Neinstimmen nicht überwältigend.

Rudi Dutschke, einer der Mitgründer der KU, blieb offenbar unbeeindruckt. Er kam an Heiligabend 1967 mit einer Gruppe von Studenten, die Transparente gegen den Vietnamkrieg entrollten, zum Mitternachtsgottesdienst in der Kaiser-Wilhelm-Gedächtnis-Kirche. Als die unerwünschten Besucher von empörten Gemeindegliedern und den Kirchendienern unter Rufen wie »Schämt euch!« und »Raus ihr Schweine!« nach draußen gedrängt wurden, stürzte Dutschke aus der zweiten Reihe auf die Kanzel, um den »lieben Brüdern und Schwestern« den Auftritt

^ *Kritischer Bericht über den Regierenden Bürgermeister Klaus Schütz im »Stern« vom 28. April 1968.*

der Demonstranten zu erklären und sie mit den Versammelten zu versöhnen. Doch die holten ihn von der Kanzel und schoben ihn unsanft zum Ausgang. Dabei versetzte ihm der fünfzigjährige Kriegsinvalide Friedrich Wachau, ein Diplom-Ingenieur aus Neukölln, mit seinem Krückstock einen heftigen Schlag auf den Kopf, sodass er eine blutende Platzwunde erlitt, die im Krankenhaus genäht werden musste.

Dies hinderte die Kommune 1 nicht, zusammen mit etwa vierzig weiteren Demonstranten bereits an Silvester in den Jahresendgottesdienst derselben Kirche einzudringen. Die Kommunarden riefen überfallartig »Ho-Ho-Ho-Chi-Minh« und »Wir wollen diskutieren.« Die Gläubigen schrien zurück: »Wir wollen Gottesdienst feiern.« Als dann die vom Pastor gerufene Polizei eingriff und die Störer unter Orgelklängen ins Freie beförderte, fielen Kirchenstühle um und Knallfrösche explodierten. Auf die ungebetenen Gäste kamen Strafverfahren wegen »Gotteslästerung« und »Gottesdienststörung« zu.

KLAUS SCHÜTZ
ERINNERT SICH

Klaus Schütz war einst einer der Lieblingsfeinde der 1968er-Rebellen. Heute ist er eine lebende Legende jener turbulenten Zeit. Nahezu zehn Jahre lang – von Oktober 1967 bis Mai 1977 – war der SPD-Politiker und Gefolgsmann von Willy Brandt in Berlin Regierender Bürgermeister. Danach übernahm er für fast vier Jahre den Posten des deutschen Botschafters in Israel.

Der Aufstieg von Schütz begann in der Wilmersdorfer SPD. Nach einem Studienjahr als Stipendiat an der angesehenen amerikanischen Harvard-Universität in Cambridge bei Boston 1949/50 schloss sich Schütz einem um Willy Brandt gescharten Kreis junger Sozialdemokraten an. 1954 wurde er in das Abgeordnetenhaus gewählt, 1957 rückte er anstelle des zum Regierenden Bürgermeister aufgestiegenen Brandt in den Bundestag nach, im Dezember 1961 wurde er unter Brandt Bundessenator. Nach seiner Rückkehr aus Israel war der gebürtige Heidelberger von 1981 bis 1987 Intendant der Deutschen Welle in Köln. Seine abwechslungsreiche berufliche Karriere beendete Schütz von 1987 bis 1992 als Direktor der Landesmedienanstalt von Nordrhein-Westfalen in Düsseldorf.

Seitdem lebt er wieder in Berlin, das er stets als seinen Lebensmittelpunkt angesehen hat. Der über Achtzigjährige – geboren im September 1926 – wohnt in einer Seitenstraße des Kurfürstendamms unweit des Olivaer Platzes, also nur wenige Meter von den Schauplätzen der Straßenschlachten der Jahre 1967 bis 1969 entfernt. Mit der Zeit, in der er in der Berliner Politik eine wichtige Rolle spielte, beschäftigt sich Klaus Schütz weiterhin in Vorträgen und Aufsätzen. Dabei nimmt er auch zur Rebellion der Studenten und der APO Stellung, die während seiner Amtszeit ihren Höhepunkt erreicht hat. Und er wundert sich darüber, wie einseitig viele diese für West-Berlin wichtige Phase immer noch nur aus dem Blickwinkel der Aufrührer und ihrer Helfershelfer beurteilen.

Auch mit einem Abstand von vier Jahrzehnten kann er die damalige ideologische Besessenheit vieler junger Leute nicht begreifen. »Das waren doch alles intelligente Menschen«, sagt Klaus Schütz. »Sie hatten meist Abitur und kamen im Studium gut voran. Wie konnten sie nur einem solchen Unsinn wie den Ideen eines Rätesystems und des chinesischen Maoismus oder den von dem kubanischen Demagogen Che Guevara propagierten Vorstellungen von einem Guerillakrieg in den westlichen Großstädten anhängen?«

Aber er sieht auch, dass damals beiden Seiten – Politikern, Polizei, Medien und der breiten Bevölkerungsmehrheit auf der einen und der protestierenden Jugend auf der anderen Seite – die Erfahrung im Austragen von Konflikten fehlte. »Aufruhr und Widerspruch galten im Deutschland der Sechzigerjahre als Ausnahmeerscheinung und nicht als normaler Vorgang in einer Demokratie«, sagt Schütz. »Wir mussten ja erst lernen, wie man sich da verhält. Heute würden bei solchen Konflikten nicht nur der Staat, sondern auch seine Kritiker sicher viel mehr Gelassenheit zeigen.«

In West-Berlin sei die Lage zusätzlich dadurch erschwert worden, dass die gleichen Amerikaner, die von Studenten und Linksintellektuellen wegen ihres Krieges in Vietnam angefeindet wurden, die wichtigste Schutzmacht waren, von der Sicherheit und Fortbestand der Stadt abhingen. »Der Vietnamprotest stieß hier schon deshalb in der Öffentlichkeit auf so wenig Gegenliebe, weil die Bürger glaubten, er unterminiere ihre Existenz«, sagt Schütz.

Klaus Schütz ^

Während der Osterunruhen 1968 wurden Schütz und sein Innensenator Kurt Neubauer – ebenso wie Springer – bezichtigt, für das Attentat auf Rudi Dutschke mitschuldig zu sein. Redner der APO wie der Anwalt Horst Mahler forderten sogar, dass Schütz dies öffentlich bekennen müsse. Wenn man ihn heute an diesen Nötigungsversuch erinnert, sagt Schütz: »Was Mahler sagte, hat mich nicht interessiert. Auch Schmährufe, die man mir entgegenbrüllte, ließen mich kalt.«

Schütz gibt jedoch zu erkennen, dass ihn das Lied »Drei Schüsse auf Rudi Dutschke«, das der damals in Ost-Berlin lebende Protestsänger Wolf Biermann bald nach dem Attentat dichtete und in dem auch er vorkam, weit mehr beschäftigt hat als alle Angriffe der Studenten. In dem Lied wurde der Anschlag auf Dutschke als das Werk des damaligen CDU-Bundeskanzlers Kurt Georg Kiesinger, von Klaus Schütz und von Axel Springer hingestellt. In der vierten Strophe heißt es über Schütz:

> Des zweiten Schusses Schütze
> im Schöneberger Haus,
> sein Mund war ja die Mündung,
> da kam die Kugel raus.

Der heutige Berliner Ehrenbürger Biermann übernahm damit die Kritik linker Wortführer der APO an Schütz. Sie hatten behauptet, der Anschlag auf Dutschke sei auch auf die scharfen Worte zurückzuführen, die der Regierende Bürgermeister am 21. Februar 1968 während einer von Senat, Parteien und Gewerkschaften organisierten Gegenkundgebung zu dem vom SDS einige Tage zuvor veranstalteten Vietnam-Kongress geäußert hatte. Schütz hatte dort gesagt, es könne nicht toleriert werden, dass die Amerikaner von Berlin aus wegen des Vietnamkonflikts verunglimpft würden.

Er wusste, dass diese Anklage, so infam und an den Haaren herbeigeholt sie auch war, schnell zum scheinbar unwiderlegbaren Mythos zu werden vermochte. Er konnte aus dem öffentlichen Echo – auch aus Äußerungen mancher SPD-Genossen – den Schluss ziehen, dass die Schuldzuweisung aus dem Mund eines populären Dichters nicht nur die Akteure der Rebellion in ihrer Auffassung bestätigte. Sie beeinflusste vielmehr auch die Stimmung ganz allgemein.

Dass Schütz seinerzeit zur Zielscheibe studentischer Angriffe wurde, ist nicht zuletzt der im April 1968 beim *Extra-Dienst*

und Fachschulwesen. ... Dr. ...rognos... zu denken und zu ...
Ernst-Joachim Gießmann, sowie die ...arbeiten, ist gerade für das Hoch-

„Der Schütz hat uns nach unserer Knüppelaktion seine Hochachtung und seinen Respekt ausgedrückt. Wie wird er sich erst freuen, wenn wir wie Kamerad Kurras mit der Pistole arbeiten."   Zeichnung: Schmitt

erschienenen und von Hannes Schwenger herausgegebenen Sammlung von Schütz-Zitaten zuzuschreiben. Dort heißt es über Studenten: »Mit ihnen ist nicht zu sprechen. Ihnen wird spürbar auf die Finger geklopft werden«; über seine Rolle als Landesvater: »Ich habe einmal gesagt: Politik muss Spaß machen. Ich gestehe: dies macht keinen Spaß«; über die Vietnam-Demonstration am 18. Februar 1968: »Das alles war kein schöner Anblick, diese Hammer- und Sichelfahnen, Pappköpfe und Transparente mit unerträglichen Losungen«; über die SPD: »Das heißt doch nicht, dass ein Sozialdemokrat freimütig unter allen und mit allen zusammen demonstrieren kann. Ich tue es auch nicht.«

Dabei war Schütz das Denken von Studentenvertretern nicht fremd. Hatte er doch schon 1946 als Geschichtsstudent an der Humboldt-Universität, die damals noch Kaiser-Wilhelm-Universität hieß, dem 28-köpfigen Studentenrat angehört und die Interessen seiner Kommilitonen gegen die beginnende Gängelung durch die SED verteidigt. Schon deshalb vertrat er schon

^ »Hochachtung und Respekt nach Knüppelaktion« – Karikatur aus der »Berliner Zeitung« vom 20. April 1968.

lange vor seinem Amtsantritt die Auffassung, dass die Studenten in den Sechzigerjahren ein Recht darauf hatten, eine gründliche Reform des Hochschulbetriebes zu fordern. Er begegnete ihrem Protest, wie er heute versichert, mit viel Sympathie, als er den Posten in Berlin antrat. Aber: »Ich war dann von Anfang an zentraler Angriffspunkt.« Das habe ihn nicht überrascht. »Mir war bewusst, dass es so laufen würde«, sagt Schütz. »Trotzdem hatte ich keinen direkten Personenschutz. Zwar standen Polizisten vor meinem damaligen Haus an der Johannisberger Straße in Wilmersdorf. Aber sonst bewegte ich mich ohne Leibwächter durch die Stadt. Erst nach der Entführung von Peter Lorenz im Februar 1975 wurden mir Personenschützer zugestanden.«

Bei allem Verständnis für den akademischen Nachwuchs sei er von vornherein entschlossen gewesen, der Unterminierung der Ordnung in der Stadt Einhalt zu gebieten. »Wenn die um das Rathaus Schöneberg zur Sicherung der ungestörten Parlamentsarbeit gezogene Bannmeile verletzt wurde, habe ich gesagt: ›Räumen, auch mit Wasserwerfern.‹« Er erinnert sich noch genau daran, dass in dieser Hinsicht auch der Berliner DGB und die Gewerkschaft ÖTV mit ihm an einem Strang zogen. »Später hat man dies vor allem bei der ÖTV nicht mehr wahrhaben wollen. Auch die Belegschaft von Großbetrieben, die ich regelmäßig besuchte, unterstützten meine Linie.«

Die Polizei musste sich mit dem Erlebnis des 2. Juni 1967, mit dem Tod von Benno Ohnesorg, auseinandersetzen. »Deshalb drängte ich darauf, dass die Polizisten sich auch dann, wenn sie streng vorgingen, nicht in eine Situation begeben sollten, in der sie von der Schusswaffe Gebrauch machen mussten.« Ohnedies war zu berücksichtigen, »dass alles, was hier in Berlin geschah, weit mehr Beachtung fand als an anderen Orten. Meine These war: In Berlin genügt es, einige Steine auf das Amerika-Haus zu werfen, um ein weltweites Echo auszulösen. In Köln muss man dafür mindestens mehrere Häuser anzünden.«

Schütz gelang es nach relativ kurzer Zeit, die Rolle eines vor allem beim »kleinen Mann auf der Straße« populären Landesvaters auszufüllen. Ihm wurde, wie Hans-Jürgen Heß in seinem Buch »Innerparteiliche Gruppenbildung« schreibt, schon bald in großen Teilen der Bevölkerung mehr Achtung entgegengebracht als in seiner eigenen Partei. Nach in der SPD neu ausgebrochenen Flügelkämpfen behagte es 1968 manchen Funktionären nicht, dass Schütz mit dem Ruf nach »mehr Führung und Geschlossenheit« ihren Bewegungsspielraum einzuengen suchte.

Um dem Ziel einer strafferen Führung der Berliner SPD näherzukommen, ließ sich Schütz von einem Landesparteitag am 26. Mai zum Berliner Parteivorsitzenden wählen. Es war der Parteitag, auf dem die dem linken Flügel angehörenden Stadträte Harry Ristock (Charlottenburg) und Erwin Beck (Kreuzberg) laut Heß bei einem »Männergespräch« gegenüber der Partei-Schiedskommission unter Ausschluss der Öffentlichkeit ihre Teilnahme an der Vietnam-Demonstration vom 18. Februar 1968 bedauerten. Beide waren wegen dieser Teilnahme aus der SPD ausgeschlossen worden. Durch diese Bekundung ihres Bedauerns schufen sie die Voraussetzung für ihre Rehabilitierung und die Bereinigung dieser Angelegenheit.

Wenn Klaus Schütz heute über 1968 und die Folgen nachdenkt, fällt ihm dazu nichts Lobenswertes ein. Die immer wieder geäußerte Behauptung, dass die damalige Protestgeneration mehr innere Freiheit gebracht hätte, hält er für »völligen Quatsch«. Schon in den frühen Sechzigerjahren habe in der Bundesrepublik eine »Tendenz zur Liberalisierung der gesellschaftlichen Verhältnisse eingesetzt, die in den Siebzigerjahren weiterging«, sagt er. »Ich kann auch kein Dokument der sogenannten 68er von intellektuellem Rang finden, den man respektieren müsste.« Es sei verständlich, dass der Vietnamkrieg mit seinen allabendlichen Fernsehberichten über die grauenhaften Ereignisse in dem südostasiatischen Land überall die Menschen bewegte, zuerst die Studenten in amerikanischen Städten mobilisierte und danach auch bei uns Proteste auslöste. »Aber dieser Krieg ist 1975, wenn auch viel zu spät, durch eine Entscheidung der USA beendet worden, nicht bei den Straßenschlachten in Moabit oder am Tegeler Weg.«

In seinem Buch *Logenplatz und Schleudersitz* zog Schütz 1992 folgendes Fazit: »Es gehörte zur Hektik jener Jahre, dass viel und laut gestritten wurde. Ich war mittendrin. Es gehörte auch dazu, dass nicht jedes Wort auf die Goldwaage gelegt wurde. Da wurden Sprüche skandiert wie ›Brecht dem Schütz die Gräten. Alle Macht den Räten‹ und Ähnliches mehr. Auch ich bin mit Sprüchen hervorgetreten. Einige von ihnen sind unter dem Titel ›Worte des Regierenden Klaus‹ gesammelt worden. Ich bin als Autor nicht sonderlich stolz darauf. Aber, sei's darum.«

DIE ANTI-SPRINGER-KAMPAGNE

Am 3. Juni 1967, einen Tag nach den Schah-Krawallen, wetterte ein Berliner Leitartikler gegen die »Randaliersucht gewisser linksextremer deutscher Studentengruppen«. »Das vielfach kritisierte Massenaufgebot an Polizei«, so der Kommentator, »war zweifelsfrei insoweit berechtigt, als der Ablauf eines Staatsbesuches nicht einigen Demonstranten oder dem anarchistischen Randaliertrieb einer unreifen Minderheit überlassen werden kann«, denjenigen, »die auch ohne jegliches politisches Interesse stets zur Stelle sind, wenn irgendwo mit einem Krawall zu rechnen ist«. Schließlich charakterisierte er die Gegner des iranischen Kaisers als »ein kleines Häuflein törichter Quertreiber«.

Diese Sätze waren nicht etwa in der *Bild-Zeitung*, dem bevorzugten Hassobjekt der studentischen Revolutionäre, oder einem anderen verfemten Blatt aus dem Hause Springer zu lesen. Nein, sie standen auf der Titelseite des ebendiesen »progressiven« Kräften immer wieder auch mit verhaltener Sympathie begegnenden Berliner *Tagesspiegel*. Verfasser des mit »Gz.« gezeichneten Artikels war Klaus-Dieter Gurezka, ein mir bekannter, kluger und besonnener Kollege. Gurezka war, als er seinen Artikel in Druck gab, sicher über die Räumungsaktion vor der Oper informiert, kannte aber wohl nicht ihr volles Ausmaß und wusste noch nichts davon, dass der Student Ohnesorg von einem Polizisten erschossen worden war. Aber seinem Urteil über die gewalttätige Minderheit, die an jenem Tag sowohl am Rathaus Schöneberg als auch an der Oper die Provokation suchte und die Stimmung anheizte, stimme ich auch heute noch zu, weil ich die

Vorgänge nicht anders erlebt habe. Das Urteil entsprach sehr wahrscheinlich auch der Ansicht der meisten Berliner.

Man stelle sich vor, der Leitartikel wäre in einer Springer-Zeitung erschienen. Wahrscheinlich hätten ihn der Republika-nische Club oder der AStA der FU sofort als skandalöse Verfäl-schung der Tatsachen und voreingenommenen Angriff auf völlig unschuldige Demonstranten gebrandmarkt. Vielleicht wäre der Text auch auf einem Flugblatt mit dem Zusatz »So hetzt man an

^ *Der Kommunarde Rainer Langhans mit Genossinnen am Rande einer Anti-Springer-Veranstaltung, 1967.*

der Kochstraße« als Beispiel für die Manipulation des »reaktionären« Verlegers Axel Cäsar Springer verteilt worden. Und ganz sicher hätten so manche sich besonders liberal dünkende Sittenwächter des linken Establishments einen Anlass gehabt, sich wochenlang zu entrüsten.

Warum ich dies hier schildere? Weil ich fest davon überzeugt bin, dass die Kampagne, die gegen den Verleger Axel Springer in den Jahren 1967 und 1968 in Gang gesetzt wurde, nicht allein eine Reaktion auf die – keineswegs einheitliche – Haltung seiner Blätter gegenüber den rebellischen Studenten und ihren utopischen Zielen war. Die Protestbewegung benötigte den zum Feindbild stilisierten Verleger geradezu, um sich daran emporzuranken und ihren Anhängern ein Angriffsziel zu bieten. Wenn das Ziel Springer nicht vorhanden gewesen wäre, hätte es von den Initiatoren der Rebellion erfunden werden müssen. Natürlich zeigte der eine oder andere Springer-Journalist in der damaligen Situation nicht immer das nötige Fingerspitzengefühl. Aber ich habe seinerzeit keinen gekannt, der sich den Kritikern gegenüber in einen Schützengraben begeben und sie so blindwütig verteufelt hätte, wie diese es mit Springer taten.

Die Gegner des Verlegers machten sich, uninformiert und unerfahren, wie sie waren, weit übertriebene Vorstellungen von der Wirkung von Zeitungsartikeln und der politischen und wirtschaftlichen Macht eines Verlegers. In den Sozialwissenschaften hatte man schon bald nach dem Ersten Weltkrieg festgestellt, dass nicht die Presse die Volksstimmung mache, sondern umgekehrt die Volksstimmung die Presse gestalte. So schrieb der deutsch-holländische Journalist und Medienwissenschaftler Kurt Baschwitz in seinem 1923 erschienenen Standardwerk *Der Massenwahn*: »Die Macht der Presse ist ein Aberglaube.« Wahrscheinlich hätte man diesen Befund schon Mitte der Sechzigerjahre auch mit der Feststellung ergänzen können, dass der Einfluss des Fernsehens den der Zeitungen bei weitem übertraf. Die Springer-Gegner nahmen dies nicht zur Kenntnis. Sie glaubten, es wäre in ihrem Sinne schon viel erreicht, wenn vor allem der Einfluss ausgeschaltet würde, den sie der *Bild-Zeitung* zuschrieben. In dieser Auseinandersetzung schlugen sich auch konkurrierende Verleger und eine linksliberale Öffentlichkeit auf ihre Seite. Manche bekämpften Springer mit offenem Visier, andere taten es heimlich. Er war nicht nur den Verlegerkollegen ein-

fach zu erfolgreich und sein Unternehmen, das größte Zeitungs-
druckhaus des Kontinents, zu riesig geworden.

Axel Springer war in Hamburg im ersten Nachkriegsjahr-
zehnt aus bescheidenen Anfängen bereits zum Großverleger
aufgestiegen, bevor er in den letzten Dezembertagen des Jahres 1959 die Aktienmehrheit und in den Monaten danach fast
alle Anteile des in wirtschaftliche Probleme geratenen Berliner
Ullstein-Verlages übernahm. Er brachte in die Ullstein-Blätter
Berliner Morgenpost (Auflage im 4. Quartal 1967: 238 700 Exemplare) und *BZ* (326 700) schnell neuen Schwung. Seine Tageszeitungen, zu denen auch die lokalen Ausgaben der *Bild-Zeitung*
und der *Welt* gehörten, erreichten im zweiten Halbjahr 1967 in
West-Berlin insgesamt einen Marktanteil zwischen 65 und 68
Prozent. Bundesweit kamen 39,2 Prozent der Zeitungsauflage
aus dem Hause Springer.

West-Berlin war ein überschaubarer Raum, in dem kaum etwas unbemerkt verändert werden konnte. Deshalb fiel es doppelt auf, wie Springer seit Beginn der Sechzigerjahre den gesamten Zeitungsmarkt an der Spree umkrempelte und schließlich
dominierte. Den Verlegern der anderen in der Stadt erscheinenden Zeitungen – *Tagesspiegel* (93 900), *Telegraf* (83 400), *nacht-
depesche* (43 200) und *Spandauer Volksblatt* (24 900) –, deren
Auflagen stagnierten oder zurückgingen, konnte dies natürlich
nicht gleichgültig sein. Mit scheelen Augen betrachteten sie,
wie der Konzern des Zuwanderers Springer Jahr für Jahr weiter
wuchs. Seine Berlinpräsenz wurde auch im Stadtbild unüber-
sehbar. Während sich andere Unternehmer nach der Blockade
1948/49, dem Chruschtschow-Ultimatum im November 1958
und dem Mauerbau im August 1961 von West-Berlin abwand-
ten, baute Springer sein Hochhaus, für das er den Grundstein
schon im Frühjahr 1959 gelegt hatte, unbeirrt zu Ende. Am
6. Oktober 1966 weihte er das fast hundert Millionen Mark teue-
re und 19 Stockwerke hohe Gebäude mit seiner goldfarbenen
Fassade sowie einem angebauten Druckereitrakt mit einigem
Aufwand ein. Grundstücksgrenze war auf 410 Metern Länge die
durch die Mauer befestigte Trennungslinie zwischen Ost- und
West-Berlin. Zu der Einweihungsfeier kamen auch Bundespräsident Heinrich Lübke und der Regierende Bürgermeister Willy
Brandt. Axel Springer wurde an jenem Tag von allen Seiten für
sein Berlin-Engagement gelobt und noch mehr bewundert. Aber

mit einer solchen Präsentation des eigenen Erfolges macht man sich nicht nur Freunde.

Vor allem die kommunistischen Machthaber im Ostteil der Stadt empfanden das Springer-Gebäude als ein Ärgernis. Das »Ausrufezeichen des Kapitalismus« warf seinen Schatten bis in ihren Herrschaftsbereich hinein. Es war im gesamten südlichen Teil des Bezirks Berlin-Mitte, wo man weite Bereiche nach den Kriegszerstörungen noch nicht wieder aufgebaut hatte, bis zur Straße Unter den Linden gut zu sehen. Und wenn der Staatsratsvorsitzende Walter Ulbricht und seine SED-Funktionäre zum Zentralkomitee der Staatspartei am Werderschen Markt fuhren, sprang ihnen der Bau des unliebsamen Konzernherrn vom Süden her schmerzhaft ins Auge. Er lag auch in Sichtweite des Hauses der Ministerien an der Wilhelmstraße (damals Otto-Grotewohl-Straße). Kein Wunder, dass die Stadtplaner Ost-Berlins schon in der zweiten Hälfte der Sechzigerjahre damit begannen, auf die Provokation mit einer ganzen Kette von Hochhäusern an der Leipziger Straße zu antworten, damit die Sicht auf dieses Gebäude abgeschirmt wurde.

Da war es nur logisch, dass auch SED-Chefpropagandist Albert Norden nicht ruhten mochte. Er hatte den Verleger, der unter der deutschen Teilung litt und deshalb gegen die DDR und die von ihr errichtete Mauer ankämpfte, schon 1962 als Todfeind ausgemacht. Damals, als die Springer-Blätter noch im Tempelhofer Ullsteinhaus redigiert und gedruckt wurden, ließ Norden

^ *Der Verleger Axel Springer bei der Einweihung des Neuen Hochhauses an der Kochstraße am 6. Oktober 1966.*

eine 65 Seiten starke feindselige Broschüre über den Verleger schreiben. In einer Pressekonferenz rief er damals von Ost-Berlin aus die Zeitungsleser im Westen zum Boykott der »Kriegspresse« Springers auf. Im Jahr darauf erschien im Ost-Berliner Verlag Rütten & Loening ein gegen den Verleger Springer gerichtetes Buch von Franz Knipping, Professor an der »Rotes Kloster« genannten Fakultät für Journalistik der Universität Leipzig, mit dem polemischen Titel »Jeder vierte zahlt an Axel Cäsar«.

Das Buch, offensichtlich mehr Auftragsarbeit der SED denn Ergebnis wissenschaftlicher Untersuchungen, beschreibt Axel Springer als einen Mann, den die Bonner Regierung »für schlechthin unentbehrlich« halte. »Keinen besseren, keinen geschickteren, keinen raffinierteren Propagandisten ihrer volksfeindlichen, Verderben bringenden Atomrüstungs- und Stärkepolitik kann sie sich wünschen.« Dank seiner »in schillernder Schale servierten, aber gefährlichen und explosiven Geistesware« sei aus dem Unternehmen Springers eine »Institution des militaristischen Systems, eng verflochten und untrennbar verbunden mit den gewaltigen Magnaten des Finanzkapitals« geworden, heißt es im 228 Seiten umfassenden Buch Knippings. Von den 18 Millionen Einwohnern Westdeutschlands und West-Berlins, die täglich eine Zeitung kauften, zahle jeder Vierte den (damaligen Preis von) zehn Pfennig für die *Bild*-Zeitung. »Jeder Groschen ist ein Beitrag zu der von Springer ausgestreuten Saat des Hasses und des Verbrechens gegen den Frieden.« Knippings Pamphlet, endete mit der Frage, »wie lange noch« Springer den »Groschentribut« kassieren dürfe. Es muss die im Sommer und Herbst 1967 mit der Organisierung der Anti-Springer-Kampagne beschäftigten SDS-Genossen sehr beeindruckt haben, denn sie baten in Ost-Berlin inständig darum, ihnen den Experten Knipping doch als sachkundigen Referenten in den Westteil der Stadt zu schicken.

Auf Nordens frühe Angriffe gegen Springer, die 1962 auch zu entsprechenden Artikeln in der gleichgeschalteten DDR-Presse führten, gab es im Westen zunächst kaum eine nennenswerte Reaktion. Dies änderte sich erst etwa ein Jahr nach einer Rede Ulbrichts vom 21. April 1966 anlässlich des 20. Jahrestages der SED-Gründung. Wie einen Tag später im *Neuen Deutschland* zu lesen war, forderte der Staatsratsvorsitzende und SED-Chef, »die Zeitungskonzerne wie den Springer-Konzern und andere unter Kontrolle zu nehmen und damit der Hetze des Kalten

Krieges und der Kriegshetze einen Riegel vorzuschieben«. In der Rede wurde erstmals öffentlich eine Entmachtung Axel Springers verlangt – eine Forderung, die sich in der Folgezeit die Außerparlamentarische Opposition im Westen, aber auch viele Vertreter des linksintellektuellen Establishments zu Eigen machten.

Hubertus Knabe, heute wissenschaftlicher Direktor der Gedenkstätte Berlin-Hohenschönhausen, hat in seinem Buch *Der diskrete Charme der DDR* nach eingehendem Studium der Stasiakten ausführlich beschrieben, wie intensiv man in Ost-Berlin seinerzeit nach Möglichkeiten suchte, Springer auch persönlich zu diffamieren. Doch das DDR-Ministerium für Staatssicherheit kam bei dem Bestreben, ihm eine Nazi-Vergangenheit anzuhängen, nicht weiter, weil es eine solche Vergangenheit nicht gab. Schließlich wollte das DDR-Fernsehen im Herbst 1968 mit der fünfteiligen Serie unter dem Titel »Ich – Axel Cäsar Springer« die zu diesem Zeitpunkt bereits erlahmende Kampagne gegen den Großverleger neu entfachen. Das Epos war aber mit derart plumpen Tatsachenverdrehungen, üblen Nachreden und bösartigen Beleidigungen gespickt, dass sich die Macher selber einen Bärendienst erwiesen.

Springer selbst hat wiederholt festgestellt, dass der Startschuss für die »Parforcejagd« der 68er auf ihn und seinen Verlag im Osten abgegeben wurde. Dies wurde von Hubertus Knabe in seinem Buch bestätigt. Er schrieb, dass die »West-Studentenbewegung« die SED-Parolen begierig aufgriff und sie in ihrem Feldzug gegen den Verleger noch zuspitzte. Im Mai 1967 kam die letzte Nummer des von der DDR mitfinanzierten APO-Mitteilungsblattes *Berliner Extrablatt* mit der Schlagzeile »Enteignet Axel Cäsar Springer« heraus. Der frühere SDS-Landessekretär Walther Barthel, damals Korrespondent des *Kölner Stadtanzeiger*, Mitbegründer des Republikanischen Clubs und Jahre zuvor unter dem Decknamen »Kurt« eine Zeit lang IM der Stasi, schrieb dort unter dem Pseudonym »Konzeptor«, die Forderung, die West-Berliner Teile des Springer-Konzerns gesellschaftlicher Kontrolle zu unterwerfen, werde nicht mehr aus der politischen Diskussion verschwinden. Gleichzeitig begann der Republikanische Club eine Plakette mit dem Slogan »Enteignet Springer« zu vertreiben. Die Wirkung auf die Berliner Öffentlichkeit war zunächst gering.

Nach der Straßenschlacht vor der Deutschen Oper am 2. Juni 1967 klagten studentische Wortführer, sie würden von so gut wie allen Medien falsch verstanden und allein gelassen. Die Hauptschuld an dieser Unbeliebtheit und an den Vorfällen an der Oper schoben sie dem Springer-Verlag zu. Nun mag es zutreffen, dass in jener hektischen Zeit nicht alles, was in Blättern des Hauses Springer geschrieben wurde, über jeden Tadel erhaben war; so verließen sich manche Kollegen zu lange und zu kritiklos auf die offiziellen Mitteilungen der Polizei. In dieser Hinsicht gab es jedoch in allen Zeitungen kaum einen Unterschied – ob die Journalisten nun bei Springer arbeiteten oder nicht.

Für mich war die Tatsache, dass vor der Oper Polizisten von ihren Vorgesetzten auf leichtfertige, ja fast kriminelle Weise vorgeschickt wurden, um an den Demonstranten ihr Mütchen zu kühlen, ein anstößiges Ereignis. Dies gilt für mich unverändert, obwohl ich auch weiß, dass die Demonstranten die Grenzen der Legalität weit überschritten hatten. Der 2. Juni ist kein Ruhmesblatt in der Geschichte der Berliner Polizei. Als dies in den Wochen darauf auch bei den Zeugenvernehmungen im parlamentarischen Untersuchungsausschuss festgestellt wurde, fanden sich in der oft und heftig attackierten Springer-Presse die gleichen kritischen Stellungnahmen wie in Blättern anderer Verlage.

Axel Springer und sein Verlag wurden erst nach jenem 2. Juni in Teilen der Öffentlichkeit anders, mit kritischeren Augen wahrgenommen als zuvor, obwohl die Gründe für das Misstrauen oft an den Haaren herbeigezogen waren. Von nun an glaubten all jene in Ost und West, denen der damals 55-jährige Verleger schon lange nicht geheuer gewesen war, zum Angriff blasen zu können. Einige Jahre später hat mir ein für einen anderen Verlag tätiger Berliner Jurist geschildert, dass seinerzeit auch das umfangreiche und eingespielte West-Berliner Vertriebsnetz, das von Springer beherrscht wurde, in der Branche Ängste auslöste und deshalb zu einer Abwehrhaltung führte. Dieses Netz, dessen Mitarbeiterscharen die Zeitungen frühmorgens in die Hausbriefkästen steckten oder vor deren Wohnungstüren brachten, wurde in weiten Teilen von den Springer-Konkurrenten mitgenutzt; die Zeitungsboten nahmen damals also auch den *Tagesspiegel* und den *Telegraf* mit auf ihre Zustelltour. Darin sahen deren Verleger ihre Unabhängigkeit tangiert. Schon allein die theoretische Möglichkeit, dass Springer sie wirtschaftlich schwächen konnte, indem er ihnen in Stadtteilen, wo seine Blätter besonders viel gelesen wurden, die Kooperation aufkündigte, weckte den Widerstand dieser Verleger. Natürlich dachte Springer nicht im Entferntesten an einen solchen feindseligen Akt. Einige Konkurrenten beobachteten es jedoch mit Schadenfreude, als der aus Hamburg »hereingeschmeckte« Rivale von 1966/67 an Ziel einer studentischen Kampagne wurde, von der auch noch später Spuren zurückblieben.

Den Machthabern im Osten und den linksextremen Weltverbesserern im Westen lag – anders als Springers geschäftlichen Rivalen – vor allem daran, den politischen Idealisten mundtot zu machen. Für sie war der Verleger ein Buhmann, weil seine Blätter jede Form von Totalitarismus – also auch den von den Sowjets nach dem Krieg im Osten Deutschlands eingeführten »real existierenden Sozialismus« – konsequent ablehnten sowie unbeirrt am Ziel der deutschen Wiedervereinigung festhielten. Dies gehörte neben der Unterstützung der freien Marktwirtschaft und der Aussöhnung mit den Juden zu den vier Grundsätzen, die alle bei Springer beschäftigten Redakteure in ihrem Anstellungsvertrag zu unterschreiben hatten.

Auf publizistische Gefolgschaft von außen brauchten die Springer-Gegner in Berlin nicht lange zu warten. Schon am 5. Juni 1967 konnte man in einem Korrespondentenbericht der *Frankfurter Rundschau* lesen, dass der Wunsch der studentischen Opposition, die Bundesregierung solle »den Springer-Konzern nach den Bestimmungen der Verfassung enteignen«, keine irreale Forderung sei, sondern »den Kern der Sache durchaus trifft«.

Vor diesem Hintergrund trafen sich am 25. Juni 1967 führende Vertreter des Republikanischen Clubs, des SDS, Studentenfunktionäre der Universitäten sowie eine sogenannte Dutschke-Gruppe zu einer vertraulichen Besprechung über konkrete Aktionen gegen den Springer-Verlag. Neben verschiedenen Versammlungen und Kundgebungen gegen Springer wurde auch ein »Tribunal« in Aussicht genommen, bei dem, wie Hubertus Knabe aus den Stasi-Akten zitiert, »Springer wegen Marktbeherrschung und Völkerverhetzung ›moralisch verurteilt‹ werden soll«.

Rudi Dutschke wurde dann in seinem ersten großen *Spiegel*-Interview, das am 10. Juli 1967 erschien, konkret. Nachdem

„So können Sie's dann drucken, Sie Redaktionär"

Springer seinen Firmenhauptsitz von Hamburg nach Berlin verlegt hatte, forderte der SDS-Funktionär, die Enteignung des Verlages »auf der Grundlage der in der Berliner Verfassung gegebenen Enteignungsmöglichkeiten«. Er bezog sich damit wie am 5. Juni der Korrespondent der *Frankfurter Rundschau* auf den damaligen Artikel 16 (heute Artikel 24) der Landesverfassung, in dem es heißt: »Jeder Missbrauch wirtschaftlicher Macht ist widerrechtlich. Insbesondere stellen alle auf Produktions- und Marktbeherrschung gerichteten privaten Monopolorganisationen einen Missbrauch wirtschaftlicher Macht dar und sind verboten.« Hätten der Korrespondent und der Studentenführer juristischen Rat eingeholt, wären sie darüber aufgeklärt worden, dass diese Berliner Verfassungsbestimmung nur deklamatorischen Wert hat, weil sie durch Artikel 74 Nummer 16 des Grundgesetzes außer Kraft gesetzt ist. Dort wird bestimmt, dass sich die konkurrierende Gesetzgebung des Bundes auf »die Verhütung des Missbrauchs wirtschaftlicher Machtstellung« erstreckt.

Dutschke erwartete auch, dass die Forderung nach Enteignung von größeren Teilen der Bevölkerung unterstützt werde. Außerdem gab er in dem Interview voller revolutionärem Überschwang zu Protokoll, im Wintersemester 1967/68 würden von neuen studentischen Aktionszentren an der FU aus »direk-

^ *Karikatur in der »BZ« vom 3. Februar 1968: Nach Brandanschlägen auf »Morgenpost«-Filialen ein Student als »Zensor«.*

te Aktionen gegen die Auslieferung der Springer-Zeitungen in West-Berlin« gestartet. Dies solle durch »passive Formen des Widerstandes« vor der Berliner Druckerei des Verlages an der Kochstraße geschehen. An den Tagen der Aktionen würden diese durch Flugblätter angekündigt. Gleichzeitig wolle man APO-eigene »kritische und informative Zeitungen für alle Teile der Bevölkerung herausbringen«.

Diesen Ankündigungen fügte Dutschke am 12. Juli eine weitere hinzu. Er veröffentlichte im *Oberbaumblatt* Nummer 5 einen Aufsatz (»Zum Besuch Herbert Marcuses«), in dem er feststellte, die Enteignung Springers werde nur ein Etappenziel auf dem Weg zu einem Freistaat West-Berlin sein – Phantastereien, für die es in der Stadt weder eine revolutionäre Stimmung noch eine Massenbasis gab. Wer die sprachliche Qualität der Äußerungen Dutschkes kannte, konnte sich überdies vorstellen, welch reißenden Absatz die von ihm geplanten Zeitungen finden würden.

Ein Musterbeispiel für das damals in den Reihen der SDS-Aktivisten üblich gewordene und für Laien kaum verständliche Soziologen-Kauderwelsch bot unter anderem die vier Schreibmaschinenseiten lange Resolution für den »Kampf gegen Springer«, die auf der 22. Delegiertenkonferenz des SDS vom 4. bis 8. September 1967 in Frankfurt am Main verabschiedet wurde (die Zusammenkunft, bei der Dutschke und der SDS-Funktionär Hans-Jürgen Krahl auch ungeniert die »Propaganda der Tat«, also die Gewaltanwendung durch »Stadtguerillas« in den westlichen Metropolen forderten).

Als erstes und wichtigstes Ziel wurde dort allen Ernstes die »Befreiung der Presse« aufgeführt. Entsprechend seiner anti-autoritär-marxistischen Linie wollte der SDS im Bereich der Medien das »Meinungsmonopol« und das »Diktat des Profitinteresses« abschaffen und die Zeitungen in »öffentliches Eigentum und demokratische Kontrolle« überführen. Diejenigen, die sich einen solchen »Fortschritt« ausgedacht hatten, waren so praxisfremd, dass sie auch noch glaubten, diese verstaatlichte Presse sowie die dort beschäftigten Journalisten könnten gleichwohl ihre Unabhängigkeit bewahren. Möglicherweise leisteten bei der Formulierung der Resolution im »Sozialistischen Bund« organisierte marxistische Professoren der nicht gerade praxisnahen Fächer Philosophie und Soziologie Hilfestellung. Diese

Gruppierung hatte den SDS schon seit dem Unvereinbarkeitsbeschluss der SPD und damit dem Ausschluss der Studentenorganisation aus der Partei im Jahr 1961 durch finanzielle und ideelle Hilfeleistungen am Leben gehalten.

Die SDS-Delegiertenkonferenz kündigte auch eine »lang andauernde Kampagne zur Entlarvung und Zerschlagung des Springer-Konzerns« an. In der Diskussion wurden seinerzeit vier verschiedene Aktionen gefordert: Das Go-in, also der ungebetene Massenbesuch in der West-Berliner Springer-Zentrale sowie sechs westdeutschen Niederlassungen des Verlages, die demonstrative Verhinderung der Zeitungsauslieferung, die Schaffung einer »Gegenöffentlichkeit« durch eigene, von den Springer-Gegnern zu gründende Konkurrenzzeitungen sowie die Mobilisierung der Bevölkerung gegen den Verleger und seine Blätter. Für diese Mobilisierung sollte auch ein »Springer-Tribunal« veranstaltet werden. Die Leitung der Kampagne wurde einem eigenen 15-köpfigen »Politkomitee« übertragen, dem auch Rudi Dutschke angehörte.

Die Initiatoren waren sich, als sie die Resolution und eine weitere Entschließung einstimmig verabschiedeten, ihres gesetzwidrigen Handelns voll bewusst. Dutschke rief, nachdem die Arme nach oben gegangen waren, in den Saal: »Genossen, ich bitte euch zu beachten, dass wir hier zum ersten Mal zwei Resolutionen jenseits der Schwelle der Legalität gefasst haben.«

Der *Spiegel* widmete dem in Berlin und Hamburg ansässigen Konkurrenten Springer am 25. September 1967 eine Titelgeschichte. Herausgeber Rudolf Augstein forderte, dass kein Verlag oder Verleger in der Bundesrepublik mehr als zwanzig Prozent aller Tageszeitungen oder mehr als vierzig Prozent aller Wochenzeitungen und Publikumszeitschriften verlegen dürfe.

Die am 1. November von SDS und linksradikalen Studenten, Assistenten und Professoren gegründete »Kritische Universität« nannte die Bekämpfung des Springer-Konzerns ebenfalls als eines ihrer Ziele. In ihrem Programm wurde dem Buhmann Springer ein weiteres Mal die Schuld daran gegeben, dass die extremistischen Pläne der Bewegung in der breiten Öffentlichkeit auf Ablehnung stießen: »Die Berichterstattung in den Zeitungen des Springer-Verlages«, hieß es da, »hat in der Berliner Bevölkerung eine aggressiv-antidemokratische Mentalität produziert.«

Während der Frankfurter Buchmesse im Oktober 1967 kam es an Springer-Ausstellungsständen zu Tumulten. Demonstranten warfen Tafeln um und zerrissen Prospekte. Personal und Kunden, die sich dort aufhielten, wurden angepöbelt. Das Thema »Enteignung und Boykott Springers« war auch zentraler Streitpunkt beim Jahrestreffen der Autorenvereinigung Gruppe 47, das im November 1967 in der Pulvermühle bei Waischenfeld (Fränkische Schweiz) stattfand. SDS-Studenten aus Erlangen agitierten dort gegen den Verleger und verbrannten Springer-Zeitungen. Schließlich unterschrieben 103 Autoren sowie einige Verleger einen Boykottaufruf, in dem sie sich verpflichteten, ihre Bücher in Publikumsorganen des Springer-Verlages weder annoncieren noch rezensieren zu lassen. Auch der bei dem Treffen anwesende *Spiegel*-Herausgeber Augstein gehörte zu den Unterzeichnern. Er musste sich jedoch die hochnotpeinliche Frage gefallen lassen, wie er es mit seinen Angriffen auf den Großverleger vereinbaren könne, sein Magazin in den Springer-Druckhäusern Ahrensburg und Darmstadt herstellen zu lassen. Ein entsprechender Druckauftrag mit einer Laufzeit von zehn Jahren war erst kurz zuvor abgeschlossen worden.

Obwohl das Thema Springer im Herbst 1967 viel Wirbel verursachte und Kampfansagen gegen den Verleger in linken Kreisen inzwischen zum Alltag gehörten, merkten die Initiatoren der Kampagne allmählich, dass ihre großen Pläne nicht recht vorankamen, ja auf Sand gebaut waren. Zwar erschienen am 23. November 1200 Zuhörer, als in der FU ein »Springer-Arbeitskreis« unter Vorsitz des späteren Schriftstellers Peter Schneider zur Vorbereitung des »Springer-Tribunals« seine neue Broschüre »Enteignet Springer« vorstellte. Aber zahlreiche prominente Persönlichkeiten, die ihre Teilnahme zugesagt hatten, blieben weg.

»Dutschke war schwer enttäuscht«, schrieb Ulrich Enzensberger später in seinem Kommune-Buch. Bei dieser Veranstaltung fragte der nach Aktionen geradezu gierende Studentenführer laut seinem Biografen Miermeister die Anwesenden, was noch passieren müsse, bis man zur revolutionären Tat schreite. Es sei an der Zeit, mit undemokratischen Mitteln zu kämpfen. Allerdings habe er dann hinzugefügt, dies solle nicht wörtlich genommen werden. Miermeister schrieb, solche und ähnliche Andeutungen seien »in Dutschkes Reden zuhauf zu finden«.

Enteignet Springer

Der Springerkonzern verlegt 38% der Tageszeitungen der Bundesrepublik, 70% der Berliner Tageszeitungen sowie 90% aller Sonntags-Zeitungen.

A. C. Springer besitzt:

Hamburger Abendblatt	**Das Neue Blatt**
Berliner Morgenpost	**Kicker**
Berliner Zeitung BZ	**Funkuhr**
Die Welt	**Das Grüne Blatt**
Bild-Zeitung	**Twen**
Hör Zu	**Wir**
Bravo, OK	**Welt am Sonntag**
Eltern	

mit einer Gesamtauflage von 140 Mill. Zeitungen pro Monat. Durchschnittlich wird eine Zeitung von drei Personen gelesen. 25 Mill. lesen täglich von Springer kontrollierte Zeitungen!

Diese Machtkonzentration gefährdet objektive Berichterstattung und die Pressefreiheit.

Springer hetzt Teile einer Leserschaft gegen Minderheiten z. B.

Oppositionelle Studenten auf (Störenfriede ausmerzen).

DIE ANTI-SPRINGER-KAMPAGNE

^ *Von Februar bis April 1968 an den Berliner Universitäten verteiltes Flugblatt gegen das angebliche Springer-Monopol.*

Die Springer-Presse verbreitet ein primitives, an wirtschaftlichen Interessen orientiertes Weltbild, das in gefährlicher Weise volksverdummend wirkt.

Vernunft und Verantwortungsbewußtsein werden ersetzt durch Oberflächlichkeiten und Gefühlsduselei.

Jede Meinungsmonopolisierung ist gefährlich.

Springers Einfluß entzieht sich allen vergleichbaren Maßstäben. So verstößt A. C. Springer gegen Artikel 14 des Grundgesetzes, der lautet:

Eigentum verpflichtet.
Sein Gebrauch soll zugleich dem Wohle der Allgemeinheit dienen.

Deshalb fordern wir die Enteignung des Springerkonzerns auf Grund seiner verfassungsfeindlichen Haltung nach Artikel 14 Absatz 3 des Grundgesetzes

Eine Enteignung zum Wohle der Allgemeinheit ist zulässig.

Verantwortlich: Aktionszentrum unabhängiger Schüler
Club International

^ *Rückseite des Flugblattes von Seite 175: Als verantwortlich zeichnet ein »Aktionszentrum unabhängiger Schüler«.*

Selbst ihm sehr verbundene »Genossen« hätten dies für ein Spiel mit dem Feuer gehalten.

Arnulf Baring, der die Springer-Kampagne als 35-jähriger Assistent am Otto-Suhr-Institut der Freien Universität Berlin erlebte, stellte knapp drei Jahrzehnte später in einem Rückblick auf die Studentenbewegung fest: »Die Außerparlamentarier entwickelten dabei vergleichbare Feindbilder, Verdächtigungen und Unterstellungen, wie man sie Springer und seinen Leuten nachsagte.« (Baring, *Es lebe die Republik, es lebe Deutschland*)

In der November-Nummer 1967 des Wirtschaftsmagazins *Capital* wurde die Kampagne gegen Springer in der Luft zerrissen. »Einst war der Jud an allem schuld, heute ist es Springer«, schrieb ein Kommentator. Und: »Springers Konzern gefährdet die Demokratie weit weniger als die Rufe nach Sondergesetzen, Auflagenbeschränkungen, Enteignungen.« Schließlich stellte *Capital* mit einem Schuss Sarkasmus fest: »Solange Günter Grass zu guter Abendstunde im Fernsehen verkünden kann, dass Springer mit ›wahrhaft faschistischen Methoden‹ arbeite, solange muss man um die Meinungsfreiheit in der Bundesrepublik nicht fürchten.« Allerdings gab es auch andere Stimmen. So meinte der Historiker Golo Mann: »Die Springersche Machtballung ist zu einem zentralen Problem der Republik geworden.«

Die Geister, die der SDS rief, konnte man in den Herbst- und Wintermonaten 1967/68 gelegentlich als »Boykott-Wächter« vor Berliner Zeitungskiosken in Aktion erleben. Bürger, die es wagten, nach den Zeitungen *Die Welt, Berliner Morgenpost, Bild, BZ* oder auch *Hör zu* fragen, wurden von diesen jungen Leuten aufgefordert, doch lieber andere Blätter, die nicht bei Springer erschienen, zu kaufen. In Hamburg wurden »Stumme Verkäufer« von *Bild* erstmals mit kleinen Zetteln beklebt, auf denen stand: »Haut den Springer auf die Finger!« Ein Vorgehen, das den Präsidenten des Verbandes Deutscher Zeitschriftenverleger, Hans Albert Kluthe, bei der Generalversammlung seiner Organisation am 23. Oktober 1967 in Berlin veranlasste, an die einstigen Aufmärsche der SA vor jüdischen Geschäften zu erinnern.

Ursprünglich hatte die APO vor, den Verleger bei einem »Springer-Tribunal« in der »Neuen Welt« in der Hasenheide schon im Juli quasi vor Gericht zu stellen und ihn moralisch zu verurteilen. Der Termin musste zunächst auf Oktober, dann auf November und schließlich auf Februar verschoben werden.

Doch auch dann kam diese als Show gedachte Abrechnung wegen organisatorischer Schwierigkeiten und SDS-interner Streitigkeiten nicht zustande.

Auch die Studenten der Deutschen Film- und Fernseh-Akademie wollten ihren Beitrag zur Kampagne leisten. So zogen sich Helke Sander – später Professorin an der Hochschule für bildende Künste in Hamburg – und ein Kommilitone sowie ein Kameramann am 13. Januar 1968 Abendkleidung an und schlichen sich beim Berliner Presseball in das Palais am Funkturm ein. Die Studentin Sander stellte sich hinter den Tisch, an dem Axel Springer, *Bild*-Chef Peter Boenisch und Springers Vorstandschef Peter Tamm saßen, zog aus der Bluse ein Transparent mit der Aufschrift: »Axel, das ist dein Schlussball« und hielt es in die Kamera, während der Auftritt gefilmt wurde. Berlins Innensenator Kurt Neubauer, der die Szene aus der Nähe beobachtete, eilte herbei und schob das Filmteam persönlich aus dem Ballsaal, worauf es festgenommen wurde.

Am 1. Februar hatten die Kritische Universität und der für die Organisierung des Tribunals zuständige fünfköpfige Arbeitskreis unter Leitung von Peter Schneider noch Hoffnung, dieses Vorhaben retten zu können. Sie veranstalteten in der TU einen weiteren Vorbereitungsabend, der mit der Vorführung eines nur fünf Minuten dauernden Films zu Ende ging. In dem Streifen wurde die Herstellung eines Molotow-Cocktails gezeigt. Gedreht hatte den Film der spätere RAF-Terrorist Holger Meins, der wie Helke Sander an der Film- und Fernseh-Akademie studierte. Da Meins damals auch in der Kommune 1 ein- und ausging, wusste Ulrich Enzensberger in seinem Kommune-Buch mitzuteilen, woher der Genosse die Anregung für seinen Kurzfilm nahm. Die Lunte für die bei der Filmaufnahme verwendete Brandflasche sei der Guerilla-Anleitung *Revolution in der Revolution?* des von Dutschke viel gelesenen französischen Revolutionstheoretikers Regis Debray entnommen gewesen.

In der Schlusseinstellung des Films wurde ohne Kommentar das Springer-Hochhaus gezeigt. Einige Aktionisten im Publikum verstanden offensichtlich, was damit gemeint war, denn noch in der Nacht zum 2. Februar wurden nach zwei Uhr die Scheiben von sechs Filialen der *Berliner Morgenpost* sowie einer Buchhandlung mit Steinen eingeworfen. Die Steine waren in Flugblätter mit dem Slogan »Enteignet Springer« gewickelt.

Wie sich die Bilder gleichen!

Der Komponist Hans Werner Henze brüstete sich später, dass auch er zu den Tätern gehört habe, aber das Steinewerfen erst üben musste.

Am folgenden Morgen zertrümmerten wahrscheinlich die gleichen Täter die Schaufensterscheiben eines weiteren *Morgenpost*-Ladens. Die *Bild-Zeitung* reagierte am 7. Februar auf die Steinwürfe mit der Schlagzeile »Stoppt den Terror der Jung-Roten jetzt!«, was von Springer-Gegnern hell empört als Aufforderung zum Pogrom ausgelegt wurde.

Auch Springer selbst, der auf die Kritik lange mit Gelassenheit reagiert und gemeint hatte: »Die Hunde bellen, die Karawane zieht weiter«, räumte in einem am 8. Februar 1968 ausgestrahlten ZDF-Interview mit dem Publizisten Klaus Harpprecht ein, dass er inzwischen die radikalen Proteste nicht mehr mit Gleichmut zur Kenntnis nehme. Ihn quäle die ganze Geschichte vor allem deshalb, weil seine Blätter zu den ersten Zeitungen gehört hätten, die schon in den Fünfzigerjahren energisch eine Hochschulreform gefordert hatten. Auf die Frage, wie weit er in die Redaktionen direkt hineinregiere, antwortete Springer: »Überhaupt nicht ... Ich muss mich manchmal wundern über soviel Naivität, zu glauben, dass es ein großes Zeitungshaus gibt, durch das der Verleger eilt und den Redaktionen seine Anweisungen gibt. Es gibt sie nicht einmal indirekt. Und es gibt dann

^ *»BZ«-Karikatur von Februar 1968: Das Vorgehen des SDS wird mit den Judenpogromen der SA im Jahr 1938 verglichen.*

einen einzigen Beweis dafür: Das ganze Haus wäre nicht zum Blühen, zum Aufblühen gekommen, wäre nicht groß geworden, wenn eine derartige Gängelung und Drangsalierung stattgefunden hätte, wie sie mir meine ›Freunde‹ so gern andichten wollen.«

Ich kann diese Feststellungen des Verlegers, so weit sie meine damaligen Arbeitsbedingungen betreffen, uneingeschränkt bestätigen. Man wusste in meiner Redaktion, dass ich parteilos war. Für die Berichterstattung über die Protestbewegung wurden mir weder von Springer noch von meinem damaligen Chefredakteur Heinz Köster oder irgendeiner sonstigen Instanz der *Berliner Morgenpost* Vorschriften gemacht. Die Themen der Studenten und der Hochschulen erhielten nach dem Tod von Benno Ohnesorg in der Zeitung zusätzlich Gewicht, für meine Artikel darüber wurde fast täglich zusätzlicher Platz bereitgestellt. Der zuständige Lokalchef Erich Wildberger jr. war nicht etwa ein finsterer Reaktionär, sondern eingefleischter Sozialdemokrat, der daraus auch nie einen Hehl machte. Eine Reihe weiterer *Morgenpost*-Kollegen gehörten der SPD, andere der CDU an. Wir kritisierten Ausschreitungen der APO und linker Studenten nicht mehr und nicht weniger als andere kritikwürdige Zeiterscheinungen. Und wir setzten uns für die Studenten ein, wenn es um ihre Anliegen an den Hochschulen ging – nicht jedoch für ihre tagespolitischen Ziele. Mit vielen, die sich heute rückblickend als 68er bezeichnen, unterhielt ich gute Kontakte. Manche besuchten mich in der Redaktion in der Kochstraße, bis sie von etwa Ende 1967 an, wie sie selber zugaben, wegen der Anti-Springer-Kampagne nicht mehr kamen, weil sie »mit den Wölfen heulen« mussten.

Abgeschottet gegen die Studentenvertreter hat sich keiner von uns Redakteuren. Ich kann mich an manche Diskussionen in der Redaktion der *Berliner Morgenpost* erinnern, in denen es darum ging, ob Studenten »studieren oder politisieren« sollten. Aber ich kann mich nicht daran erinnern, dass dabei über die Gegner der parlamentarischen Demokratie mit Hass oder Verachtung gesprochen wurde. Als ich wiederholt von studentischen Diskussionen an den Universitäten über den Vietnamkrieg oder die Nato willkürlich ausgeschlossen wurde, waren wir souverän und selbstbewusst genug, über diese Vorkommnisse hinwegzusehen. Nicht einmal zu einer Meldung im Blatt hat so etwas geführt, weil wir nicht provozieren wollten. Aber an Minderwertigkeitskomplexen litten wir deshalb keineswegs.

Gerade nach dem versuchten Sturm auf das Springer-Haus am 11. April 1968 zeigte sich diese Gelassenheit. Die Kollegen freuten sich unbändig darüber, dass die Auslieferung der Zeitung nicht verhindert werden konnte. Der Angriff der APO selbst beschäftigte sie weniger, obwohl er eigentlich Anlass zu großer Besorgnis hätte geben müssen. Studenten äußerten sich später mir gegenüber wiederholt erstaunt darüber, dass nur Horst Mahler und nicht sie für entstandene Schäden haftbar gemacht wurden. Ich verschwieg allerdings nicht, dass die Redaktion viele von ihnen auf Fotos »in Aktion« identifiziert hatte. Der Ressortchef der Fotoredaktion, Werner Kathe, war ein erklärter Befürworter der Studentenunruhen, der gelegentlich auch an Vietnam-Demonstrationen teilnahm. Er wurde deshalb im Kollegenkreis belächelt und häufig in Diskussionen verwickelt. Aber keiner hat Kathe aufgrund seiner politischen Einstellung diskriminiert.

BERLINER MORGENPOST

Der Verleger Axel Springer auf dem Kurfürstendamm

Axel Springer: Wir haben kein „Meinungsmonopol"

Dialog mit dem Verleger im Fernsehen

Eigener Bericht

Berlin, 10. Febr.

Am Vorabend neuer Kampagnen gegen das Verlagshaus Axel Springer sendete das Zweite Deutsche Fernsehen ein Gespräch des Journalisten und Schriftstellers Klaus Harpprecht mit Axel Springer. Harpprecht sagte zu Beginn der Sendung, die vom ZDF am Donnerstagabend ausgestrahlt wurde, es gehe darum, „sich ein Bild vom Mann Springer zu machen". Harpprecht schloß die Frage an, wie sich Axel Springer die Tatsache erkläre, daß er in den letzten Monaten Ziel der „leidenschaftlichsten Angriffe der sogenannten Außerparlamentarischen Opposition" gewesen sei.

Springer wies darauf hin, daß die ersten Angriffe gegen den Verlag aus Moskau gekommen seien, daß ihre Fortsetzung in den Ostblockländern und schließlich ihren Höhepunkt in der Sowjetzone gefunden hätten.

Springer sagte weiter, in diesen Tagen habe der international bekannte Politologe Professor Fraenkel „der unserem Hause weiß Gott nicht nahesteht", festgestellt, daß die Zeitungen des Springer-Verlages „zuallererst auf den ganz gefährlichen Charakter der extremistischen und radikalen Gruppen hier in Berlin ... hingewiesen haben."

Harpprecht fragte den Verleger, was ihn mehr beunruhige, die Attacken aus der Studentenschaft oder die Kritik zum Beispiel des „Stern".

Springer: „Erstens darf ich das Wort Studenten heute abend gar nicht mehr gebrauchen, sondern wir wollen die radikalen Strömungen sagen ... Aber mich bedrückt eines, wissen Sie, meine Zeitungen gebieten wirklich an dem ersten in der Bundesrepublik, die ganz energisch eine Hochschulreform gefordert haben, und wir haben das doch getan, weil wir wissen, daß so vieles im argen liegt.

Und wir haben es weiter getan, weil wir wissen, wie notwendig es ist, daß wir unsere Hochschulen fördern in der Bundesrepublik, wenn wir überhaupt dem internationalen Wettbewerb standhalten wollen. Und diese von einer Minderheit getragene Heftigkeit, dieser Radikalismus hat dazu beigetragen, daß das Volk anfängt, den studentischen Problemen abzulehnend gegenüber zu sein, und das halte ich für eine Gefahr."

Harpprecht lenkte im weiteren Verlauf des Gesprächs auf das Problem der Pressekonzentration ein. Springer sagte dazu unter anderem: „Ich respektiere die Sorge der Leute, aber ich kann mir die Argumente nicht zu eigen machen, denn es gibt kein Springer-Monopol in Deutschland. Wenn jemand sagt, ja die Auflagen, dann muß ich sagen, diese Auflagen sind mir auch keinesfalls sicher. Jeden Tag findet an den Kiosken statt, welche Zeitung man lesen will. Man muß mehr meine Zeitungen lesen."

Axel Springer wies darauf hin, daß auf dem Kommunikationsmarkt in West-Berlin neben den Zeitungen drei westliche Fernsehsender und mehrere Rundfunksender mit intensiver Nachrichtengebung existierten. „Es gibt eine Fülle von Informationsmitteln, ganz abgesehen von den Illustrierten mit politischen Kommentaren ..."

Auf die Frage, wie weit er direkt auf die Redaktionen Einfluß nehme, sagte Axel Springer: „Überhaupt nicht!" Wir haben nur eine verbindliche Grundsätze in unserem Haus: Wiedervereinigung, Aussöhnung der Juden mit den Deutschen; Ablehnung autoritärer Regime, ob braun oder rot, sowie Fürsprache für die soziale Marktwirtschaft." Innerhalb dieser vier weitgesteckten Pflöcke bewegten sich die verschiedene Meinungen, wie das auch die verschiedene Beurteilung innen- und außenpolitischer Vorgänge in den verschiedenen Blättern demonstriere.

Bericht der »Berliner Morgenpost« vom 10. Februar 1968 über das zwei Tage zuvor gesendete ZDF-Interview mit Springer.

Am 10. Februar 1968 wollten die Wortführer der Anti-Springer-Kampagne endlich wenigstens ein »Springer-Hearing« in der Technischen Universität veranstalten. TU-Rektor Kurt Weichselberger weigerte sich zwar, dafür das Auditorium Maximum bereitzustellen, aber nach einem tagelangen Tauziehen überließ er den Springer-Gegnern den von seiner Universität als Hörsaal gemieteten großen Saal im Ernst-Reuter-Haus an der Straße des 17. Juni. Dorthin lud der »Springer-Arbeitskreis« eine ganze Reihe namhafter Gutachter und Zeugen ein. Außerdem wurden Aussagen von »Opfern des Konzerns« angekündigt. Zur Eröffnung des Abends sprach Peter Schneider. Er gab in seiner Rede ein Musterbeispiel dafür, auf welches Niveau die Moral der angeblichen Kämpfer für mehr Pressefreiheit bereits gesunken war, konstatierte er doch, dass die Steinewerfer, die in der Nacht vom 1. zum 2. Februar die Scheiben von *Morgenpost*-Filialen demoliert hatten, »nicht kriminell« gewesen seien, »wenn sie es aus Überzeugung getan haben«. Nach Schneiders Rede verlief die groß angepriesene Veranstaltung enttäuschend. Denn von den prominenten Referenten, die zugesagt hatten, erschien – außer den Schriftstellern Eugen Kogon und Erich Kuby – niemand. Deshalb ging der Abend schon nach etwa eineinhalb Stunden zu Ende.

Der Springer-Verlag verteilte vor dem Ernst-Reuter-Haus einen »Extra«-Druck, in dem gegen die Angriffe seiner Kritiker argumentiert wurde. In dem achtseitigen Blatt war auch zu lesen, dass *Spiegel*-Herausgeber Rudolf Augstein und *Zeit*-Verleger Gerd Bucerius den SDS finanziell unterstützten. Mit ironischem Unterton hieß es weiter, dem *Spiegel*-Chef mache es auch nichts aus, wenn Dutschke ihn anschließend in der linksgerichteten Zeitschrift *konkret* mit den Worten beschimpfe: »Augstein soll sich nicht einbilden, dass er wegen der ›lumpigen‹ 5000 D-Mark, die wir von ihm erhielten, Rücksichten zu erwarten hat.«

Das seit Beginn der Kampagne vor allem von Dutschke immer wieder propagierte Go-in bei Springer kam nicht einmal nach dem Attentat auf ihn am 11. April 1968 zustande. Zwar gelang es, am Abend jenes Gründonnerstags nach dem Marsch zur Kochstraße eine große Menschenmenge vor dem Verlagshaus zu versammeln. Aber dann machte sich bei den Demonstranten jene Zurückhaltung bemerkbar, die schon seit dem Herbst 1967 auch in den Reihen des SDS zu beobachten war. Etwa zwei

Warum wurde das Springer-Hearing vertagt?

In den Räumen der TU waren drei Veranstaltungen des Springer-Hearing geplant. Von den Veranstaltern, der Studentenvertretung der TU und dem Republikanischen Club, waren drei Tage vorgesehen, der 9., 10. und 11.Februar 1968. Aber schon am 9.Februar, zu Beginn des Hearing, musste umdisponiert werden. Was war geschehen ?

Die konzertierte Reaktion von Springer-Presse und Senatspolitik hatte ihre Früchte getragen. Tagelang war in der Öffentlichkeit der Eindruck hervorgerufen worden, man hätte die Veranstaltungen verboten.Bürgermeister Neubauer scheute nicht vor Falschmeldungen und massiven Drohungen zurück, um die Veranstalter einzuschüchtern. So teilte er am 6.Februar 68 der Presse mit, die Rektoren der TU und FU hätten das Springer-Hearing abgesagt. Zwar korrigierte Rektor Weichselberger diese Darstellung, leider aber erst am Nachmittag des 8.2.68, als es schon zu spät war. Die Rufe nach härterem Durchgreifen in der Sitzung des Abgeordnetenhauses am 8.2.68 und die Unsicherheit der Raumvergabe schreckten die meisten geladenen Zeugen und Experten aus Westdeutschland ab, nach Berlin zu kommen. Sie mussten nun fürchten, es werde zu Eingriffen von aussen kommen, die eine nüchterne und sachliche Durchführung des Hearing verhindern würden. Wer wollte ihnen die vorläufige Absage an die Veranstalter übel nehmen ?

So konnte das Springer-Hearing am Freitag nur eröffnet und demonstrativ vertagt werden. Es wird voraussichtlich zu einem späteren Zeitpunkt in einer anderen Stadt (vorgesehen ist Hamburg) fortgesetzt werden. Berliner Presse und Senat haben in ihren hysterischen Reaktionen in der letzten Woche bewiesen, dass sie einer sachlichen politischen Diskussion nicht gewachsen sind.

STUDENTENVERTRETUNG DER TECHN!UNIVERSITÄT
Pressereferat

13.2.68

Dutzend Krawallmacher zerstörten zuerst die Glasfassade des Springer-Gebäudes durch Steinwürfe und dann zu später Stunde mit Molotow-Cocktails auch eine Reihe von Lieferfahrzeugen. Aber die Menge scheute davor zurück, über den unverschlossenen Haupteingang in das Hochhaus einzudringen, obwohl dies wahrscheinlich weder von dem davor postierten, viel zu schwachen Polizeiaufgebot noch den in der Eingangshalle bereitstehenden Druckereiarbeitern zu verhindern gewesen wäre. Michael »Bommi« Baumann, später Gründungsmitglied der ter-

^ *Flugblatt, in dem die TU-Studentenvertretung erläutert, warum das dreitägige Springer-Hearing vertagt werden musste.*

roristischen »Bewegung 2. Juni«, hat in seiner 1975 erschienenen Schrift *Wie alles anfing* denn auch geklagt: »Aber irgendwo haben die Leute nicht richtig mitgemacht, nur die ersten Reihen, die voll druff waren.« Der Rest sei stehen geblieben.

Die Auslieferung der Berliner Zeitungen aus dem Hause Springer konnten die Aktivisten der Kampagne in dieser Nacht und den folgenden Nächten zwar gelegentlich behindern, aber nicht verhindern. Auch die danach fast täglich vor dem Verlagshaus nach der Art von Sektenpredigern erschienenen, meist jugendlichen »Sendboten« der APO, die Flugblätter verteilen, mit der Belegschaft ins Gespräch kommen und sie über die negative Rolle des »Pressezaren« Axel Springer belehren wollten, fanden nur wenig Anklang. Ich erinnere mich noch lebhaft daran, wie die jungen Leute bei jedem Wetter ziemlich verloren auf dem Bürgersteig der Kochstraße herumstanden und jeden, der ein- und ausging, als Gesprächspartner zu gewinnen suchten.

Die Kampagne gegen Springer überschritt mit den Aktionen am Gründonnerstag und den Ostertagen 1968 in Berlin ihren Höhepunkt und verlor danach auch bei den Studenten an Gefolgschaft. Möglicherweise sah der eine oder andere sogar ein, dass die nach dem Anschlag auf Dutschke vom SDS zur Mobilisierung der jungen Leute verwendete Parole »Bild hat mitgeschossen« nicht der Wahrheit entsprach. Denn es wurde bekannt, dass der Attentäter in seiner Tasche nicht etwa Bild, sondern die Ausgabe der rechtsextremen *Deutschen Nationalzeitung* vom

^ *Zu dem Hearing am 10. Februar 1968 erschienen wenige Prominente: Erich Kuby (am Tisch Mitte), rechts Peter Schneider*

„Nieder mit der Junta"

So hieß es am 2. Februar auf der Anti-Griechenland-Demonstration. In der Westberliner Uhlandstraße. Eine „gewaltlose direkte Aktion" hatte das „Komitee der 100" versprochen. Gewaltlos blieben etwa 200 Demonstranten. Sie zogen zur weiteren Diskussion in die Technische Universität. Die Mehrzahl marschierte zum Kurfürstendamm und wurde gewalttätig und direkt. Unter ihnen auch „Kommunarde" Rainer Langhans. Auf dem Bild nicht zu verfehlen: Er trägt den Mop sichtbar auf dem Kopf.

Springers Opfer sagen aus

Bericht über das „Hearing" (S. 2)

*

Das lumpige Geld von Augstein

Dutschke und der „Spiegel" (S. 5)

MAO: Revolution ist ein Gewaltakt!

Mao ist der Größte. Seine Weisheiten verkaufen sich gut. Hunderttausende seiner „Bibeln" wurden auch in der Bundesrepublik abgesetzt. Mitbeteiligt an dem Geschäft: der Sozialistische Deutsche Studentenbund (SDS). Für die deutschen Rotchinesen sind Maos Sprüche eine heilige Verpflichtung. Man hätte es also schon längst wissen müssen: Sie nehmen Mao beim Wort. „Eine Revolution ist kein Gastmahl, kein Aufsatzschreiben, kein Bildermalen oder Deckchensticken", so sagte Mao. Und er sagte weiter: „Die Revolution ist ein Gewaltakt, durch den eine Klasse eine andere Klasse stürzt." Und so heißt es beim SDS in seiner Kampagne gegen das Verlagshaus Springer: „Der SDS wird... in West-Berlin und der BRD eine koordinierte Aktion zur Durchbrechung der Manipulation und Verhinderung der Auslieferung der Zeitungen unternehmen." Wen wundert es da noch, wenn Schaufenster von Zeitungsfilialen zertrümmert werden, wenn Verlagsangehörige mit anonymen Anrufen eingeschüchtert werden?

Siehe letzte Seite und die Innenseiten.

22. März 1968 bei sich hatte. Auf der Titelseite hatte das Blatt unter der Schlagzeile »Stoppt Dutschke jetzt! Sonst gibt es Bürgerkrieg« fünf Fotos des Studentenführers abgedruckt.

In manchen linksbürgerlichen Kreisen wurde man allerdings erst durch die damaligen gewaltsamen Angriffe auf die Zeitungshäuser des Verlages in Berlin und anderen Städten so richtig darauf aufmerksam, dass Springer in die Schusslinie der unruhigen Jugend geraten war. So schickte am 20. April 1968

^ *Während des Hearings verteilte der Axel-Springer-Verlag einen achtseitigen »Extra«-Druck mit seinen Gegenargumenten.*

die in Gummersbach versammelte »Evangelische Akademiker-schaft in Deutschland« ein Telegramm an Springer, in dem sie ihm vorwarf, die Informationsfreiheit durch »übermäßige Pressekonzentration« auszuhöhlen und unbequeme Meinungen Andersdenkender zu unterdrücken.

Der Verleger antwortete mit dem Hinweis, dass die von der Bundesregierung im Oktober 1964 eingesetzte unabhängige »Michel-Kommission« zur Untersuchung der Wettbewerbs-gleichheit zwischen Presse, Funk, Fernsehen und Film gera-de erst festgestellt habe: »Zurzeit ist eine verfassungswidrige Pressekonzentration in Berlin nicht ersichtlich.« Außerdem sei es »eine bösartige Methode der Manipulation und Fälschung«, wenn Aktionen gegen sein Verlagshaus mit der Behauptung zu rechtfertigen versucht würden, »die Zeitungen dieses Verlages hätten die Wut der Studenten herausgefordert«. Der Grund für diese Verketzerung liege nur darin, dass in seinen Blättern kon-sequent eine Haltung und Meinung vertreten werde, »die der der extremen Linken diametral entgegengesetzt ist«.

Der Berliner Abgeordnetenhauspräsident Walter Sickert, der dem rechten Flügel der SPD angehörte und zu den Mitveranstal-tern und Rednern der »Senats-Gegenkundgebung« am 21. Fe-bruar gehört hatte, äußerte sich am 19. Mai 1968 im *Stern* über-raschend kritisch über Springer. Er bezeichnete die »direkte Verketzerung« der Studenten »durch Springer, aber auch an-dere« als Hauptursache für die innere Unruhe in West-Berlin. »Springer wundert sich, dass er heute angegriffen wird«, sagte Sickert, »aber er hat die Studenten ja hochgejubelt.«

Ein großes Echo fanden Empfehlungen einer weiteren von der Bundesregierung am 17. Mai 1967 berufenen 17-köpfigen Pressekommission unter Vorsitz von Eberhard Günther, dem Präsidenten des damals in Berlin ansässigen Bundeskartellam-tes. Sie hatte den Auftrag, Ursachen und Folgen der Pressekon-zentration in der Bundesrepublik zu untersuchen, dies vor allem angesichts der seit Mitte der Fünfzigerjahre in weiten Teilen der Bundesrepublik eingetretenen Entwicklung. Hatte es dort Ende 1954 noch 225 Zeitungs-Vollredaktionen gegeben, so waren es wegen des Konzentrationsprozesses im Februar 1968 nur noch 150. In 129 der 564 kreisfreien Städte und Landkreise gab es le-diglich eine einzige lokale Zeitung. Man überlegte aber auch, wie man dem Trend von Großverlegern – vor allem von Springer

1968   DM 1000   №221

100 %

Anleihe der Antispringer-kampagne

1000 DM

Schatzanweisung über tausend Deutsche Mark

Der Springerkonzern schuldet dem Inhaber dieser Anleihe 1000 DM. Die Zinsen werden von den Inhabern selbst bestimmt und können durch gemeinsame Aktionen gegen das Springerhochhaus in Berlin und alle Zweigstellen des Springerkonzerns Tag und Nacht eingelöst werden. Die ersten Verzinsungsaktionen finden noch in diesem Jahr statt. Alle Anleihen der Antispringerkampagne sind ungedeckt und werden revolutionär getilgt. Der Tag der Enteignung gilt als Tag der Einlösung. Eine vorzeitige Kündigung ist ausgeschlossen. Die Inhaber der Anleihe verpflichten sich, das gesamte Springerkapital zum Kampf gegen die Bonner Bildleserparlament und seine Minister zu verwenden. Der Anspruch auf das Kapital erlischt, wenn die Enteignung Springers nicht sofort nach dem Eintritt ihrer Möglichkeit durchgeführt wird.

Zögert nicht! Die Vernichtung des Springerkonzerns hat schon begonnen, Weder die internationale Konterrevolution noch ihre Läufer und Springer können gerettet werden.

Worauf wartet ihr? Feinfühligkeit gegenüber dem Feind bedeutet Brutalität gegenüber der Revolution.

Brecht die Macht der Manipulateure!

Abgabepreis 1.00 DM
Verkaufserlös dient der Vorbereitung des Tribunals

Enteignet Springer!

Springertribunal: Berlin

Spenden an Berliner Bank Konto 41 9228l

– nach einer marktbeherrschenden Stellung Einhalt gebieten könne.

Diese »Günther-Kommission«, in der auch Axel Springer selbst in den ersten vier Monaten vertreten war, schloss ihre Untersuchungsarbeit am 22. Mai 1967 ab. In dem am 3. Juli 1968 offiziell bekannt gegebenen Schlussbericht kam sie zu Ergebnissen, die für den Großverleger Springer denkbar unbequem waren. Die Pressefreiheit sei »gegenwärtig noch nicht beein-

^ Zur Finanzierung ihrer Aktion verkauften Springer-Gegner im Februar 1968 fingierte Schatzanweisungen für je eine Mark.

trächtigt«, aber doch bedroht, hieß es in dem Bericht. Eine Gefährdung sollte nach Ansicht der Kommission dann angenommen werden, wenn ein Presseunternehmen mehr als zwanzig Prozent der Zeitungs-Gesamtauflage erreiche. Bei über vierzig Prozent sollte die Pressefreiheit als »unmittelbar beeinträchtigt« gelten. Als Maßnahme dagegen, dass die Konzentration in absehbarer Zeit ein unerträgliches Maß erreiche, empfahl die Kommission, die Marktanteile der Verlage zu begrenzen – ein Vorschlag, der sofort zu heftigen Diskussionen führte.

Vor allem der Situation auf dem Berliner Zeitungsmarkt konnte man mit den Vorschlägen der Günther-Kommission nicht gerecht werden – ganz abgesehen davon, dass sie mit dem Grundgesetz unvereinbar waren. Hier erreichten die Blätter des Springer-Verlags zwar eine sehr starke Mehrheit von 65 bis 68 Prozent der Gesamtauflage. Aber Springer hatte keineswegs die »lokale Monopolstellung«, wie sie in vielen westdeutschen Stadt- und Landkreisen herrschte. Berlins Zeitungsleser waren für deutsche Verhältnisse einzigartig privilegiert: Sie konnten zwischen neun Tageszeitungen wählen, von denen nur vier aus dem Haus Springer kamen. Der Bundesverband Deutscher Zeitungsverleger bezweifelte auch, dass die Methode der Kommission, Auflagenzahlen zu addieren, ein brauchbares Kriterium dafür sei, ob die Pressefreiheit beeinträchtigt sei oder nicht. Dies vor allem deshalb, weil Straßenverkaufszeitungen mit lokalen, regionalen und überregionalen Tageszeitungen sowie Sonntagszeitungen in einer Kategorie zusammengefasst worden seien.

Schon bald nach Beginn der Kommissionstätigkeit war es vor allem wegen der Haltung des Vorsitzenden Günther zu Misshelligkeiten gekommen. Springer bat am 8. September 1967 Bundesinnenminister Paul Lücke, ihn von der Mitgliedschaft zu entbinden, weil er sich »in die Rolle des Angeklagten gedrängt« fühlte. Er verwies darauf, dass Günther seine Befangenheit gegenüber dem Verlagshaus Springer mündlich geäußert und dann in einem Leserbrief an den *Spiegel* dokumentiert habe. Anton Betz, Verleger der *Rheinischen Post* in Düsseldorf und ebenfalls Kommissionsmitglied, wandte sich vor allem gegen die geforderte Marktanteilsbegrenzung und erklärte, dass sie »weder mit dem Grundgesetz noch mit meiner nahezu 50-jährigen Lebenserfahrung vereinbar« sei.

Th. v. Randow: Sensation in Serbien — eine Stadt von 8000 Jahren (Seite 16)

DIE ZEIT

DAS DEUTSCHE WELT-BLATT

GEDRUCKT IN HAMBURG · BUENOS AIRES · TORONTO

WOCHENZEITUNG FÜR POLITIK · WIRTSCHAFT · HANDEL UND KULTUR

Nr. 34 / 22. Jahrgang · C 7451 C · Hamburg, den 25. August 1967 · Preis 1,— DM

Axel Springers Fall

Bericht einer Enttäuschung und zugleich ein Abgesang / Von Josef Müller-Marein

Das große ICH

Fliegenplage

Stoppt ihn!

DIESE WOCHE

^ »Zeit«-Chefredakteur Müller-Marein attackierte Springer im August 1967 auf der Titelseite seines Blattes ungewöhnlich hart.

Auch der Verein der Berliner Zeitungsverleger meldete sich mit Kritik zu Wort. Sein Vorsitzender Hans Sonnenfeld, Verleger des *Abend*, erklärte, der Kommission zur Untersuchung der Pressekonzentration hätten zwar die Intendanten der drei öffentlich-rechtlichen Rundfunkanstalten Bayerischer Rundfunk, Norddeutscher Rundfunk und ZDF, aber kein Vertreter der Berliner Presse angehört.

Springer hatte noch in den Jahren 1964 und 1965 das Boulevardblatt *Der Mittag* in Düsseldorf, die Zeitschriften *Bravo*, *twen*, die Sportillustrierte *Kicker* und den Münchener Verlag Kindler & Schiermeyer übernommen und 1966 die Zeitschrift *Eltern* gegründet. Das Monatsmagazin *Jasmin* kam erst 1968 auf den Markt. Es gab also zunächst keine Anzeichen dafür, dass der Verleger auf eine weitere Expansion verzichten wolle. Doch dann zeigte sich, dass seine Nerven durch den monatelangen Propagandafeldzug der fanatisierten Gegner offenbar doch etwas gelitten hatten. Er, der im Oktober 1948 beim Start des *Hamburger Abendblattes* mit dem Slogan »Seid nett zueinander« angetreten war, der stets mit Selbstbewusstsein und Optimismus in die Zukunft geblickt hatte, schien nun die offene Aggression und verbissene Feindschaft seiner in ihrem Denken aus einer ganz anderen Welt kommenden Widersacher nur noch schwer ertragen zu können.

Springer reagierte schnell. Bereits am 23. Juni 1968 überraschte der Verleger die Öffentlichkeit mit der Mitteilung, dass er sich von fünf populären und auflagenstarken Zeitschriften getrennt habe. Es waren dies: *Das Neue Blatt* (verkaufte Auflage 1,144 Millionen Exemplare), *Bravo* (778 113), *twen* (212 436), *Eltern* (1,176 Millionen) und *Jasmin* (1,534 Millionen).

Für die IG Metall allerdings war die Pressekonzentration, »insbesondere die des Springer-Konzerns«, bei ihrem Münchener Bundeskongress im September 1968 dennoch weiter ein rotes Tuch. Sie berühre die Grundlagen der demokratischen Ordnung, sagte Gewerkschaftschef Otto Brenner in seiner Rede. Diese Konzentration ermögliche es, »dass in Millionen von Köpfen Vorstellungen erzeugt werden, durch welche unter Umständen die Funktionsfähigkeit des demokratischen Systems in Frage gestellt wird.«

Schon ein gutes halbes Jahr nach seinem Zeitungenverkauf stellte sich heraus, dass Springer überstürzt gehandelt hatte,

denn die Bundesregierung machte im Februar 1969 in ihrer Antwort auf die Empfehlungen der »Günther-Kommission« deutlich,
dass sie sich deren Warnungen nicht anzuschließen gedachte.
Sie stellte fest: »Die Presse- und Informationsfreiheit wird weder
zur Zeit noch in naher Zukunft durch die Konzentration im Pres-
sewesen beeinträchtigt.«

NEUNZEHN HUNDERT 68

INTERNATIONALER
VIETNAM-KONGRESS

Der 1943 in Budapest geborene, heute in Berlin lebende ungarische Publizist György Dalos war in jungen Jahren wie ein großer Teil seiner Altersgenossen in aller Welt ein Gegner der amerikanischen Einmischung in den Krieg zwischen Süd- und Nord-Vietnam. Mit gut vier Jahrzehnten Abstand ist er heute jedoch der Meinung, dass seine Beteiligung an den damals vor allem von Studenten organisierten Vietnam-Demonstrationen ein Fehler war. Denn, so schrieb Dalos am 27. August 2007 in der Tageszeitung *Die Welt*, die Sache sei »mit einem Pyrrhussieg des kommunistischen Nordens ausgegangen«. Dieser Sieg habe dem Land »wirtschaftliches Elend, Arbeitslosigkeit und Massenflucht« gebracht.

Im Februar 1968, knapp drei Wochen nach der für Amerikaner und Südvietnamesen äußerst verlustreichen Tet-Offensive des Vietcong und der Nordvietnamesen, musste man keiner studentischen Protestgruppe in Berkeley und auch nicht dem deutschen SDS angehören, um den Sinn dieses unerklärten Krieges zu bezweifeln. Ich glaubte schon deshalb nicht an einen Sieg der US-Armee im vietnamesischen Dschungel, weil ich seit meiner Kindheit in der US-Besatzungszone aus eigener Anschauung wusste, wie schwer es auch den in Europa stationierten GIs fiel, auf heimischen Luxus zu verzichten. Doch war dies für mich noch längst kein Grund, den wichtigsten und treuesten Verbündeten der Bundesrepublik wegen seiner fehlerhaften Entscheidung für den Krieg zu verdammen.

Schon deshalb ging ich damals, wie wohl die weit überwiegende Mehrheit der 2,1 Millionen West-Berliner, auf Distanz zu

< *Der Polizeichef von Saigon erschoss am 1. Februar 1968 einen gefangenen Vietcong auf der Straße. Foto auf der »BZ«-Titelseite*

den Organisatoren des Vietnam-Kongresses, der am 17. und 18. Februar 1968 stattfand. Dies umso mehr, als der SDS von vornherein keinen Zweifel daran ließ, dass er seine Kampagne gegen den dortigen Krieg nur als Vehikel für die Propagierung seiner viel weiter reichenden revolutionären Pläne nutzen wollte.

Die journalistische Beobachtung der Massenveranstaltung im Audimax der TU, in mehreren benachbarten Hörsälen sowie auf den Fluren des nach Kriegszerstörungen gerade wieder hergestellten Universitäts-Hauptgebäudes, bedeutete eine enorme Tortur. Mir ist noch in Erinnerung, dass der große Saal rauchgeschwängert und lärmerfüllt war. Man konnte kaum einen Stehplatz ergattern und oft das eigene Wort nicht verstehen. Überhaupt ging es an beiden Tagen in dem von etwa 4000 Teilnehmern und Zaungästen regelrecht belagerten Gebäude so chaotisch zu, dass man Mühe hatte, sich auf den Tagungsverlauf zu konzentrieren. An der Stirnwand des Saales hing hinter dem Podium eine große blau-rote Fahne mit einem gelben Stern, den Farben des 1960 gegründeten Vietcong, im Sprachgebrauch der Veranstalter: FNL (Front National de Libération). Auf dem Fahnentuch war im unteren Teil der Aufruf angebracht: »Für einen Sieg der vietnamesischen Revolution – Pflicht eines jeden Revolutionärs ist es, die Revolution zu machen.«

Zu meinen nicht verblassten visuellen Eindrücken gehören auch die siegessicheren Gesichter der Funktionäre auf dem Podium, als am Abend des 17. Februar über die Schlussresolution abgestimmt war. Ich stand gerade ziemlich weit vorn und sehe die jubelnden Genossen noch vor mir aufspringen. Dabei konnte das Ergebnis für sie ganz gewiss keine Überraschung sein. Der Kongress hatte nach endlosem Palaver ein vom SDS zusammengestelltes Sechs-Punkte-Programm für den »gemeinsamen antiimperialistischen Kampf« zum Beschluss erhoben. Ich las den verteilten Text der Erklärung, und ihr antiamerikanischer, antiwestlicher Tenor ging mir sehr gegen den Strich.

Schwarz auf weiß wurde mit brutaler Direktheit dazu aufgefordert, die von den diktatorischen Regimes in Hanoi und Peking bewaffneten und durch kommunistische Staaten auch sonst massiv unterstützten Partisanen des Vietcong in ihrem Kampf gegen Süd-Vietnam »materiell« – also durch Geld- und Sachspenden – zu fördern. Der Kongress kündigte weiter an, in Europa stationierte US-Soldaten zu Sabotageakten und zur

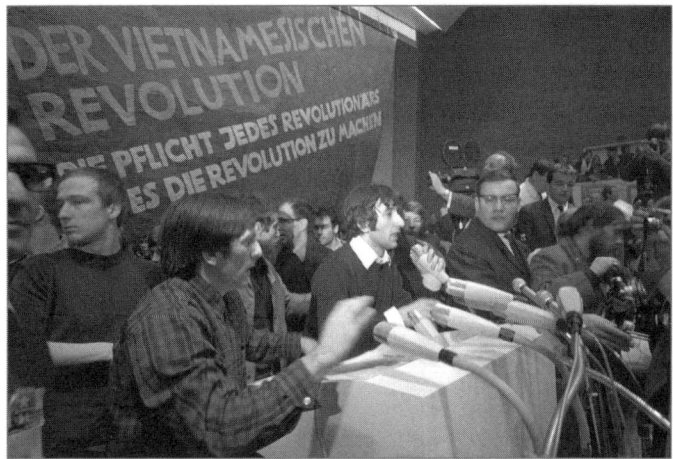

Desertion anzustiften. Erklärtes Ziel sollte es sein, »die Wehr-kraft der US-Armee zu zersetzen«. Die in der TU versammelten Delegierten befürworteten unter anderem auch den Austritt aus der Nato und eine zusätzliche Kampagne unter dem Motto »Zerschlagt die Nato!« Sie forderten dazu auf, die Verschiffung von Rüstungsgütern aus westeuropäischen Häfen nach Vietnam durch Streiks zu verhindern. Und sie kündigten schließlich eine Aufklärung der Bevölkerung über die Produktionsstätten der für den Vietnamkrieg benötigten Waffen sowie Blockaden gegen diese Firmen an.

Rudi Dutschke war der allgegenwärtige und unermüdliche Akteur der Tagung. Er hatte sich in eine Traumwelt hineinge-steigert, in der die Alltagswirklichkeit nur noch störte. Und er wusste sich auf dem Höhepunkt seiner Popularität. Der Kongress war für ihn ein Ereignis von globaler Bedeutung, er selber der Prophet der Weltrevolution. Für Dutschke rückten die großen Veränderungen, die er durch sein Reden und Handeln herbei-führen wollte, ständig näher. Deshalb trieb er in seinem langen Referat die versammelten Revolutionäre zur Eile an: »Genossen, wir haben nicht mehr viel Zeit. In Vietnam werden auch wir tag-täglich zerschlagen.«

Der Kongress stellte eine Kampfansage an die Gesellschaft der Bundesrepublik Deutschland und an die Politiker dar, die West-Berlins Existenz und Freiheit sicherten. Dies wurde im Text der Erklärung auch ganz ungeniert ausgesprochen: »Der Kampf

^ *Internationaler Vietnam-Kongress am 17. Februar 1968 in der TU. Am Rednerpult links Rudi Dutschke.*

gegen die US-Aggression in Vietnam muss zugleich ein Kampf gegen die imperialistische Politik der kapitalistischen Länder Westeuropas sein.« Es gelte, eine »zweite revolutionäre Front gegen den Imperialismus in dessen Metropolen« aufzubauen.

Haben diejenigen, die damals in der TU die Hand hoben, um dieses Programm für den vermeintlichen »Befreiungskampf des vietnamesischen Volkes« zu billigen, später überhaupt noch darüber nachgedacht, was sie taten? Sie waren keine namenlose Masse. Zumindest diejenigen, die das makabere Schauspiel dirigierten, sind nicht vergessen. Begleitet von Ho-Chi-Minh-Gebrüll und dem Schwenken roter Fahnen eröffnete der SDS-Bundesvorsitzende Karl-Dietrich Wolff am Sonnabend gegen 13 Uhr den Kongress. Mit ihm saßen der Vorsitzende des Republikanischen Clubs, Klaus Meschkat, der damalige Vorsitzende der TU-Studentenvertretung, Reiner Wethekam, und der FU-Assistent Johannes Agnoli auf dem Podium. Rudi Dutschke, der ebenfalls dort seinen Platz hatte und die Fäden der Diskussion über weite Strecken in der Hand hielt, kann man zu den Ereignissen nicht mehr befragen. Er ist Heiligabend 1979 an den Spätfolgen des Attentats vom 11. April 1968 gestorben.

Als Berichterstatter über diesen Kongress, der ebenso wie die Abschlussdemonstration von 12 000 Teilnehmern die Berliner Öffentlichkeit wochenlang beschäftigte, frage ich mich noch immer, ob nicht vielleicht doch so mancher der vielen Teilnehmer inzwischen eingesehen hat, dass er sich für die falsche Sache engagierte. Die Nagelprobe hätte sich spätestens Ende 1978, dreieinhalb Jahre nach dem Abzug der Amerikaner, stellen müssen, als die nicht zuletzt mit US-Beutewaffen militärisch hochgerüstete Regionalmacht des wiedervereinigten Vietnam die Gelegenheit zur Expansion in das vom »Steinzeitkommunismus« der Roten Khmer geschwächte Nachbarland Kambodscha nutzte. Vietnam besetzte den größten Teil Kambodschas, etablierte dort eine ihm genehme Regierung und zog seine Truppen erst im September 1989 wieder ab. Der vor allem durch sein dreijähriges Schreckensregime bis 1978 berüchtigte Anführer der Roten Khmer, Pol Pot, verdankte im Übrigen seinen Aufstieg in den Sechzigerjahren weitgehend den Nordvietnamesen. Haben die Vietnam-Marschierer des Jahres 1968 die Zwangsumsiedlungen und die Massenflucht der Vietnamesen unbeeindruckt zur Kenntnis genommen, die von 1975 bis Anfang der Neunziger-

Berlin vor einem heißen Wochenende

15 Pf

B·Z· **Klaus Schütz:**

Nr. 41 · 92. Jahrg. / Sonnabend, 17. Februar 1968 · A 2032 A

Die größte Zeitung Berlins

Berlin, 17. Febr. „BZ
„Berliner, laßt die Radi-
kalen am Wochenende unter
sich! Übt keine Selbstjustiz!"
Diesen leidenschaftlichen
Appell richtete gestern der
Regierende Bürgermeister
Schütz an die Bevölkerung.
(Lesen Sie bitte die S. 3, 4, 5.)

„Übt keine Selbstjustiz!"

WETTER! Schneeschauer / –1 bis –8 Grad

Telefon 61 08 1

Vietnam-Kongreß ➤ **Demonstration bleibt – trotz Verbot**

Gewerkschafts-Bund Berlin ➤ **Polizei muß Rechtsstaat schützen**

Landesverband der SPD ➤ **Bevölkerung soll sich fernhalten**

Heute Finale in Grenoble

Eishockey – spannender als jeder Krim...

Knese

jahre anhielt? Hunderttausende setzten damals als Boat People
oder auf andere Weise ihr Leben aufs Spiel, um dem Regime
der politischen Nachfahren des 1969 verstorbenen Ho Chi Minh
zu entkommen. So weit ich mich erinnere, hielt sich der Protest der in Fragen der Menschenrechte sonst so wachsamen und
sensiblen Studentenfunktionäre gegen die damalige Situation in
Vietnam in Grenzen.

Erst nachdem die USA 1994 ihr Handelsembargo gegen Vietnam aufgehoben und die EU 1995 ein Kooperationsabkommen
mit dem Land abgeschlossen hatte, konnte in der zweiten Hälf-

---

^ *Die »BZ« machte den (voreiligen) Schütz-Aufruf zur Schlagzeile.*
Die Vietnam-Demonstration wurde vom Gericht erlaubt.

te der Neunzigerjahre die sozialistische Misswirtschaft durch
Schritte in Richtung auf eine Marktwirtschaft abgelöst werden.
Seit Mitte 2006 wird in Vietnam auch der privatwirtschaftliche
Sektor staatlich gefördert. Das Land entwickelt sich zurzeit – inspiriert von den Regeln des westlichen Kapitalismus – zu einem
viel bewunderten asiatischen »kleinen Tiger«. Es nennt sich zwar
weiter »sozialistische Republik«, huldigt aber dem gleichen Kapitalismus, gegen den die von den Zauberworten »Sozialismus«
und »Revolution« faszinierten Veranstalter des Berliner Vietnam-
Kongresses 1968 Sturm liefen.

Etwa 3000 Teilnehmer des Vietnam-Kongresses kamen sei-

nerzeit aus Westdeutschland und dem Ausland. Für Gäste, die
bereit waren, sich mit ihren Fahrzeugen in Marienborn in einen
Konvoi einzureihen, hatte die FDJ, die Jugendorganisation der
SED, dem SDS eine beschleunigte Abfertigung und den Verzicht
auf die Straßenbenutzungsgebühr (fünf Mark je Personenwagen)
in Aussicht gestellt. Doch als am frühen Morgen des 17. Februar
70 Pkw und 36 Busse am DDR-Kontrollpunkt in einer Schlange
erschienen, war weit und breit kein FDJ-Funktionär zu sehen
und die DDR-Zöllner wollten nichts von der Vereinbarung gehört
haben. Sie ließen die Revolutionäre aus dem Westen zuerst einmal lange warten und bestanden dann vor allem darauf, dass der
Konvoi aufgelöst wurde. Die Gebühr wurde allerdings erlassen.

Die Eingangshalle der TU sowie die sich anschließenden
Säle und Flure glichen schon eine Stunde, bevor der Kongress
begann, einem Heerlager. Ständig trafen auswärtige Teilnehmer
ein, die offenbar noch kein Quartier hatten und ihre Koffer, Klei-
derbündel und Seesäcke einfach in den Ecken der Halle depo-
nierten. Die Reden und Diskussionsbeiträge im Audimax wurden
auch in Hörsäle in der Nähe übertragen. Bald war es dort genauso eng und stickig wie im Audimax, weshalb es viele Besucher
vorzogen, überall, wo ein wenig Platz war, auf dem Boden zu
lagern, sich mit Freunden zu unterhalten oder ein Nickerchen
zu machen. Es gab sogar einen Kindergarten. Auf Tischen und
an Ständen wurden wie seinerzeit bei fast allen derartigen Veranstaltungen Devotionalien und Literatur der Studentenbewegung angeboten. Berlin-Postkarten mit dem Aufdruck »Saigon«
fanden ebenso ihre Abnehmer wie Bilder und Ansteckplaketten
der kommunistischen Führerfiguren Ho Chi Minh, Mao Tse-
tung und Che Guevara.

Das Einerlei der revolutionären Reden und Grußbotschaften wurde am Nachmittag durch den Auftritt eines hochgewachsenen, stämmigen Mannes unterbrochen. Er drängelte sich über den langen Seitengang des Auditoriums nach vorn, während ein aus Ost-Berlin übermitteltes Telegramm des Vietcong verlesen wurde. Plötzlich stand er am Mikrofon und rief: »Wir Berliner protestieren gegen diese Konferenz!« Entsetzen und Empörung des Publikums, als er auch noch hinzufügte: »Der Kongress ist beendet.«. Die brodelnde Menge verhinderte mit eilig angestimmten Sprechchören, dass der ungebetene Fremde weitere unbequeme Sätze aussprechen konnte. Er klammerte sich ans Mikrofon, als Umstehende dann minutenlang versuchten, ihn abzudrängen. Genau dies war für Rudi Dutschke der Zeitpunkt, um sich als Retter aus einer prekären Situation in Szene zu setzen. Er stürmte mit beschwichtigenden Gesten zum Mikrofon und verkündete, dass erst einmal eine Abstimmung darüber stattfinden müsse, ob der Mann das Wort erhalten solle. Vorsorglich fügte er hinzu, dass er gegen ein solches Rederecht sei. Als dann die Hände hochgingen, staunte ich, dass trotz der aufgeheizten Situation eine Reihe von Teilnehmern für einen Redebeitrag des Störers votierten.

Für mich war der Mann, der schließlich von kräftigen jungen Männern gepackt und aus dem Saal mehr getragen als geschoben wurde, kein Unbekannter. Es handelte sich um den 39-jährigen Rechtsanwalt Diether Prelinger, der häufig Studentenversammlungen besuchte. Ich war mit ihm einige Wochen zuvor nach einer solchen Veranstaltung ins Gespräch gekommen. Den Eklat, den er bei dem Kongress inszenierte, hatte er mir kurz vorher angekündigt, als wir uns vor der TU auf dem Bürgersteig der Straße des 17. Juni zufällig über den Weg liefen. Als er sagte, er wolle »den Dutschkes eins auswischen«, riet ich ihm davon ab, weil man nicht wissen konnte, wie die jungen Leute reagieren würden. Doch Prelinger war von dem Vorhaben nicht abzubringen. Nachdem er hartnäckig darum gerungen hatte, auf die Rednerliste gesetzt zu werden, kam er im Übrigen in der Nacht kurz vor Sitzungsschluss doch noch drei Minuten zu Wort. Er bekräftigte seine am Nachmittag bekundete Ablehnung des Kongresses und fügte hinzu, dass er die freiheitliche Demokratie bewahrt sehen wolle.

Schon kurz nach Beginn des Kongresses war auch der Auftritt eines anderen Mannes aus dem Rahmen gefallen, der Walter

Rudert hieß und sich als offizieller Vertreter der West-Berliner FDJ – der wenig bedeutenden Parallelorganisation zur DDR-Staatsjugend – vorstellte. Rudert wollte offenbar einen Parteiauftrag besonders gründlich erfüllen. Er sagte nicht nur den Sieg der FNL »im Volkskrieg« voraus, sondern hielt den Versammelten auch in typischer Funktionärsart ein längeres, mit Angriffen auf die Politik der Bundesrepublik garniertes Referat über die Entwicklung Vietnams seit 1945. Als es im Saal unruhig wurde und auch vereinzelte Buh-Rufe aus dem Publikum zu hören

^ *Das Programm des Kongresses. Einige der genannten Referenten wie beispielsweise Ernst Bloch nahmen nicht teil.*

waren, schienen ihn diese nicht zu stören. Auf einmal rief jedoch ein junger Mann lautstark: »Ist das für euch alles neu? Das
wissen wir doch alles.« Versammlungsleiter Dutschke stimmte
in die Kritik jedoch nicht ein, sondern gab zu bedenken, dass
die FDJ doch eine wichtige Mittlerfunktion zu Jugendorganisa-
tionen in den damaligen Ostblockstaaten habe. Der FDJ-Mann
kam mit seiner Ansprache gleichwohl nur noch wenige Sätze
weiter, weil ihn derselbe Zwischenrufer mit den Worten stoppte: »Der blamiert uns ja mit seiner Dummheit.« Erneut nahm
Dutschke den Gast in Schutz, indem er dem Beschwerdeführer
entgegnete: »Und du blamierst uns ja mit deiner Ignoranz und
deiner falschen repressiven Intoleranz.«

Am Nachmittag hielt ich mich etwa eine Stunde beim Verwaltungsgericht in der nahen Hardenbergstraße am Bahnhof
Zoo auf. Dort warteten im Vorraum des Beratungssaales bereits
mehrere Kollegen auf den Beginn der mit Spannung erwarteten
Verhandlung über die für den kommenden Tag geplante große
Demonstration. Eine Bereitschaftskammer unter Vorsitz von
Verwaltungsgerichtsdirektor Rolf Körner hatte eine Einstweilige Anordnung zu treffen. Während wir uns unterhielten, kam
der Anwalt Horst Mahler dazu. Er stand sofort im Mittelpunkt
des Interesses. Auf die Frage, welche Chancen er noch für eine
einvernehmliche Lösung sehe, äußerte er sich zuversichtlich.
Er rechne fest damit, dass die Demonstration am nächsten Tag
ohne Krawalle stattfinden könne. Alles andere würde man bei

^ *Das Auditorium Maximum der TU war während der sich über*
Stunden hinziehenden Reden und Diskussionen überfüllt.

der APO nicht verstehen, denn es gebe keinen vernünftigen Grund, das durch den Polizeipräsidenten erlassene Verbot aufrecht zu erhalten.

Die Angelegenheit hatte sich in der Woche vor Beginn des Kongresses hochgeschaukelt. Zunächst lehnte die Polizei am 9. Februar einen Antrag auf Genehmigung einer Demonstration mehrerer Organisationen ab, die als weit links stehend angesehen wurden, unter ihnen der SDS. Die Marschroute sollte vom Olivaer Platz zum amerikanischen Kino »Out Post« an der Clayallee führen. Der Zug hätte also in gefährlicher Nähe zum Berliner US-Hauptquartier in Dahlem sowie zu den amerikanischen Wohnsiedlungen am Hüttenweg und an der Argentinischen Allee geendet.

Am 14. Februar 1968 wurde während einer Pressekonferenz im Republikanischen Club eine Verlautbarung der »Kampagne für Demokratie und Abrüstung« verlesen, in der es unmissverständlich hieß, dass die Initiatoren der Demonstration für sich ein »Widerstandsrecht« in Anspruch zu nehmen gedächten. Rudi Dutschke rief dort direkt dazu auf, das Verbot »zu brechen«. Ulrich Enzensberger erinnert in seinem Kommune-Buch daran, dass es Dutschke und seinen Freunden aber gar nicht um die Demonstration ging. Vielmehr sei es ein »zentrales Projekt des Kongresses« gewesen, den Zug zu den Kasernen der Amerikaner in Dahlem und Lichterfelde weiterzuleiten. Zur Vorbereitung hatte schon in der Nacht zum 16. Februar eine anonyme Gruppe zwanzig Raketen mit englischsprachigen Flugblättern gegen den Vietnamkrieg und mit dem Aufruf an die GIs, zu desertieren, über dem dortigen Kasernengelände in die Luft geschossen.

Am 15. Februar hatte der Senat eindringlich vor den Folgen einer Missachtung des Demonstrationsverbots gewarnt. Wer eine nicht genehmigte Demonstration veranstalte, mache sich strafbar. Und am 16. Februar erklärte der Regierende Bürgermeister Klaus Schütz, die Polizei habe für den Fall einer illegalen Demonstration die Anweisung, »von vornherein mit angemessenen Mitteln einzuschreiten und die Provokationen schnell und wirkungsvoll zu beenden«.

Noch am gleichen Tag unternahmen der evangelische Bischof Kurt Scharf und der Schriftsteller Günter Grass einen Vermittlungsversuch. Sie schlugen vor, die Länge des Aufzugs zu verkürzen und auch einen anderen Zielpunkt zu wählen, doch

VIETNAM 10. INFORMATIONEN

Am 1. Februar wurden Steine in die Scheiben von Springerfilialen geworfen. Die berliner Presse, die zu 70% Axel Springer gehört, stellte diese Steinwürfe dar als "faschistischen Terror", als "zweite Reichskristallnacht", als "SA-methoden".
Die Herrschenden von damals, die in der Reichskristallnacht einen Vernichtungsschlag gegen eine Minderheit führten, sind auch die Herrschenden von heute. Seit 1933 trägt Axel Springer die Uniform der Nazis. Da er Geld hatte, brauchte er seine Hände nicht blutig zu machen: Er leistete seinen Beitrag zum organisierten Mord an Arbeitern, Juden und Intellektuellen vom Schreibtisch aus.
Heute versuchen er und sein Dutzend alter Nazischreiber den Spieß umzudrehen: Sie heften sich stolz den Judenstern an und nennen die Studenten "Nazis".
Faschisten nennen sie jetzt die, die dagegen protestieren,
- daß Springer wieder vom Schreibtisch aus seinen Beitrag zum organisierten Völkermord leistet,
- daß er offensichtlich Kriegshetze betreibt,
- daß er streikende Arbeiter als "Mob" bezeichnet,
- daß er versucht, der Bevölkerung Berlins weiszumachen, wer gegen den Springer - Konzern protestiert, sei ein Feind der Bevölkerung.

Was sind einige Steine gegen die Macht des millionenschweren Springers?
Was sind die Eier gegen das Amerikahaus im Vergleich zu Eierhandgranaten gegen die vietnamesische Bevölkerung?
Was ist Pudding gegen Humphrey im Vergleich zum amerikanischen Völkermord in Vietnam?
Was ist die "Beleidigung" eines Mörders, der Schah heißt, im Vergleich zum Mord an einem Studenten?
Aus Eiern wurden Handgranaten, aus Puddingbeuteln Bomben und aus "Beleidigungen" Mordanschläge in den Darstellungen der Springerpresse und des Senats.
Der Senat reagiert nicht grundlos so hysterisch:
Er muß sich davor fürchten, daß die Berliner Bevölkerung seine Politik durchschaut.
Seit Jahren verschleiert er den wirtschaftlichen Bankrott Berlins, der die notwendige Folge seiner Politik ist.
Er verschweigt,
- daß er unfähig ist, das Ausland und die Bundesrepublik für Investitionen in Berlin zu interessieren,
- daß keine jungen Facharbeiter mehr nach Berlin kommen und viele abwandern, weil der Senat nicht in der Lage ist, die Arbeitsplätze zu garantieren,
- daß deshalb teure Halbfertigprodukte nach Berlin importiert werden müssen.
Springer hilft dem Senat, den wirtschaftlichen Bankrott zu vertuschen. Er muß - genau wie der Senat - fürchten, daß seine Lügen der Öffentlichkeit bekannt werden.
Die Befürchtung, daß die Aufdeckung dieser Lügen zu gemeinsamen Aktionen von Arbeitern und Studenten führen könnte, versetzt Springer und Senat in Angst und Schrecken.
Eine Hand wäscht die andere: Springer und Senat haben gemeinsam das Verbot der Vietnam - Demonstration am 18.2. beschlossen.

Wir demonstrieren am 18.2. gegen die Verbrechen der Amerikaner und ihrer deutschen Komplizen in Vietnam. Wir demonstrieren am 18.2. gegen Springerpresse und Senat, die vom Bankrott Berlins nur durch Drohungen gegen ihre Kritiker ablenken können.
Zu stürzen brauchen wir den Senat nicht, dieses Geschäft besorgt er selbst.

Sozialistischer Deutscher Studentenbund 1 Berlin 31 Kurfürstendamm 140

:DEMONSTRATION
Am Sonntag, dem 18.Februar um 14 Uhr vom Ku-damm nach Dahlem

sie fanden auf beiden Seiten keine Unterstützung. Anwalt Mahler reichte ebenfalls am 17. Februar im Namen verschiedener, bisher nicht in Erscheinung getretener Organisationen einen neuen Antrag bei Polizeipräsident Georg Moch ein. Die Marschroute sollte nicht verändert werden. Der Vorstoß war von gemäßigt links geltenden Verbänden wie dem Sozialdemokratischen Hochschulbund, dem Liberalen Hochschulbund und der Evangelischen Studentengemeinde unterschrieben.

^ *Aufruf zur Teilnahme an der Vietnam-Demonstration. Die geplante Abschlusskundgebung in Dahlem wurde gerichtlich nicht genehmigt.*

Das war die Ausgangslage, wie sie sich für das Gericht darstellte. Es hatte zu entscheiden, was unter den gegebenen Umständen mit dem grundgesetzlich garantierten Versammlungsrecht sowie dem aus dem Jahr 1950 stammenden Berliner Versammlungsgesetz eher in Einklang zu bringen war – das mit der Gefahr für die öffentliche Sicherheit begründete Verbot durch den Polizeipräsidenten oder der Anspruch der Vietnamkriegsgegner, ihre Meinung unbehindert unter freiem Himmel zum Ausdruck bringen zu können.

Bald nachdem die Gerichtsverhandlung mit der Verlesung der von beiden Seiten eingereichten Antragsbegründungen begonnen hatte, lief ich zurück zur TU. Dort zog sich die Reihe der Redner hin, unter ihnen Delegierte aus den USA, Kuba und fast allen europäischen Ländern. Mit lang anhaltendem Applaus wurde der Revolutionsaufruf des in der internationalen Protestbewegung bereits Berühmtheit genießenden Pakistani Tariq Ali bedacht, der aus England gekommen war. Mehrere Redner zitierten den Ausspruch Che Guevaras: »Schaffen wir zwei, drei, viele Vietnam.« Überhaupt wiederholten sich die meisten Appelle, Analysen und Argumente. Dies minderte die Aufmerksamkeit der Zuhörer, von denen manche ihre Müdigkeitserscheinungen auch gar nicht zu verbergen suchten. Ich konnte diese Phase nutzen, um der Redaktion per Telefon einen Beitrag zu einem Bericht zu übermitteln, den ich mit zwei Kollegen gemeinsam zu schreiben hatte.

Aber ich war gegen 19.30 Uhr wieder im Saal, als der in London lebende Schriftsteller Erich Fried über die Bedeutung der großen Städte für die angestrebte Revolution sprach. Er meinte, die staatliche Gewalt werde hilflos, wenn sie auf Gewaltlosigkeit treffe. Plötzlich kam Unruhe auf. Fried hatte es schwer, sich weiter verständlich zu machen, denn ein Teil der Zuhörer erhob sich, andere verließen den Saal. Dann erschien schon Horst Mahler auf dem Podium, unterbrach den Redner und teilte den Genossen kurz mit, dass die Demonstration am Sonntagnachmittag wie geplant stattfinden könne. Das Verwaltungsgericht habe das Verbot soeben außer Kraft gesetzt. Dies, so sagte er, stehe allerdings unter der Bedingung, dass der Zug die amerikanischen Wohnviertel in Dahlem nicht berühre. Das Auditorium bebte. Tosender Beifall, Trampeln, Pfiffe, Jubelrufe. Zuhörer fielen sich in die Arme, manche mit Tränen in den Augen.

Ich stand ganz hinten und konnte nicht beobachten, wie Rudi Dutschke, Klaus Meschkat und andere kampfbereite SDS-Strategen auf die Nachricht reagierten. Vielleicht waren auch sie wie die große Mehrheit der in der TU Versammelten erleichtert, glücklich und stolz angesichts ihres »Sieges« über den als reaktionär und verbrecherisch beschimpften Berliner Senat und den Polizeipräsidenten. Wahrscheinlich hielt sich aber ihre Begeisterung in Grenzen. Denn durch den Richterspruch entging ihnen und ihren radikalen Anhängern die Gelegenheit, der während des Kongresses bekräftigten revolutionären Theorie die »Propaganda der Tat« folgen zu lassen, nämlich die Kraftprobe vor amerikanischen Einrichtungen im Südwesten der Metropole West-Berlin.

In Nebensälen des TU-Audimax hatten die Propagandisten der Gewalt schon auf Tafeln den Einsatzplan für eine illegale Demonstration aufzeichnen lassen. Es war genau festgelegt, von welchen Seitenstraßen des Kurfürstendamms aus welche Gruppen zu der zentralen Marschkolonne stoßen und so die Polizei narren sollten. Es waren Flugblätter verteilt worden, die zur Beteiligung an dem Zug aufforderten, auch wenn es bei dem Verbot bleiben sollte. Die Hysterie hatte vor der Gerichtsentscheidung auf beiden Seiten von Stunde zu Stunde zugenommen. In einigen Stadtteilen tauchten junge Leute auf, die Zettel klebten, auf denen zur Demonstration aufgerufen wurde. Die Polizei nahm im Laufe des Sonnabends 42 der Flugblattverteiler und Zettelkleber zur Feststellung der Personalien vorübergehend fest, darunter den 19-jährigen Schüler Peter Brandt, einen Sohn von Willy Brandt.

Nun war die explosive Situation von unabhängigen Richtern, die über ihre Entscheidung drei Stunden beraten hatten, entschärft worden. Ihre Einstweilige Anordnung war geeignet, mir als unbefangenem Bürger die Starrheit und Unvernunft eines Verbotes erst richtig deutlich zu machen. Der Regierende Bürgermeister Schütz rief die Bevölkerung auf, der Demonstration auch nach der Gerichtsentscheidung fernzubleiben. Er sah – wenn auch widerstrebend – ein, »dass die Richter so handeln mussten«. Im Übrigen konnte er sich über die Niederlage vor Gericht mit dem Argument hinwegtrösten, dass die von der feindseligen Protestbewegung gehegten Zweifel am Rechtsstaat nun widerlegt waren.

Nach kurzer Unterbrechung ging der Redemarathon in der TU bis eine halbe Stunde nach Mitternacht weiter. Der Abend wurde von dem in Schweden lebenden deutschen Schriftsteller Peter Weiss eröffnet, der zusammen mit dem Komponisten Hans Werner Henze einen umjubelten Auftritt hatte. Beide waren nach der Absage der Philosophen Ernst Bloch und Jean Paul Sartre die prominentesten Gäste der Tagung. In seinem Rundumschlag gegen die Medien attackierte Weiss ausnahmsweise einmal nicht nur Springer, sondern bezeichnete unter tosendem Beifall die Verantwortlichen in Fernsehen und Presse pauschal als »Verschleierer, Fälscher und Lügner«.

Als ich schon gegangen war, kamen noch zwei junge Amerikaner aufs Podium. Sie hielten ihre Einberufungsbescheide zum Militär in der Hand, zerrissen diese Karten und verbrannten sie. Ho-Chi-Minh-Rufe und Klatschen der Versammelten nahmen fast kein Ende. Solche mit Strafe bedrohten Aktionen fanden seinerzeit in den USA am Rande mancher Studentendemonstrationen statt.

Der Sonntagvormittag diente zur Vorbereitung auf die Demonstration am Nachmittag. Viele der auswärtigen Teilnehmer hatten in der TU übernachtet. Nun packten sie ihre Sachen zusammen und wurden von den Anführern auf den großen Marsch durch die West-Berliner Innenstadt eingestimmt. Manche fieberten bereits ungeduldig der Gelegenheit entgegen, für die in der sechs Punkte umfassenden Abschlussresolution des Kongresses enthaltenen revolutionären Ziele öffentlich eintreten zu können.

Die große Vietnam-Demonstration am 18. Februar 1968 wird von vielen 68ern bis heute als einer der Höhepunkte jenes unruhigen Jahres gefeiert. Der damalige Berliner Korrespondent der Wochenzeitung *Die Zeit*, Kai Hermann äußerte bereits am 23. Februar in dem Hamburger Blatt, dass dieser Tag »zur Bankrotterklärung der politischen Führung« in der Auseinandersetzung mit den oppositionellen Studenten geworden sei. Er schloss sich dem Urteil der *Frankfurter Rundschau* an, die gemeint hatte, dass dieses Datum wie der Tod des Studenten Ohnesorg am 2. Juni 1967 einen Einschnitt in die innenpolitische Entwicklung bedeuten könne. Bei dieser vorschnellen und einseitigen Einschätzung scheint Wunschdenken die Feder geführt zu haben.

Der Aufzug der revolutionären Avantgarde begann an jenem Sonntag um 14 Uhr am Olivaer Platz und erreichte gegen 15.45 Uhr das neu festgelegte Ziel Deutsche Oper, wo bei einer Kundgebung unter anderem die schon beschlossene Schluss-Erklärung des Kongresses verlesen wurde.

Ich erinnere mich noch lebhaft daran, dass ich auf dem Bürgersteig neben dem endlosen, von Organisatoren mit Megafon gesteuerten Zug auf dem Kurfürstendamm in Richtung Halensee lief, vorbei an einem Meer von roten Fahnen – nicht wenige auch mit dem sowjetischen Emblem Hammer und Sichel –, Vietkong-Fahnen, Porträtplakaten der Säulenheiligen des Kommunismus Marx, Lenin, Trotzki und Rosa Luxemburg, Bildern der aktuellen »Helden« Ho Chi Minh, Mao Tse-tung, Fidel Castro und Che Guevara sowie Spruchbändern mit umstürzlerischen Parolen. Als ich unterwegs einige Fotos machte, sprangen junge Männer auf mich zu und wollten mir die Kamera abnehmen. Sie wurden allerdings schnell von Ordnern zurückgehalten, die mir sagten, dass ich bei diesem Marschblock vorsichtig sein solle, es handle sich um besonders wilde französische Gäste von der antiautoritären »Jeunesse Communiste Revolutionaire«.

Aufsehen erregte auch ein anderer Marschblock von mehreren Dutzend Sozialdemokraten des linken Parteiflügels. Die meisten von ihnen trugen auf Brust und Rücken Plakate mit der

^ *Rudi Dutschke während der lange umstrittenen Demonstration über den Kurfürstendamm, neben ihm Gaston Salvatore.*

Aufschrift: »Ich protestiere gegen den Krieg der Amerikaner in
Vietnam. Ich bin SPD-Mitglied.« Unter ihnen waren mehrere
namhafte Vertreter des linken Parteiflügels wie der Charlottenburger Volksbildungsstadtrat Harry Ristock, der SPD-Funktionär
Jürgen Gerull aus dem gleichen Bezirk sowie der stellvertretende Kreuzberger Bezirksbürgermeister und Volksbildungsstadtrat
Erwin Beck. Der ebenfalls der SPD angehörende Leiter der Berliner IG-Metall-Schule Lothar Pinkall, Schwiegersohn des IG-Metall-Chefs Otto Brenner, trat bei der Kundgebung im Anschluss an
die Demonstration sogar als Redner auf. Von der Parteimehrheit
wurde die Beteiligung an dem Marsch sofort als schwerer Loyali-
tätsbruch gewertet, weil die Betreffenden mit ihrer Teilnahme an
dem Zug ein ausdrückliches Verbot des SPD-Landesausschusses
missachtet hätten. Ristock distanzierte sich zwar von einigen revolutionären Parolen Dutschkes, aber zwischen beiden gab es in
vielen ideologischen Fragen Übereinstimmung. Bereits von Ende
1965 bis Anfang 1967 hatten Ristock und Dutschke im Ratskeller
Charlottenburg mehr als hundert junge Leute aus dem SDS und
von den Jusos einmal wöchentlich in Grundfragen des Marxismus und des Sozialismus unterwiesen. Nach der Demonstration
gaben Ristock und Beck eine gemeinsame Erklärung ab, in der
es hieß, sie seien »aus Vernunft- und Gewissensgründen gezwungen« gewesen, sich der Demonstration anzuschließen. »Es ist uns
unmöglich, die Jugend der Stadt und die Jugend dieses Landes in
ihrem moralischen Protest allein zu lassen.«

^ *Demonstrant mit dem wenige Tage zuvor bekannt gewordenen
Foto der Erschießung eines Vietcong auf offener Straße.*

Die damals mehrheitlich dem rechten Parteiflügel angehörenden Berliner SPD-Funktionäre ließen sich davon wenig beeindrucken. Ihr Landesvorstand schloss Ristock und Beck am 15. März 1968 aus der Partei aus. Dies löste allerdings ein monatelanges Tauziehen aus, in das auch das Schiedsgericht der Bundes-SPD eingeschaltet wurde. Beim Nürnberger SPD-Bundesparteitag vom 17. bis 21. März 1968 zeigte sich, dass der Parteiausschluss Ristocks seinem über Berlin hinausreichenden Ansehen kaum geschadet hatte. Dagegen verlor Klaus Schütz, der die Strafaktion kompromisslos durchgesetzt hatte, an Rückhalt: Die Delegierten ließen ihn bei der Wahl zum SPD-Bundesvorstand durchfallen. Der Ausschluss von Ristock und Beck wurde durch einen formalen Trick – die rückwirkende Änderung der Parteistatuten – zwar aufgehoben, aber auf ihre Funktionen in der SPD mussten beide länger verzichten. Beck durfte bis zum 30. September 1968 und Ristock bis zum 31. März 1969 keine Parteiämter bekleiden. Mit Genugtuung vermerkte deshalb Ristock in seinen 1991 erschienenen Erinnerungen, dass sich dies für ihn später gründlich änderte: Er sei vier Jahre später, 1973, auf dem Parteitag in Hannover in den SPD-Bundesvorstand gewählt worden.

An der Joachim-Friedrich-Straße in Halensee hatten die Organisatoren der Demonstration vom 18. Februar zu entscheiden, ob der Zug auf der vom Polizeipräsidenten vorgegebenen Marschroute bleiben sollte oder nicht. Für den Fall, dass der Zug

∧ *Vietcong-Fahnen, Transparente mit Parolen, Porträts von Che Guevara: die West-Berliner City am 18. Februar 1968.*

geradeaus in Richtung Dahlem marschiert wäre, stand ein größeres Polizeiaufgebot zum Eingreifen bereit. Eine gewaltsame Auseinandersetzung mit all ihren Folgen wäre unabwendbar gewesen. Den dort und auch im Bereich der amerikanischen Einrichtungen in Dahlem, Zehlendorf und Lichterfelde postierten Sicherheitskräften konnte Entwarnung gegeben werden, denn die 12 000 Vietnam-Marschierer hielten sich an die Vorschrift und bogen nach rechts ab. Überhaupt sorgten die Veranstalter dafür, dass es zu keinen Ausschreitungen kam, wie sie dies am Tag zuvor dem Verwaltungsgericht auch versichert hatten.

Zu den Journalisten, die den Marsch begleiteten, gehörte auch Erich Kuby. Er sympathisierte mit den Demonstranten, und das nicht nur, weil seine Tochter an der FU AStA-Referentin war. Kuby, der damals bereits als Schriftsteller einen Namen hatte, machte aus seiner Haltung auch keinen Hehl, als wir auf dem Bürgersteig ein Stück gemeinsam gingen. Um Kuby hatte es am 7. Mai 1965 an der FU eine heftige Auseinandersetzung gegeben, als der damalige Rektor Herbert Lüers eine Veranstaltung zum zwanzigsten Jahrestag des Kriegsendes mit dem prominenten Journalisten im Audimax nicht genehmigte. Damit reagierte Lüers darauf, dass sich Kuby 1958 abfällig über den Namen Freie Universität geäußert hatte – er hatte gesagt, bei der FU bringe der Zusatz »Freie« »ein äußerstes Maß von Unfreiheit zum Ausdruck«. 3000 FU-Studenten unterschrieben 1965 eine Resolution, in der sie gegen den Schritt des Rektors protestierten.

Eine Gruppe von Gegendemonstranten, die vom Straßenrand aus durch Rufe wie »Lieber tot als rot« zu provozieren suchte, wurde wenig beachtet. Allerdings kam es vor und während der Schlusskundgebung an der Oper zu Handgreiflichkeiten zwischen etwa hundert Störern und Ordnern. Nachdem Demonstranten auf Baugerüsten und Kränen an der Bismarckstraße gegenüber der Oper rote Fahnen und Fahnen des Vietcong aufgehängt hatten, kletterten Gegendemonstranten ebenfalls empor, warfen die Fahnen hinunter und zündeten einige davon an. Französische Revolutionäre, deren Aggressivität ich schon am Kurfürstendamm kennengelernt hatte, durchbrachen eine Kette von Ordnern und ließen sich auf eine Rangelei mit jungen Leuten ein, die sie wegen ihrer provozierenden Rufe und Sprechchöre als Gegner ausgemacht hatten.

Die APO teilte am Tag danach mit, dass Demonstranten an einigen Stellen des Zuges von mit Schlagwerkzeugen ausgerüsteten Leuten angegriffen worden seien. Im Schutz einer Polizistenkette hätten diese Angreifer sogar mehrere Personen verletzt. Im Bericht der damals schwerwiegendere Vorkommnisse gewohnten Polizei las sich dies jedoch weniger dramatisch: Die Demonstration sei »im Wesentlichen diszipliniert und ohne größere Zwischenfälle« verlaufen.

^ *Aufatmen am 19. Februar 1967 auf Seite 1 der »Bild-Zeitung«.*

»BERLIN STEHT FÜR
FREIHEIT UND FRIEDEN«

Nach dem eindeutig gegen die Amerikaner und das westliche Gesellschaftssystem gerichteten Vietnam-Kongress vom 17./18. Februar 1868 und der per Gerichtsbeschluss durchgesetzten Abschlussdemonstration in der West-Berliner Innenstadt schrieb die *Frankfurter Allgemeine Zeitung*, West-Berlin brauche die drei westlichen Schutzmächte wie die Luft zum Atmen. »Die Berliner werden sich also von den Amerikanern und auch von deren in der Stadt stationierten Truppen politisch nicht trennen lassen ...«. Wenn es eine »winzige radikalisierte Minderheit« durchaus darauf anlege, die amerikanische Macht zu provozieren, »kann schließlich das Echo der Mehrheit nicht ausbleiben«.

Der Kommentar beschrieb ziemlich genau die Stimmung, die damals sowohl bei den meisten Politikern als auch bei der großen Mehrheit der Bevölkerung herrschte. In der Stadt nahm man die Auftritte marxistischer, trotzkistischer und maoistischer Kader aus dem In- und Ausland, die nicht zu verhindern waren, zähneknirschend zur Kenntnis. Aber das konnte nicht die einzige Antwort sein. Schon am Abend des 17. Februar trug der Regierende Bürgermeister Klaus Schütz in seiner regelmäßigen Ansprache im Regionalfernsehen der Gefühlslage der wegen des Kongresses aufgebrachten Bürger Rechnung, indem er ankündigte, sie könnten »in den nächsten Tagen« zu einer Demonstration ihrer Haltung zusammenkommen. Einen Tag nach der Vietnam-Demonstration nannte Schütz bei der Besichtigung eines Großbetriebes den 21. Februar als Termin für diese Demonstration. Wiederum einen Tag später unterzeichneten dann der Senat, die drei im Abgeordnetenhaus vertretenen Parteien SPD, CDU und

FDP, der DGB sowie der Ring politischer Jugend einen Aufruf zu einer Kundgebung unter dem Motto »Berlin steht für Freiheit und Frieden«. Sie fand am Mittwoch, den 21. Februar, auf dem John-F.-Kennedy-Platz vor dem Rathaus Schöneberg statt.

Nachdem der Berliner Landesvorsitzende und Bundestagsabgeordnete der FDP, William Borm, den Aufruf unterzeichnet hatte, gab es plötzlich einigen Ärger. Borm war Gründungsmitglied des linksradikalen Republikanischen Clubs, der in der APO eine führende Rolle spielte, stand also im politischen Lager, gegen das sich die Kundgebung wenden sollte. Sofort zogen alle anderen Initiatoren ihre Unterschrift zurück. Zwar wollte FDP-Justizsenator Hans-Günter Hoppe die Situation retten und für Borm einspringen; er bereitete sogar schon eine Rede für die Kundgebung vor. Doch die FDP-Führung war dagegen. Sie zeigte sich wegen der Brüskierung ihres Vorsitzenden tief beleidigt und trat den Rückzug an.

Auf mich hatte Borm zuvor wegen seines geschickten, weltmännischen Auftretens Eindruck gemacht. Er galt schon weil er sich stets seriös kleidete und einer gepflegten Sprache bediente, als »Gentleman« und schien überhaupt Politik nicht so verbissen zu betreiben wie manche andere Berliner Politiker. Umso mehr war ich erstaunt, als nach Öffnung der Stasi-Unterlagen Anfang der Neunzigerjahre herauskam, dass der 1987 im Alter von 92 Jahren verstorbene Borm während seiner neunjährigen Haft in der DDR vor 1960 von der Stasi als Einflussagent angeworben worden war. Er war häufiger Gesprächspartner von Markus Wolf, sprach so gut wie alle seine politischen Aktivitäten in Berlin und Bonn fortlaufend mit dem Staatssicherheitsdienst in Ost-Berlin ab und ließ sich dort sogar Reden und Vorlagen verfassen.

Für die West-Berliner war die Teilnahme an Freiheitskundgebungen während der Zeit des Kalten Krieges eine häufiger wiederkehrende Übung. Immer dann, wenn es galt, Widerstand gegen die bis zum Ende des Sowjetimperiums nie restlos gebannte Bedrohung aus dem Osten zu bekunden – vor allem während der Blockade 1948/49, nach dem Chruschtschow-Ultimatum 1958 und nach dem Mauerbau 1961 –, kamen die Menschen zu Hunderttausenden zusammen, wenn sie dazu aufgerufen wurden. Auch die Zusammenkunft von rund 400 000 Menschen, die am 23. Juni 1963 vor dem Rathaus Schöneberg US-Präsident John F. Kennedy zujubelten, war eine Freiheitskundgebung. Mit solchen

Großveranstaltungen sollte der Selbstbehauptungswille der Bevölkerung vor aller Welt kundgetan werden. Die Menschen selber machten sich, indem sie dem Mythos ihrer »Insel der Freiheit« huldigten, aber auch gegenseitig Mut und Hoffnung.

Zwanzig Jahre nach der Teilung Berlins weckte 1968 der wenn auch nicht direkt pro-sowjetisch, so doch eindeutig kommunistisch ausgerichtete Kongress linksextremer Organisationen und die anschließende riesige Vietnam-Demonstration wieder Verunsicherung und Ängste. Der ehemalige Chefredakteur des *Tagesspiegel*, Karl Silex, wies am 25. Februar 1968 auf die Sorgen um das Image der Stadt hin, die viele bewegten. Er schrieb in einem Leitartikel, dass »diese Dinge«, gerade weil sie sich in Berlin abspielten, »unserer Stadt den Ruf als Herd der Unruhe und Zentrum der Außerparlamentarischen Opposition eingetragen« hätten.

Die Kundgebung am 21. Februar und ihr etwas verunglückter Abschluss lassen sich also nur begreifen, wenn man den verletzten seelischen Zustand der Bevölkerung in Rechnung stellt. Die Teilnehmer der Kundgebung wollten gegensteuern, den, wie sie glaubten, lädierten Ruf ihrer geteilten und eingemauerten Stadt wieder aufpolieren. In dem Aufruf, mit dem Schütz um Teilnahme an der Kundgebung warb, hieß es denn auch: »Die Welt soll unsere Stimme hören, damit sie erfährt, dass andere, die sich hier getroffen haben, nicht für diese Stadt sprechen.« Am frühen Nachmittag des 21. Februar setzten sich dann lange Marschkolonnen von sechs Sammelplätzen aus in Richtung Rathaus in Bewegung. Die Mitarbeiter des öffentlichen Dienstes hatten für die Teilnahme an der Kundgebung, die um 16.30 Uhr begann, schon um 13.30 Uhr frei bekommen. Die BVG ließ Sonderbusse zum Veranstaltungsort fahren.

Als Jürgen Grimming, Vorsitzender der Berliner Jusos und des Ringes politischer Jugend, als Erster ans Mikrofon trat, war der Platz mit 80 000 bis 90 000 Teilnehmern gut gefüllt, aber längst nicht überfüllt. Die Polizei verschätzte sich zunächst und sprach von 150 000 Zuhörern, eine Zahl, die sie am Tag danach korrigieren musste. Wahrscheinlich war manch einer zu Hause geblieben, weil die Kundgebung auch in Radio und Fernsehen live übertragen wurde. Grimming wusste, was die Bevölkerung von ihm als Repräsentanten der Partei-Nachwuchsorganisationen hören wollte. Er bat, »das Urteil über diese (bei dem Kon-

gress aufgetreten, d. Verf.) radikalen Gruppen nicht zum Vorurteil gegen die gesamte Jugend werden zu lassen«. »Es gibt«, so sagte er, »keine Gemeinsamkeit zwischen der überwiegenden Mehrheit der Berliner Jugend und denen, die Lehrfilme zum Bau von Molotow-Cocktails zeigen, die Fensterscheiben einschlagen und in Kirchen randalieren, die – gewollt oder ungewollt – mit dem Kommunismus gemeinsame Sache machen.«

Die Redner nach ihm stießen ins gleiche Horn. SPD-Landeschef Kurt Mattick machte deutlich, wie wenig er von den Revoluzzern hielt: »Wer die Ordnung zerstören will, muss wissen, dass am Ende die Unfreiheit steht.« Der Landes- und Fraktionschef der CDU, Franz Amrehn, sagte: »Wir haben nicht über zwanzig Jahre lang unsere freiheitliche Existenz gemeinsam verteidigt, um sie dann von einer Schar anarchistischer Weltverbesserer zerstören zu lassen. Wir haben es jetzt satt, dass in den Räumen unserer Universität zu kriminellen Handlungen gegen Staat und Gesellschaft aufgerufen werden kann.« Der Berliner DGB-Vorsitzende Walter Sickert, der auch Präsident des Abgeordnetenhauses war, erklärte, mit der Kundgebung solle vor aller Welt gezeigt werden, dass die Berliner entschlossen seien, »das zu verteidigen,

^ *Mit der Kundgebung am 21. Februar wollten Senat, Parteien und Gewerkschaften den »lädierten Ruf« der Stadt wieder aufpolieren.*

was die Arbeitnehmer in den bitteren Zeiten des Aufbaus und der Not unter Einsatz aller Kräfte erarbeitet« hätten.

Schütz bekam als letzter Redner lang anhaltenden Beifall, als er feststellte, dass die drei Schutzmächte USA, Großbritannien und Frankreich »zu uns« gehören. Die Amerikaner, erklärte er weiter, seien in Vietnam »in einen tragischen Krieg verstrickt«. In Berlin seinen sie aber, um die Freiheit der Stadt zu erhalten, und man könne es nicht zulassen, dass sie verunglimpft würden.

Schon während der Kundgebung heizten Zwischenrufer die Stimmung an. Auf manchen Plakaten wurde zur Unterstützung der Polizei und der USA aufgerufen. Andere zeigten aggressivere Slogans wie »Wir fordern SDS-Verbot«, »Linke Faschisten sind die schlimmsten«, »Werft die Anarchisten über die Mauer«, »Dutschke – Volksfeind Nr. 1« und »Dutschke raus aus West-Berlin«. Auf einem anderen makaberen Plakat baumelte Dutschke an einem Galgen.

Ich drängelte mich im Laufe der Veranstaltung allmählich von der Rathaustreppe bis zum hinteren Rand der Menschenmenge an der Belziger Straße durch, weil es dort schon während der Reden zu kleinen Rempeleien und erregten Wortwechseln zwischen Zuhörern und jungen Leuten kam, die wie Studenten aussahen. Auch ich wurde hin und wieder misstrauisch gemustert, aber zunächst nicht behindert. Dann aber versperrten mir wiederholt offenbar angeheiterte Teilnehmer, die nicht zuhören sondern krakeelen wollten, den Weg. Doch ich konnte weitergehen. Offenbar beobachtete jemand vom *Berliner Extra-Dienst*, wie ich aufgehalten wurde. In der Ausgabe vom 24. Juni fand ich folgende Notiz: »Sein akademisches Image stempelte ihn für die umstehenden Freiheitsfreunde zum Dutschke-Fan. Nur mühsam konnte er sich der massiven Rempelei um ihn herum entziehen.«

Andere Besucher der Kundgebung, die sich äußerlich von der Masse unterschieden oder keinen Beifall klatschten, wurden geschubst und beschimpft. Gereiztheit und Hektik müssen auch den anwesenden Polizeioffizieren aufgefallen sein. Ich hoffte, sie würden dafür sorgen, dass noch vor Schluss der Veranstaltung zur Bewahrung von Ruhe und Besonnenheit aufgerufen würde. Doch keiner der Redner richtete einen solchen Appell an die Menge. Die Kundgebung ging mit der vom Musikkorps der Schutzpolizei intonierten Nationalhymne und dem Geläut der Freiheitsglocke zu Ende. Während die Menschen danach zu den Verkehrsmitteln strömten, kam es an verschiedenen Stellen rund um den großen Platz zu unschönen Szenen – Schlägereien und aufgeregten Streitereien. Ich sah, wie in meiner Nähe eine Gruppe von Leuten Hetzjagd auf einen jungen Mann machte, der Dutschke ähnlich

∧ *Die Kundgebung vor dem Rathaus Schöneberg: Klaus Schütz bei seiner Rede (oben) und Teilnehmer mit Plakaten (unten).*

sah und sich in ein Polizeifahrzeug flüchten musste. Wie mehrere Zeitungen am Tag darauf berichteten, gehörte auch *Zeit*-Korrespondent Kai Hermann zu den Opfern der Ausschreitungen. Ihm sei zweimal ins Gesicht geschlagen worden, als er bei einer Auseinandersetzung schlichtend eingreifen wollte, hieß es in der *BZ*. Es gab aber auch den umgekehrten Fall, dass nämlich etwas abseits vom Geschehen ein 21-Jähriger, der ein gegen Dutschke gerichtetes Plakat trug, von Anhängern der APO festgehalten und verprügelt wurde. Alles Vorkommnisse, die einer Friedenskundgebung unwürdig waren, deren Anliegen zumindest schadeten.

Nach Ende der Kundgebung bildeten sich spontan Marschzüge in verschiedene Richtungen; einer davon mit 400 Teilnehmern gelangte bis zum Amerika-Haus am Bahnhof Zoo. Die Polizei konnte ihn dort auflösen. Eine andere Demonstration von etwa hundert Personen, die sich zum Sitz des SDS in Bewegung

^ *Die von der Polizei bekannt gegebene Zahl von 150 000 Teilnehmern musste später auf 80 000 bis 90 000 korrigiert werden.*

setzte, war nicht aufzuhalten. Doch als der Zug am Kurfürsten-damm Ecke Joachim-Friedrich-Straße in Halensee eintraf, war ihm ein größeres Aufgebot von Polizisten vorausgeeilt, die das Haus der Studentenorganisation schützten und die Demonstranten abdrängten. Laut dem Polizeibericht gab es bei den Schlägereien zwanzig Leichtverletzte, drei Personen mussten im Krankenhaus behandelt werden.

Im Leitartikel der *Berliner Morgenpost* vom 22. Februar rechnete Rudolf Stiege »das bedauerliche gewalttätige Verhalten einiger Demonstranten« zu den Schönheitsfehlern einer großen Freiheitskundgebung, deren Bilanz er aber »durchaus erfreulich« nannte. »Die bewegende Kundgebung auf dem John-F.-Kennedy-Platz«, schrieb Stiege, »hat das Bild wieder zurechtgerückt, das im Terror linksextremistischer Revoluzzer in den letzten Monaten zum Zerrbild zu verblassen drohte.« Auch die *BZ* meinte: »Am Erfolg der gestrigen Kundgebung vor dem Rathaus ist nicht zu drehen und zu deuteln.« Den positiven Eindruck hätten »einige ausgesprochen blöde Inschriften« kaum stören können. »Aber sie waren ein Schönheitsfleck. Denn es ist ein Unding, einen Dutschke zum ›Volksfeind Nummer 1‹ stempeln zu wollen.«

In der *Welt am Sonntag* schrieb der SFB-Journalist Herbert Hausen, die Kundgebung habe »für jedermann im Lande die Proportionen wiederhergestellt ... Angriffe auf die bestehende Ordnung empfinden die meisten als Angriff auf jeden Einzelnen. Das vor allem wurde in Berlin deutlich.«. Im Kommentar der *Welt*, den Götz von Coburg schrieb, hieß es, dass die in Monaten aufgestaute Erbitterung »das Ventil einer öffentlichen Willensbekundung« gebraucht habe. Die Prügelszenen am Rand der Kundgebung seien unerfreulich. »Darin aber den Ausdruck einer Verhetzung zu sehen, wie es von interessierter Seite geschieht, wäre völlig verfehlt.«

Für das *Neue Deutschland* in Ost-Berlin war die Kundgebung eine »Pogromveranstaltung«, über die sie auf der Titelseite berichtete. »Frontstadtpolitiker«, schrieb das SED-Organ, hätten die Bevölkerung gegen die »demokratischen Kräfte« aufgehetzt. Aber auch in West-Berlin gab es Kritik an der Haltung des Senats.

In einer Veranstaltung, die von der Humanistischen Union, der Liga für Menschenrechte und dem links stehenden evangelischen Arbeitskreis Kirche und Gesellschaft am 6. März 1968 in der TU organisiert wurde, sollte versucht werden, der seit der

Pogromhetze Schütz' im Nazistil

NEUES DEUTSCHLAND

Gefährliche Aufwiegelung reaktionärer Scharfmacher im Rahmen der Globalstrategie Johnsons / Mit Einschüchterung und Demagogie soll Westberliner Bevölkerung an die Seite der USA-Verbrecher getrieben werden / Brachialgewalt gegen alle Kräfte der außerparlamentarischen Opposition

22. FEB. 1968

Westberlin (ND). Nach dem Vorbild nazistischer Pogromkundgebungen hatten die Westberliner Statthalter zusammen mit der Springer-Presse und rechtsextremistischen Verbänden am Mittwoch eine großangelegte Hetzveranstaltung vor dem Schöneberger Rathaus aufgezogen. In demonstrativer Weise solidarisierte sich die Schütz-Clique mit dem verbrecherischen USA-Krieg in Vietnam. Unter haßtriefenden Ausfällen gegen die 20 000 Teilnehmer an der machtvollen Vietnamdemonstration am Sonntag wiegelten die Frontstadtpolitiker die Bevölkerung gegen die demokratischen Kräfte auf.

Im Stile Goebbelsscher Sportpalastreden versuchten Senatschef Schütz, der sozialdemokratische Vorsitzende Mattick, der als Scharfmacher bekannte Westberliner DGB-Vorsitzende Sickert zusammen mit dem CDU-Chef Amrehn die Westberliner für die USA-Verbrechen in Vietnam und die Bonner Expansionspolitik zu mißbrauchen.

„Die Amerikaner sollen wissen, daß sie sich auf uns verlassen können", erklärte Amrehn. Gleichzeitig verlangte er ein noch brutaleres Vorgehen gegen alle, die in Zukunft gegen die USA-Verbrechen in Vietnam protestieren.

Alle Sprecher der Hetzkundgebung ergingen sich in Haßtiraden gegen die DDR und entfesselten eine wüste antikommunistische Hetze. Provokatorisch proklamierte Schütz die Zugehörigkeit Westberlins zur Bundesrepublik.

Um den Schöneberger Rathausplatz zu füllen, hatten auf Anordnung des Westberliner Senats und der Unternehmer-

---

Der bekannte westdeutsche Philosoph Prof. Jaspers: Die Senatskundgebung ist „nicht nur ein böses Zeichen, sondern die böse Tat eines politischen Verfalls".

---

verbände alle Ämter und auch Betriebe früher schließen müssen. Ganze Bezirksämter wurden — wie in Wilmersdorf mit ausdrücklichem „Marschbefehl" — geschlossen zur Hetzkundgebung geführt. Auf Transparenten, zu denen vorher Parolen ausgegeben worden waren, wurde im NS-Stil zur Gewalttätigkeit gegen die demokratischen Kräfte aufgerufen. Entsprechend dieser Aufforderungen organisierten Terrorgruppen Prügeleinsätze gegen Jugendliche, die während der Pogromveranstaltung protestierten. Die SED-Westberlin protestierte in einer Erklärung, die wir auf Seite 2 veröffentlichen, gegen die Hetzveranstaltung.

Vietnam-Demonstration und der »Senats-Gegenkundgebung« im Februar anhaltenden Unruhe in der Bevölkerung entgegenzuwirken. Im überfüllten Audimax saßen unter anderem der Hamburger Verleger Gerd Bucerius, der Schriftsteller Günter Grass, der Gewerkschaftsjournalist Heinz Brandt von der IG Metall, Martin Fischer von der evangelischen Kirchenleitung und der FU-Germanistikprofessor Peter Wapnewski auf dem Podium. Sie waren sich einig in der Kritik an der politischen Führung Berlins und der in der Stadt herrschenden Atmosphäre. Brandt kritisierte die Haltung des Senats und der Gewerkschaftsführung gegen Aktionen und Ansichten der studentischen Linken. Grass sagte, der Appell an primitive Instinkte, der von den Springer-Zeitungen ausgegangen sei, scheine jetzt zum Programm erhoben worden zu sein. Es herrsche eine »latente Pogromstimmung«.

^ *Das SED-Blatt »Neues Deutschland« nannte am 22. Februar die Rede von Schütz »Pogromhetze im Nazistil«.*

11. APRIL 1968

Eigentlich wollte ich am Nachmittag des Gründonnerstags 1968 nach dem Stress der vorangegangenen Wochen endlich einmal abschalten. Ich war schon frühmorgens in die Redaktion gefahren, hatte meine Berichte für die nächsten Ausgaben der *Berliner Morgenpost* geschrieben und trank nun kurz nach 16.30 Uhr im Journalistenclub des Axel-Springer-Hochhauses gerade eine Tasse Kaffee. Die Sonne schien und ich freute mich auf vier, wie ich meinte, freie, erholsame Tage. Da klingelte das Telefon und ein Kollege teilte aufgeregt mit: »Auf Dutschke ist ein Anschlag verübt worden. Du musst sofort losfahren.« Ich antwortete dem Anrufer neun Stockwerke tiefer, er möge mit so etwas keine dummen Scherze machen. Doch dem Mann war überhaupt nicht nach Scherzen zumute. Die Angelegenheit war bitterer Ernst, wie ich Agenturmeldungen mit dem Zusatz »Eilt« und »Vorrang« entnahm, die er mir Minuten später in die Hand drückte.

Also nichts wie los und als rasender Reporter durch die vorösterlich leeren Straßen nach Halensee. Die Stelle, wo der Gelegenheitsarbeiter Josef Bachmann vor dem Haus Kurfürstendamm 142 an einer Tankstelleneinfahrt drei Pistolenschüsse auf Dutschke abgegeben hatte, war nicht zu verfehlen. Am Fahrbahnrand lagen noch, von Kreidekreisen der Spurensicherung markiert, die beiden Schuhe des Opfers und sein rot-grün lackiertes Fahrrad Marke »Arcona«; am linken Griff des Lenkers eine braune Aktentasche.

Viel mehr war kurz nach 17 Uhr, etwa 25 Minuten nach den drei Schüssen auf Dutschke, direkt am Tatort nicht zu ermitteln. Keine Polizei, keine Augenzeugen, keine Journalisten. Und die wenigen Passanten, die achtlos an der Stelle des Mordversuches vorübergingen, hatten keine Ahnung, was geschehen war. Doch aus der nahen Nestorstraße war gedämpfter Lärm zu vernehmen. Dort schien sich etwas zu tun. Ich folgte einigen Personen, die in diese Straße einbogen, und sah, dass die von einem Gerüst umgebene Baustelle des dritten Hauses auf der linken Seite von einem starken Polizeiaufgebot umringt und abgesperrt war. Davor Schaulustige und auch einige Kollegen. Von ihnen erfuhr ich, dass sich im Kellergeschoss des bis zum ersten Stock emporgewachsenen Wohnhauses noch der Mann versteckt hielt, der auf Dutschke geschossen hatte. Die Situation war brenzlig, denn der Attentäter feuerte auf Polizisten, die sich näherten, nachdem sie ihn mit Tränengas zu vertreiben versucht hatten.

Wenn ich mich recht erinnere, dauerte es ziemlich lange, bis die vorsichtig operierenden Beamten den 23-jährigen vorbestraften Desperado, der Hitler-Bilder malte, überwältigen konnten. Er hatte mehrere Schussverletzungen erlitten. Zum Glück gab es auf dem Bürgersteig schräg gegenüber der Baustelle eine Telefonzelle, von der aus ich meine Redaktion auf dem Laufenden halten konnte. Es war damals immer wichtig, dass man als Reporter ständig ein Telefon in erreichbarer Nähe und genügend Kleingeld in der Tasche hatte – Handys und Laptops, mit denen heute die schnelle Nachrichtenübermittlung zum Kinderspiel geworden ist, gab es noch lange nicht. Ich kam in der Nestorstraße mit einem Schutzpolizisten ins Gespräch, der seine Pistole, mit der er Schüsse auf Bachmann abgegeben hatte, aufatmend wieder im Halfter verstaute. Er sah blass aus. Offenbar war er wegen der Anstrengung des Einsatzes mit den Nerven fertig. Er deutete auf die Pistole und es brach aus ihm hervor: »Diese Dinger sollte man wegwerfen.«

Seine Worte machten mich nachdenklich. Wie schnell war doch gut zehn Monate zuvor der Kriminalobermeister Karl-Heinz Kurras nach seinem unglückseligen Todesschuss auf den Studenten Benno Ohnesorg nicht nur von jugendlichen Demonstranten und ihren Gefolgsleuten, sondern auch von einem Teil der breiten Öffentlichkeit als Mörder verdächtigt worden. Wie bereitwillig war so mancher den Argumenten derer gefolgt, die in ihrer ideologischen Verbohrtheit den Tod des Studenten bereits als Vorboten eines neuen Faschismus ausgaben. Und wie empört hatten Studenten sowie linke und linksliberale Medien auf den Freispruch des Beamten am 21. November 1967 durch ein unabhängiges Gericht reagiert. Vielleicht, so sagte ich mir, war Kurras am Abend jenes 2. Juni ähnlich zumute wie dem Polizisten jetzt vor mir.

Der im Vogtland geborene und in Peine aufgewachsene Gelegenheitsarbeiter Josef Erwin Bachmann war für seine Untat aus München nach Berlin gereist. Er soll im Keller der Baustelle den Inhalt einer ganzen Packung von zwanzig Schlaftabletten eingenommen haben, ehe er seine umgebaute Gasschusswaffe gegen Polizisten richtete. Erst gegen 18 Uhr gab er, lebensgefährlich verletzt, auf. Er hatte einen Armdurchschuss erlitten, durch den eine Arterie aufgerissen worden war. Wie Innensenator Kurt Neubauer eine Stunde später in einer Pressekonferenz mitteilte, war er zunächst weder vernehmungs- noch transportfähig.

Nachdem Bachmann zur Operation ins Westend-Krankenhaus abtransportiert war, nutzte ich gemeinsam mit mehreren Kollegen die Gelegenheit, mir am Kurfürstendamm den Ort, an dem sich das Drama abgespielt hatte, nochmals genauer anzusehen. Wir konnten uns auch mit einigen Freunden Dutschkes aus der nur eine Ecke entfernten Berliner SDS-Geschäftsstelle unterhalten. Dort befand sich damals eine der Unterkünfte Dutschkes und seiner Familie, die ihr Quartier wegen der ihnen bewusst gewordenen Bedrohung nun häufig wechselten. Jetzt, so wurde uns mitgeteilt, säßen in dem Büro die Funktionäre des Studentenverbandes mit anderen führenden Vertretern der Außerparlamentarischen Opposition beisammen, um die aus dem Anschlag zu ziehenden Konsequenzen zu beraten. Bald hieß es, dass noch am gleichen Abend etwas geschehen werde. Man halte sich mit der Frage, wer die Verantwortung für das Verbrechen habe, nicht lange auf, sagte ein SDS-Mann. Natürlich seien der Senat und die Politiker der Stadt schuld. Noch mehr aber müssten der Verleger Axel Springer und seine Zeitungen zur Rechenschaft gezogen werden. Dabei sah unser Gesprächspartner, der mich kannte, beinahe ein wenig mitleidig in meine Richtung. »Ja«, meinte er unverblümt, »der Mordanschlag muss für diese Presse Folgen haben«.

Ich war somit vorgewarnt und wies die Kollegen an der Kochstraße frühzeitig auf die drohende Gefahr hin. Seit ich im Januar 1967 von einem einjährigen Aufenthalt in den USA zurückgekehrt war, hatte ich mich mit Denkweise und Argumentation derer gründlich vertraut gemacht, denen Springer zu erfolgreich und angeblich auch zu mächtig geworden war. Tagtäglich wurde in Veranstaltungen, auf Flugblättern, im APO-Blatt *Berliner Extra-Dienst* und auf einer am Revers getragenen Plakette »Enteignet Springer!« gefordert. Deshalb konnte ich der Redaktion am Telefon jetzt sagen, dass die erbitterten Gegner des Verlegers ihre Stunde für gekommen sehen dürften. Der Anschlag auf Dutschke verschaffe ihnen den ersehnten Handlungsspielraum, wahrscheinlich gewinne die Außerparlamentarische Opposition nun auch gewisse Sympathien bei Bevölkerungskreisen, die bisher der seit langem geschürten Anti-Springer-Kampagne wenig abgewonnen hätten. Die Schüsse auf Dutschke böten seinen Anhängern den lang ersehnten Anlass für eine zumindest symbolische Abrechnung mit dem Buhmann Springer.

Ich hatte als hochschulpolitischer Korrespondent im Laufe der Zeit eine Reihe von SDS-Leuten ganz gut kennengelernt und mit ihnen hin und wieder hitzige Wortgefechte geführt. Nun aber war ich in den nächsten Stunden an keinen solchen Diskussionen interessiert, die um mich herum auf der Straße geführt wurde. Es galt vielmehr, Augen und Ohren offen zu halten. Ich kann mich noch gut an die angespannte Ruhe jenes frühen Abends erinnern. Man stand meist in kleinen Gruppen beisammen, aß an einem Imbissstand eine Kleinigkeit und machte sich gemeinsam Gedanken darüber, was nun wirklich passieren würde. Gegen 18 Uhr kamen maßgebliche Vertreter der APO aus dem Haus des SDS und begaben sich teils zu Fuß, teils mit dem Auto über den Kurfürstendamm zum Republikanischen Club an der Wielandstraße 27. Wir versuchten, mit dem einen oder anderen ein paar Worte zu reden, aber sie vertrösteten uns auf »später« und zeigten ausdruckslose, finstere Gesichter. Unter den Reportern, die den Club nicht betreten durften und auf der Straße warten mussten, ging plötzlich das Gerücht um, dass Dutschke im Krankenhaus Westend seinen schweren Hirnverletzungen erlegen sei. Dies habe der SFB gemeldet. Bald darauf aber erzählte einer der Vorübergehenden, dass die Nachricht nicht stimme und Dutschke bereits seit Stunden operiert werde.

Eine andere Parole, die frühzeitig verbreitet wurde, lautete: »Springer hat mitgeschossen.« Sie wurde in der folgenden Zeit – meistens abgewandelt in »Bild hat mitgeschossen« – immer wieder vorgetragen und stiftete auch bei manchen ideologisch nicht

Stoppt Dutschke jetzt!

Sonst gibt es Bürgerkrieg

Nazis jagen - Kommunisten hofieren?

tsche Nationalzeitung« vom 22. März 1968

vorbelasteten Mitbürgern Verwirrung. Ich denke an die sonst so liebenswürdige Ehefrau eines Fernsehkollegen, der Mitarbeiter von *Newsweek* gewesen war, als ich ihn zwei Jahre zuvor in New York kennen- und schätzen gelernt hatte. Sie fauchte mich am Ostermontag 1968, als wir über das Gelände der TU gingen, völlig unvermittelt an: »Schuld an allem sind nur Springer und die Berliner Morgenpost.« Auch anderen leicht beeinflussbaren Zeitgenossen, die angenehme Gesprächspartner sein konnten, merkte man in diesen turbulenten Tagen an, wie sehr sie sich beherrschen mussten, um dem Mitarbeiter des Verlagshauses Springer nicht brutal ins Gesicht zu sagen, dass er im Dienste einer bösen Macht stehe. Zu meinem Trost erlebte ich aber auch politisch durchaus links stehende Zeitgenossen, die gerade in jener kritischen Zeit kühlen Kopf bewahrten und mich ihrer Freundschaft versicherten.

Die Beratung beim Republikanischen Club zog sich an jenem Abend mindestens eine weitere Stunde hin. Dann aber erschienen die führenden APO-Leute, darunter Carl L. Guggomos, Horst Mahler, Bernd Rabehl und Walter Barthel auf der Straße. Sie führten bereits die offenbar in den Räumen des Clubs für diesen Fall gelagerten langen hölzernen Stangen mit sich, an denen sich zwei Stunden später die vordersten Reihen der Marschkolonnen kurz vor Erreichen des Springer-Verlagshauses – wohl zur gegenseitigen Ermunterung – krampfhaft festhielten. Die APO-Strategen marschierten erst einmal zur Technischen Universität. Die Gruppe von Journalisten, die geduldig ausgeharrt hatte, lief hinterdrein. Ich rechnete damit, dass dort zur Vorbereitung auf das weitere Geschehen erst einmal die übliche lang-

^ *Ausriss aus der »Deutschen Nationalzeitung« vom 22. März 1968, die der Attentäter Bachmann bei sich führte.*

atmige »Vollversammlung« beginnen würde. Doch dann erfuhr ich, dass diese Diskussion schon stattgefunden habe.

Wie es dabei zugegangen war, schilderte der RIAS-Journalist Manfred Rexin, ein früheres Vorstandsmitglied der linkssozialistischen Berliner Jugendorganisation »Die Falken« und Mitglied des Republikanischen Clubs, Tage danach in einem Brief an den mit ihm befreundeten Kölner WDR-Kollegen Ansgar Skriver. Sein Augenzeugenbericht ging, wie er mir mitteilte, in Kopien auch an den Schriftsteller Rolf Schroers, später Direktor der Theodor-Heuss-Akademie, sowie an den Verleger des Hamburger Wochenblattes *Die Zeit*, Gerd Bucerius. Der ausführliche

Text wurde außerdem in der Nummer vom Mai 1968 der Monatszeitschrift *Liberal* veröffentlicht; der Politologe Arnulf Baring hat bereits in seinem 1999 erschienenen Buch *Es lebe die Republik, es lebe Deutschland* aus den Aufzeichnungen Rexins zitiert. Über die Diskussion vor dem Marsch zu Springer hieß es dort: »Ich war, als ich die Versammlung kurz nach 21 Uhr verließ, ziemlich entsetzt – einmal über die Kaltherzigkeit, mit der Dutschke zum reinen Objekt gemacht wurde. Das fernere Überleben des Mannes schien die Führung des SDS nicht weiter zu bewegen, ja, ich hatte sogar den fatalen Eindruck, als wenn dem einen oder anderen die Nachricht vom Ableben Dutschkes als politisches Instrument willkommen gewesen wäre ... Nicht minder bestürzend war für mich der vorbehaltlose Aufruf zur Gewalt – ohne irgendeinen präzisen Hinweis, was denn nun am Springer-Hochhaus zu geschehen habe.«

Die etwa 2000 Teilnehmer der Diskussion in der TU hätten, so wurde mir gesagt, auf Vorschlag von Wolfgang Lefèvre hin entschieden, nicht vor das Rathaus Schöneberg, sondern zu Springer zu ziehen. Ein Teil von ihnen hatte sich, als ich die TU erreichte, schon auf die Straße begeben. Viele, denen der Marsch zu beschwerlich war, fuhren gleich mit Auto oder U-Bahn zum Verlagshaus in Kreuzberg voraus. Andere warteten vor dem TU-Hauptgebäude, bis sich der Demonstrationszug formierte. Deshalb war das Audimax nur noch halb gefüllt, als auch der SDS-Vordenker und Dutschke-Vertraute Bernd Rabehl in einer kurzen Ansprache ohne Umschweife Springer als Schuldigen an dem Attentat anklagte, dessen erst eineinhalb Jahr zuvor in Betrieb genommenes Hochhaus an der Mauer als Demonstrationsziel nannte und dann sogleich zum Aufbruch drängte. Wenn in verschiedenen Schriften über den 11. April 1968 von 2500 Leuten zu lesen ist, die zu diesem Zeitpunkt noch im Audimax diskutiert hätten, so erscheint mir da einige Fantasie im Spiel zu sein.

Es waren höchstens 1000 bis 1200 Demonstranten, die sich gegen 21.30 Uhr – auch hinsichtlich des Zeitpunkts gehen die Angaben auseinander – kurz vor dem Ernst-Reuter-Platz in Richtung Hardenbergstraße in Bewegung setzten. Im Marschzug wurden rote Fahnen und vorbereitete Plakate getragen. Als die Dämmerung einsetzte, zündete man Fackeln an. Anwalt Mahler marschierte von Anfang an ganz vorn, wo man sich gegenseitig unterhakte. Personen in der ersten Reihe wechselten sich wiederholt mit denen in Reihe zwei oder drei ab. Ich begleitete den allmählich auf etwa 2000 Teilnehmer anschwellenden Zug auf dem Bürgersteig und konnte beobachten, wie erste Steine gegen das Amerika-Haus geworfen wurden, ohne sichtbaren Schaden anzurichten. Der spätere Terrorist Michael »Bommi« Baumann, Gründungsmitglied der »Bewegung 2. Juni«, hat in seiner 1975 erschienenen Schrift *Wie alles anfing* maßlos übertrieben, als er behauptete, auf dem Weg zur Kochstraße »haben wir im Amerika-Haus alle Scheiben eingeschmissen«. So war es nun wirklich nicht. Ähnliche großsprecherische Schilderungen angeblicher Erlebnisse in jener Nacht sind auch von anderen APO-Veteranen überliefert.

Ich informierte die Redaktion regelmäßig von Telefonzellen aus darüber, wo sich die Demonstranten jeweils befanden, welche Slogans sie skandierten und äußerte auch immer wieder die bange Erwartung, dass die Polizei rechtzeitig genügend Einsatzkräfte herbeischaffen würde, um eine Erstürmung des Verlages zu verhindern. Doch Chefredakteur Heinz Köster versuchte mich zu beruhigen; ja, alle Kollegen, zu denen ich weiterverbunden wurde, versicherten, es geschehe seitens der Polizei bereits alles Erforderliche, damit der Zug nicht über die Kreuzung Koch- und Friedrichstraße vordringen könne.

Wiederholt legten die Anführer der Marschkolonne kurze Stopps ein, vermutlich um die eigene Aufregung zu dämpfen und sich gegenseitig Mut zuzusprechen. Auch die Anti-Springer-Sprechchöre sollten wohl dazu beitragen, aufkommende Ängste zu übertönen. Gleichwohl war gerade den Marschierern, die sich vorne eingereiht hatten, anzusehen, dass ihnen nicht ganz wohl in ihrer Haut war. Ein letztes Mal stoppten die Demonstranten nach gut einer Stunde, als sie von der Wilhelm- in die Kochstraße einbogen und das Springer-Hochhaus ins Blickfeld kam. Offenbar ließen sich die Vorderleute von Kurieren, die hin- und herpendelten, über das Polizeiaufgebot berichten, das auf sie wartete. Da man es mit der Staatsgewalt aufnehmen wollte, galt es jetzt zusammenzustehen und auf den letzten 800 Metern geschlossen vorzurücken. Und so geschah es dann auch. Sprüche wie »Haut dem Springer auf die Finger«, Springer – Mörder«, »Zwei, drei Vietnam, fangen wir bei Springer an« und »Axel, wir kommen« erschollen, als die Menge auffallend langsam über die Kreuzung Friedrichstraße hinweg voranschritt. Kein Polizist stellte sich ihr in den Weg. Vor dem Verlagsgebäude warteten um 22.30 Uhr bereits Hunderte von Demonstranten und Schaulustigen, die dem Zug vorausgeeilt waren. Die Aktion wurde seit den frühen Abendstunden in den Radionachrichten von RIAS und SFB angekündigt.

Axel Springer hielt sich in Hamburg auf. Peter Tamm, sein Berliner Vorstandschef, der sich gern als »Mann auf der Kommandobrücke« bezeichnen ließ, war zusammen mit seinem engsten Mitarbeiter Wolfgang Diekermann und einer Assistentin in den Sportpalast gefahren, wo an diesem Abend vor 7000 Zuschauern ein Boxkampf zwischen Wilhelm von Homburg und dem Amerikaner Dave Bailey stattfand. Auch der Chef der Springer-Rotationshalle, Hans Schuster, befand sich dort. Sie wurden nicht etwa durch ihre leitenden Mitarbeiter im Verlag, sondern nach Abschluss der Vorkämpfe durch einen Reporter der *BZ* davon informiert, dass dem Hause Springer Unheil drohte. Sofort brachen sie auf und gelangten noch vor dem Eintreffen des Demonstrationszuges in das Hochhaus, wo Tamm seinen Stab im 18. Stock um sich scharte.

Als dann der Zug vor dem Haupteingang des Verlagshauses ankam, stellte sich ihm nur eine schwache, mangelhaft ausgerüstete und – so mein Eindruck – zunächst nicht sonderlich motivierte Kette von Polizisten entgegen. Die Polizeiführung hatte zwar in Eile schätzungsweise 200 Beamte, die später durch weitere 100 verstärkt wurden, aufgeboten und damit alle verfügbaren Kräfte zusammengetrommelt, aber damit offenbar viel zu spät begonnen. Ohnedies waren Tausende der damals 22 000 West-Berliner Polizeibeamten in den Abendstunden nicht mehr zu erreichen, weil für sie der Osterurlaub begonnen hatte. Viele

hielten sich entweder bereits in Westdeutschland auf oder waren auf dem Weg dorthin. Andere versuchte man bei Verwandten und Freunden sowie in Kinos, Kneipen oder anderen Vergnügungsstätten aufzufinden. Die Organisatoren des Marsches hatten ganz sicher mit einem weit stärkeren Polizeiaufgebot und wesentlich mehr Widerstand gerechnet.

Der Zug stoppte zunächst am Straßenrand dreißig Meter vom Eingang entfernt. Sofort drängte sich um Anwalt Mahler und andere Anführer die Schar derer, die zu gewalttätigen Aktionen entschlossen waren. Man sprach die bevorstehenden »revolutionären Taten« erst einmal untereinander ab. Dann aber setzten sich mehreren Hundert Leute gleichzeitig in Richtung der weder abgeschlossenen noch hinreichend geschützten Eingangstür in Bewegung. Dem Stoßkeil mit Mahler, den Kommunarden Kunzelmann und Pawla sowie einigen anderen gelang es tatsächlich, für wenige Augenblicke den lächerlich schwachen Polizeikordon zu durchbrechen und bis in den Windfang vor der Eingangshalle zu gelangen. Von dort wurden sie allerdings so schnell, wie sie gekommen waren, wieder hinausbefördert. Die Menge hinter dieser Vorhut hatte sich offenbar einen Rest von Respekt gegenüber den Ordnungskräften bewahrt. Sie verhielt sich abwartend und rückte nicht ganz bis zum Eingang vor. So blieb die befürchtete harte, vielleicht sogar blutige Auseinandersetzung aus. Noch heute, vierzig Jahre danach, werfen

^ *Am Abend des 11. April 1968: Tausende vor dem Springer-Hochhaus. Ihnen stehen schwache Polizeikräfte gegenüber.*

unverbesserliche Springer-Feinde der Menge der damaligen Demonstranten vor, durch ihr Zögern die sich ebenfalls ungewöhnlich passiv verhaltende Polizei nicht überrannt und so die einmalige Chance zur Erstürmung des Verlagshauses versäumt zu haben.

Hinter der Drehtür im Foyer hielt sich außer einigen Polizisten und Wachleuten ein starkes Aufgebot technischer Mitarbeiter des Verlages für den Ernstfall bereit, darunter etwa fünfzig Arbeiter von der Rotation sowie eine Schar von Maschinensetzern. Die »Rotationer« standen in der Eingangshalle links. Sie hatten sich mit etwa 45 Zentimeter langen Hartgummistäben, wie sie für die Zeitungsfalzapparate benötigt wurden, ausgerüstet, um Eindringlingen gegebenenfalls eine handfeste Lektion zu erteilen. Als der ihnen von Fotos bekannte Kommunarde Kunzelmann mit einer Fahne auftauchte, die sich allerdings in der Drehtür verfing, wurde er von einem Druckereiarbeiter in die Halle gezogen, wo die aufgebrachten Kollegen den Mann mit roter Farbe übergießen und dann hinter dem Hochhaus über die Mauer werfen wollten. Dies wurde von leitenden Springer-Mitarbeitern verhindert, die dafür sorgten, dass sich der Kommunarde – begleitet vom Haussanitäter – über den Druckereitrakt bald wieder nach draußen entfernen konnte. Bei Ulrich Enzensberger ist allerdings eine andere Version zu lesen: Kunzelmann rühme sich, er habe, nachdem er bei Springer durch die Glastüren gestolpert sei, den Anwalt Mahler durch die Halle stolzieren sehen. Und aus irgendeiner Ecke sei dort auch sein wendiger und enorm pfiffiger Mitkommunarde Pawla aufgetaucht, »wahrscheinlich hatte er schon einige Türschlösser inspiziert«. Augenzeugen können darüber nur schmunzeln. Sie spotten, mit solchen eines Münchhausen würdigen »Heldentaten« wollten ergraute Alt-Achtundsechziger offenbar immer noch ihrem weiblichen Anhang imponieren.

Auch über die in Büchern und auf Internetseiten auftauchende Behauptung, der damalige Innensenator Kurt Neubauer habe sich die Ankunft des Zuges vom Hochhausdach aus angesehen, kann der heute 85-Jährige nur staunen. Die Verfasser solcher Märchen ohne Wahrheitsgehalt wissen offenbar nicht, dass die Dachterrasse über dem 19. Stock des Springer-Gebäudes wegen der breiten Balustrade ein denkbar ungünstiger Beobachtungspunkt wäre. Auf Neubauer, der sich in jener Nacht in der Koch-

straße nicht blicken ließ, sind damalige Springer-Verantwortli-
che im Übrigen bis heute nicht gut zu sprechen, weil sie meinen,
er habe nicht rechtzeitig genug für einen ausreichenden Polizeieinsatz gesorgt.

Als den Demonstranten der Durchbruch durch den Haupteingang auch bei einem zweiten, unter Gejohle unternomme-
nen Anlauf nicht gelang, verlegten sich einige Dutzend von ihnen darauf, die Glasfront des Hochhauses und die Fenster des
Druckerei-Flachbaus mit Steinen zu demolieren. Bald stürzten
geborstene große Scheiben der Eingangshalle auf das Pflaster,
und gefährdeten vor allem die dort postierten Polizisten und
Wachleute. Unter denen, die den Steinewerfern eifrig Wurfgeschosse zureichten, befanden sich auch die Journalisten Ulrike
Meinhof und Stefan Aust. So berichtete es zumindest Meinhof-
Tochter Bettina Röhl. Ehemalige leitende Mitarbeiter des Hauses Springer, die den Übergang vom Foyer zu den Fahrstühlen
abzusichern hatten, erinnern sich daran, dass sie zusammen mit
anderen Führungskräften hinter den in der Halle stehenden Ses-
seln Deckung suchen mussten, weil Splitter, die gegen die Wände prallten, zurückgeflogen kamen. Dass von den vor dem Eingang im Steinhagel ausharrenden Polizisten nur einer schwerer
verletzt wurde, war fast ein Wunder. Ein Lagerarbeiter des Ver-

^ *Nur mit großer Mühe konnte die Polizei die Menge am Eindrin-*
gen in das Verlagsgebäude an der Kochstraße hindern.

lages erlitt Augenverletzungen, weil Demonstranten durch ein zerbrochenes Fenster Reizgas in das Gebäude sprühten.

Ich hielt mich etwa eine Stunde lang vor dem Haus auf und sah zu, wie ein Demonstrant ein rotes Tuch an einem Fahnenmast vor dem Gebäude in die Höhe zog. Die Fahne wurde erst weit nach Mitternacht von Wolfgang Diekermann, dem Mitarbeiter Peter Tamms, wieder heruntergeholt. Ich stand daneben, als ein Demonstrant mit wutverzerrtem Gesicht ein Fenster des Druckereitraktes mit den Füßen eintrat. Durch die so und durch Steinwürfe entstandenen Lücken flogen bald Steine und Fackeln in den Raum, wo sieben Rotationsmaschinen in Betrieb waren.

Den dort beschäftigten Arbeitern gelang es dennoch, wenn auch mit Verspätung, ihr Tagespensum zu erledigen. In der Druckerei mussten die Arbeiter mehrmals mit Feuerlöschern verhindern, dass brennende Gegenstände die großen Papierrollen entzündeten. Eine Brandfackel flog in einen offenen Behälter mit petroleumgetränkten Putzlappen. Nur weil ein geistesgegenwärtiger Mitarbeiter sofort löschte, konnte eine verheerende Explosion verhindert werden. Als später junge Männer sogar versuchten, über die durch Steinwürfe geschaffenen Fensterluken in den Keller vorzudringen, bekamen sie schnell den Druckstrahl aus drei Feuerwehrschläuchen zu spüren, die dort installiert waren. »Wir haben sie einfach weggespritzt«, erzählte einer der »Rotationer«.

Auf Fotos, die Bildreporter von der Menge vor dem Hochhaus gemacht hatten, identifizierte ich in den Tagen nach dem Sturm auf das Haus außer Horst Mahler den Vorsitzenden des TU-AStA, Reiner Wethekam, den Schriftsteller Bahman Nirumand und die RIAS-Mitarbeiterin Marianne Regensburger. Sie hatte den Zug mit einem Megafon begleitet, aber später, wie den Rexin-Aufzeichnungen zu entnehmen ist, an die Menge appelliert, »Zurückhaltung zu üben«. Weiter erkannte ich den Dutschke-Intimus Bernd Rabehl, den Schriftsteller Peter Schneider, den Journalisten Christian Semler, den späteren Mitarbeiter des SPD-Parteivorstands Tilmann Fichter, den FU-AStA-Vorsitzenden Wolfgang Landsberg und seine Nachfolgerin Sigrid Fronius sowie die Kommunarden Hans-Joachim Hameister, Dieter Kunzelmann, Fritz Teufel, Antje Krüger und Jörg Schlotterer.

Als bereits die Steine flogen, sprach mich auf dem Vorplatz ein mir unbekannter Student an und fragte, ob ich wüsste, wo in

dem Haus der Bewag-Hauptschalter zu finden sei. Natürlich war mir dies nicht bekannt. Der Mann erläuterte auch ungeniert, warum ihn das so brennend interessierte: »Wenn wir wüssten, wo der Strom ausgeknipst werden kann, würden wir durchbrechen und den Laden dicht machen.«

Schon zuvor hatten mehrere Männer, unter ihnen Christian Semler, versucht, von einem links vom Haupteingang aufgestellten Bauwagen die Bremse zu lösen, ihn durch die dünne Polizeikette bis zur Glasfassade zu schieben und diese dann zu rammen. Vier oder fünf Leute legten sich dabei mit Hau-Ruck-Rufen ins Zeug – jedoch vergeblich, weil sich die Deichsel und die Vorderräder verhakten. Semler hat sich zu diesem Vorhaben dreißig Jahre später in der taz bekannt und etwas hinzugefügt, was ich bis dahin nicht wusste: dass nämlich in dem Bauwagen ein wahrscheinlich obdachloser »Unbefugter« geschlafen hatte. Der Mann habe sich, als er brutal geweckt wurde, so erschreckt, dass er einen Herzinfarkt erlitt.

Ich behielt in dieser Nacht das irrwitzige Geschehen im Auge, während ich mich durch die Menge schlängelte, in der ich manch bekanntes Gesicht – auch Kollegen von Konkurrenzzeitungen – antraf. Manche Zuschauer jubelten und klatschten Beifall, wenn die Scheiben mit Getöse herunterfielen. Die meisten blieben ohne Gefühlsregung. Sie waren nur als Gaffer erschie-

^ *Nach Mitternacht wurden auf dem Parkplatz Springer-Auslieferungsfahrzeuge umgestürzt und angezündet.*

nen, denen es vor allem um die Sensation ging. Andere aber zeigten sich betreten und versicherten mir, dass sie dem üblen Spiel am liebsten schnell ein Ende machen würden. Aber dafür waren sie nicht zahlreich genug. Wasserwerfer, die erst spät zum Einsatz kamen, veranlassten zwar die Menge zum Rückzug vom Vorplatz auf die Straße. Aber es gelang auch danach immer noch jungen Männern einzeln oder in kleinen Gruppen, durchzubrechen und Steine, Fackeln und Petroleumlampen gegen das Haus zu werfen. Molotow-Cocktails, mit denen gegen Mitternacht Auslieferungswagen der *Berliner Morgenpost* in Brand gesetzt wurden, stammten von dem Verfassungsschutz-Agenten Peter Urbach, wegen seiner Bahn-Kontakte auch »S-Bahn-Peter« genannt. Er hatte im Kofferraum seines in der Nähe geparkten Autos einen ganzen Weidenkorb voller zündfertiger »Mollys« mitgebracht, die er an die Brandstifter verteilte.

Ich gelangte über einen stark abgeschirmten Nebeneingang in das Verlagshaus, wo ich mich zuerst kurze Zeit am Rand der Halle aufhielt, von wo man zusehen konnte, wie die von Mahler angeführte Truppe eine der teuren Hochhaus-Scheiben nach der anderen zum Ziel von Pflastersteinen und Betonbrocken machte. Führungskräfte des Verlages, die mir begegneten, schüttelten fassungslos den Kopf. Ich traf auch Drucker, die schon Feierabend hatten, aber nicht nach Hause gingen, sondern darüber wachten, dass sich keiner der rabiaten Demons-

^ *Durch Steinwürfe zerstörten Demonstranten 62 große Scheiben am Hochhaus und der Eingangshalle des Springer-Verlages.*

tranten einschmuggelte. In meiner Redaktion im fünften Stock zeigte man sich stolz darüber, die nächste Ausgabe der Zeitung trotz aller Aufregungen fertiggestellt zu haben. Und es zweifelte niemand daran, dass sie auch ausgeliefert werden würde.

Aus dem Zimmer des Chefredakteurs kam mir der Mann entgegen, der an diesem Abend die undankbare Rolle hatte, den Polizeieinsatz zu dirigieren: der Leitende Polizeidirektor Günter Dittmann. Er war zusammen mit Polizeivizepräsident Hans-Joachim Prill erst spät eingetroffen und erweckte nun den Eindruck, als ob er gerade Prügel bekommen hätte. »Wir haben alle Kräfte zusammengeholt, mehr war nicht drin«, entschuldigte er sich. Man sah, dass er einem Nervenzusammenbruch nahe war. Nun würden weitere Beamte herbeigeholt. Wer schon aus Berlin weg sei, habe eben zurückzukehren, sagte Dittmann beinahe atemlos, denn die Umgebung des Springer-Verlags müsse über die bevorstehenden Feiertage abgeriegelt werden, damit sich so etwas wie an diesem Abend nicht wiederhole. Auch sonst müsse man wegen drohender Unruhen in der Stadt eine ausreichende Polizeireserve zur Verfügung haben. Nach Mitternacht wurde dann für die Polizei die höchste Alarmstufe angeordnet. Von den Stacheldrahtrollen, die über die Ostertage zusätzlich zu einem starken Polizeiaufgebot das Springer-Haus und seine nähere Umgebung zur Sperrzone machen sollten, sagte Dittmann noch nichts. Erst später wurde bekannt, dass 57 eingesetzte Polizisten

^ Drei von sechs ausgebrannten Fahrzeugen. Die Auslieferung der »Berliner Morgenpost« wurde dadurch nicht unterbunden.

verletzt wurden, zwei davon schwer. Auch 27 Verlagsangehörige erlitten größere oder kleinere Blessuren.

Als ich gegen 0.30 Uhr nach Hause fuhr, schien sich draußen alles beruhigt zu haben. Die Polizei hatte die Kochstraße zwischen Linden- und Friedrichstraße geräumt. Nach turbulenten Stunden erwartete ich, dass kaum mehr etwas geschehen würde. Aber darin irrte ich mich. Zu diesem Zeitpunkt hatten versprengte Partisanen der Anti-Springer-Bewegung wohl schon festgestellt, dass die Absperrungen noch lückenhaft waren. Späher der APO wussten auch längst, dass in der Halle der Fahrbereitschaft auf dem weitläufigen Parkplatzgelände gegenüber dem Verlagsgebäude Lieferfahrzeuge ohne jeden Schutz abgestellt waren, mit denen noch in der Nacht die *Berliner Morgenpost* ausgeliefert werden sollte. (*BZ* und *Bild* erschienen am nächsten Tag nicht.) Wenn sie schon nicht das Hochhaus verwüsten konnten, so gab es doch wenigstens hier eine Gelegenheit, dem verhassten Konzernherrn Schaden zuzufügen.

Die Hoffnung einer radikalen Minderheit unter den Demonstranten, die Auslieferung der Karfreitagsausgabe der *Berliner Morgenpost* blockieren oder doch wenigstens spürbar behindern zu können, ging allerdings nicht auf: Der Verlag mietete, noch bevor die Brandstifter tätig wurden, eine Reihe von Lastwagen, die nicht als Springer-Fahrzeuge zu erkennen waren. Allerdings gelang es Randalierern, in der Nacht zum Karfreitag nach ein Uhr in der Fahrzeughalle sechs Lastwagen in Brand zu setzen sowie 16 weitere umzustürzen und zu demolieren. Auch mehrere auf dem Parkplatz abgestellte Autos von Firmenmitarbeitern wurden beschädigt. Als die Feuerwehr eintraf, demolierten die Demonstranten vier Löschfahrzeuge und verzögerten das Löschen, indem sie sich vor die Parkplatzeinfahrten legten. Sie mussten einzeln weggetragen werden, was wertvolle Zeit kostete.

So wie die durch Steinwürfe zerstörten Scheiben des Eingangsbereiches und die 62 zerborstenen Scheiben der Rotationshalle erwiesen sich auch die angezündeten Lieferfahrzeuge später für die Täter als zweifelhafter Erfolg. Das Verlagshaus Springer reichte gegen den Anführer der Demonstranten, Horst Mahler, eine zivilrechtliche Schadensersatzklage über die Gesamtsumme von 506 696,70 Mark ein. Ihr wurde vom Gericht stattgegeben.

DAS ATTENTAT AUF
RUDI DUTSCHKE

Ein aufsehenerregendes ZDF-Interview des Fernsehjournalisten Günter Gaus mit Rudi Dutschke, das am 9. Februar 1968, gut eine Woche vor dem Internationalen Vietnam-Kongress ausgestrahlt wurde, hatte zwiespältige Folgen. Es erhöhte einerseits weit über Berlin hinaus den Bekanntheitsgrad der »Symbolfigur der Studentenbewegung«, setzte Dutschke aber andererseits in Teilen der APO, vor allem beim SDS, dem Vorwurf des »Personenkults« aus. Es wurde damals sogar über seinen Ausschluss aus dem Studentenverband diskutiert.

Diesen Querelen und dem Medienrummel um seine Person wollte sich Dutschke durch einen längeren Studienaufenthalt in den USA, dem Heimatland seiner Frau, entziehen. Er hielt sich mit Interviews zurück, machte aber für *Stern TV*, dessen Chef Wolfgang Venohr ein Filmporträt über ihn drehte, eine Ausnahme. Am Morgen des 11. April gelang es dem Fernsehjournalisten nach wochenlangen Bemühungen endlich, Dutschke vor die Kamera zu bekommen. Venohr hatte im Treppenaufgang des Hauses in Friedenau, in dem die Aufnahmen gemacht wurden, an der Wand »Vergast Dutschke!« gelesen und fragte ihn, ob er sich wegen solcher Schmierereien nicht bedroht fühle. Dutschke antwortete: »Ich fühle mich persönlich überhaupt nicht bedroht.« Es gebe zwar »pogromartige Ansätze«, doch die seien »ganz normal«. Als der Interviewer nachhakte: »Haben Sie nicht manchmal Angst, dass Ihnen einer über 'n Kopf haut?«, schloss Dutschke allerdings nicht aus, dass »natürlich irgend 'n Neurotiker oder Wahnsinniger mal 'ne Kurzschlusshandlung durchführen« könne.

Dieser neurotische Kriminelle hielt sich zu dieser Stunde bereits in der Stadt auf. Der Attentäter Josef Bachmann war um 9.10 Uhr mit dem Nachtzug aus München auf dem Bahnhof Zoo angekommen – im Schulterhalfter eine Pistole; außerdem in seiner Einkaufstasche einen fünfschüssigen, großkalibrigen Trommelrevolver mit aufgeschraubtem Schalldämpfer sowie Munition. Er trug in einem Umschlag auch Zeitungsausschnitte bei sich. Auf einem Ausschnitt, der Titelseite der rechtsradikalen *Deutschen Nationalzeitung* vom 22. März 1968, waren unter der Überschrift »Stoppt Dutschke jetzt! Sonst gibt es Bürgerkrieg« fünf Fotos des Studentenführers wie auf einem Fahndungsplakat abgebildet. Auf einem weiteren Zeitungsausschnitt wurde über die Ermordung des amerikanischen Bürgerrechtlers Martin Luther King am 4. April 1968 berichtet. Wie Bachmann später vor Gericht gestand, gab dieses Verbrechen den Anstoß für seinen Mordversuch an Dutschke.

Nachdem der 23-jährige als Anstreicher tätige Gelegenheitsarbeiter gefrühstückt hatte, fragte er einen am Bahnhof wartenden Taxifahrer, ob er wisse, wo er Dutschke finden könne. Der meinte, das sei doch jemand von der Kommune, und nannte ihm die Kaiser-Friedrich-Straße in Charlottenburg. Dort begegnete Bachmann einem Briefträger, der ihn zur Kommune-Adresse im Haus Nr. 54a wies. Es öffnete ein »Mann mit Wuschelkopf«, also Rainer Langhans. »Nein«, sagte der, »Rudi wohnt nicht hier.« Er solle doch beim SDS am Kurfürstendamm 140 nachfragen. Um ganz sicher zu gehen, fuhr Bachmann noch zum Einwohnermeldeamt im Polizeipräsidium am Flughafen Tempelhof und ließ sich für die Gebühr von einer Mark bestätigen, dass Dutschke unter der Anschrift des SDS polizeilich gemeldet war.

Dutschke verließ am Nachmittag die Berliner SDS-Zentrale und fuhr mit dem Fahrrad los, um für seinen drei Monate alten Sohn Hosea-Che Nasentropfen zu besorgen. Da aber die Mittagspause der nahen Apotheke noch nicht beendet war, wartete er, auf dem Rad sitzend, mit einem Bein auf der Straße, am Kurfürstendamm. Mehrere Autoren berichten, wie Dutschke später die Minuten vor und nach dem Anschlag geschildert hat. Er habe bemerkt, dass ein Auto von der gegenüberliegenden Fahrbahn aus auf dem Mittelstreifen des Kurfürstendamms einparkte und sich ein Mann in seine Richtung bewegte. Dutschke vermutete, dass dieser Unbekannte Bachmann gewesen und aus dem Auto

Bachmann und seine Idole:
Hitler, Napoleon

Der
Attentäter

Auf Station 3 A des Berliner West-end-Krankenhauses liegt, von vier Polizisten bewacht, ein schmächtiges Kerlchen, das einmal ein richtiger Kerl sein wollte. Es ist Josef Bachmann, der auf Rudi Dutschke schoß, 1,63 Meter groß und 120 Pfund schwer.

Seine Schüsse auf den großen Außenseiter der Gesellschaft, Dutschke, sollte den kleinen Außenseiter der Gesellschaft, Bachmann, zu dem machen, was sein bester Freund, der Autoschlosser Hans Scholz, so formuliert: „Der Seppl träumte davon, etwas Besonderes zu sein." Mit Kohlestift malte er Hitler und Napoleon und hängte sie in seinem Zimmer über zwei gekreuzten Degen auf. Bachmann träumte davon, genauso groß zu werden wie sie. Doch das Leben ließ ihn klein.

Unehelich wurde Josef Bachmann am 12. Dezember 1944 in Reichenbach bei Zwickau geboren. Als er seinen Vater später einmal besuchte, empfing ihn dieser: „Was willst du denn hier? Fahr sofort zurück, sag' hier ja hasten, wer du bist." Seine Mutter, Gertrud Bachmann, heiratete den Krieg den Arbeiter Hans Brandt. 1956 zog die zusammengewürfelte Familie aus der DDR nach Peine bei Hannover. Dort soff sich der Stiefvater langsam zu Tode. Und wenn er getrunken hatte, erzählte er dem kleinen Seppl Heldengeschichten aus seiner Zeit bei der SA. Bachmanns Tante: „Seppl hörte diese Geschichten besonders gern. Wir nannten ihn so, weil er immer kurze Lederhosen trug."

Nach der Volksschule begann Bachmann eine Bergwerkslehre in Castrop-Rauxel. Doch statt unter Tage zu fahren, wollte der Lehrling lieber „an die Sonne und die Welt sehen". Bachmann brach die Lehre ab und kehrte nach Peine zurück. Dort schloß er sich dem „Avanti-Club" an. Die halbstarken Klub-Mitglieder donnerten mit frisierten Mopeds durch die Straßen und knackten Automaten.

Bald war Bachmann, der gelegentlich als Anstreicher arbeitete, bei der Kripo ein alter Kunde. Die Peiner Kriminalpolizei mußte sich wegen Hehlerei, Diebstahls und mehrerer Einbrüche mit ihm beschäftigen.

Zu Hause las der Seppl „liebend gern" Bücher über das Dritte Reich und Tarzanhefte und sammelte Zeitungsausschnitte über den Kennedy-Mord. Von seinen halbstarken Freunden unterschied er sich durch saubere Fingernägel.

Von Mädchen hielt Bachmann nichts. Seine Liebe gehörte schweren Motorrädern. 1964 schaffte er sich eine BMW 500 an.

Die Zeit der Kleinstadt-Gangstereien endete für Bachmann auf dem Schützenfest 1966 in Peine. Da schoß sein Freund Wilhelm Völker einen Arbeiter bei einer Rauferei mit einem durchbohrten Gasrevolver in den Kopf. Bachmann flüchtete mit dem Täter nach Frankreich. Dort wurden die beiden bei einem Villeneinbruch an der Côte d'Azur von der Polizei geschnappt, und Bachmann mußte ein Jahr im Gefängnis von Toulon brummen.

In der Gefangenschaft in Frankreich muß Bachmann beschlossen haben, politisch zu werden. Seine Schwägerin Siegrid Bachmann berichtet: „Bisher hatte er sich überhaupt nicht um Politik gekümmert. Als er wiederkam, schimpfte er auf die Kommunisten und die ungewaschenen Studenten."

Am 5. Februar 1968 trat Bachmann als Hilfsarbeiter in eine Isolierfirma in München ein. Dort hielt er es zwei Monate aus. Dann gab es Krach, weil ihm die Firma keinen Vorschuß für den Kauf eines Sportwagens zahlen wollte. Dennoch beschreibt der Ingenieur Siegfried Sauerbrey ihn als „anstellig, fleißig und freundlich". Bachmanns Arbeitskollege, der Geschäftsführer Hans-Georg Hübner: „Wenn hier die Sprache auf die Studenten kommt, ist fast jeder bereit, dasselbe zu tun."

Bei seinen ersten Vernehmungen im Krankenhaus gestand Bachmann der Polizei, daß er von dem Attentat auf den farbigen Negerführer Martin Luther King inspiriert worden sei: „Da habe ich gedacht, das muß ich auch machen. Ich habe Dutschke nicht leiden können, weil er Kommunist ist."

ausgestiegen sei. In Wirklichkeit war der Täter von Tempelhof aus mit dem Bus zum Zoo gefahren und dann zu Fuß weitergegangen. Er überquerte die Straße und wandte sich, kaum dass er den Gehweg erreicht hatte, an Dutschke mit der Frage: »Sind Sie Rudi Dutschke?« Der antwortete ohne zu zögern mit »Ja«. Nach seiner späteren Schilderung rief Bachmann: »Du dreckiges Kommunistenschwein!« Als Dutschke auf ihn zuging, holte der Täter blitzartig die Pistole heraus und traf ihn zunächst in die Wange. Dutschke lag am Boden, als Bachmann aus nächster Nähe zwei weitere Patronen auf ihn abfeuerte, die eine in die Schläfe, die andere in die Schulter.

Während Bachmann vor Passanten, die ihn verfolgten, in die Baustelle an der Nestorstraße 14 flüchtete, erhob sich der schwer hirnverletzte Dutschke nach Auskunft von Augenzeugen vom Boden. Er lief blutüberströmt noch ein ganzes Stück den Kurfürstendamm entlang, rief wiederholt nach Vater und Mutter. Er schrie auch »Ich muss zum Friseur« und »Soldaten, Solda-

^ Der »Stern« nannte in einem Artikel über den Dutschke-Attentäter
Josef Bachmann dessen Idole: Napoleon und Adolf Hitler.

Freitag, 12. April 1968

Die Schüsse von Berlin

w. w. Vor wenigen Tagen erst hat eins Opfer der Schüsse von Memphis (USA), der farbige Pastor Dr. Martin Luther King, seine letzte Ruhestatt gefunden. Ein weltweiter Protest gegen die Untat des noch unbekannten Attentaters und schwere Rassenkrawalle, die ihrerseits wieder Todesopfer forderten, waren die nächsten Auswirkungen.

Gestern fielen Schüsse auf dem Kurfurstendamm in Berlin. Auch sie galten einem politisch Engagierten, dem — wie er genannt wird – Chefideologen des Sozialistischen Deutschen Studentenbundes, Rudi Dutschke. Als wer sich der noch unbekannte Täter immer entpuppt: er ist ein Mordschütze, auch wenn sein Opfer den Anschlag übersteht; denn er wollte morden. Der Protest gegen diesen Anschlag kann und darf keine ideologischen Grenzen finden. Schüsse sind keine politischen Argumente. Wer immer die Waffe führt, wer immer ihr Opfer sein mag: Mord ist Mord. Für ihn gibt es auch keine politische Rechtfertigung.

Martin Luther King predigte die Gewaltlosigkeit. Rudi Dutschke propagierte die Revolution. Weder auf den einen noch auf den anderen ist das Wort des Dichters Franz Werfel anwendbar: „Nicht der Mörder, der Ermordete ist schuld."

Die menschlichen Empfindungen haben Vorrang. Deshalb: Alle guten Wünsche für die Genesung Rudi Dutschkes! Und den ihn behandelnden Ärzten eine glückliche Hand!

Doch der politische Kommentator muß auch zu seinem Recht kommen: Gerade war der „Rummel" um Rudi Dutschke etwas abgeebbt. Er fand Kritiker in seinen eigenen Reihen. Die Schüsse von Berlin sind geeignet, Differenzen zu verwischen und Fronten erstarren zu lassen.

Andererseits wäre es in dieser Stunde des Bangens um ein junges Menschenleben geradezu verbrecherisch, den Anschlag auf Dutschke etwa als eine Ausgeburt des sogenannten kalten Krieges zu werten. Jedermann, der nicht das berühmte Brett vor dem Kopf hat, vermag nur zu gut einzuschätzen, daß Dutschkes politische Gegner viel eher den Anhängern des Apostels der Gewaltlosigkeit, Dr. Martin Luther King, zuzuzählen sind als den Anhängern jeglicher gewaltsamer Auseinandersetzugen.

ten«. Schließlich ließ er sich auf einer Bank nieder und wartete auf die herbeigerufene Feuerwehr.

Der Täter Bachmann begründete später vor Gericht seine Tat mit den Worten: »Ich war so im Hass, ich hatte so eine Wut.« Er wurde im März 1969 zu sieben Jahren Zuchthaus verurteilt und nahm sich, nach mehreren vorausgegangenen Selbstmordversuchen, in der Nacht vom 23. auf den 24. Februar 1970 in seiner Zelle in Tegel das Leben, indem er sich eine Plastiktüte über den Kopf stülpte und erstickte.

An der Stelle des Attentats nahe dem Haus Kurfürstendamm 140/141 wurde am 23. Dezember 1990 auf Beschluss der Bezirksverordneten von Wilmersdorf eine Gedenkplatte für Dutschke in das Gehwegpflaster eingelassen. Darauf ist zu lesen: »Attentat auf RUDI DUTSCHKE / 11. April 1968 / An den Spätfolgen der Schussverletzung starb Dutschke 1979/ Die Studentenbewegung verlor eine ihrer herausragenden Persönlichkeiten.«

^ *Leitartikel des sozialdemokratischen »Telegraf« vom Karfreitag 1968 über die Schüsse auf Rudi Dutschke.*

Der Attentäter ist umstellt. Hinter einem Holzstapel beobachtete ein Polizist den Kellereingang des Hauses Nestorstraße 54. Foto: Schütt

Dutschke stammelte nur noch: „Vater, Mutter!"

Augenzeugen berichten über das Attentat

Dutzende von Berlinern haben gestern nachmittag den Mordanschlag auf den SDS-Ideologen Rudi Dutschke miterlebt. Zum Teil waren sie nicht einmal zehn Meter vom Tatort entfernt. Noch aufgewühlt von dem schrecklichen Geschehen, gaben sie unseren Reportern diese Augenzeugenberichte. Sie stimmen nicht alle überein. Aber sie geben ein Bild von dem empörenden Verbrechen.

Der Student Horst-Dieter Dawin berichtete: „Ich stand nur wenige Meter vom Tatort entfernt. Als geschossen wurde, drehte ich mich um und sah, daß jemand zu Boden fiel. Im ersten Augenblick konnte ich nicht genau sehen, weil ein parkendes Auto die Sicht versperrte. Ich beobachtete aber, wie sich der Täter über den liegenden Dutschke beugte und noch mehrmals auf ihn eindrückte."

Dawin weiter: „Passanten rollten sich Dutschkes an, als er aus einer Kupfwunde blutend auf dem Bürgersteig stieg. Sie brachten ihn auf eine Bank neben dem Zeitungskiosk. Sie stellten ihn immer wieder halben, weil er seine unruhig war und Dutschke wollte."

„Ich muß sterben"

Horst Binder saß bei dem verletzten Rudi Dutschke auf einer Bank an der Marggraf-Albrecht-Straße: „Dutschke redete etwas von einem Friseur, von einem Glas, und man sollte die Polizei holen, er müsse wegsehn. Als ich ihn nach dem Täter fragte, antwortete er nicht."

Ein Berliner Rechsanwalt, der mit einem Taxi zum Kurfürstendamm hinauffuhr, sagte: „Es war starker Verkehr. In Höhe des Hotels Thabor hörte ich es mehrmals knallen. Ich dachte an Fehlzündungen eines Motors. Da sah ich auf der anderen Straßenseite Menschen, die schreiend Deckung suchten. Am Straßenrand lag ein Mann. Als er sich erhob, taumelte er blutüberströmt über den Bürgersteig und rief — das konnte ich deutlich hören — mehrmals ‚Mörder!' Ein junger Mann eilte hinzu und stützte den Mann. Der Taxifahrer machte mich auf ein Fahrrad aufmerksam, das auf der Straße lag, und meinte: „Wieder ein Unfall, da ist jemand umgefahren worden."

Der Besitzer des Tabakwarengeschäfts an der Ecke Kurfürstendamm/Joachim-Friedrich-Straße, Herbert Katseher, sah von seinem Geschäft aus, wie Dutschke zur Bank ging. „Er war völlig blutüberströmt, sehlug mit den Händen über den Kopf und rief mehrmals ‚Vater, Mutter'. Ich rief dann sofort die Feuerwehr an."

„Ich tankte gerade einen Wagen auf", sagte Tankwart Bernhard Finke von der DEA-Tankstelle unmittelbar neben dem Tatort. Ich sah Dutschke. Er schob das Fahrrad und wollte offensichtlich über die Fahrbahn und den Mittelstreifen zur anderen Fahrbahn. Da kam ein Fußgänger mit hellbrauner Wildlederjacke auf ihn zu. Er trug eine Kollegtasche unter dem Arm. Plötzlich nahm er eine Schußwaffe derartüber hervor, zielte und drückte zweimal auf Dutschke ab. Dutschke brach zusammen. Ich rief Passanten zu, sie sollten den Täter festhalten."

Handgemenge

Der Arbeiter Klaus-Günter Ahrens und der Student Hans-Torsten Arndt verfolgten mit ihrem Wagen den Täter. Sie berichteten: „Dutschke versuchte, sich zu wehren, nachdem der Täter auf ihn geschossen hatte. Er ging auf ihn los. Er kam zu einem Handgemenge. Und Dutschke drängte den Täter auf die Mitte der Fahrbahn. Dort schoß der Mann noch einmal. Dutschke lag zwei oder drei Meter vom Bürgersteig entfernt. Er hatte seine Schuhe verloren. Wir versuchten, den Täter zu verfolgen. Ein Ehepaar kam vorbei. Und der Mann stellte dem Täter ein Bein, nachdem ihm der Tankwart zugerufen hatte, er solle den Mann aufhalten. Doch er konnte entwischen."

Täter verfolgt

Siegfried S. saß in seinem Wagen auf dem Mittelstreifen des Kurfürstendamms, in Höhe des Tatorts: „Ich sah, wie Dutschke zu Boden fiel. Dort blieb er eine Weile regungslos liegen. Dann verfolgte ich mit meinem Wagen den Nestorstraße. Ich konnte beobachten, wie er über den Bauzaun in das Grundstück einstieg. Dann verschwand er. Später blickte ich durch eine Öffnung im ‚Abdeckwerk' ins Haubaus of den Keller. Ich bemerkte, daß sich etwas bewegte. Ich wartete, bis Polizei und Feuerwehr eintrafen. Von draußen hörte ich, wie der Täter gegen seine Verfolger mindestens fünf- bis sechsmal von der Schußwaffe Gebrauch machte."

RM-Reporter Dr. Müller: „Ich war dabei, als ein Polizist, mit den Nerven völlig fertig, zu seiner Pistole griff und sagte: ‚Diese Dinger sollte man wegwerfen.' Offensichtlich hatten ihn die Vorgänge und die Schießerei ziemlich mitgenommen.

Eine halbe Stunde nach der Tat lag Dutschkes rot-grün-gestrichenes Fahrrad „Marke Arcona" noch auf der Fahrbahn. Am linken Griff hing eine braune Aktentasche. J. R.

Die Tatwaffe: ein fünfschüssiger, großkalibriger Trommelrevolver. Auf dem Lauf war ein Schalldämpfer aufgeschraubt. Foto: Schütt

Protestkundgebung in der TU

Im Auditorium maximum der Technischen Universität veranstaltete der Sozialistische Deutsche Studentenbund gestern abend nach dem Attentat auf den SDS-Ideologen Rudi Dutschke eine Protestkundgebung. Dabei wurden Bürgermeister Neubauer und der Regierende Bürgermeister von Berlin, Klaus Schütz, als Mörder bezeichnet.

Vor dem überfüllten Auditorium forderten Vertreter des SDS zu einem weiteren Protestmarsch auf, der heute um 15 Uhr vom Lehniner Platz aus durch die Stadt führen soll. Bereits um 11 Uhr werden sich die Studenten wiederum im Auditorium maximum der Technischen Universität treffen. Sie wollen dann über weitere Maßnahmen beraten.

Eine SDS-Sprecherin forderte, der Senat solle zurücktreten. Er sei mitverantwortlich an der Unruhe der letzten Zeit in Berlin.

Gestern abend vor dem Verlagshaus Axel Springer: Studenten, rote Fahnen und Absperrketten der

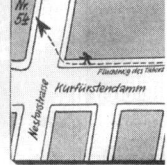

---

^ *Ausführlicher Artikel im Lokalteil der »Berliner Morgenpost« mit Augenzeugenberichten über das Attentat auf Dutschke.*

DIE OSTERUNRUHEN 1968

Naivität, Selbstüberschätzung und Wut – Eigenschaften, mit denen sich die Wortführer der 68er-Revolte hervortaten – charakterisierten vor allem ihr Denken in den Tagen nach dem Attentat auf Rudi Dutschke und dem vereitelten Angriff auf das Berliner Springer-Haus. Der Zeithistoriker Arnulf Baring hat dies später so beschrieben:»Die Sprecher der Bewegung mit ihren Megaphonen fühlten sich einen kurzen, köstlichen Augenblick lang wie Josuas Priester, Posaunen in den Händen, vor den Mauern von Jericho ...« In der nur fünf Tage dauernden Zeitspanne der»Osterunruhen«, die in der APO-Verklärungsliteratur als Kulminationspunkt der deutschen Studentenbewegung bewertet wird, gingen in 27 Städten rund 400 000 Menschen auf die Straße. 21 000 Polizisten waren im Einsatz. Außer in West-Berlin fanden auch in Hamburg, Hannover, Frankfurt am Main, Essen, Esslingen und München Straßenschlachten statt. In München kamen bei Ausschreitungen am Ostermontag zwei Personen, ein Fotoreporter und ein Student, ums Leben. Der durch die Schüsse am Kurfürstendamm entfachte Funke der Rebellion zündete sogar im Ausland: Er löste vor deutschen Botschaften und Konsulaten in Rom, Mailand, Oslo, Amsterdam, Wien und Prag Protestmärsche aus.

Jene Tage bedeuteten für mich als Berichterstatter einen permanenten Ausnahmezustand. Wenn ich die Zeitungsbände von damals durchblättere, erscheint mein Namen oder mein Namenskürzel allerdings nicht oft. Die Kollegen in der Redaktion glaubten, sie sollten mich gegenüber den rabiaten Feinden des Verlages nicht noch mehr exponieren, als ich es ohnedies war. Im Rückblick kann ich beinahe nicht mehr glauben, dies alles in dieser Stadt wirklich erlebt zu haben.

Karfreitag

In Berlin fand das Vorspiel zu einer ganzen Serie gewalttätiger, ja bürgerkriegsähnlicher Demonstrationen am Karfreitag, den 12. April 1968, im Auditorium Maximum der Technischen Universität statt. Die Versammlung, die mit fast einstündiger Verspätung kurz vor 12 Uhr begann, war unter Teilnehmern der Aktion gegen Springer in der vorausgegangenen Nacht als »Manöverkritik« angekündigt worden. Doch waren die meisten »Helden« offenbar noch müde. Soweit ich sie vom Sehen kannte, zeigten sie sich bei dem von SDS-Vorstandsmitglied Dirk Müller und dem ehemaligen AStA-Vorsitzenden an der FU, Wolfgang Lefèvre, geleiteten Teach-in nicht oder kamen verspätet. Zunächst waren höchstens 200 Zuhörer anwesend. Die dann nach 14 Uhr zu neuen Taten ausschwärmten, waren vielleicht 1100 Personen.

Ich hatte mich im Audimax auf einem vorderen Platz mit Schreibunterlage und guter Sicht aufs Rednerpult niedergelassen. Dabei war mir etwas mulmig zumute, weil ich mir nicht sicher sein konnte, meine Notizen unbehelligt machen zu können. Bei ähnlichen Gelegenheiten hatten mich wiederholt eifrige Aufpasser als »Springer-Knecht« aufgespürt und in meiner journalistischen Arbeit gestört, einige Male sogar des Saales verwiesen. Während einer Sitzung des FU-Studentenkovents einige Wochen zuvor war an die Tafel des Hörsaals geschrieben worden: »Wenn ihr schon Springer nicht enteignen könnt, enteignet wenigstens hilfsweise Morgenpost-Müller«.

Diesmal hatten die SDS-Funktionäre auf dem Podium, die mich sofort entdeckten, aber nichts dagegen, dass ich mir ihre hochgestimmten Erklärungen und weitreichenden Forderungen anhörte. Stellten doch die Ereignisse der vergangenen 15 Stunden für sie einen riesigen Erfolg, ja den Beginn einer neuen, verheißungsvollen Entwicklung dar. Endlich schien die Erfüllung ihrer Ziele näher zu rücken. Sie hatten offenbar nur noch eine Sorge: ihre in Berlin schon nach Zehntausenden zählende Anhängerschaft könne im »progressiven« Elan nachlassen.

»Wir dürfen nicht aus den Latschen kippen«, rief Lefèvre den Versammelten zu. Er behauptete: »Es hat noch nie eine für uns so günstige Situation in dieser Stadt gegeben. Senat und politische Führung liegen in einer totalen Schwäche. Das müssen wir ausnutzen, da müssen wir hineinstoßen.« In den nächsten Tagen sei das am Springer-Haus Begonnene fortzusetzen und zu zeigen, »dass wir nicht in der Defensive sind«. Die TU müsse als »Massen-Aktionszentrum mit Stoßrichtung in die Stadt« aufgebaut werden, setzte Lefèvre seine Revolutionsrhetorik fort. Jede Nacht hätten dort mindestens 500 Personen zu übernachten, um für Aktionen jederzeit bereit zu sein. Er meinte, Rechtsradikalismus gebe es nicht nur in der NPD, sondern er stecke auch in »seriösen Institutionen« wie dem Parlament. Die Studenten müssten die Arbeiter darüber aufklären.

Auch Wilfried Gottschalch, der schon im Jahr zuvor bei der Gründung der Kritischen Universität mit überspitzten Forderungen in Erscheinung getretene Professor für politische Didaktik an der Pädagogischen Hochschule, meinte, die APO müsse sich Gedanken darüber machen, wie den Regierenden »der Wille der einzigen demokratischen Kräfte« aufgezwungen werden könne. Unter starkem Beifall rief Gottschalch dazu auf, den Senat des Regierenden Bürgermeisters Klaus Schütz nicht auszuwechseln, sondern »das ganze System« umzustürzen und den Verleger Axel Springer aus der Stadt zu vertreiben. Dafür seien »überlegte, disziplinierte und gezielte Aktionen« erforderlich.

Der dem SDS angehörende Vorsitzende des Republikanischen Clubs Klaus Meschkat, von Beruf Universitätsassistent, stieß ins gleiche Horn. Vom hohen Ross der eingebildeten eigenen Wichtigkeit herab ließ er »die Herrschenden« wissen, dass dann, wenn sie in Berlin bereit wären, gegen den Springer-Verlag vorzugehen, die revolutionären Kräfte »einen Waffenstillstand anbieten« könnten. Politische Parteien, die nicht sofort die Diskussion über die Vertreibung Springers aus West-Berlin beginnen wollten, müssten »mit aller Entschiedenheit bekämpft werden«. Meschkat war es auch, der einen umfangreichen Forderungskatalog der Außerparlamentarischen Opposition an die Adresse von Senat und Abgeordnetenhaus verlas. Er ging von der damals in ultralinken Kreisen diskutierten Verschwörungstheorie aus, »dass der Mordanschlag auf Rudi Dutschke nicht die Wahnsinnstat eines Einzelnen ist«, und verlangte:

· den Rücktritt des Senats und die Bildung eines neuen Senats, »der mit uns zusammen erste Schritte unternimmt, in West-Berlin ›demokratische Verhältnisse‹ zu schaffen«,

Die „Strategen" der Gewaltakte auf dem Podium des Auditorium maximum in der Technischen Universität. Von rechts: Der SDS-Ideologe Wolfgang Lefèvre, FU-AStA-Vorsitzender / Johann Wolfgang Landsberg, SDS-Mitglied Dirk Müller und der Vorsitzende der TU-Studentenvertretung, Reiner Wethekam.   Fotos: Hamann, Waldmann, Schommertz, Wieczorek

Keine Trauer, nur politische Aktion

SDS ruft offen zu neuen Gewalttaten auf

Morgenpost [Eigener Bericht] Berlin, 14. April

„Man muß sich Gedanken darüber machen, wie der Führung dieser Stadt der Wille der einzigen demokratischen Kräfte aufgezwungen werden kann." Das forderte auf einer vollbesetzten Studentenversammlung am Freitagvormittag der Professor für politische Didaktik an der Pädagogischen Hochschule, Wilfried Gottschalk. Dann rief der Professor die etwa 2000 Studenten im Auditorium maximum der TU dazu auf, alles zu tun, um den Senat zu stürzen. Mit starkem Beifall antworteten die Studenten diesem Aufruf zur Gewaltanwendung. — Stunden später ging diese Saat der Gewalt auf: Scheiben klirrten, Polizisten wurden schwer verletzt, und ein Zeitungstransport ging in Flammen auf.

Der Professor behauptete, daß der international bekannte Schriftsteller Hans Habe in einem Artikel, erschienen in der Berliner Morgenpost, „in einer relativ ruhigen Zeit die Hetze gegen uns wieder angeheizt und die Legende von der studentischen und intellektuellen Verschwörung erneut propagiert" habe.

Dann rief der PH-Professor den Studenten zu: „Wir müssen überlegen, was zu tun ist, damit Springer aus dieser Stadt verschwindet und mit ihm die Verbrecher an den demokratischen Minderheiten!"

Nach Gottschalk sprach Dr. Klaus Meschkat, der Vorsitzende des Republikanischen Clubs. Wie der frühere Universitäts-Assistent zur rohen Gewalt. Meschkat solidarisierte sich ausdrücklich mit den Leuten, die gegen den Springer-Verlag tätig geworden waren, die Autos angezündet und Barrikaden Steinen geworfen hatten. Die „Meinungsmaschine Springers" sei lebensgefährlich. Die Zeitungen des Springer-Verlages würden die Wahrheit verfälschen und manipulieren. Den gleichen Vorwurf erhob Dr. Meschkat auch gegen die beiden Rundfunkanstalten SFB und RIAS.

Der Vorsitzende des Republikanischen Clubs formulierte die Forderungen der sogenannten außerparlamentarischen Opposition.

● ... und den Parteien sind verworren über die Einleitung

der Springer-Konzern aus der Stadt vertrieben wird.

● Wenn sich die „Herrschenden in dieser Stadt" bereit erklären würden, gegen Springer vorzugehen, könne man einen Waffenstillstand anbieten.

● Der SFB müsse der außerparlamentarischen Opposition täglich eine Stunde

Professor für politische Didaktik an der Pädagogischen Hochschule: Dr. Wilfried Gottschalk

Sendezeit zur Verfügung stellen, Meschkat: „Wir sind zu einem Gegenkommen bereit. Wir stellen unsere Zeit

stenlos zur Verfügung und verlangen kein Honorar."

● Die Aufsichtsgremien des SFB sollen künftig öffentlich tagen. Vorschlag: Als daß die Außerparlamentarische Opposition nur unter diesen Bedingungen bereit sei, einige Vertreter in diese Gremien zu senden.

Der Hauptredner dieser Versammlung war Wolfgang Lefèvre, ehemals Konventsvorsitzender der Freien Universität und nach Dutschke wichtigster „Ideologe" des SDS. Er rief dazu auf, bereits „heute einzusteigen", um die revolutionäre Bewegung voranzutreiben. Systematisch soll in den nächsten Tagen und Wochen gearbeitet werden, damit die Außerparlamentarische Opposition zeige, daß ihre Worte von der radikalen Umwälzung kein Gerede seien.

„Die Situation ausnutzen"

„Was wir gestern taten vor dem Springer-Haus, hat nicht viel mit Trauer zu tun, es war hochpolitisch", bekannte Lefèvre. Und er meinte damit die Steinwürfe, die verbrannten Autos, die verletzten Polizeibeamten und Mitarbeiter des Springer-Hauses. In den nächsten Tagen sei das Begonnene fortzusetzen und zu steigern, „daß wir nicht in der Defensive sind". Der Arbeiterschaft sei kalkuliere, aber mutig vor Augen zu führen, was die Studenten leisten könnten.

Dann steigerte sich Lefèvre in den Aufruf zum offenen Aufruhr hinein: „Noch nie hat es eine so günstige Situation in dieser Stadt gegeben, in der wir etwas unternehmen können, wie jetzt. Senat und politische Führung liegen in einer totalen Schwächesituation. Das müssen wir ganz und gar ausnutzen. Da haben wir einzusteigen!"

Lefèvre forderte, die TU von Studenten zu besetzen und sie zu einem Massen-Aktionszentrum aufzubauen. Jede Nacht sollten mindestens 500 Personen in der TU schlafen, um diese Aktionen jederzeit einsatzbereit zu sein. Zum Schluß der Versammlung verkündete Lefèvre:

● Der Senat solle abtreten.

· die unverzügliche Enteignung Springers. Es sei ein Rat aus Arbeitern, Angestellten, Studenten und Schülern zu bilden, nach dessen Plänen der Konzern »in den Dienst einer demokratischen Öffentlichkeit gestellt« werden solle.

· Dieser Rat solle auch Pläne zur »Demokratisierung der Berliner Rundfunkanstalten« SFB und RIAS erarbeiten. In die Kon-

^ Am Tag nach dem Attentat, dem Karfreitag 1968, berieten die Strategen über weitere Aktionen. (»Morgenpost«, 14. April)

DER SPIEGEL

Studenten auf den Barrikaden

trollorgane der Sender müssten sofort Vertreter der APO gewählt werden. In der Diskussion wurde sogar vorgeschlagen, einen APO-eigenen Hörfunksender zu betreiben. Als Standort sollte die DDR das brachliegende Gelände des früheren Autobahnzubringers am südwestlichen Stadtrand bei Dreilinden zur Verfügung stellen.

· Für die Zeit bis zum 1. Mai 1968 hätten die Rundfunkanstalten im Radio und im Regionalfernsehen der revolutionären Bewegung täglich je eine Stunde Sendezeit zur Verfügung zu stellen.

Um der Veranstaltung einen zusätzlichen »fortschrittlichen« Akzent zu verleihen, wurde schließlich ein Vorstandsmitglied der

^ *Die Straßenkämpfe der Ostertage 1968 boten Gelegenheit, eindrucksvollen Szenen aufzunehmen. (»Spiegel«-Titel 22. April 1968)*

West-Berliner Sozialistischen Einheitspartei Westberlin (SEW) – des Ablegers der in der DDR regierenden SED – ans Mikrofon gebeten. Er bot der APO die volle Unterstützung seiner Partei und Zusammenarbeit in einer »Antfaschistischen Einheitsfront« an.

Am frühen Nachmittag verließ ich das Audimax vorübergehend, um von einer Telefonzelle in der Nähe aus mit der Redaktion zu sprechen. Da die *Berliner Morgenpost* am Ostersonnabend nicht erschien, war nur ein Bereitschaftsdienst zur Stelle. Aber die Stenografinnen der telefonischen Nachrichtenaufnahme hatten Dienst. Mir war klar, dass sich meine Zeitung nach dem mit Mühe vereitelten Sturm auf das Springer-Haus für alles, was die Feinde des Verlages in der TU weiter aussheckten, besonders interessierte. Deshalb gab ich das, was ich in meinen Block notiert hatte, über eine Stunde lang aus dem Stegreif in allen Einzelheiten durch. Ich erinnere mich noch gut daran, dass die Abschrift meines Telefonats auf lindgrünem Endlospapier vier bis fünf Meter lang war. Eine Kopie davon rettete ich bis in die Achtzigerjahre. Dann verschwand sie leider während einer der vielen Umzüge innerhalb des Hochhauses. Immerhin ist in der *Morgenpost* des Ostersonntags eine allerdings sehr gekürzte Fassung mit interessanten Einzelheiten ohne mein Autorenkürzel »MM« zu finden.

Es war gegen 14.30 Uhr, als die Versammelten die TU an der Straße des 17. Juni verließen und eine neue Demonstration begannen. Der Zug führte zunächst über die Hardenberg- und Joachimsthaler Straße zum Kurfürstendamm und dann zur Leibnizstraße. Dort wollte man sich mit einer weiteren Marschkolonne vereinigen, die um kurz nach 15 Uhr vom Lehniner Platz in Halensee abmarschiert war. Das eigentliche Ziel an diesem Nachmittag war der West-Berliner Regierungs- und Parlamentssitz, das Rathaus Schöneberg, wo die in der TU verkündeten Rücktrittsforderungen an die Adresse des Senats lautstark bekräftigt werden sollten.

Doch die Polizei war nach ihren Erfahrungen am Springer-Haus entschlossen, dem ungezügelten Treiben der Demonstranten Grenzen zu setzen. Sie versperrte dem vom Lehniner Platz kommenden Zug an der Leibnizstraße mit starken Kräften den Weg und forderte die Teilnehmer über Lautsprecher auf, den Kurfürstendamm in Richtung Halensee zu räumen. Als sich die Menge nicht entfernte, kam es zur ersten Straßenschlacht dieses

Karfreitags. Die Polizei setzte Wasserwerfer ein. Die jugendlichen Rebellen rannten im Laufschritt gegen die Polizeikette an und nach mehreren Versuchen gelang ihnen auch der Durchbruch. Die Demonstranten warfen Erdklumpen und Grasbüschel aus dem Park am Olivaer Platz gegen Polizisten und erstürmten zwei Wasserwerfer. Viele von ihnen konnten auch die Absperrung umgehen, indem sie über einen Parklatz zwischen Leibniz- und Wielandstraße auswichen. Der Marschzug aus der TU lieferte sich an der Knesebeckstraße ebenfalls ein Katz- und Mausspiel mit der Polizei. Hier vertrieben junge Männer einen Polizisten von seinem Motorrad und zündeten es zum Gaudium ihrer Gesinnungsfreunde an.

Schließlich marschierten etwa 2000 Demonstranten ungehindert über die Lietzenburger und Martin-Luther-Straße in Richtung Rathaus weiter. Dort sollte ihnen allerdings der Zugang zum John-F.-Kennedy-Platz durch Absperrgitter und Polizei verwehrt werden. Ich fuhr mit dem Auto auf Nebenstraßen voraus und sah, dass die Anführer der APO, ehe sich die Polizei versah, den Zug zur Freiherr-von-Stein-Straße umdirigierten. Die Menge kam also plötzlich über einen Seiteneingang und die dort nur schwach gesicherten Gitter auf den Platz. Viele setzten sich auf den Boden und wollten nicht mehr weichen. Sie riefen immer wieder »Mörder, Mörder«, »Schütz ist – ein Faschist« sowie »Schütz ans Mikrofon« und reckten die geballten Fäuste. Es kam zu Rangeleien und Handgreiflichkeiten, und es dauerte fast eine Stunde, bis die Polizei den turbulenten Szenen ein Ende bereitete. Sie räumte den Platz unter dem massiven Einsatz von Gummiknüppeln und sechs Wasserwerfern. Ein Teil der johlenden und laut pfeifenden Demonstranten wurde dabei in Seitenstraßen getrieben. Polizisten verfolgten sie mit gezogenen Schlagstöcken und ließen auch dann nicht von ihnen ab, wenn sie sich in Häuser flüchteten.

Das nächste Ziel der Randalierer, den RIAS, konnte ich innerhalb von zehn Minuten zu Fuß erreichen. Der Sender war der APO vor allem deshalb ein Dorn im Auge, weil er damals, 22 Jahre nach seiner Gründung durch die Amerikaner als eine »Feie Stimme der freien Welt«, immer noch in letzter Instanz der Kontrolle der »Imperialisten« in Washington verstanden. Als sich der Zug gegen 18 Uhr dem Sendegebäude an der Kufsteiner Straße näherte, wurden mehrere Fenster nahe dem Haupteingang mit

Steinen zerstört. Bald flogen die Steine auch gegen Polizisten. Hier waren ebenfalls ein starkes Aufgebot von Beamten sowie Wasserwerfer nötig, um die Erstürmung des Hauses zu vereiteln und die Menge zu zerstreuen.

Die Demonstranten zogen sich auf ihre Einsatzzentrale in der TU zurück, wo gegen 20 Uhr etwa 1800 Teilnehmer eine mehrstündige Strategiediskussion begannen. Einer der vielen Diskussionsteilnehmer, der vermutlich der SEW angehörte, schlug vor, die Herausgabe einer »Gegenzeitung« der APO zu versuchen, die sich vor allem an die Berliner Arbeiter wenden solle. Als Druckerei könne man die des SEW-Organs *Die Wahrheit* nutzen.

^ *Wenn die Studentenunruhen schon keine Revolution gebaren, so doch viele dramatische Bilder wie diesen »Stern«-Titel (Heft 17/68).*

Versammlungsleiter Lefèvre wollte die nach dem Anschlag auf Dutschke erreichte Mobilisierung zu einem Dauerzustand machen und die »revolutionäre Unruhe« in der Stadt durch zusätzliche Initiativen steigern. Diese Ideen wurden am Tag darauf während einer der vielen weiteren Vollversammlungen an gleicher Stelle gebilligt. Sie hatten vor allem die Bildung besonderer Ausschüsse zum Ziel. Unter anderem sollten in diesen Arbeitsgruppen Go-ins in Kirchen, Kinos und Bezirksverordnetenversammlungen organisiert werden. Auch mit »Aktionen in Wohnblocks« sollte für die revolutionäre Sache geworben werden. Aufgabe eines weiteren Ausschusses sollte es sein, sich mit der Frage zu beschäftigen, wie der Vertrieb der Springer-Zeitungen durch Störung des Verkehrs auf den Zufahrtsstraßen langfristig und wirksam blockiert werden könne. Späher aus diesem Zirkel machten sich sogleich auf den Weg und stellten innerhalb kurzer Zeit fest, dass die Zeitungen von der Springer-Druckerei aus auf sechs Straßen transportiert wurden, die alle mit Privatautos systematisch blockiert werden könnten. Die Kundschafter hatten – offenbar von Sympathisanten unter der Springer-Belegschaft – auch schnell erfahren, dass die Zeitungen für den Sonnabend wegen der drohenden Beeinträchtigungen früher als gewöhnlich gedruckt wurden. Als dies in der TU verkündet wurde, stürzte sogleich eine ganze Gruppe von Versammlungsteilnehmern Hals über Kopf zu ihren Autos, um nach Kreuzberg zu fahren. Wie Innensenator Kurt Neubauer Tage später mitteilte, hatten sich insgesamt sechzig APO-Anhänger bereit erklärt, ohne Rücksicht auf entstehende Schäden an den eigenen Fahrzeugen die beladenen Springer-Lieferwagen zu rammen und dadurch aufzuhalten.

Dazu kam es nicht. Aber gegen 23 Uhr begannen die Störer an den durch Sperrgitter verstellten Durchfahrten zum weiträumig mit Stacheldraht abgesicherten Springer-Verlag in Aktion zu treten. Sie stellten an allen sechs Straßen Personenwagen quer zur Fahrbahn. Es wurden Feuer entzündet und eintreffende Mannschaftswagen der Polizei mit Steinwürfen empfangen. Ein Beispiel dafür, wie leicht Autoren, die 1968 nicht dabei waren, die Vorgänge verwechseln, bietet Jutta Ditfurth in ihrer Biografie *Ulrike Meinhof.* Sie schreibt, Meinhof habe ihren *konkret-*Kollegen Stefan Aust am Abend des Dutschke-Attentats von der TU zur Kochstraße in ihrem Kleinwagen R 4 mitgenommen. Ein

Hans Magnus Enzensberger: Ostern '68   DM 1,50

konkret

Nr. 5   Mai 1968   C 4289 E

Bundesrepublik '68

**Staat
der
Gewalt**

Sonderreport:
HASCHISCH

Student habe dort an einem der Tore zum Verlagsgebäude das
Auto für die Barrikade gegen die Auslieferung von Springer-
Zeitungen verwenden wollen. Bei dieser Darstellung kann das
Datum nicht zutreffen. Denn in der Nacht vom 11. zum 12. Feb-
ruar wurden zwar Auslieferungsfahrzeuge angezündet, aber die
Straßen rund ums Springer-Haus nicht blockiert. Dies ist erst in
der darauf folgenden Nacht versucht worden. Da aber war das
Verlagsgelände weiträumig abgesperrt. Ulrike Meinhof wird also
am Abend des Karfreitags bis vor diese Absperrung und nicht bis
zu einem Springer-Portal gelangt sein.

^ *Rudi Dutschke, das Idol der 68er, auf der Frontseite des linksgerichteten Magazins »konkret«, Nummer Mai 1968.*

An der Wilhelmstraße – etwa zweihundert Meter außerhalb der Sperrzone – gelang es den Kriminellen, am späten Karfreitagabend ein angemietetes »neutrales« Lieferfahrzeug ohne Firmenaufschrift mit Zeitungen zu stoppen und zu entladen, ehe Polizisten eingreifen konnten. Die Angreifer verstreuten die Fracht auf Fahrbahn und Gehsteige. Fotos, die davon erhalten geblieben sind, erwecken den unzutreffenden Eindruck, als ob am Ostersonnabend 1968 in Berlin kaum Zeitungen aus dem Hause Springer bei den Kiosken und Zeitungsläden angekommen wären. Im Gegenteil: Die Abwehrmaßnahmen, an denen sich in dieser Nacht sowie in den folgenden Tagen und Wochen außer der Polizei auch viele Angehörige des Springer-Verlages und sogar mehrere Leser beteiligten, waren ein bemerkenswerter Erfolg. Beim Transport der Zeitungen zu Filialen, Händlern und Verteilungsstützpunkten waren während dieser kritischen Zeit Dutzende von Freiwilligen – von der Chefetage bis zu Pförtnern – mit ihren Dienstwagen und auch eigenen Privatwagen unterwegs.

Die Blockadeversuche wurden vereitelt, weil es gelang, den Auslieferungsweg über die Oranienstraße offen zu halten und abzusichern. Als die Springer-Feinde, die in kleinen Gruppen unterwegs waren, gegen ein Uhr früh einsahen, dass alle Blockadeversuche vergeblich waren und die meisten Zeitungen bereits ihr Ziel erreicht hatten, gaben sie auf. Abziehende Demonstranten nahmen ersatzweise noch an der *Morgenpost*-Filiale am Mehringdamm Rache. Sie warfen die Scheiben des von der Polizei entgegen einer Zusage ungesicherten Geschäftes ein.

Der Regierende Bürgermeister Klaus Schütz hatte an diesem Karfreitag seinen Osterurlaub in Kampen auf Sylt schon am Morgen abgebrochen und war von Hamburg aus mit einer britischen Militärmaschine in die Stadt zurückgekehrt. Auch FDP-Justizsenator Hans-Günter Hoppe, der die Feiertage auf der tunesischen Insel Djerba verbringen wollte, eilte nach Berlin. Schütz appellierte nach den schweren Zusammenstößen dieses Tages über das Fernsehen an die besonnenen Kräfte unter den Demonstranten: »Macht endlich Schluss mit den Gewalttätigkeiten in Berlin. Wir müssen dazu kommen, in dieser Stadt wieder zusammen in Frieden zu leben.« Da er gleichzeitig Gesprächsbereitschaft signalisierte, stellte APO-Rechtsanwalt Mahler noch während der abendlichen Versammlung in der TU aus einer Position vermeintlicher Stärke heraus dafür Bedingungen: Er erwarte von Schütz und Innensenator Neubauer das Eingeständnis ihrer Mitschuld und Mitverantwortung an dem Attentat, sagte er. Außerdem sei das Abgeordnetenhaus sofort einzuberufen, damit es in einer Sondersitzung die Enteignung Springers beschließe. Und schließlich müsse das Gespräch mit Schütz auf Tonband aufgenommen werden können.

Auch in der Springer-Belegschaft gab es den einen oder anderen, der mit den Aufrührern sympathisierte. So waren damals zwei Redakteure der *BZ* – Udo Bergdoll und Peter Borowsky – von den Anti-Springer-Parolen so beeindruckt, dass sie es nicht mehr mit ihrem Gewissen vereinbaren zu können glaubten, für diesen Verlag zu arbeiten. Sie waren beide nicht lange arbeitslos: Bergdoll ging zu einer überregionalen Zeitung und Borowsky wurde 1969 Mitarbeiter von Bundespräsident Gustav Heinemann. Als an den Tagen nach Ostern 1968 Studenten einzeln oder in kleinen Gruppen auf dem Bürgersteig vor dem Hochhaus an der Kochstraße Flugblätter gegen den verketzerten Verleger verteilten und mit den Springer-Journalisten ins Gespräch kommen wollten, bemerkte ich auch zufällig im Vorübergehen, wie ein anderer *BZ*-Kollege diesen Wanderpredigern seine Zuneigung zeigte. Er holte plötzlich aus seiner Jackentasche einen Zwanzigmarkschein hervor und steckte ihn einem der Studenten zu dessen sichtlicher Überraschung zu.

Ostersonnabend

Am nächsten Tag wiederholte eine sechsköpfige Abordnung der APO die in der TU erhobenen Forderungen, als sie von Schütz und Neubauer im Rathaus empfangen wurde. Die Besucher nahmen sich heraus, Schütz in beleidigendem Ton zu belehren, er könne sich hier »nicht wie ein preußischer Regierungsrat benehmen«. Als sie dann auch noch ohne Zustimmung der Gegenseite ein mitgebrachtes Tonbandgerät in Betrieb nehmen wollten, wies sie Schütz aus seinem Amtszimmer mit den Worten: »Dann brauchen wir gar nicht zu verhandeln. Raus! Raus!« Das klärende Gespräch der APO mit den politisch Verantwortlichen, das dringend geboten gewesen wäre und auf das viele Bürger warteten, wurde auf diese Weise verhindert.

Als an diesem Ostersonnabend gegen 12 Uhr der Versammlungsmarathon in der TU weitergehen sollte, rückte plötzlich die Polizei mit elf voll besetzten Mannschaftswagen auf der Hof-

seite des Hauptgebäudes an. Die Beamten verstellten bald die Ausgänge. Einige Beamte zeigten sich auch im Audimax, wo sich erst hundert Studenten eingefunden hatten. Bald aber zogen sich die Besucher wieder zurück und nahmen an der Straße des 17. Juni Position ein.

Erst Stunden später machte eine Erklärung des Senatspresseamtes deutlich, dass TU-Rektor Kurt Weichselberger zwar dem Missbrauch seiner Hochschule als Aktionszentrum für die Anstiftung zu Straftaten gerne ein Ende gesetzt hätte, es aber dann offenbar mit der Angst vor der eigenen Courage und seinen zur Gewalt neigenden Dauergästen zu tun bekam. Weichselberger habe, ließ das Presseamt wissen, in einem Gespräch mit Schütz und Neubauer darauf hingewiesen, dass in den Räumen der TU »eine weitere Zusammenkunft zur Vorbereitung ungesetzlicher Aktionen« stattfinden sollte. Deshalb erbitte er vom Senat Maßnahmen zur Verhinderung dieser Vorbereitungen. Als Weichselberger dann ein Wendemanöver eingeschlagen und

^ *Das »Neue Deutschland« nannte das Dutschke-Attentat einen »Mordanschlag auf einen sozialistischen Studentenführer«. (13. April 1968)*

erreicht hatte, dass die von ihm selbst bestellte Polizei wieder abgezogen war, behauptete er unverfroren, es habe sich um ein Missverständnis gehandelt. Und gerufen habe er die Beamten schon gar nicht. Als ich von dem Eiertanz dieses mir durch häufige Unterhaltungen bekannten Professors hörte, wuchs mein Verständnis dafür, dass manche Studenten mit ihren akademischen Lehrern Probleme hatten.

In der Versammlung mit 800 Teilnehmern, die sich wieder über Stunden hinzog, waren sich Sprecher der APO einig, dass bei den künftigen Aktionen »Gewaltlosigkeit« wichtig sei, um gewonnene Sympathien in der Öffentlichkeit nicht aufs Spiel zu setzen. Doch als später Ulrike Meinhof, die Chefredakteurin des (von der DDR heimlich finanzierten) Hamburger Magazins *konkret*, das Wort ergriff, war es mit dem guten Vorsatz schon wieder vorbei. Sie rief unter brausendem Beifall: »Wirft man einen Stein, so ist das eine strafbare Handlung. Werden tausend Steine geworfen, ist das eine politische Aktion. Zündet man ein Auto an, ist das eine strafbare Handlung, werden hundert Autos angezündet, ist das eine politische Aktion.« Jeder im Saal verstand, dass sie damit zum Angriff auf Springer aufforderte. Ulrike Meinhof sagte auch, die Bevölkerung honoriere nicht die Zurückhaltung der Studenten. Die spätere RAF-Terroristin, die sich im Mai 1976 im Gefängnis das Leben nahm, war erst am 14. Februar 1968 aus Hamburg nach Berlin gezogen. Am 25. April wurde sie von *konkret*-Herausgeber Klaus Rainer Röhl geschieden. Beide waren damals langjährige Mitglieder der illegalen KPD.

Auch Rechtsanwalt Mahler verschärfte in der Versammlung den Ton, als er erklärte, in der Stadt dürfe bis zum 1. Mai keine Ruhe mehr eintreten. Dagegen zeigte der frühere Vorsitzende des TU-Studentenparlamentes Rolf Vieten, dass nicht alle Studentenfunktionäre mit den damaligen Gewalttaten einverstanden waren. Er redete den Scharfmachern unter seinen Kommilitonen ins Gewissen: »Was in den letzten Tagen geschehen ist, hat uns nicht einen Schritt weitergebracht.«

Im Rathaus Schöneberg beschäftigte sich der Senat an diesem Sonnabend in einer Sondersitzung mit der Situation. Man kam überein, Ausschreitungen »mit den erforderlichen rechtsstaatlichen Mitteln zu begegnen«. Etwa zur gleichen Zeit diskutierte man in der TU darüber, ob weitere Massendemonstrationen sinnvoll seien. Verschiedene Redner bezweifelten dies und sprachen sich stattdessen für »kleine und gut organisierte Aktionen« aus, weil sie mehr Erfolg versprächen. Am späteren Nachmittag bekamen die Aufrührer dann zu spüren, was der Senat mit seinem Beschluss gemeint hatte. Die Polizei, die noch zwei Tage zuvor am Springer-Haus vor den Radikalen beinahe in die Knie gegangen wäre, zeigte nun Härte. Schauplatz der schweren Zusammenstöße war wieder der Kurfürstendamm zwischen Leibnizstraße und Europa-Center. An drei Stellen schickten die mit Megafonen ausgestatteten Einpeitscher ihr Fußvolk zur Sitzblockade auf das Straßenpflaster. Genervte Autofahrer stimmen ein Hupkonzert an. Und die Polizei hatte alle Hände voll zu tun,

um die Fahrbahn wieder frei zu machen. Als die Demonstranten wie am Tag zuvor versuchten, die Absperrketten der als »Bullen« beschimpften Polizei mit Sturmläufen zu überwinden, blieben sie hängen. Ich stand dabei, als die Ordnungshüter dann in der Meinekestraße mit einer besonderen Überraschung aufwarteten. Für etwa 230 Personen, die durch diese kurze Straße aus der Lietzenburger Straße in Richtung Zoo gelangen wollten, schnappte die Falle zu. Die Polizei schloss den Ausgang zum Kurfürstendamm und forderte die Menge über Lautsprecher auf, sie solle »sich als festgenommen betrachten«. Um Panikreaktionen zu verhindern, wurden die Eingeschlossenen dringend ersucht: »Leisten Sie keinen Widerstand, wir müssten ihn brechen.«

Unter denen, die nun wenigstens für eine Nacht kein Unheil mehr anrichten konnten, war neben einer Reihe von Kommunarden auch Peter Brandt, der Sohn des Bundesaußenministers. Die Kommune 1, die sonst ihre makaberen Auftritte meist als Juxvorstellung ausgab, wurde nun selber von Polizeioberkommissar Werner Textor aus einem Lautsprecherwagen mit Scherzen bei Laune gehalten. »Keine Sorge«, tönte es durch die Straße, »Sie kommen alle ins Hauptkinderheim.« So hatten die Häftlingssammelstellen in Wedding, Kreuzberg und Spandau bald nicht alltägliche Übernachtungsgäste.

Die übrigen Demonstranten führten ihren Kleinkrieg gegen die Polizei an der Kreuzung Kurfürstendamm und Joachimstaler Straße weiter. Der U-Bahnhof Kurfürstendamm musste geschlossen werden. Pfarrer Günter Pohl von der Kaiser-Wilhelm-Gedächtnis-Kirche forderte vorsorglich über Notruf von der Polizei Schutz für seinen vorösterlichen Abendgottesdienst an. Doch im Café Kranzler waren alle Tische besetzt. Dort wollten sich sensationshungrige Einheimische und Touristen das revolutionäre Spektakel nicht entgehen lassen. Auch der Glaspavillon im Obergeschoss des Lokals stand voller Schaulustiger. Die Treppe nach oben war zeitweise wegen der sich dort drängenden Gäste kaum passierbar.

Später trafen sich die Aufrührer erneut in der TU. Etwa 1000 Personen, die zum Stamm der Demonstrationsteilnehmer gehörten und dort täglich erschienen, betrachteten sich inzwischen schon als eine Art Nebenparlament. Sie waren zwar nicht demokratisch gewählt, sahen sich aber im Besitz des allein richtigen Bewusstseins und wegen ihres permanenten, die Stadt in Atem haltenden Aktionismus zur politischen Mitentscheidung berufen.

Dies zeigte auch die von den Vordenkern der APO formulierte und an diesem Abend verabschiedete »Rundfunkresolution«, die dann das Geschehen am Ostermontag, den 15. April, weitgehend bestimmen sollte. Mit ihr reagierten die Rebellierenden darauf, dass sie vom Senat aufgefordert worden waren, sich statt mit Gewaltaktionen doch lieber mit einem »großen Gespräch« um die Gunst der Öffentlichkeit zu bemühen. Wenn dies ernst gemeint sei, hieß es in der Resolution, müssten »die nicht im Parlament vertretenen Bevölkerungsgruppen« – also sie selber – auch in den Massenmedien zu Wort kommen. Deshalb solle der SFB ihnen täglich eine Stunde Sendezeit zur Verfügung stellen – dreißig Minuten am Nachmittag und weitere dreißig Minuten am Abend. Ein von der APO zusammengestelltes »Rundfunkkomitee mit prominenten Persönlichkeiten« werde mit dem erst kurz zuvor in sein Amt gekommenen SFB-Intendanten Franz Barsig Verhandlungen führen. Barsig erhalte eine »Erklärungsfrist bis Ostermontag 18 Uhr«.

Die in der TU Versammelten diskutierten am späten Ostersonnabend auch darüber, wie die in der Meinekestraße festgenommenen Gesinnungsgenossen befreit werden könnten. So wurde vorgeschlagen, die Kreuzberger Polizeiinspektion in der Friesenstraße, wo sich eine der Häftlingssammelstellen befand, zu stürmen. Andere Redner forderten dazu auf, Polizisten als Geiseln zu nehmen, den Osterreiseverkehr von und nach Berlin am Zehlendorfer Kleeblatt zu blockieren oder die Wohnungen führender Senatsmitglieder zu »belagern«. In der folgenden Nacht unternahmen kampfentschlossene Gruppen weitere Versuche in der Umgebung des Springer-Verlages, den Transport der *Berliner Morgenpost* auf dem Weg zu ihren Lesern zu behindern. Die Angriffe waren erfolglos.

Ostersonntag

Nach Tagen, die mich als Reporter fast ununterbrochen in Bewegung hielten und auch meine Nerven strapazierten, hatte ich inständig darauf gehofft, dass in der Stadt österliche Ruhe einkehren würde. Doch die Drahtzieher der Ausschreitungen, die von einer permanent besetzten Befehlszentrale in der TU aus operieren konnten, gönnten weder sich noch anderen eine Verschnaufpause. Sie wollten auch und gerade die Feiertage ausnutzen, um ihre, wie sie glaubten, neu gewonnene Macht so weit wie möglich auszuspielen. Die nächsten Aktionen waren vor allem dazu bestimmt, den Mobilisierungsstand der mehreren Tausend Anhänger, auf die man in Berlin zählen konnte, zu erhalten und auszubauen.

So entwickelte sich am Nachmittag des Ostersonntags aus der von zunächst nur etwa 1000 überwiegend jungen Leuten besuchten Abschlusskundgebung des Ostermarsches auf dem Wittenbergplatz eine fast zwei Stunden dauernde Straßenschlacht, bei der mindestens 3000 Personen die Polizei herausforderten. Dem nicht genehmigten Zug, der sich spontan zum Kurfürstendamm in Bewegung setzte, wurde ein großes Holzkreuz vorangetragen. Es kam an der »Spielwiese« vor dem Kranzler-Eck erneut zu harten Zusammenstößen, bei denen Steine, Farbeier, Knallkörper und Stöcke gegen die Beamten geschleudert wurden. Die Randalierer stürzten Bauwagen um und bauten für kurze Zeit am Kurfürstendamm eine Barrikade aus Kisten, Karren und Fässern. Die Polizisten, die zum Teil den vierten Tag hintereinander im Einsatz standen, klärten die Demonstranten über Lautsprecher darüber auf, dass sie nun »keine Gnade mehr« zu erwarten hätten. Es wurden Wasserwerfer und berittene Polizei eingesetzt, bevor die Randale nach rund zwei Stunden doch noch beendet werden konnte.

Die Demonstranten zogen sich wieder in die TU zurück, wo sich zu später Stunde auch der Theologieprofessor Helmut Gollwitzer und Bischof Kurt Scharf an der Diskussion beteiligten. Rechtsanwalt Mahler rief vor 1500 Zuhörern dazu auf, die am Tag zuvor Festgenommenen, die vor 24 Uhr wieder freigelassen werden mussten, an den Häftlingssammelstellen abzuholen. Vor

allem an der Friesenstraße kam es daraufhin zu heftigen Auseinandersetzungen. Die Polizei, die zunächst nicht genügend Kräfte bereithielt, befürchtete dort vorübergehend eine »Springer-
Situation« wie an Gründonnerstag. Sie konnte nur durch massi-
ves Vorgehen verhindern, dass ihre Inspektion gestürmt wurde.

Ostermontag

Am Nachmittag des zweiten Osterfeiertages fand auf dem
Hammarskjöldplatz am Funkturm eine Kundgebung unter dem
Motto »Macht einen neuen Anfang!« mit 5000 Teilnehmern statt,
zu der mehrere Professoren aufgerufen hatten. Hier kamen un-
ter anderem der ehemalige Regierende Bürgermeister Heinrich
Albertz, der FDP-Politiker und Soziologe Ralph Dahrendorf, der

^ *Im »FU-Spiegel« vom Mai 1968 wird über eine »internationale
Studentenrevolte« berichtet – ein nur kurzlebiger Traum.*

Frankfurter Allgemeine

ZEITUNG FÜR DEUTSCHLAND

Kraftprobe

Von Alfred Rapp

Bonn ist nicht Weimar — dieses vor vielen Jahren geprägte Wort scheint nach bald zwanzig Jahren Bundesrepublik der Abänderung bedürftig zu sein: Bonn ist noch nicht Weimar. Die Unruhen in unseren großen Städten sind gewiß noch nicht mit den Straßenschlachten der Weimarer Jahre zu vergleichen, geschweige denn mit deren Bürgerkrieg. Weder SA noch Rotfront marschieren wie vor einem Menschenalter durch unsere Straßen; und die Bundesrepublik kennt glücklicherweise nicht das Heer der Arbeitslosen, aus dem sich jene Bürgerkriegsscharen rekrutierten, unter dem Hakenkreuz wie unter Hammer und Sichel. Doch wer hätte vor einem Jahr gedacht, daß bei uns geschehen würde, was jetzt geschieht?

Wer kann sagen, will er ehrlich bleiben und den Kopf nicht in den Sand stecken, daß nicht noch mehr geschehen kann? Keiner kann meinen, es handle sich allein um eine spontane Aufwallung wegen des Attentats auf Dutschke. Schon vor Monaten wurden die Aktionen von heute angekündigt; vor langem sind sie sorgsam ausgearbeitet und vorbereitet worden; und seit längerem verkünden diese linken Radikalen den Kampf gegen die parlamentarische Demokratie. Viele Demokraten wollten zwar die Kampfansage nicht wahrhaben; doch die Behauptung, etwas sei nicht, ändert schließlich nichts daran, daß es ist. Es ist immer fahrlässig und gefährlich, zu meinen, der andere meine nicht, was er sage.

Die Radikalen meinen, was sie sagen. Sie wissen zwar nicht zu sagen, welche politische und gesellschaftliche Ordnung sie wollen, und sie sind sich in ihren verschwommenen Vorstellungen über das Morgen auch uneins. Doch als Trost ist dies alles dürftig. Man kann ein Haus zum Einsturz bringen, auch ohne den Bauplan eines neuen Hauses zu haben.

Auch das nackte Nein kann explosiv sein, gefährlicher manchmal als ein Nein, das dem Ja zu etwas anderem entspringt. Die Lust am Nein ist oft die Triebkraft von Umstürzlern geworden. In den letzten Jahren hat man zwar das Neinsagen öfter als die große Tugend des Demokraten verkündet. Wer etwa ja zur Regierung sagte, schien manchen Gralshütern der Demokratie kein wahrer Demokrat zu sein. Je leidenschaftlicher einer alles kritisierte und verneinte, desto mehr schien er der Bürgerkrone sicher zu sein.

Solche Formeln müsse man richtig verstehen, wurde zwar begütigend gesagt; sie seien die nötige Provokation des nach wie vor autoritätsgläubigen Spießbürgers. Aber diese Propheten des Ungehorsams wurden von ihren Jüngern dahin verstanden, daß alle Autorität, auch in der Demokratie, undemokratisch und daß die Demokratie zu bezweifeln sei, solange es noch Autorität in ihr gebe. Sprach einer gar unbesonnen und in alten Vorstellungen befangen schüchtern von Staatsautorität, die es doch auch in der Demokratie geben müsse, so war klar, daß er mindestens faschistoid, aber auf keinen Fall ein Demokrat war. Dieser Kult der autoritätslosen Demokratie, der jegliche Opposition von vornherein heiligt, nur weil sie Opposition ist, fand allerdings keinen Anklang bei den „Spießbürgern". Aber andere, die sich sorgten, an ihrer demokratischen Rechtgläubigkeit könne gezweifelt werden, sprachen freundlich von „heilsamer Unruhe".

Wer noch glaubt, daß die Unruhen, die wir in den letzten Tagen erlebten, „heilsam" seien, mag bei solchem Irrglauben bleiben. Wer aber Sinn für die Wirklichkeit hat, weiß, daß die Bundesrepublik vor einer Kraftprobe mit linken Radikalen gestellt ist, die planmäßig die Kraft der demokratischen Autorität auf die Probe stellen.

^ *Warnender Leitartikel von Alfred Rapp in der »Frankfurter Allgemeinen Zeitung« nach den Osterunruhen. (17. April 1968)*

Diese Radikalen sind, wie immer wieder beschwichtigend gesagt wird, eine kleine Schar. Um so gefährlicher ist' es, wenn schon so wenige in der Bundesrepublik das Bild beinahe hilfloser Behörden hervorrufen können, die zum Schutz der Gesetze verpflichtet sind, aber diesen Schutz nicht zu gewähren vermögen.

Die „weiche Welle" ist das Stichwort, das Polizeigewaltige von ihren zivilen Vorgesetzten zu hören bekommen; aber sie ist nicht der demokratischen Weisheit letzter Schluß, wenn die Radikalen auf harter Welle operieren. Die Polizisten sollen psychologisch geschult werden; aber man muß auch die Psychologie der Radikalen kennen; sie werden um so härter werden, je welcher der Widerstand ist, auf den sie stoßen. Zu dieser Erkenntnis bedarf es keiner besonderen Vorlesungen in Psychologie.

Radikalen sei nicht mit Gewalt, sondern mit Gespräch zu begegnen, meinte einer der psychologischen Berater der Polizei, wozu zu vermerken ist, daß damit auch die Abwehr ungesetzlicher Aktionen schon „Gewalt"

genannt wird. Aber die Radikalen dieser Tage sind keine demokratischen Gesprächspartner. Wenn sie „Diskussion" sagen, meinen sie die Macht; und wenn sie sich zu Gralshütern des Grundgesetzes aufwerfen, brechen sie ohne lange Hemmung dessen Gebot der Pressefreiheit, wenn Zeitungen nicht schreiben, was sie wollen. Diese von naiven Gutgläubigen zu jugendlich überschäumenden Wahrern der vom Grundgesetz verkündeten Demokratie. Erklärten und Verklärten wollen in Wahrheit diese Demokratie zerstören.

In unseren Unruhen ist von Geburtswehen einer besseren Demokratie nichts zu erkennen. Wer die Worte Maos zu einem politischen Evangelium nimmt, wer den Diktator Fidel Castro als Vorbild preist, wer Ho Tschi Minh zum Schlachtruf erwählt, braucht zwar noch kein Maoist zu sein, doch ein Demokrat ist er allemal nicht. Dem hat die Demokratie zu widerstehen. Dem hat sie die demokratische Autorität entgegenzusetzen. Einer Demokratie ohne Autorität wird sonst die Autorität ohne Demokratie folgen.

damalige Charlottenburger Volksbildungsstadtrat und Repräsentant der Berliner SPD-Linken Harry Ristock und drei Studentenvertreter zu Wort. Albertz erhielt viel Applaus, als er rief: »Lasst uns die alten Rechnungen verbrennen, lasst uns einen neuen Anfang machen. Lasst die Stadt endlich wieder zu einer Stadt der Liberalität und Toleranz werden!« Doch Klaus Meschkat vom Republikanischen Club zeigte sich unerbittlich: Er sprach sich dagegen aus, dass die APO mit dem Senat einen neuen Anfang mache. Was später den Regierenden Bürgermeister Schütz zu der Feststellung veranlasste: »Die Kundgebung hat der Stadt nicht geholfen.« Die Berliner Jusos schlossen sich diesem Urteil an.

Gut eine Stunde später trafen sich dann mehrere Tausend Anhänger der APO an derselben Stelle, um der Forderung an den SFB auf Überlassung von täglich einer Stunde Sendezeit Nachdruck zu verleihen. Während im Haus des Rundfunks an der Masurenallee ein vierköpfiges Komitee, zu dem auch der Schriftsteller Hans Magnus Enzensberger gehörte, mit dem Intendanten Barsig verhandelte, wartete draußen die mit roten Fahnen und Spruchbändern aufmarschierte unruhige Menge darauf, eingelassen zu werden und mit der Diskussion beginnnen zu können. Aber Barsig verhielt sich reserviert. Er argumentierte, dass im SFB-Sendesaal aus technischen Gründen von einem solchen Meinungsaustausch keine Aufnahmen gemacht werden könnten. Schließlich nahm er den Vorschlag an, mit den APO-Vertretern in der TU zu diskutieren, wohin die Menge dann auch zurückströmte. Aber auch im dortigen Audimax machte der Intendant keine Zusagen, zumal die Revolutionsstrategen die verlangten zwei Halbstundensendungen pro Tag auch noch in eigener Regie produzieren wollten.

Die Versammlung in der TU hatte sich schon vor dem Aufmarsch am SFB darauf geeinigt, den Springer-Verlag nicht erneut zu belagern, weil eine solche Aktion wegen des kompakten Polizeiaufgebots aussichtslos erschien. Später wäre die Diskussion in der TU dann beinahe mit einem Tumult zu Ende gegangen, als sich die Kommune 1 zu Wort meldete. Der Kommunarde Kunzelmannn beschimpfte die auf dem Podium sitzenden Redner des Nachmittags, Albertz, Dahrendorf und Ristock, zum Entsetzen der Organisatoren und vieler Zuhörer als »politische Leichen«. Weil sie sich gegen Gewaltanwendung gewandt hatten, warf Kunzelmann ihnen vor, sie wollten »die Position der politischen Stärke, die wir gewonnen haben, wieder wegreden«. Er forderte sie auf, »sich an Aktionen gegen Springer zu beteiligen oder den Saal zu verlassen«.

Osterdienstag

Am Dienstag nach Ostern trafen sich, vor allem wegen der Berliner Ereignisse, Bundeskanzler Kurt Georg Kiesinger (CDU) und Politiker der schwarz-roten Bonner Koalition, um »geeignete Maßnahmen zur Wiederherstellung von Ruhe und Ordnung« zu beraten. In einer Sondersitzung des Berliner Senats beschäftigte man sich mit angeblichen Rücktrittsabsichten von Polizeipräsident Georg Moch (CDU), der bekanntermaßen ein größeres Entgegenkommen von Senat und Polizei gegenüber den Studenten vorgezogen hätte. Innensenator Neubauer versicherte aber dem Präsidenten, er habe sein »volles Vertrauen«. Ein weitergehendes Gerücht, wonach auch Schulsenator Carl-Heinz Evers (SPD) seinen Hut nehmen wolle, wurde energisch dementiert. Die Senatoren dachten aber schon mit unguten Gefühlen an den herannahenden 1. Mai, weil zu erwarten war, dass dann die Rebellion neu aufleben würde.

Wie Bundesinnenminister Ernst Benda (CDU) am 30. April 1968 vor dem Bundestag mitteilte, kam es während der bis dahin größten innenpolitischen Unruhen seit Bestehen der Bundesrepublik zwischen dem 11. und 16. April bei 26 Demonstrationen zu Ausschreitungen, Gewaltakten und anderen schwerwiegenden Rechtsverletzungen. Gegen 827 Personen wurden Ermittlungsverfahren eingeleitet. Von ihnen waren 87 unter 18 Jahre alt, 210 zwischen 19 und 21 Jahren, 246 zwischen 22 und 25 Jahren und der Rest älter als 25 Jahre. Unter den Beschuldigten waren 92 Schüler, 286 Studenten, 185 Angestellte, 150 Arbeiter, 31 hatten sonstige Berufe. Die Übrigen waren ohne Beruf oder ihr Beruf war nicht festzustellen.

Den Tod des am Ostermontag während einer Anti-Springer-Demonstration vor dem Münchener Buchgewerbehaus durch den Steinwurf eines Demonstranten schwer verletzten 32-jährigen Fotoreporters der Nachrichtenagentur AP, Klaus Frings, am 17. April kommentierte Horst Mahler, Rechtsanwalt und Mitgründer des Berliner Republikanischen Clubs, kaltschnäuzig: »Wir mussten von vornherein mit solchen Unfällen rechnen. Es hat keinen Sinn, mit menschlichen Argumenten zu kommen … Das ist genauso, wie wenn ich mich an das Steuer eines Autos setze und damit rechnen muss, dass ein Reifen platzt.« Am Abend des 17. April starb in München auch der 27-jährige Student der Betriebswirtschaft Rüdiger Schreck. Er war, als er bei den Auseinandersetzungen am Ostermontag »nur mal zusehen« wollen, von einem scharfkantigen Wurfgeschoss getroffen worden. Am 22. April schrieb *Spiegel*-Herausgeber Rudolf Augstein: »Die zwei Toten der Ostertage gehen auf das Konto des SDS, daran gibt es keinen Zweifel.« Anders als der am 2. Juni 1967 in Berlin durch die Pistolenkugel eines Polizisten ums Leben gekommene »Märtyrer« der Studentenbewegung Benno Ohnesorg sind die Namen der beiden Münchener Opfer heute fast völlig vergessen.

Ulrich Enzensberger schildert in seinem Buch über die Kommune 1, wie »abstoßend« die »nur scheinbar rationalen Worte« Mahlers damals auf ihn und sein Umfeld wirkten. »Irgend etwas riss«, schreibt er. In der Tat: Nachdem die Studentenbewegung mit den Osterunruhen 1968 ihren Zenit erreicht hatte, begann in jenem Frühjahr auch schon der Zerfall.

DER KAMPF AN DEN UNIVERSITÄTEN

Die Offensive gegen Universitätseinrichtungen, die das ganze Jahr 1968 andauerte, hatte schon bald nach dem Jahreswechsel 1967/68 begonnen. Studentische Störtrupps brachten am 24. Januar den Lehrbetrieb am Romanischen Seminar zum Erliegen. An diesem Tag stellten die Professoren Vorlesungen und Seminarübungen ein, weil wegen der Ausschreitungen keine akzeptablen Arbeitsbedingungen mehr gegeben waren. FU-Rektor Harndt sprach von »brutalem Terror« der Studenten. Eine Woche später, am 31. Januar, sollte der Lehrbetrieb mit einer Altfranzösisch-Übung wieder aufgenommen werden. Doch es erschienen Demonstranten, die erneut stattdessen diskutieren wollten.

Es folgte eine Vollversammlung aller Fakultäten im Audimax. Dort erfuhren die Studenten, dass um 14 Uhr eine Sitzung der Philosophischen Fakultät über das Grundstudium stattfand. Etwa 500 von ihnen unternahmen auch dort den Versuch, eine Diskussion zu erzwingen. Sie trommelten mit Fäusten gegen die Tür, die teilweise eingedrückt wurde. Doch die 80 Professoren der Fakultät gingen nicht auf die Forderung ein. Die Studenten ließen sich in verschiedenen Räumen vor dem Sitzungssaal sowie im Treppenhaus nieder, brachen den Hauptsicherungskasten auf und drehen den Professoren den Strom ab, worauf diese ihre Beratungen bei Kerzenlicht fortsetzten. Als sie nach dreieinhalb Stunden das Haus verließen, mussten sie sich mit Mühe den Weg an den zur Sitzblockade versammelten Studenten vorbei nach draußen bahnen.

Anfang Februar 1968 kam es an der FU fast täglich zu Krawallen. Dies veranlasste die Gewerkschaft ÖTV schon am 4. Februar, in einem Fernschreiben an den Regierenden Bürgermeister Schütz zu fordern: »Schluss mit der Unordnung in Berlin«. Und die *BZ* fragte am 5. Februar: »Soll das so weitergehen?« Am 9. Februar rief Helmut Schmidt, SPD-Fraktionschef im Bundestag, von Bonn aus den oft vor der Gewalt zurückweichenden Professoren in Berlin zu, sie sollten »mehr Zivilcourage zeigen und den Feinden der Demokratie auch persönlich entgegentreten«. Soviel über das Vorspiel zu dem, was in jenem schwierigen Jahr an der in jener Zeit wohl schwierigsten und unruhigsten deutschen Universität in Berlin-Dahlem Alltag werden sollte.

In Berlin besaß der 1949 gegründete Verband Deutscher Studentenschaften (VDS) damals noch einen relativ guten Ruf, befand sich aber schon auf der schiefen Ebene hin zum »revolutionären Kampfverband«. Unter Leitung des Marburger Politologiestudenten Christoph Ehmann driftete der VDS 1968 so weit nach links, dass ihm die Bundesregierung im Frühjahr 1969 die Zuschüsse entzog. Der damals 25-jährige Ehmann, ein Schüler des durch einen kämpferischen Marxismus bekannt gewordenen Politikwissenschaftlers Wolfgang Abendroth, wurde am 11. März 1968 zum VDS-Vorsitzenden gewählt. Noch am gleichen Tag kündigte er einen »heißen Sommer« mit zunehmenden Studentenunruhen an. Sein Verband, so sagte er, propagiere die Revolution als Mittel der Demokratisierung der bundesdeutschen Gesellschaft. Später arbeitete Ehmann übrigens sieben Jahre lang, bis 1986, am Berliner Bundesinstitut für Berufsbildung. Von 1994 bis 1997 war er Staatssekretär im Kultusministerium des Landes Mecklenburg-Vorpommern.

Mit der Prophezeiung eines turbulenten Sommers lag er seinerzeit ganz auf der Linie, die sich der SDS für 1968 vorgenommen hatte. Vor allem in Berlin bemühten sich die Strategen des »Klassenkampfes«, die Worte Ehmanns wahr werden zu lassen. Die Marschrichtung gab eine am 19. April von den Allgemeinen Studentenausschüssen der Freien und der Technischen Universität sowie der Kirchlichen Hochschule gemeinsam formulierte Erklärung vor. Sie zeigte in einem erschreckenden Ausmaß, wie weit sich die Wortführer des akademischen Nachwuchses bereits von den Anliegen der Gesellschaft entfernt hatten. Es wurde ausdrücklich die Anwendung von »Gewalt gegen Sachen« propagiert. Denn, so meinten die Initiatoren, diese Gewalt sei die einzige mögliche Form der Artikulation in einem kapitalis-

Nach den Oster-Unruhen: Zwei deutsche Profes

Hört auf, Lenin zu spielen!

Ein Wort an die unruhigen Studenten / Von Golo Mann

Gewalt" gehört zum klassischen Revolutionsbegriff. Die bestehende Ordnung wird „umgewälzt" durch Mittel, welche die Gesetze verbieten. Der klassische Revolutionsbegriff ist aber für reife Industriegesellschaften ein veralteter, wie Tocqueville schon vor 130 Jahren voraussah. Natürlich finden beständig gesellschaftliche Veränderungen statt; in den letzten zwanzig Jahren hat sich die westeuropäische Gesellschaft viel tiefer verändert als durch die gewalttätige Revolution von 1830. Aber ohne Gewalt, im Rahmen der bestehenden Ordnungen.

Weil das Gesetz nicht seine eigene Aufhebung vorsehen kann, ist revolutionäre Gewalt niemals „erlaubt". Ein Staat, der die Macht und das Selbstvertrauen dazu hat, wird gegen Gewalt sich immer zur Wehr setzen. Die Frage nach der Legalität von revolutionärer Gewalt ist sonach sinnlos. Fragen kann man nur: nach ihrer historischen Möglichkeit und ihrer moralischen Rechtfertigung.

Die Bundesrepublik ist nicht das Frankreich von 1792, nicht das Rußland von 1917, nicht das Vietnam von 1968. Sie ist nicht einmal das Amerika von 1968, denn weder führt sie Krieg gegen Vietnam, noch hat sie Negerghettos. Sie ist ein dicht organisierter, funktionierender, auf vielen Gebieten erfolgreicher Staat. Das Staatsvolk steht zu neun Zehnteln hinter ihr, zumal dann, wenn es um die Abwehr von Gewalt geht. Darum ist revolutionäre Gewalt in der Bundesrepublik historisch unmöglich; so sehr, daß die zweite Frage, die nach der moralischen Rechtfertigung, gar nicht gestellt zu werden braucht.

Eine kl. e Minderheit, die, sei es aus Idealis-

mum von Achtung entgegenbringen, oder er erreicht nichts, und will auch nichts erreichen. Was aber die „Räte" aus Arbeitern, Angestellten, Studenten und Schülern betrifft, die in Berlin vorgeschlagen wurden, so ist zu sagen, daß Schüler zwar in ihren eigenen schulischen Angelegenheiten mitbestimmen mögen, in der Politik der Erwachsenen aber erst dann mitzureden haben, wenn sie erwachsen sind; und mit den Arbeitern und Angestellten würden die Studenten enttäuschende Erfahrungen machen.

Ein Beispiel dafür, wie außerparlamentarische Opposition politisch und parlamentarisch wirksam werden kann, hat Amerika gegeben. Die Abdankung Johnsons (wenn sie ehrlich ist), seine neue Bereitschaft zu Verhandlungen in Vietnam (wenn sie ehrlich ist) stehen in einem Zusammenhang mit dem Triumph Eugene McCarthys bei den Vorwahlen in New Hampshire. Bei dem Durchbruch McCarthys haben linke Studenten tapfer mitgewirkt; sie waren die besten Helfer eines Mannes, der seinerseits „system-immanent", nämlich Senator der Vereinigten Staaten ist. Die Maschine der Demokratischen Partei, die riesigste, muffigste, geistloseste auf der Welt, ist durch diesen einen Erfolg in schöpferische Unordnung geraten. Es geht also, manchmal, nicht immer, trotz anscheinender Hoffnungslosigkeit. Aber man muß wollen.

Ein anderes Beispiel außerparlamentarischer aber system-immanenter und schließlich erfolgreicher Opposition kam von den Hochschulen der Tschechoslowakei. Und der alte Prager Herrschaftsapparat ... ... vergleichlich bösartig...

tischen System, das nur die Meinungsäußerung der Nutznießer dieses Systems zulasse.

Die Studentenführer, die zum größten Teil aus gut situierten Familien stammten, gefielen sich in der Rolle der nicht oder nicht genug beachteten Außenseiter. Dabei fanden ihre fast täglich verkündeten Meinungsäußerungen gerade in der vielfältigen Berliner Medienlandschaft und auch bei den Politikern der Stadt eine ungewöhnlich große Beachtung und manche ih-

^ *Zwei wichtige Stimmen, die vor revolutionären Illusionen warnten: Golo Mann ...*

...ren äußern sich über den Sinn und Unsinn der studentischen Gewalt

Die Internationale der Rebellierenden

...ie denken über Dinge nach, die nicht vorgekaut wurden / Von Alexander Mitscherlich

DER KAMPF AN DEN UNIVERSITÄTEN

rer kritischen Anmerkungen wurden als berechtigt anerkannt. Auch wussten die Gewaltpropheten sehr wohl, dass Senat und maßgebliche Kreise an den Universitäten bereits seit fast einem Jahr dabei waren, eine einschneidende Hochschulreform vorzubereiten.

Der am 9. November 1967 bei der Rektoratsübergabe an der Universität Hamburg vom damaligen AStA-Vorsitzenden Detlev Albers auf einem Transparent gezeigte Spruch »Unter den Talaren – der Muff von 1000 Jahren«, der ein bundesweites Echo fand, gilt bis heute als »Kernsatz der 68er Bewegung«. Für die Berliner Freie Universität konnte er jedoch keine Gültigkeit haben, denn bei ihrer Gründung im Jahr 1948 hatten die Professoren ganz bewusst auf das Tragen von Talaren verzichtet. Erst zum Besuch von US-Präsident John F. Kennedy 1963 meinten die Ordinarien,

^ ... und Alexander Mitscherlich. (»Zeit« vom 26. April 1968)

sich in diesem traditionellen Kleidungsstück zeigen zu müssen. Die von Studenten maßgeblich mitgegründete FU verstand sich auch nie als ein der übrigen Gesellschaft entrückter Elfenbeinturm, sondern war eine vergleichsweise fortschrittlich strukturierte, auf dem Boden ihrer Zeit stehende Hochschule. Anders als an fast allen anderen deutschen Universitäten durften in Dahlem Studentenvertreter in allen wichtigen Gremien – Kuratorium, Akademischer Senat und Fakultäten – mitentscheiden. Westdeutsche Studenten beneideten ihre Kommilitonen an der FU um dieses als »Berliner Modell« gepriesene Mitspracherecht. Die Beteiligung ging zwar nicht so weit, dass sich die Studenten gegen die Professoren hätten durchsetzen können. Aber daran waren sie auch lange Zeit gar nicht interessiert. Ihre für die damalige Zeit einzigartigen Einflussmöglichkeiten wurden erst Anfang der Siebzigerjahre von anderen deutschen Hochschulen übernommen. Allerdings beschwerten sich zu recht die Assistenten: Sie hatten keine Mitspracherechte.

Natürlich waren auch die Berliner Hochschulen dabei, sich zu Massenuniversitäten zu entwickeln. Die früheren, beinahe familiären Verhältnisse in relativ kleinen Instituten, in denen die Professoren fast jeden Studenten persönlich kannten und ihn beraten konnten, waren Vergangenheit. In den nicht mehr überschaubaren Fachbereichen war eine Entfremdung zwischen Lehrenden und Lernenden eingetreten, was linke Ideologen auszunutzen verstanden. Sie fanden Gehör, wenn sie auf »demokratische Rechte« und »Gleichberechtigung« pochten. Für die Politik war es deshalb dringend geboten, dieser Entwicklung durch ein neues Hochschulrecht Rechnung zu tragen.

Ein Gesetzesentwurf, den Senat und SPD erstellt hatten, lag seit Ende 1967 vor und wurde mit den Universitäten in Einzelheiten erörtert. Einer der energischsten Streiter für diese vom Vorsitzenden des Wissenschaftsausschusses im Abgeordnetenhaus, Gerd Löffler, sowie dem Berliner Wissenschaftssenator Werner Stein (beide SPD) geplante Reform war der 34-jährige Staatsrechtsprofessor und spätere Bundespräsident Roman Herzog. Er schrieb am 25. April 1968 in seiner Eigenschaft als Mitglied des Akademischen Senats an sämtliche 239 FU-Ordinarien und verteidigte die Pläne. Herzog ging in dem Brief mit 29 Professorenkollegen hart ins Gericht, die »allgemeine Grundsätze« für eine darüber hinausgehende Reform vorgelegt hatten.

Eigene Reformpläne hatten auch die Studentenvertreter vorgelegt. Doch der Aufruhr, wie er im Aktionismus des Sommers 1968 betrieben wurde und sich in der Störung von Vorlesungen, der Diffamierung einzelner Hochschullehrer sowie der Zerstörung von Türen, Fenstern, Mobiliar und Akten zeigen sollte, hatte nur vordergründig inneruniversitäre Ziele. Die Gewaltanwendung sollte vor allem unpolitische Mitläufer aus der Studentenschaft, die zur Unterstützung des »revolutionären Kampfes« gebraucht wurden, motivieren. In Wirklichkeit ging es den leninistischen oder maoistischen Utopien verfallenen Strategen jedoch zumindest auf längere Sicht um nichts anderes als den Umsturz der staatlichen Ordnung mit dem Ziel, ein sozialistisches Rätesystem zu etablieren. Dafür wollten – wie die Diskussion vor und nach der »Schlacht am Tegeler Weg« enthüllte – eine Handvoll SDS-Führer vom November 1968 an in einer weiteren Stufe der Eskalation durchaus auch »Gewalt gegen Personen« angewendet sehen.

Der Aufstand der APO richtete sich im April und Mai 1968 vordergründig vor allem gegen die Notstandsgesetze. Die Berliner Studenten unterstützten damit die Anliegen der bundesdeutschen Notstandsgegner. Viele dieser Studenten stammten aus Westdeutschland und wussten nicht, dass die Gesetze, mit denen in der Bundesrepublik alliierte Vorbehaltsrechte in Sicherheitsfragen abgelöst wurden, aufgrund des Berliner Sonderstatus' nicht auf die Westsektoren der Stadt angewendet werden konnten. Deshalb hatte das Abgeordnetenhaus schon im Juni 1967 spezielle »Zivilschutzgesetze« für West-Berlin in Kraft gesetzt.

Anderslautende Darstellungen, die von der DDR-Regierung, aber auch von Gegnern der neuen Gesetze im Westen hartnäckig vorgebracht wurden, rückte der Regierende Bürgermeister Schütz am 31. Mai unmissverständlich zurecht: »Wer behauptet, dass Berlin in das gesamte System der Notstandsgesetze einbezogen oder gar, dass irgendwelche Kontrollregelungen in den Westsektoren gegen bestehende Viermächte-Regelungen eingeführt werden, verbreitet blanken Unsinn.«

Der erste Vorlesungsstreik im Sommer 1968 wurde in einem Institut ausgerufen, das reichlich Angriffsflächen bot: das Institut für Publizistik. An diesem Institut mit rund 500 Studenten hatte ich von 1956 bis 1960 studiert und 1961 promoviert. Die äußerst beengten Verhältnisse neben der Universitätsbibliothek im Henry-Ford-Bau der FU waren mir deshalb besonders vertraut. Allerdings standen die Publizisten vor dem Umzug in eine Villa an der Hagenstraße in Grunewald. Der Institutsgründer und »Nestor« der deutschen Zeitungswissenschaft, Emil Dovifat, war im Mai 1959 in den Ruhestand gegangen. Erst 1961 trat der frühere Intendant des Süddeutschen Rundfunks, Fritz Eberhard, die Nachfolge an. Da er aber bereits 64 Jahre alt war, konnte seine Berufung zum Honorarprofessor nur eine Notlösung sein. Auf der Suche nach einem Fachmann, der Dovifat dauerhaft ersetzen konnte, ließ sich die zuständige Philosophische Fakultät dann viel Zeit. Für den AStA war dies 1968 Anlass genug, den Aufstand der Publizistikstudenten zu schüren. Die Entscheidung des exklusiven Professoren-Klubs für den Chefredakteur von Radio Bremen, Harry Pross, mit dem schon längere Zeit verhandelt worden war, wurde durch den Streik im Sommer 1968 beschleunigt.

Bei einer Studentenvollversammlung am 3. Mai wurden vor 1200 Teilnehmern auch die Zustände am Theaterwissenschaftlichen Institut und am Ostasiatischen Seminar als kritisch dargestellt. Bei den Theaterwissenschaftlern fand kein ordnungsgemäßer Lehrbetrieb statt, weil der einzige Professor dieses Fachbereichs ein vorlesungsfreies Forschungssemester eingelegt hatte. Und bei den Ostasiaten lagen die Dinge deshalb im Argen, weil die fachliche Qualifikation des Professors für Japanologie, Hans Eckardt, umstritten war und ihm außerdem antisemitische Äußerungen vorgeworfen wurden. In beiden Fällen konnte die Fakultät mit den Kritikern Einvernehmen erzielen. Auf der Versammlung prangerte die Universitätsleitung aber auch an, dass auf einem studentischen Flugblatt mit falschen Zahlen Stimmung gemacht worden sei. Dort war behauptet worden, dass 16 der insgesamt 51 medizinischen Lehrstühle nicht besetzt seien. In Wirklichkeit waren aber elf dieser 16 Lehrstühle ohne Haushaltsansatz. Sie sollten erst mit der Inbetriebnahme des neuen Klinikum Steglitz im darauffolgenden Herbst in Betrieb genommen werden.

Zu einer Kraftprobe zwischen linken und gemäßigten Studentenfunktionären kam es in der Nacht zum 10. Mai an der TU. Anders als an der FU, wo der »revolutionäre« Flügel das Heft fest in der Hand behielt, wurde hier im Studentenparlament den Linken das Misstrauen ausgesprochen, und dies mit der

Begründung, dass der alte AStA seit dem Vietnam-Kongress mit der SED zusammengearbeitet habe. Einen Tag später warnte Harry Ristock, der Sprecher der Berliner SPD-Linken, während einer Diskussionsveranstaltung an der FU die APO eindringlich vor einer Zusammenarbeit mit der SED.

Zu einem schweren Zwischenfall kam es am 13. Mai, als der amerikanische Sozialphilosoph Herbert Marcuse nach seiner Gastvorlesung dass überfüllte Audimax der FU vorzeitig verlassen hatte. Plötzlich stiegen einige junge Leute, unter denen ich auch Mitglieder der Kommune 1 erblickte, auf das Podium

^ *13. Mai 1968: Herbert Marcuse spricht im überfüllten Audimax.*
Danach wird das FU-Wappen vor dem Rektorat angezündet.

und holten, ohne dass sie jemand daran hinderte, das etwa zwei Meter hohe, auf Sperrholz angebrachte Ehrenwappen der Universität mit dem eine Fackel tragenden Berliner Bären und dem lateinischen Motto der Universität, »Veritas, Justitia, Libertas« (Wahrheit, Gerechtigkeit, Freiheit) herunter und rollten es nach draußen. Ich folgte ihnen und konnte zusehen, wie einer das Schild vor dem Rektoratsgebäude an der Harnackstraße mit einer brennbaren Flüssigkeit übergoss, worauf es angezündet wurde. Die angekohlten Reste des stolzen Wappens lagen dort noch stundenlang auf dem Bürgersteig.

Als am 15. und 16. Mai im Bundestag die erste Lesung der Notstandsgesetze stattfand, befolgte man an der Hochschule der Künste die Streikaufrufe der »Notstandsgegner« am weitestgehenden: Die Haupteingänge wurden mit Bretter vernagelt, auf denen man Plakate und Losungen gegen die Gesetze anbrachte. Auch an der FU und der TU trafen sich die Studenten bei Versammlungen, um gemeinsam die Übertragung der Parlamentssitzung aus Bonn anzuhören. Doch die Streikaufrufe wurden an beiden Universitäten nur zum Teil befolgt, während an der Pädagogischen und der Kirchlichen Hochschule der Vorlesungsbetrieb völlig ruhte.

An dem seit langem auf »progressivem« Kurs liegenden Psychologischen Institut der FU wurde am 20. Mai ein neuntägiger »Notstandsstreik« beschlossen. In dieser Zeit sollten ausschließlich Diskussionen über die Notstandsgesetze geführt werden.

Am gleichen Tag brachen mehrere Hundert Studenten aus Protest dagegen, dass der unliebsame Professor Eckardt nicht sofort aus dem Lehrkörper entfernt wurde, die Tür zum Japanologischen Institut auf, hissten die rote Fahne, bildeten einen Institutsrat und erklärten das Gebäude für besetzt. Es war die erste Besetzung von Hochschulräumen in Deutschland. Ein weitergehender Plan, auch die Telefonzentrale der FU zu okkupieren, wurde von der Polizei verhindert. Die Studenten hatten dies alles zuvor in einer Vollversammlung beschlossen. Dazu äußerte sich am 25. Mai der Rechtswissenschaftler und frühere Rektor der FU, Ernst Heinitz, in einem Leserbrief an den *Tagesspiegel*, in dem es hieß: »Das Vorgehen eines aufgehetzten Studentenhaufens gegen den Leiter des Ostasiatischen Instituts, Professor Eckardt, ist ein beschämendes Beispiel dafür, wie in Deutschland durch systematische Rufmordhetze ein Professor zur Strecke gebracht werden kann.« Für »gewisse Verfehlungen, ungehörige Redewendungen in einem kleinen Kreis Vertrauter«, habe er durch Verweis des Disziplinarsenats »angemessen gesühnt«. Die Vorgänge an dem Institut seien »nicht mehr Demokratie, sondern das Ende der Lehrfreiheit«.

Am 21. Mai erschien der prominenteste Anführer des noch nicht beendeten französischen Studentenaufstandes, Daniel Cohn-Bendit, in Berlin. Er besuchte zuerst den SDS am Kurfürstendamm und kam dann an die FU, wo er am Abend im Audimax die 2500 versammelten Kommilitonen zum Bau von Barrikaden aufrief. Denn, so sagte er, jedes kapitalistische System könne zurückgeschlagen werden. Als er am 24. Mai nach Paris zurückkehren wollte, verweigerte ihm Frankreich an den Grenzübergängen in Straßburg und Saarbrücken als »unerwünschter Person« die Wiedereinreise. Daraufhin wurde Cohn-Bendit in der deutschen APO aktiv. 1976 gründete er die bis 1990 erscheinende Zeitschrift der undogmatischen Linken *Pflasterstrand*. 1984 wurde er Mitglied der Grünen. Seit 1994 gehört er dem Europäischen Parlament an.

Wiederum einen Tag später, am 22. Mai, musste Schulsenator Carl-Heinz Evers das für den 24. Mai geplante traditionelle Stadionsportfest der Berliner Schulen wegen geplanter Störungen durch die APO absagen. In Flugblättern war dazu aufgerufen worden, die Großveranstaltung »umzufunktionieren« und die Rasenfläche des Olympiastadions zu besetzen. An dem Fest sollten 3500 Schüler teilnehmen. Es waren 35 000 Zuschauerkarten ausgegeben worden, von denen ein Teil in die Hände schulfremder Störer gelangt sein sollte.

Ebenfalls am 22. Mai, dem Vorabend des Himmelfahrtstages, begann an der FU der Kampf um das Otto-Suhr-Institut (OSI) für politische Wissenschaft an der Ihnestraße in Dahlem. Der Beschluss, dieses Institut zu besetzten, war bereits am 20. Mai im AStA gefasst worden. Der bei dieser Sitzung anwesende SDS-Agitator Christian Semler hatte das Vorhaben am Tag darauf auf einer Sitzung der »Kritischen Universität« propagiert. Erklärtes Ziel sollte es sein, die »Produktionsmittel« des aus der früheren Hochschule für Politik hervorgegangenen OSI für die sogenannten Basisgruppen der APO zu beschlagnahmen.

Am Abend des 22. Mai waren bereits »Revolutionäre« mit Decken, Schlafsäcken und Proviantüten in der Halle des Institutsgebäudes angerückt. Ich entdeckte, wie einige junge Männer, die weder ich noch mir bekannte Professoren und Studenten des Instituts jemals an der Universität gesehen hatten, im Erdgeschoss in einem Nebenraum verschwanden. Sie hatten Handwerkszeug dabei und warteten auf ihren Einsatz. Offenbar hatte sie die Studentenvertretung herbeigeholt, weil sie auf das Öffnen von Türen und Schlössern spezialisiert waren. Als ich einen Studentenvertreter fragte, wer diese Leute seien, bekam ich eine ausweichende Antwort und wurde von anderen Aktionisten angepöbelt sowie behindert, als ich mir Notizen machte.

Doch verlief der Abend anders, als von AStA und Kritischer Universität geplant. Nach stundenlangem Streit wurde gegen Mitternacht durch Abstimmung entschieden, das Gebäude noch nicht zu besetzen. Die Zusammenkunft endete mit tumultartigen Szenen, als vom Podium aus verkündet wurde, dass sich der CDU-Abgeordnete Jürgen Wohlrabe im Vorraum aufhalte. Sofort umringten junge Leute den Abgeordneten. Als einige von ihnen auf Wohlrabe einschlugen, konnte Schlimmeres nur durch das Eingreifen seiner Begleiter verhindert werden. Der Parlamentarier äußerte, dass an dem Institut eine Pogromstimmung herrsche. Zeuge der Tätlichkeiten wurde auch der in der Nähe stehende Professor Alexander Schwan, geschäftsführender Direktor des OSI.

Am 23. Mai, dem Himmelfahrtstag, ging der Versammlungsmarathon am OSI den ganzen Tag über weiter. Schwan hatte den Studenten die Räume unter der Bedingung zur Verfügung gestellt, dass das Haus um 18 Uhr geschlossen werden könne. Als die Diskussion, die sich vor allem um die Notstandsgesetze drehte, um 18.30 Uhr noch andauerte, forderte er zum Verlassen des Instituts auf. Eine Stunde später war die Versammlung, die das OSI per Beschluss in »Karl-Liebknecht-Institut« umbenannt hatte, immer noch im Gang. Die 200 Teilnehmer machten auch keine Anstalten zu gehen. Deshalb rief der Institutsdirektor die Polizei, die das OSI umstellte und eine Gruppe von Personen mit Schlagstockeinsatz daran hinderte, von draußen in das Gebäude zu gelangen. Um 21.30 Uhr zogen sich die Polizisten in Absprache mit Schwan wieder zurück, weil die versammelten Studenten versprochen hatten, das Institut nicht zu besetzen, sondern nur noch ihre Diskussion zu Ende zu führen. Sie hielten sich an die Zusage und verließen das Institut gegen 23 Uhr.

Die Freie Universität steht vor einer neuen Zerreißprobe:

Otto-Suhr-Institut oder Politakademie für Extremisten?

Geburtswehen für Satzungsentwürfe: Diskussionsschlacht im Otto-Suhr-Institut.

Von Michael L. Müller

DER KAMPF AN DEN UNIVERSITÄTEN

Auch am 24. Mai dauerte die Auseinandersetzung an. Jetzt gewannen jedoch nach einer fünf Stunden dauernden, zum Teil dramatischen Diskussion die Vertreter eines gemäßigten Kurses eine wichtige Schlacht: Mit knapper Mehrheit wurde der dem linksextremen AStA-Kurs zuneigenden dreiköpfigen Fachschaftsvertretung mit Hans-Joachim Funke an der Spitze das Misstrauen ausgesprochen. Die Abwahl war die Quittung dafür, dass Funke die Institutsbesetzung unterstützt hatte, ohne die betroffenen Politologiestudenten zu befragen. Allerdings bedeutete der Rücktritt der Fachschaftsvertreter noch keine Entscheidung über das weitere Schicksal des OSI. Dies übersahen aber offenbar manche Vertreter des gemäßigten Weges, als sie nach dieser Abstimmung in Siegerlaune vorzeitig nach Hause gingen. Die zurückgebliebene linke Mehrheit setzte nach neunstündigen Beratungen in der Nacht ein fast ausschließlich von ihren Leuten besetztes und durch SDS-Funktionäre geleitetes Aktionskomitee ein. Auch Funke gehörte dem Komitee an. Der resignierenden und ermatteten Professorenschaft blieb nichts anderes übrig, als diesem Gremium die Räume des OSI bis zur dritten Lesung der Notstandsgesetze am 29./30. Mai als studentische Agitationszentrale zur Verfügung zu stellen. Die Rebellen versprachen im Gegenzug, das OSI wenigstens während der Nachtstunden für ei-

^ *Der Kampf um das Otto-Suhr-Institut der FU wurde zur Zerreißprobe. Bericht in der »Berliner Morgenpost« vom 11.8.1968.*

nige Zeit zu räumen sowie die wertvolle Institutsbibliothek und die Geschäftsräume der Ordinarien nicht anzutasten.

Am 26. Mai drangen etwa 150 Notstandsgegner während der Abendvorstellung in die Schaubühne am Halleschen Ufer ein. Sie besetzten die Bühne, sangen die Internationale und erzwangen eine Diskussion, an der sich nur ein Teil der Besucher beteiligte, während andere das Theater fluchtartig verließen.

Am Morgen des 27. Mai erschien eine Gruppe von etwa siebzig Studenten vor dem Seiteneingang des Gebäudes der FU-Philosophen an der Boltzmannstraße 4 in Dahlem, zertrümmerte die Glastür und stürmte in den dritten Stock, wo sie das

Germanische Seminar besetzte. Zu dieser Zeit waren nur der Hausmeister und die Reinigungsfrauen anwesend, denen man die Schlüssel zu den Räumen gewaltsam wegnahm. Die Besetzer hissten über dem Gebäude die rote Fahne, brachten an dem Haus ein Transparent mit der Aufschrift »Rosa-Luxemburg-Institut – Dieses Institut ist vergesellschaftet« an und verbarrikadierten die Treppenaufgänge mit Schreibtischen, Bänken, Schränken und Stühlen. Die herbeigerufene Polizei zog bald wieder ab, ohne eingegriffen zu haben. Am Abend wollten andere Studenten, die mit der Aktion nicht einverstanden waren, in das Institut eindringen, doch die Besetzer konnten sie abwehren. Sie warfen mit gefüllten Limonadenflaschen und verteidigen sich auch durch den Einsatz von Feuerwehrschläuchen. In den folgenden Tagen gab es weitere ähnliche Versuche, die Besetzer unter Einsatz von Rauchbomben und Buttersäure zu vertreiben. Doch die Okkupanten konnten sich behaupten. Als die Besetzung am 31. Mai zu Ende ging, war ein Schaden in Höhe von 33 000 Mark angerichtet worden. Die Studenten der Deutschen Film- und Fernsehakademie begannen ebenfalls am 27. Mai einen dreitägigen Streik. Dabei verschwanden aus dem Bestand des Instituts 19 Filmkopien. Insgesamt wurde ein Schaden in Höhe von 4000 Mark verursacht.

Am Abend des 27. Mai kam es zu einem schweren Eklat an der TU. Dort sollte im Audimax die »Queen's Lecture« zur Erinnerung an den Berlin-Besuch von Königin Elisabeth II. im Mai 1965 stattfinden. Als Vortragsredner hatte man den in Fachkreisen berühmten britischen Archäologen Sir Mortimer Wheeler gewonnen, der über »Die Zukunft der Vergangenheit« sprechen wollte. Als gegen 20 Uhr die geladenen Gäste, darunter der

britische Botschafter, die drei westalliierten Stadtkommandanten und der Regierende Bürgermeister, ihre Plätze einnehmen wollten, war aber der Saal samt Podium bereits von Studenten besetzt. Sie hatten am Rednerpult eine rote Fahne angebracht und auf Flugblättern dazu aufgerufen, die Veranstaltung in eine Diskussion über die Notstandsgesetze umzufunktionieren. Die geladenen Gäste fühlten sich zum Narren gehalten und verließen das Gebäude. Als ein Pedell der Universität die rote Fahne entfernen wollte, wurde er von Studenten verprügelt.

Am 28. Mai stellte der Berliner Senat in seiner wöchentlichen Sitzung fest, dass die Situation an den Hochschulen der Stadt »besorgniserregend« sei. Den Beweis dafür lieferte noch am gleichen Tag eine 600-köpfige Studentengruppe, die am Schiller-Theater sechs große Glastüren mit Steinen zerstörte und dann in die Vorstellung einzudringen versuchte. Die wenigen anwesenden Polizisten konnten sie im Foyer nur mit gezogener Waffe zum Rückzug zwingen.

Zuvor waren an jenem Dienstag bereits der TU-Rektor, Professor Kurt Weichselberger, und sein Stellvertreter, Prorektor Professor Friedrich-Wilhelm Gundlach, wegen der Blamage durch den am Vorabend verhinderten Vortrag zurückgetreten. Weichselberger räumte ein, dass er einer Täuschung erlegen war, als er gegenüber dem Senat versichert hatte, die »Queen's Lecture« werde an seiner Universität ohne Störungen verlaufen. Nun war er vom Verhalten der Studenten zutiefst enttäuscht und

^ *Die Besetzer des Germanischen Seminars der FU richteten Ende Mai 1968 einen Schaden in Höhe von 33 000 Mark an.*

warf ihnen vor, eine weitere Zusammenarbeit unmöglich gemacht zu haben.

Am 29. Mai, dem ersten Tag der zweitägigen Bundestagsdebatte über die Notstandsgesetze, veranstaltete die APO eine genehmigte Demonstration, die vom Olivaer Platz aus über den Kurfürstendamm führte. Doch die Demonstranten zogen weiter zum Bundeshaus an der Bundesallee, wo die Berliner Vertretungen der Bundesregierung residierten. Trotz eines großen Polizeiaufgebotes gelang es einigen Demonstranten, in das Gebäude vorzudringen und sogar bis zum zweiten Stock zu gelangen, bevor sie mit Stockschlägen wieder vertrieben wurden. Anschließend blockierten die Studenten stundenlang den Verkehr an der Kreuzung Joachimstaler Straße und Kurfürstendamm, demolierten die große Eingangstür des Maison de France und drangen auch in den Vorraum des Kinos Zoo-Palast ein. Mit einem weiteren Demonstrationszug in Wedding versuchte die APO vor

^ *28. Mai 1968: Die Erstürmung des Schiller-Theaters war nur mit Mühe zu verhindern. (aus dem »Tagesspiegel« vom 29.5.)*

Betrieben um die Aufmerksamkeit und Unterstützung der Arbeiter zu werben. Doch Betriebsräte und Belegschaften zeigten ihnen die kalte Schulter. An verschiedenen Stellen kam es sogar zu Prügeleien zwischen aufgebrachten Bürgern und Demonstranten.

Am 30. Mai wurden im Audimax der FU bei einer Vollversammlung des Otto-Suhr-Institutes, bei der außer den Professoren, Studenten und Assistenten auch das Institutspersonal einschließlich der Pförtner und Garderobenfrau vertreten waren, erstmals im deutschen Hochschulwesen revolutionäre Pläne für die Entmachtung der Lehrstuhlinhaber vorgestellt. Ein Vorschlag des amtierenden Vorsitzenden der SPD-Hochschulgruppe Werner Skuhr sah vor, dass ein »Institutsrat« als oberstes Entscheidungsgremium der OSI geschaffen werden solle, in dem die Professoren nur 40 Prozent der Stimmen haben sollten. Der Skuhr-Antrag wurde überraschend auch von Professoren und Assistenten unterstützt, die einer solchen »Demokratisierung« zuvor skeptisch gegenübergestanden hatten, darunter Alexander Schwan, Richard Löwenthal und Kurt Sontheimer.

Durch die endgültige Annahme des neuen Notstandsrechts im Bundestag am 30. Mai 1968 wurde entgegen manchen Befürchtungen nicht etwa eine neue Protestwelle ausgelöst. Vielmehr flaute die Erregung der Notstandsgegner ab. Was kaum jemand zu erwarten gewagt hatte, wurde Monate später im Rückblick deutlich: Mit diesem 30. Mai hatten Studentenbewegung und Außerparlamentarische Opposition ihren Kulminationspunkt überschritten. Der Kampf gegen die Gesellschaftsordnung ging zwar weiter, er wurde aber bald nicht mehr zentral gesteuert, sondern von kleinen fanatisierten Gruppierungen inszeniert und mündete schließlich während der Siebzigerjahre im Terrorismus der »Bewegung 2. Juni« und der RAF.

In der Nacht zum 31. Mai wurde an der FU die Tür des Zulassungs- und Immatrikulationsbüros, das im gleichen Gebäude wie das besetzte Germanische Seminar untergebracht war, aus den Angeln gehoben. Einbrecher stahlen etwa 200 Stempel dieser Behörde. Wie Ulrich Enzensberger in seinem Buch verriet, waren seine Mitkommunarden Fritz Teufel und Karl Heinz Pawla die Täter. Der später als Verfassungsschutzagent entlarvte Peter Urbach soll ihnen dabei geholfen haben. Mitglieder der Kommune waren damals sofort des Diebstahls verdächtigt wor-

Beschmierte Wände und alte Decken blieben im Germanischen Seminar zurück. Foto: Burger

200 Stempel aus FU-Büro gestohlen

Diebe können damit wichtige Dokumente fälschen

Der Rektor der Freien Universität, Professor Ewald Harndt, hat gestern sofort nach Bekanntwerden eines Einbruchs in das Immatrikulationsbüro Strafanzeige gegen Unbekannt erstattet. Die Täter drangen nach Angaben der Polizei in den gestrigen frühen Morgenstunden in die abgeschlossenen Räume des Gebäudes Boltzmannstraße 3 in Dahlem ein. Sie entwendeten 200 Stempel des Zulassungs- und Immatrikulationsbüros.

Wie weiter verlautet, befinden sich unter den gestohlenen Stempeln mehrere Amtssiegel. Außerdem wurden Studentenausweise sowie Anträge für Schüler-Fahrkarten und Vordrucke für akademische Führungszeugnisse entwendet. FU-Kreise stellten fest, daß es den Einbrechern nun leichtfallen dürfte, Studentenausweise und wichtige andere Dokumente herzustellen, die von echten höchstens durch die Unterschrift zu unterscheiden sind. Es fehlten auch die Schlüssel von Aktenschränken und eine Akte einer ausländischen Studentin, der sich wegen der Aktivität linksextremer Gruppen an der FU exmatrikulieren ließ. Die Kripo stellte fest, daß die Diebe die Türen an den Angeln gehoben hatten, um in die Räume zu gelangen.

Im Laufe des Tages wurde in einem oberen Stockwerk des gleichen Hauses — dort, wo sich das Germanische Seminar der FU befindet — ein Teil der Akten und anderen Papiere gefunden. Sie lagen zerrissen auf dem Fußboden. Außerdem entdeckte man in den Räumen des gestern mittag von den studentischen „Besatzung" nach mehr als vier Tagen verlassenen Germanischen Seminars eine „Schlafliste", also eine Aufstellung der Personen, die an der Besetzung teilgenommen und in dem Institut genächtigt hatten.

Das geräumte Seminar war nach Berichten von Augenzeugen in einem katastrophalen Zustand. Studenten gingen mit Wassereimern und Schwämmen daran, Wände und Fußböden von den Spuren der Eindringlinge zu säubern.

Der AStA der FU hat den Einbruch in das Immatrikulationsbüro bedauert. Man würde dafür sorgen, „daß man durch diese Aktion betroffenen Angestellten und Studenten daraus kein Nachteil erwächst", heißt es in einer Presseerklärung.

Auf Grund des Verdachts, daß der ehemalige Student Fritz Teufel und der Student K.-H. Paw's an dem Einbruch beteiligt waren, wurde gestern die Wohnung der Kommune I am Stuttgarter Platz von der Polizei durchsucht. Die Kommunarden hatten nicht geöffnet. Sie bewarfen die Beamten mit chinesischen Kartons für „Mao-Bibeln", als die Tür aufgebrochen wurde. Wie dps berichtete, wurden unter anderem eine Polizeimütze, eine Bundeswehr-mütze, zwei Molotow-Cocktails und Krähenfüße — dreißügförmige Vorrichtungen, die Autoreifen durchlöchern — in den Räumen gefunden.

Die Kommunarden Teufel und Pawla wurden zum Verhör mitgenommen. Sie verweigerten die Aussage, worauf sie sie wieder auf freien Fuß setzte. Auch der Günstiger der Kommune-Wohnung, Volker Gebbert, gegen den ein Haftbefehl wegen eines Verkehrsdelikts vorlag, wurde in Haft genommen.

Wie gestern das Berliner Verwaltungsgericht feststellte, kann die FU-Gruppe des Nationaldemokratischen Hochschulbundes (NHB) keine eigenen Rechte der Studenten geltend machen. Der NHB hatte eine einstweilige Ver-

fügung beantragt, daß der Rektor, mehrere Dekane und die Leitung des Otto-Suhr-Instituts der FU wieder für einen ordnungsgemäßen Lehrbetrieb Sorge zu tragen hätten.

Zum Schutz der studentischen Mehrheit vor ungesetzlichen Handlungen linksradikaler Gruppen ist jetzt ein Aktionskomitee gegründet worden. Ihm gehören vorwiegend Vertreter des Rings Christlich-Demokratischer Studenten und des Hochschulkreises junger christlicher Demokraten an.

Der Dekan der Philosophischen Fakultät und Professor am Romanischen Seminar der FU, Erich Loos, hat gestern nachmittag — laut dpa — die vorzeitige Schließung der Bibliothek dieses Instituts angeordnet. Loos unternahm diesen Schritt, nachdem einige „Ex-Besetzer" der Germanisten mit roten Fahnen in eine Vollversammlung des Romanischen Seminars gezogen waren. Auf die Forderung der Rebellen, die Seminarräume auch während der Pfingstfeiertage für Diskussionen und Arbeiten offenzuhalten, ging Loos nicht ein.

M.M.

Elfjährige vom Bagger überrollt

Von den riesigen Zwillingsreifen eines Autobaggers wurde gestern nachmittag die elf Jahre alte Anke Thiede aus Zehlendorf auf der Potsdamer Chaussee überrollt und auf der Stelle getötet. Obwohl ein Radfahrweg vorhanden ist, war das Mädchen einhändig auf der Fahrbahn gefahren. Bei dem Versuch, den Bagger rechts zu überholen, stürzte es und kam unter die Räder.

Grasnarbenbrand durch Leuchtkugel

Mit einem Schlauchboot mußte die Feuerwehr in der Nacht zu gestern an der Sektorengrenze in Britz

den, weshalb die Kommune-Räume am Stuttgarter Platz noch am selben Tag durchsucht wurden. Die Polizei fand zwar nicht die gestohlenen Stempel, aber zwei Molotow-Cocktails, eine Polizeimütze, eine Bundeswehrmütze und drei Kilo »Krähen-

^ Bei einem Einbruch in das Immatrikulationsbüro der FU wurden etwa 200 Stempel gestohlen. (»Morgenpost« vom 1. Juni 1968)

280

füße«, kleine dreifußförmige Eisenstücke, die – auf die Straße geworfen – Autoreifen zerstechen.

Am 13. Juni billigte eine weitere Vollversammlung des OSI bei dreißig Gegenstimmen den fortentwickelten »revolutionären« Satzungsentwurf vom 30. Mai. Er wurde als »Erfolg studentischer Reformbemühungen« bezeichnet. Das Prinzip des an der Spitze der Hochschulhierarchie stehenden und die wissenschaftlichen Standards weitgehend allein bestimmenden ordentlichen Professors sollte abgeschafft werden. Der Institutsrat sollte drittelparitätisch mit je einem Drittel Professoren, Studenten sowie Personal, Dozenten und Assistenten besetzt sein und demokratische Entscheidungen treffen.

Wegen der anhaltenden Unruhe wurde es für die Berliner Universitäten immer schwerer, anerkannte Wissenschaftler zu halten und namhafte Professoren neu zu berufen. So lehnte im Sommer 1968 der an der Universität Münster lehrende Historiker Gerhard A. Ritter den Ruf an das Otto-Suhr-Institut ab. Als Begründung gab Ritter an, er habe den »hoffentlich unbegründeten« Eindruck gewonnen, dass in Berlin in einigen Fächern eine wirklich fruchtbare Lehrtätigkeit nicht mehr möglich sei.

Am 26. Juni kam es zu einem der skandalösesten Vorgänge dieses tumultreichen Sommersemesters: Studenten, unter ihnen auch mehrere Mitglieder der Kommune 1, besetzten den Dienstsitz des FU-Rektors, eine Villa an der Harnackstraße in Dahlem gegenüber dem Henry-Ford-Bau. Am frühen Morgen des kommenden Tages wurde die Besetzung durch Polizeieinsatz beendet. Aber am 10. Juli drangen etwa 150 Studenten zum zweiten Mal in die Rektoratsvilla ein, als Repressalie dafür, dass zuvor der Akademische Senat die Reformsatzung des OSI nicht gebilligt hatte. Als die Polizei das Gebäude nach drei Stunden geräumt hatte, waren fast alle Räume verwüstet, die wichtigsten Stempel und Dienstsiegel sowie auch Akten verschwunden. Der Schaden wurde auf 10 000 Mark geschätzt.

Obwohl ein Teil der Berliner Außerparlamentarischen Opposition zur moskauhörigen Staatspartei der DDR, der SED, gute Beziehungen unterhielt distanzierte sich der West-Berliner Ableger der Partei, die SEW, von ultralinken Thesen dieser linksradikalen Opposition. Das SEW-Organ *Die Wahrheit* kritisierte in ihrer Ausgabe vom 6. Juni die Parolen der SDS-Ideologen für eine Räterepublik sowie die von der APO propagierte Enteignung des Privateigentums. Sie bezeichnete auch den eingeschlagenen Kurs der Konfrontation mit der Polizei als »unfruchtbar«. Am 1. August erläuterte Gerhard Danelius, SEW-Vorsitzender seit 1962, in einem ausführlichen Beitrag für das Parteiblatt, dass mit den ungeduldigen »Bundesgenossen aus den Reihen der Außerparlamentarischen Opposition« eine »klärende Diskussion der Strategie und Taktik« im Gang sei. »Eine Arbeiterklasse, die nicht zum Kampf für die Demokratie erzogen wird, ist schwerlich in der Lage, die ökonomische Umwälzung ins Werk zu setzen«, heißt es in dem Artikel. Deshalb sei es auch nicht möglich, zu dieser Revolution »mit einem Sprung« zu gelangen und »wenig sinnvoll, eine Politik des Anpeitschens revolutionärer Prozesse zu betreiben«. Danelius hatte ganz offensichtlich Heißsporne der APO im Sinn, als er schrieb, dass Lenin »mitunter ziemlich sarkastisch« von jenen gesprochen habe, die eine »reine, direkte sozialistische Revolution« erwartet hätten. Er fügte das Lenin-Zitat hinzu: »Wer eine reine, soziale Revolution erwartet, der wird sie niemals bekommen.«

In der für die Hochschulpolitik der Stadt zuständigen Senatsverwaltung für Wissenschaft und Kunst sowie der wegen ihrer parlamentarischen absoluten Mehrheit federführenden SPD liefen die Vorbereitungen für das neue Hochschulgesetz, mit dem man vor allem den unzufriedenen Studenten und den unruhig gewordenen Assistenten entgegenkommen wollte, auch während der Sommerpause weiter. Der SPD-Abgeordnete Gerd Löffler, der zu den gemäßigt Rechten in der SPD zählte, saß als Vorsitzender des zuständigen Abgeordnetenhausausschusses für Wissenschaft und Kunst gegenüber Senator Werner Stein am längeren Hebel, zumal er auch mehr als ein Jahr lang Vorsitzender des parlamentarischen Untersuchungsausschusses zur Durchleuchtung der Ursachen für die Schah-Krawallen vom 2. Mai 1967 gewesen war. Über diese Untersuchungstätigkeit hatte Löffler am 3. Juli 1968 nach 113 Sitzungen den Abschlussbericht vorgelegt. Zu diesem Zeitpunkt war bereits abzusehen, dass die Arbeit an dem Reformgesetz im Jahr 1968 nicht mehr zu bewältigen war. Deshalb enthielt der Bericht die Empfehlung, noch vor Verabschiedung des Gesetzes neue Modelle der Zusammenarbeit zu entwickeln und zu erproben.

Die Fachleute waren schon dabei, ein für eine Übergangszeit bestimmtes »Vorschaltgesetz« zu entwerfen, mit dessen Hilfe die als vordringlich angesehenen Neuerungen bereits zum Wintersemester 1968/69 probeweise eingeführt werden konnten. Im Grunde war es eine »Lex OSI«, das heißt, eine Regelung, mit der die am Otto-Suhr-Institut der FU schon im Juni beschlossene »revolutionäre« Satzung zu verwirklichen war. Die Initiatoren des Vorschaltgesetzes gedachten aber auch, mit ihrem Werk für das gesamte deutsche Hochschulwesen ein Beispiel zu geben.

Am 10. September stellte Senator Stein den Entwurf für die Übergangsregelung der Öffentlichkeit vor. Als wichtigste Neuerung sollte – wie schon im OSI-Satzungsentwurf vom Juni – eine Drittelparität in den Hochschulgremien eingeführt werden. Obwohl dies für die Professoren den Verlust der bisherigen Entscheidungsbefugnisse auch in Fragen der Lehre und Forschung und damit eine gravierende Minderung ihres Einflusses bedeuten sollte, zeigten sich OSI-Direktor Schwan und eine Reihe seiner Institutskollegen immer noch damit einverstanden (Vor allem Schwan hat dies schon Anfang der Siebzigerjahre bitter bereut und sich auf die Seite der Kritiker der Gruppenuniversität gestellt.). Die Mehrheit des von Professoren dominierten Akademischen Senats aber, die schon im Sommer gegen die OSI-Satzung gestimmt hatte, lehnte jetzt auch das »Vorschaltgesetz« ab.

In der sozialliberalen Senatskoalition nahm man darauf keine Rücksicht. Ihre Hochschulexperten – vor allem Gerd Löffler – glaubten, die Hochschulen nur durch ein weitgehendes Eingehen auf die Forderungen der Studenten beruhigen zu können. Deshalb verabschiedete das Abgeordnetenhaus am 10. Oktober, und damit gerade noch rechtzeitig vor Beginn des Wintersemesters, das »Vorschaltgesetz« als Reformangebot an FU und TU. Wie erwartet, griff das Otto-Suhr-Institut die Neuerung sofort auf. Dort tagte am 19. Oktober erstmals ein Institutsrat aus 11 Professoren, 11 Studenten und 11 Mitgliedern einer dritten Gruppe »Dienstkräfte«. Vorsitzender wurde der Assistent Peter Lösche (SPD), heute als »Parteienforscher« in den Medien viel zitierter Politikprofessor an der Universität Göttingen.

Der immer noch in seiner ablehnenden Haltung verharrende Akademische Senat wurde am 30. Oktober durch eine massive Störaktion von Studenten erstmals in der damals 20-jährigen Geschichte der FU gehindert, eine reguläre Sitzung zu Ende zu führen. Aktueller Anlass war die Weigerung des Rektors Ewald

Harndt, den Arbeitsvertrag für den SDS-Ideologen und früheren Dutschke-Vertrauten Bernd Rabehl zu verlängern. Rabehl, der wie Dutschke 1961 kurz vor dem Bau der Mauer aus der damals im Westen noch »Zone« genannten DDR nach West-Berlin gekommen war, wurde später FU-Professor für Soziologie. 1968 war er Hilfsassistent am Soziologischen Institut. Am 5. November 1968 bekam der Befürworter eines Rätesystems seinen Vertrag doch noch, denn er hatte sich in einem zweiten Gespräch mit dem Rektor bereit erklärt, die Pflichten eines im öffentlichen Dienst tätigen Mitarbeiters gemäß den Gesetzen zu erfüllen. Es ist nicht bekannt, wie der Rektor reagierte, als er in dem am 6. November erschienenen Kursbuch Nr. 14 den Aufruf Rabehls lesen konnte: »Die radikale Intelligenz muss die Universitäten auflösen ... sie wird die Bürokratie zerstören, die Polizei zerstören.« Heute ist der emeritierte Professor wie der Anwalt Horst Mahler in seiner politischen Einstellung von ganz links nach ganz rechts gewandert. Er bestätigte diesen Frontwechsel im März 2005 in einem Interview mit der NPD-Zeitung *Deutsche Stimme*. Bei dieser Gelegenheit sagte er auch: »In letzter Konsequenz bin ich meinem Denken von damals treu geblieben, nur dass sich inzwischen die politischen Positionen verschoben haben. Was früher als ›links‹ angesehen wurde, gilt heute als ›rechts‹.«

Das »Vorschaltgesetz« war ein Einstieg in die »Demokratisierung«. Der Bruch mit der Tradition des deutschen Hochschulwesens war so radikal, dass seine Bestimmungen nicht in das neue Hochschulgesetz, das am 1. August 1969 in Kraft trat, übernommen wurden. Gleichwohl entsprach die neue OSI-Satzung nicht den Vorstellungen der Linksradikalen für eine neue Hochschule. Als der Institutsrat des OSI am 10. Dezember erstmals die Studenten mit einem ihnen nicht genehmen Beschluss konfrontierte, verweigerten diese bis auf Weiteres die Mitarbeit. 600 Personen besetzten an diesem Tag das Gebäude der Wirtschafts- und Sozialwissenschaftlichen Fakultät.

Aber auch die Philosophische Fakultät der FU wollte gegenüber dem OSI nicht zurückstehen. Sie fasste schon am 11. November aufsehenerregende Beschlüsse: Die Professoren der Fakultät verzichteten auf das traditionelle, aber in die Kritik geratene Lehrstuhlprinzip. Fortan wurden dort die habilitierten Dozenten und Assistenten den Ordinarien gleichgestellt.

Am 4. Dezember übermittelte FU-Rektor Harndt dem AStA eine Rechnung für die im heißen Sommer 1968 durch Besetzungen demolierten Institute und andere Krawallschäden. Sie belief sich auf 36 133,05 Mark. Wie sich damalige Hochschulangehörige erinnern, verliefen solche Schadensersatzforderungen jedoch wie auch gegen Studentenvertreter eingeleitete Disziplinarverfahren fast immer im Sand. Die Gewaltapostel waren dadurch ohnedies nicht zu beeindrucken. Unter ihrer Regie begann im Laufe des Wintersemesters 1968/69 die Terrorisierung einzelner Professoren, die sich den massiven Forderungen nach einer »fortschrittlichen« Umgestaltung der Institute und einem »autoritätsfreien« Lehrbetrieb nicht beugten. Diese Verfolgungen Missliebiger wurden »Schweinejagden« genannt. Auch der trotz seiner Reformfreudigkeit bei marxistischen Gruppen als »professioneller Konterrevolutionär« verschriene Direktor des Otto-Suhr-Instituts, Alexander Schwan, wurde davon nicht verschont. Der spätere Wissenschaftssenator Peter Glotz erzählte noch 2004 »schaudernd, wie Studenten einmal eine ›Schweinejagd‹ auf Schwan veranstaltet hätten, um ihn aus dem Fenster zu werfen«. Seine Witwe Gesine Schwan, Präsidentin der Universität Viandrina in Frankfurt/Oder, merkte dazu an: »Zum Glück konnte man das Fenster nicht öffnen.« (*Süddeutsche Zeitung* vom 2. April 2004)

Der Druck, der noch über Jahre anhielt, wurde auch durch das neue Berliner Hochschulgesetz von 1969 nicht vermindert. Er führte zu einer Niveausenkung an den Berliner Universitäten. Am Otto-Suhr-Institut wurde im Oktober 1969 die ein Jahr zuvor mit der »Reformsatzung« eingeführte Drittelparität per Urabstimmung verlängert. Was dies bedeutete, machte schon im Januar 1970 der an das OSI neu berufene Professor für Zeitgeschichte Arnulf Baring deutlich. Er bezeichnete die Prüfungen an dem Institut als Farce und stellte für die folgenden Jahre seine Mitwirkung an den Examen ein.

Das Gesetz bescherte Berlin die Gruppenuniversität, in deren Gremien keine Gruppe die alleinige Entscheidungsmöglichkeit haben sollte. Die Gesetzesväter, an deren Spitze Gerd Löffler agierte, gingen von der irrigen Ansicht aus, dass Professoren einheitlich abstimmen würden. Doch es kam anders. Häufig verbündeten sich Hochschullehrer auch dann, wenn es um ihre ureigensten Angelegenheiten in Forschung und Lehre ging, mit Studenten, Assistenten sowie Dienstkräften und überstimmten die eigenen Kollegen. Dadurch wurde vor allem bei der Stellenbesetzung – von Ausnahmen wie Arnulf Baring abgesehen – häufig nach politischen Erwägungen und weniger nach den Erfordernissen der Wissenschaft entschieden. Die Berliner Universitäten entwickelten sich, wie es die Gegner der sozialdemokratischen Reform befürchtet hatten, zu viel geschmähten Fraktionsuniversitäten. Als ich im April 2003 in dessen Privatwohnung nahe dem Breitenbachplatz ein letztes Mal mit Gerd Löffler zusammentraf, hätte ich von ihm auch gerne gewusst, wie er mit 35 Jahren Abstand über »sein« Hochschulgesetz dachte. Obwohl er sonst durchaus auskunftsfreudig war, wollte der damals 75-Jährige auf dieses Thema am liebsten nicht angesprochen werden. Er gab aber mit einigen knappen Sätzen zu verstehen, dass er das Gesetz nicht zu den Leistungen zähle, auf die er stolz sei.

Erst nach einem 1973 ergangenen Urteil des Bundesverfassungsgerichts zum niedersächsischen Hochschulgesetz konnte die Fehlentwicklung – wenn auch nur zum Teil – eingedämmt und rückgängig gemacht werden. Das Urteil schrieb vor, dass auch an einer Gruppenuniversität Mindeststandards einzuhalten sind. Außerdem müsse den Professoren in den Gremien bei allen Lehre und Forschung betreffenden Fragen sowie bei der Berufung von Hochschullehrern mindestens 50 Prozent der Stimmen zugestanden werden.

Über die im Sommer 1968 an der FU eingetretene Situation drehte der NDR seinerzeit unter der Regie seines Fernsehspiel-Hauptabteilungsleiters Dieter Meichsner den vieldiskutierten Fernsehfilm »Alma Mater«, der am 27. November 1969 erstmals gesendet wurde. Er schilderte die fiktive Geschichte eines Professors, der im Dritten Reich vor dem Terror der Nazis fliehen musste und nach Deutschland zurückkehrte. Als er sich dann an der FU mit den Studentenkrawallen der 68er konfrontiert sah, entschloss er sich, das Land ein zweites Mal zu verlassen.

DER ANFANG VOM ENDE:
DIE SCHLACHT
AM TEGELER WEG

Macht kaputt, was euch kaputt macht« – mit diesem Kampfesruf ging im Laufe des Jahres 1968 so manches Gespräch zu Ende, das ich mit rebellisch gestimmten jungen Leuten führte. Die Gewaltfrage wurde zum alltäglichen Diskussionsthema. Ulrike Meinhof trug als angesehene und viel gelesene Kolumnistin gezielt zur Unruhe bei. Sie machte nach dem Attentat auf Rudi Dutschke in der Mai-Ausgabe der Zeitschrift *konkret* deutlich, dass es an der Zeit sei, die Fesseln von Sitte und Anstand zu durchbrechen und vom Protest zum Widerstand überzugehen. Gegengewalt sei erlaubt, »wenn auf den so Gefesselten eingedroschen und geschossen wird«, schrieb sie. Und kaum jemand unter ihren Lesern fragte ernsthaft, wer denn gefesselt werde und wo denn von wem auf jemanden eingedroschen und geschossen werde.

Die Vordenker und Drahtzieher des Aufbegehrens gegen das etablierte Gesellschaftssystem wussten im Herbst jenes Jahres allerdings schon bald, dass der hohe Grad der Mobilisierung ihrer Anhänger, wie er im Frühjahr erreicht worden war, nicht mehr gehalten werden konnte. Schon nach dem schnellen Ende des von ihnen zunächst mit Neid und Bewunderung beobachteten »französischen Mai« und der Verabschiedung der Notstandsgesetze am 30. Mai ließ das Engagement vieler Studenten – auch von SDS-Genossen – nach. Zumal es auch warnende Stimmen wie die des damals 39-jährigen und im linken Lager als Autorität akzeptierten Frankfurter Sozialphilosophen Jürgen Habermas gab. Er hatte die Protestbewegung von Anfang an mit viel Sympathie begleitet, warnte aber auf einem vom Verband

Deutscher Studentenschaften (VDS) veranstalteten Schüler- und Studentenkongress in Frankfurt am Main am 2. Juni 1968 eindringlich vor einer »Verwechslung von Realität und Wunschphantasie«.

Bei den SDS-Funktionären und der APO hörte man solche Ratschläge nicht gern. Ihre Berliner Führer suchten den ganzen Sommer 1968 über, die Stadt durch »Klassenkampf«, durch Demonstrationen und Besetzungen von Universitätsinstituten in Atem zu halten. Damit wahrten sie zwar bundesweit bei ihren Gesinnungsfreunden den Ruf, in der revolutionären Avantgarde ganz vorn zu stehen. Aber sie wollten mehr. Es fehlte noch der große, spektakuläre Zusammenstoß mit der verhassten Staatsgewalt, von dem man sich eine neue Solidarisierungswelle versprach. Da nach den Ausschreitungen des Frühjahrs 1968 bundesweit rund 2000 Gerichtsverfahren gegen Beteiligte bevorstanden oder bereits mit Verurteilungen abgeschlossen worden waren, glaubten die SDS-Strategen, eine massive Kampagne gegen die Justiz könne am meisten Anklang finden und der Protestbewegung neuen Schwung verleihen. Eine erste Gelegenheit zu einer solchen militanten und spektakulären Kraftprobe sollte der 4. November bieten.

Für diesen Tag war im Gebäude des Berliner Landgerichts am Tegeler Weg unweit des Schlosses Charlottenburg die erste Stufe eines Ehrengerichtsverfahrens gegen den Rechtsanwalt und Mitgründer des Republikanischen Clubs Horst Mahler angesetzt. Er hatte sich vor allem am 11. April nach dem Anschlag auf Dutschke als Anführer des Marsches zum Springer-Haus in Kreuzberg hervorgetan und so zu einem Idol der APO entwickelt. Mahler, der als früheres SDS-Mitglied zu dessen Förderern gehörte, war wegen der durch Teilnehmer dieses Marsches angerichteten erheblichen Schäden vom Springer-Verlag auf Schadensersatz verklagt worden.

Der Generalstaatsanwalt beim Kammergericht wollte es dabei nicht belassen. Er beantragte bereits Anfang Mai 1968 gegen Mahler auch ein Ehrengerichtsverfahren mit dem Ziel seines Ausschlusses aus der Anwaltschaft, was einem Berufsverbot gleichgekommen wäre. Ein Vorstoß, der für Aufsehen sorgte, aber nach dem Urteil vieler Juristen von vornherein wenig Aussicht auf Erfolg hatte. Überdies konnte sich das Hauptverfahren über Monate hinziehen.

Mit der Sache hatte sich an jenem trüben und kühlen Montagmorgen im November nicht etwa ein ordentliches Gericht (wie noch immer irrtümlicherweise behauptet wird), sondern ein aus drei renommierten Anwälten bestehendes Ehrengericht der Rechtsanwaltskammer zu befassen. Es sollte prüfen, »ob nach dem heutigen Ermittlungsstand mit hoher Wahrscheinlichkeit ein Ausschluss aus der Anwaltschaft zu bejahen« war. Das Ehrengericht kam an diesem Tag, während nahe bei dem Gebäude randaliert wurde, zu der Auffassung, dass ein Berufsverbot für Mahler nicht zu erwarten sei. Die eigentliche Entscheidung im Hauptverfahren aber ließ an einem noch nicht festgelegten Termin auf sich warten.

Die etwa 1000 Demonstranten, die an dem denkwürdigen 4. November 1968 vor den Polizeiabsperrungen rund um das Anfang des 20. Jahrhunderts erbaute burgartige Gerichtsgebäude erschienen, hatten dafür also kaum einen anderen Anlass als den, Justiz und Polizei durch einen neuen großen Krawall herauszufordern. Oder, wie es der Rechtsreferendar und SDS-Ideologe Christian Semler schon vier Tage zuvor bei einem vorbereitenden Teach-in in einem überfüllten Hörsaal an der TU formulierte, »individuellen Terror zum legitimen Bestandteil einer neuen Strategie und Taktik der APO« zu machen. Semler war in der Versammlung mit der Nachricht erschienen, er habe mit einem Rockerkönig vereinbart, dass fünfzig seiner Leute am Tegeler Weg mitmachen würden. Dies löste in der Menge einen Jubelschrei aus. Da die Aktion vor dem Gericht Auftakt zu einem längerfristigen »Kampf gegen die Justiz« werden sollte, war sie minutiös geplant, wie auch ein in der TU vorgeführter Film zeigte. In ihm wurde den Versammelten empfohlen, sich für die Auseinandersetzung mit Eiern, Farbe, Mehl, Gips und Tomaten einzudecken. Steine wurden nicht aufgeführt – sie waren dann aber die Hauptwaffe der Straßenkämpfer. Die Demonstranten bekamen für ihren Auftritt am Tegeler Weg auch den Rat, sich mit Helmen, Handschuhen, festem Schuhwerk und Verbandspäckchen auszurüsten. Als Treffpunkt wurde der Mierendorffplatz angegeben, der etwa 500 Meter vom Gerichtsgebäude entfernt liegt.

Dort versammelten sich dann an besagtem Montag gegen 9 Uhr die kampfbereiten jungen Leute, darunter viele Frauen. In vorderster Front reihten sich Demonstranten in lederner Motor-

radfahrerkluft ein, also die Rockergruppe, die, wie per Mundpropaganda verbreitet wurde, aus dem Märkischen Viertel stammte. Die Menge rückte mit Sprechchören wie »Hände weg von Mahler!« zuerst über die Osnabrücker Straße bis zur Kamminer Straße vor und stand der dort an der Absperrung postierten Polizeikette eine ganze Weile gegenüber, ohne anzugreifen. Es kam zwar zu Rempeleien und vereinzelten Farbbeutel-, Eier- und Tomatenwürfen auf Polizisten. Da aber die Beamten zahlenmäßig unterlegen und auch unzureichend ausgerüstet waren, blieben sie in Wartestellung.

Zur allgemeinen Überraschung erschien plötzlich in der Nähe ein großer Lastwagen mit Anhänger, der graue Vierkantsteine geladen hatte, wie sie für Gehwege verwendet werden. Der Wagen wurde sofort gestoppt. Bevor er wieder in Bewegung kam, kletterten einige Leute auf die Ladeflächen und öffneten Seitenwände, sodass die Fracht auf das Pflaster purzelte. Diese Steine waren zusammen mit Rauchkerzen, Knallkörpern, Flaschen und weiteren Steinen, die aus aufgerissenen Bürgersteigen geholt wurden, für mehr als eine Stunde die wichtigste Waffe der Randalierer.

In der Stadt diskutierte man noch tagelang darüber, warum der Wagen mit der für die Polizisten lebensgefährlichen Ladung ausgerechnet zu dieser Stunde dort erscheinen musste. Es gab argwöhnische Stimmen, die meinten, der SDS könne die Pflaster-

^ *Wasserwerfereinsatz am 4. November 1968 während der Straßenschlacht nahe dem Landgericht am Tegeler Weg.*

steine bestellt haben. Umgekehrt wurde aber auch bei den Stu-
denten vermutet, dass die Polizei sie mit der Steinlieferung zur
Gewalttätigkeit verleiten und damit in eine Falle locken wollte.
Schließlich versicherte aber die Lieferfirma glaubhaft, dass der
Transport für ein Straßenbauprojekt bestimmt war und der Fah-
rer völlig ahnungslos in die Auseinandersetzung geraten war.

Die Demonstranten provozierten die Polizei dann zu einer
blutigen Straßenschlacht, wie es sie in dieser Brutalität in Berlin selbst in der Zeit der Weimarer Republik nicht gegeben haben soll. Die Lage spitzte sich zu, als einige besonders Mutige
handstreichartig an der Osnabrücker Straße nach mehreren
Versuchen die Sperrgitter auseinanderreißen und durchbrechen
konnten. Erst nachdem ein Wasserwerfer eingesetzt wurde,
wagte sich ein Polizeitrupp im Steinhagel vor und schloss das
»Leck« wieder. Schon bald nach Beginn der Auseinandersetzung
war es einem Straßenkämpfer gelungen, einen der Wasserwerfer vorübergehend zu kapern und den Wasserstrahl auf die Polizisten zu richten.

Ich beobachtete das Geschehen im Kreis einiger Journalistenkollegen. Obwohl wir etwas abseits standen, mussten wir uns
manches Mal ducken, wenn Wurfgeschosse heranflogen. Und
wir hatten Glück, dass keiner von uns getroffen wurde.

Als die Polizisten vorrückten, verlagerte sich der Brennpunkt
der Auseinandersetzung zeitweise von der Osnabrücker zur

^ *Festnahme von Demonstranten während der blutigen Auseinandersetzungen, die sich über eineinhalb Stunden hinzogen.*

MIT EINER SCHAUFEL reißt dieser Demonstrant den Gehweg auf, um die Pflastersteine als Wurfgeschosse zu verwenden.

BEDENKENLOS schleudert er die scharf-kantigen Steine gegen Polizisten.

IN DER OTTO-SUHR-...
Pflas...

Das ist offener A

TROTZ HEFTIGEN WIDERSTANDES wurde dieser Demon-strant von den Beamten festgenommen.

EIN VERLETZTER DEMONSTRANT. Er wurde dem Roten Kreuz übergeben.

DER ERSTE ZUSAMM...
Landgericht in der ...

VON EINEM WURFGESCHOSS VERLETZT. Polizeibeamte tragen ihren hilflosen Kameraden vom Kampfplatz.

JOURNALISTEN bemühen sich um einen verletzten Polizisten, der zu Boden gestürzt ist.

ERST ALS POLIZEIB...
helmen eingesetzt w...

^ Die »BZ« widmete dem »offenen Aufruhr« der Studenten, bei dem 130 Polizisten verletzt wurden, am 5. November eine Doppelseite.

...monstrant benutzte ...ffen.

DAS TRANENGAS hinderte diesen Demonstranten nicht, seinen Angriff fortzusetzen – und Steine zu werfen.

AUCH IN DER MIERENDORFFSTRASSE: Steine gegen Polizisten – ein Bild, das sich immer wiederholte.

...fruhr

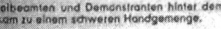

...zeibeamten und Demonstranten hinter dem ...kam zu einem schweren Handgemenge.

BEDAUERLICH: Vereinzelt ließen sich Polizisten dazu hinreißen, Steine zurückzuwerfen.

■ Pflastersteine, Molotow-Cocktails, Feuerwerkskörper – das sind keine politischen Argumente. 151 verletzte Bürger dieser Stadt — das kann wohl nicht die Sprache politisch engagierter junger Menschen sein. Das ist offener Aufruhr. Das ist Gewalt gegen Menschen. Das ist blanker Terror. Aufgerissene Straßen, zerschlagene Fensterscheiben, beschädigte Fahrzeuge, Menschen, die auf Wochen hinaus ihrem Beruf nicht nachkommen können — Bilanz einer genau geplanten und bis ins Detail verabredeten Aktion von militanter Brutalität. Dieser Bildbericht kann nur einen geringen Teil des wirklichen Geschehens wiedergeben. Er sollte Mahnung und Warnung für diejenigen sein, die kritiklos ausführten, was verantwortungslose Einpeitscher von ihnen verlangten. Einpeitscher, die Politik sagen und Kriminalität üben. **L.R.**

...hutz... ...auf | gebrachte Menge mit Hilfe von Wasserwerfern und Tränengas von der Schloßbrücke in Richtung | Otto-Suhr-Allee zu zerstreuen. Dabei kam es wiederum zu Handgemengen.

Fotos: ...

Mierendorff- Ecke Tauroggener Straße. Die in Richtung Schlossbrücke zurückweichende Menge konnte mehrmals mit Gegen-
angriffen wieder Terrain gewinnen. Kräftige junge Männer zogen am Straßenrand geparkte Autos als Barriere quer über die
Straße, um die Verfolgung zu erschweren. In den direkt zum Gericht führenden und durch ein Polizeiaufgebot abgeschirmten
Tegeler Weg, der später dieser Schlacht ihren mystifizierenden
Namen gab, gelangte, soweit ich dies beobachten konnte, allerdings kein Demonstrant.

Die Kämpfe zogen sich auf und beiderseits der Schlossbrücke
lange hin. Auf der nördlichen Seite der Spree behaupteten die

Polizisten das Ufer und versuchten über die durch ein Sperrfeu-
er der Steinewerfer verteidigte Brücke eine Zeitlang vergeblich
voranzukommen. Die Beamten gingen dazu über, Steine, die in
ihre Richtung flogen, auf die Demonstranten zurückzuwerfen.
(Innensenator Kurt Neubauer rechtfertigte dies noch am gleichen Tag als Notwehrhandlungen.).

Auch als es der Polizei – unterstützt von Wasserwerfern, Trä-
nengaspatronen und den bei manchen Angreifern Schrecken
erregenden Polizeireitern – schließlich gelang, das südliche
Spreeufer zu erreichen, wollten die sich verbissen wehrenden
Rebellen nicht aufgeben. Sie riefen höhnisch: »SA marschiert.«
Die Demonstranten profitierten zunächst auch davon, dass das
an diesem Tag erstmals gegen Demonstranten eingesetzte Tränengas wegen des ungünstig stehenden Windes zum Teil auf die
Polizisten zurückgeweht wurde. Ich erinnere mich daran, dass
berittene Polizei nach Überquerung der mit Steinen übersäten
Brücke aber auch Jagd auf eine Gruppe besonders aggressiver
Demonstranten machte und sie in arge Bedrängnis brachte.
Der Kampf dauerte mit Pausen mehr als eineinhalb Stunden. Er
wäre, als die Polizei gegen 10.30 Uhr die Oberhand gewonnen
und den Bereich bis zum Luisenplatz und Spandauer Damm geräumt hatte, wohl noch als eine Art Guerillakrieg weitergegangen. Doch die Strategen des SDS gaben die Parole aus, dass man
den »geordneten Rückzug« antreten und sich im Audimax der
TU sammeln solle.

Schon am Nachmittag zog Innensenator Neubauer im Innen-
und Sicherheitsausschuss des Abgeordnetenhauses eine erste
Bilanz der »Schlacht am Tegeler Weg«, die vielen 68er-Veteranen
bis heute reichlich Erzählstoff von einer ihrer größten »Helden-

taten« liefert. Empörte Anrufe von Bewohnern der angrenzenden Straßen hätten gezeigt, wie die große Mehrheit der Berliner über die Vorfälle denke. Von den 400 eingesetzten Polizisten wurden laut Neubauer 130 verletzt. Davon kamen zehn in Krankenhäuser. Bemerkenswert fand es der Senator, dass die Organisatoren der Aktion nur schätzungsweise 1000 Demonstranten aufbieten konnten, weit weniger als noch zur Osterzeit bei ähnlichen Anlässen. Bei den Straßenkämpfern gab es 22 Verletzte, von denen sieben ins Krankenhaus gebracht werden mussten. Ein 92-jähriger Rentner aus Charlottenburg, der als Passant zufällig unter die Demonstranten geriet, erlitt einen Oberschenkelhalsbruch. Zu den Sachschäden gehörten aufgerissene Gehwege, zahlreiche schwer beschädigte Privatautos sowie durch Steinwürfe zerstörte Fensterscheiben von direkt am Kampfgetümmel oder in seiner Nähe gelegenen Wohnhäusern. Fünf Polizeipferde wurden verletzt und eine nicht bekannte Anzahl von Polizeifahrzeugen demoliert. 48 gewalttätige Demonstranten konnte die Polizei festnehmen.

In der Ausschusssitzung äußerten Parlamentarier, es habe sich »nicht um eine politische Demonstration, sondern um ein kriminelles Delikt« gehandelt. Ein solches Verbrechen müsse anders beurteilt werden als eine Demonstration. Wegen der vielen verletzten Polizisten wurde Neubauer ersucht, die bereits begonnene Ausrüstung der Polizisten mit Schutzhelmen bald abzuschließen und auch die Anschaffung von Schutzschilden zu prüfen.

Die APO feierte nach Ankunft ihrer Kämpfer im Audimax der TU nicht etwa die Entscheidung des Ehrengerichts zugunsten von Horst Mahler, sondern die Straßenschlacht am Landgericht als großen Sieg. Mahler verwies später in einem Interview darauf, dass während dieser Versammlung auch Formen des Guerillakrieges und des Einsatzes von Stadtguerillas diskutiert wurden. Die 900 Anwesenden hätten sich für diese (von ihm später in der RAF gewählte) Form des Kampfes begeistert. Bedauernd fügte Mahler hinzu: »Da waren dann sehr wenige, die daraus Konsequenzen gezogen haben.«

Christian Semler, der an gleicher Stelle am 1. November für die Aktion geworben hatte, verkündete nun triumphierend, die Straßenschlacht sei die »erste militante Aktion in Berlin« gewesen. Künftig sollten alle Demonstrationen ein »militantes Ende«

Sturm aufs Be

Straßenschlacht zwischen Mahler-Demonstranten und

jn. BERLIN, 4. November

Zunächst sah es so aus, als würde nicht viel passieren. Das Ehrengerichtsverfahren gegen den Rechtsanwalt Mahler, der als Anwalt der „außerparlamentarischen Opposition" bekannt geworden ist, hatte um 8.30 Uhr im Berliner Landgericht am Tegeler Weg schon begonnen, und die Leute, die dieses Verfahren verhindern wollten, standen immer noch einige Querstraßen hinter dem Landgericht am Mierendorffplatz, um sich zu sammeln. Etwa dreihundert Leute fanden sich pünktlich ein, und offensichtlich hofften sie noch auf Verstärkung. Um das Gerichtsgebäude herum hatte die Polizei Absperrungen errichtet, zahlreiche Wasserwerfer waren angefahren und vierhundert Polizisten zusammengezogen worden. Das Verfahren gegen Mahler, dem Beteiligung an rechtswidrigen Demonstrationen in den Ostertagen vorgeworfen wird, sollte ungestört geführt werden können. Als einen seiner Verteidiger hatte Mahler für das Ehrengericht, der Standesgerichtsbarkeit für Anwälte, Rechtsanwalt Josef Augstein gewählt; beantragt ist gegen ihn die Verhängung des Berufsverbots.

Um 8.45 Uhr stürmen die Demonstranten, inzwischen etwa fünfhundert, durch die Osnabrücker Straße, die hinter dem Landgericht liegt, heran. Sie rufen: „Hände weg von Mahler!", erreichen die Schutzgitter, die mit Handschel-

len zusammengekettet sind. Ein Dem strant schlägt sofort mit einer Latte, ein Transparent trug, auf die dahi stehenden Polizisten ein, andere zie die Gitter weg, schlagen eine Bresch die Polizeikette, Eier werden gewo ehe die Polizei überhaupt zu Gegen nahmen gegriffen hat. Ein Wasserw fer rückt vor, die Demonstranten we Farbbeutel, Mehltüten und mit Fa gefüllte Eier auf die Polizisten.

Die Demonstranten weichen zun vor dem Wasserwerfer zurück. In die Augenblick nähert sich ein Lastzug, mit zerbrochenen Ziegelsteinen bel ist und den die Polizei unversti licherweise durch die Absperrung ge sen hat. Sofort bedienen sich die Dem stranten, holen ganze Berge von Ste herunter und beginnen damit zu we Sie handeln nach der Devise dessen, den sie demonstrieren: Nach dem des Fotografen Frings in München h Mahler erklärt, man habe mit sol Unglücksfällen rechnen müssen. kalkulieren sie das also wieder ein. kann nicht sagen, daß die Demonst ten alle Studenten sind, aber imme ist zu der Demonstration in Räumen Technischen Universität (TU) aufg fen worden. Ein Film war gezeigt den, in dem der Text eingeblendet „Machen wir den Tegeler Weg zur K straße." Auch in der Kochstraße, Sitz des Springer-Hauses, war O mit Steinen geworfen worden. Und

nehmen. Als wichtigsten Erfolg nannte er die »Bekämpfung von Polizeiketten durch massiven Steinwurf«. Als der Versammlungsleiter fragte, wer Steine geworfen habe, meldeten sich viele der Anwesenden. Der Kommunarde Rainer Langhans sagte, man solle die Justizkampagne auch auf die Privatwohnungen der Justizangehörigen ausdehnen, die gegen Mahler und Demonstranten besonders hervorgetreten seien. Was dies bedeuten konnte, war einem Plakat mit der Aufschrift »Bendas Haus« mit darunter züngelnden Flammen zu entnehmen, das gezeigt wurde. Ein Brandanschlag auf das Berliner Privathaus des da-

^ *Auch in der »Frankfurter Allgemeinen Zeitung« war am Tag nach den Ausschreitungen ein ausführlicher Bericht zu lesen.*

296

Landgericht

Wieder Steine gegen die Beamten / Zahlreiche Verletzte

...mitee zur Abschaffung der Justiz" ...te im FU-Spiegel geschrieben: „Der ...ergang von der ‚legalen Trottoir- ...nonstration' zur Demonstration als ...tel des aktiven Widerstandes muß ...h in unserer Haltung der Justiz ge- ...über vollzogen werden." Den De- ...nstranten hatte man in der TU emp- ...len, sich mit Helmen, Handschuhen ...t wasserfesten Sachen auszurüsten, ...h Eier, Farbe und Tomaten nicht zu ...gessen.

...ie Polizisten schimpfen zu recht. Die ...nwürfe sind kriminell, sie sind ge- ...genommen Mordversuch. „Ist ja 'ne ...weinerei, mit Steinen, die Säue", sagt ...er. Der Polizeilautsprecher warnt: ...tte, folgen Sie den Anordnungen der ...izei, sonst geraten Sie in den Bereich ...izeilicher Maßnahmen. Wir machen ...darauf aufmerksam, daß auch Reiter ...gesetzt werden. Die Uhrzeit: 9 Uhr 57."

...t Reiter rücken vor, im Steinhagel, ...einfachen Tschakos ausgerüstet, die ...r aus fester Pappe sind. Die Demon- ...anten werden durch die Osnabrücker ...aße an die Ecke Tauroggener Straße ...gedrängt. Dort gibt es den ersten ...hwerverletzten. Ein Polizist zu Pferd ...rd von einem halben Ziegelstein am ...hbein getroffen. Er blutet stark, liegt ...f der Erde und schreit vor Schmerz; ...iter geht ein Gerücht, er sei tot, aber ...m Glück bewahrheitet es sich nicht. ...dieser Straßenecke gehen auch die ...eiben eines Farbengeschäftes und

eine Balkonverglasung zu Bruch. Einige Demonstranten ziehen sich auf einen Hof zurück, doch werden sie von einer Frau verjagt. „Wenn wir jetzt 'raus- gehen, werden wir totgeschlagen", fürch- tet einer der Jugendlichen. „Das schadet euch gar nichts", antwortet die Frau, die den schwerverletzten Polizisten noch schreien hört.

Die Bewohner dieser Straßen haben die Jalousien in den Parterrewohnun- gen herabgelassen. Durch ein Fenster, das noch offen steht, fliegt ein Stein, be- schädigt Decke und Wand. Von höheren Balkons gießen die Bewohner Wasser auf die Demonstranten, doch die sind ohnehin durchnäßt. Ein Rundfunkrepor- ter wird von einem kleinen Stein am Kopf getroffen, er hat eine Platzwunde, Blut läuft über sein Gesicht, doch er macht weiter. Die Demonstranten ziehen sich zurück zum Mierendorffplatz und beraten. Auch sie wollen weitermachen, beschließen sie. Einen Augenblick herrscht Ruhe. Die Polizisten sehen aus wie ungeschickte Malergesellen.

Jetzt stürmen die Demonstranten durch einige Querstraßen, sie wollen von der anderen Seite, vom Tegeler Weg, anrennen. Es ist nun halb zehn. Auch die Polizisten laufen zur neuen Front. „Holt die 3. und 4. Gruppe noch 'ran", ruft einer. „In der ganzen Breite Gatter 1 verstärken", lautet ein anderer

FORTSETZUNG AUF SEITE 8

maligen Bundesinnenministers Benda (CDU) wurde also zumin- dest zur Diskussion gestellt. Noch im November wurde gegen Langhans von der Staatsanwaltschaft ein Ermittlungsverfahren wegen »Aufforderung zu strafbaren Handlungen« eingeleitet.

Die in der TU Versammelten spendeten auch Geld für die Rocker, die am Tegeler Weg in vorderster Front gekämpft hatten, weil deren in der Nähe abgestellte Motorräder beschädigt wor- den waren. Als einige mit der Gewaltanwendung nicht einver- standene Studenten mehrmals versuchten, zu Wort zu kommen, schrie sie die Menge nieder. Eine Szene habe ich nie vergessen können: Man zerrte einen jungen Mann, der von Teilnehmern beschuldigt wurde, ein »Horcher« der Polizei zu sein, aufs Podium. Dort konnte er nur versichern, dass die Verdächtigung nicht zutreffe, worauf er, soweit ich dies beobachten konnte, nicht weiter bedrängt wurde. Ähnliches war auch mir als Berichterstatter der *Berliner Morgenpost* bei anderen, allerdings kleineren Universitätsveranstaltungen mehrmals passiert. Diesmal saß ich weit hinten im Saal und hatte Glück, dass mich keiner entdeckte.

Schließlich gab ein Redner bekannt, dass in der vergangenen Nacht auf das Depot der polizeilichen Reiterstaffel in Düppel ein Brandanschlag verübt worden sei. Die Nachricht wurde mit großem Applaus aufgenommen. Der Kommunarde Dieter Kunzelmann sagte: »Immerhin, es ist ein Anfang.« Wie sich später herausstellte, hatte der Brandsatz, der in eine Pferdebox geworfen wurde, nur Stroh entzündet und konnte rechtzeitig gelöscht werden.

Auch an den folgenden Tagen waren die Ereignisse am Tegeler Weg überall in der Stadt Gesprächsthema. Mit Verbitterung nahmen viele engagierte Bürger sowie Hochschulkreise zur Kenntnis, dass weder der SDS noch die Studentenvertretungen von FU und TU bereit waren, sich von den Ausschreitungen zu distanzieren. Der SDS-Funktionär Peter Gäng äußerte sich befriedigt darüber, dass erstmals die »Dimension des direkten Angriffs gegen den Staatsapparat« erreicht worden sei. Jetzt müsse die Machtfrage an den Universitäten und in den Betrieben in Konfrontation mit diesem Staatsapparat gestellt werden. Allerdings zeigte sich am Abend des 6. November bei einer Sitzung der TU-Studentenvertretung, dass die Vorgänge am Landgericht auch bei SDS-Vertretern nicht unumstritten waren. Der Vorsitzende des Gremiums, Herbert Stahl, und sein Stellvertreter, Christian Heinrich, wurden durch ein überraschendes Misstrauensvotum gestürzt.

Über die eingetretene Entwicklung empörten sich Persönlichkeiten wie Wissenschaftssenator Werner Stein (linker Flügel der SPD) und der frühere AStA-Vorsitzende der FU, Wolfgang Landsberg (ebenfalls SPD-Mitglied). Das Präsidium der Bundes-SPD setzte sich am 8. November mit einer Erklärung dagegen zur Wehr, »dass das Demonstrationsrecht zu übelstem Terror und zu blutigen Straßenkämpfen missbraucht wird«. Der Sozialdemokratische Hochschulbund (SHB), bis dahin integrierter Bestandteil der APO, gab bekannt, er sei »nicht bereit, die Taktik der Gewalt gegen Personen fortzusetzen und Todesopfer einzukalkulieren«.

Die Diskussion über Gewalt hatten Rudi Dutschke und Hans-Jürgen Krahl schon im September 1967 in einem »Organisationsreferat« auf der Frankfurter SDS-Delegiertenkonferenz zugespitzt. Sie forderten einen Guerillakrieg – also die direkte und massive Gewaltanwendung – als »Propaganda der Tat« in den Metropolen. Davon sprechen viele, die einen pazifistischen Dutschke-Mythos pflegen, auch heute noch nicht gern. Dutschkes Biograf Jürgen Miermeister hat indes überzeugend dargestellt, dass solche Formulierungen des Studentenführers »keine verbalradikale Rhetorik« waren. Er sei bereit gewesen, aus seiner Theorie auch die praktischen Konsequenzen zu ziehen. Glaubwürdig sei Dutschke in seiner Unterscheidung zwischen Gewalt gegen Sachen und Gewalt gegen Personen gewesen. Miermeister lässt aber keinen Zweifel daran, dass eine solche Unterscheidung eine Illusion war. Sie sei »im Seminar sinnvoll, auf der Straße absurd«. Und er hält es sogar für wahrscheinlich, dass Dutschke »einfach Glück im Unglück des Attentats« hatte. Mit anderen Worten: Die Schüsse des Rechtsradikalen Bachmann am 11. April haben möglicherweise verhindert, dass sich der Berufsrevolutionär Rudi Dutschke auf die abschüssige Bahn zum Terrorismus begab.

Der Jubel der Straßenkämpfer vom Tegeler Weg verstummte bald, weil von vielen Seiten Kritik über das bis dahin in Berlin bei Demonstrationen noch nicht gekannte Ausmaß an Gewalt losbrach. SDS-Funktionär Semler räumte schon nach wenigen Wochen ein, dass sein Wort von der »neuen Stufe der Militanz« ein Fehler gewesen sei. Er habe nur gemeint: »Wir lassen uns nicht dauernd verprügeln.« Hier war sie wieder, die Opferrolle, die der SDS schon in seinem Flugblatt, mit dem er zu der gewalttätigen »Solidaritätsdemonstration« des 4. November aufgerufen hatte, für sich und die Demonstranten in Anspruch nahm. In dem Flugblatt hieß es: »Unser Widerstand gegen die Polizei ... befreit uns aus der Lage des duldenden Opfers.«

Damit nicht genug der Verdrehung und Verschleierung der Sachlage gegenüber Außenstehenden, die sich nicht so genau auskannten. Kein verantwortlicher Politiker hatte seinerzeit nach dem Spektakel am Tegeler Weg etwa die wahnwitzige Idee, auf Demonstranten – und wenn sie noch so gewalttätig vorgegangen wären – schießen zu lassen und Todesopfer in Kauf zu nehmen. Doch der SDS, für den der demokratische Staat bereits »faschistoid« war, behauptete noch am Abend jenes 4. November in einer Analyse der Auseinandersetzung am Landgericht, die Polizei werde bei der nächsten derartigen Auseinandersetzung von der Waffe Gebrauch machen. Dann sei die letzte Konsequenz Bürgerkrieg.

Diese leichtfertige Unterstellung lässt sich nur mit der damals unter den radikalen Studentenführern verbreiteten Hysterie erklären, die sich wegen ihrer Perspektivlosigkeit zur Panikmache gezwungen sahen. Der *Tagesspiegel*-Kolumnist Günter Matthes hatte schon am Tag vor der Gewaltorgie vor dem Landgericht diejenigen, die zu der Auseinandersetzung aufriefen, als »eine Handvoll frustrierter Polit-Psychopathen« beschrieben. Die Äußerungen der SDS-Oberen über einen angeblich bevorstehenden Bürgerkrieg bestätigten diese Einschätzung.

Auch der mit der Protestbewegung sympathisierende FU-Theologe Helmut Gollwitzer, bei dem Rudi Dutschke zeitweilig als Untermieter gewohnt hatte und der ihn vor und nach dem Attentat mit seinem freundschaftlichen Rat, aber auch mit Geld unterstützte, hatte ein Gespür dafür, dass der SDS dabei war, sich in eine Sackgasse zu begeben. Er betonte am 5. November 1968 während einer Studentenversammlung an der FU: »Es gibt eine Menschengruppe, für die Gewalt kein Problem ist, das sind die Faschisten. Und es gibt zwei Gruppen, von denen man verlangen kann, dass Gewalt für sie ein Problem ist, die Christen und die Sozialisten.« Eine Minderheit wie die studentische Bewegung könne den Kampf mit dem Staatsapparat nicht auf gleicher Ebene und mit gleichen Mitteln aufnehmen. Die Aktion am 4. November sei, so fuhr Gollwitzer unter Beifall, Buh-Rufen und Pfiffen fort, »ein sicheres Mittel, keine Massenbasis zu gewinnen, sondern auch noch die Massenbasis in der Studentenschaft zu verlieren«. Wer diese Bewegung nicht zerschlagen, sondern das politische Bewusstsein der Bevölkerung verändern wolle, dürfe solche Aktionen wie am Montag »kein zweites Mal« unternehmen.

Der Frankfurter Sozialphilosoph Jürgen Habermas, wie Gollwitzer damals seit Jahren ein aktiver Förderer und ideologischer

Ratgeber des SDS, stellte im Februar 1969 in der Einleitung zu seiner Schrift *Protestbewegung und Hochschulreform* rückblickend fest, dass sich seit der »Steinwurfdemonstration« am Tegeler Weg »die Gewaltrhetorik der Ostertage in eine Taktik des begrenzten Vandalismus umgesetzt« habe. Doch, so Habermas weiter, diese Taktik der Aktionisten »hat in eine Sackgasse geführt«.

Solche zur Besonnenheit mahnenden Worte waren für die SDS-Oberen, die den sich in der APO abzeichnenden Zerfallsprozess nicht zur Kenntnis nehmen wollten, Schall und Rauch. Schon während einer Pressekonferenz am 7. November in den Räumen des Republikanischen Clubs drohten die Genossen Jürgen Horlemann, Christian Semler und Jörg Schlotterer für die nächsten Monate mit weiterer Gewalt »innerhalb eines abgestuften Systems«. Die Parole lautete: »Zerschlagt die Klassenjustiz!« Das gleichzeitig angekündigte »heiße Jahr 1969« wurde durch kleinere, heimlich agierende ad-hoc-Gruppen in verschiedene Brand- und Sprengstoffanschläge auf Polizei- und Justizgebäude verwirklicht. Es bildeten sich »Rote Zellen« und »Basisgruppen«. Doch die Massenbasis der Rebellion war endgültig dahin. Scharfmacherische Appelle einzelner Funktionäre und ihrer Gefolgschaft stellten nichts weiter dar als den verzweifelten, aber vergeblichen Versuch, die Zersplitterung zu stoppen sowie Mitläufern und Sympathisanten bei der Stange zu halten.

Nachdem das Kammergericht den ehemaligen Nazi-Richter Hans-Joachim Rehse – er hatte an mindestens 230 Todesurteilen des Volksgerichtshofes mitgewirkt – am 6. Dezember 1968 von der Mordanklage freigesprochen hatte, forderte der Kommunarde Kunzelmann in einer Protestversammlung: »Man muss konkret harte Sachen machen. Mit einem Wort: Terror!« Nicht nur die Wohnungen der Richter, sondern auch deren Autos seien dafür geeignete Objekte.

Je mehr sich aber solche Wortführer nunmehr auch der individuellen Gewalt verschrieben, desto weniger Vertrauen wurde ihnen entgegengebracht. Noch heute erinnert sich der einst mit dem antiautoritären Flügel des SDS und dem Republikanischen Club eng liierte Alt-Achtundsechziger Volker Ludwig, Gründer und Direktor des Berliner Grips-Theaters, lebhaft daran, wie abschreckend die Gewaltpropheten nach der »Schlacht am Tegeler Weg« wirkten. Ludwig: »Als einige tönten, ›Wir haben bewiesen, dass die Polizei schlagbar ist‹, sind alle Vernünftigen ausgestiegen.« Auch der Berliner Schriftsteller Friedrich Christian Delius, der seinerzeit als Germanistikstudent an vielen Demonstrationen teilnahm und heute als »Autor der 68er Generation« gilt, sagte später in Interviews, dass er sich nach der »Schlacht am Tegeler Weg« von der Studentenbewegung abgekehrt habe.

Wie groß das Dilemma für die Anführer der Protestbewegung wurde, zeigte sich am 20. November bei der SDS-Delegiertenversammlung in Hannover. Mit dieser Zusammenkunft wurde die am 13. September wegen Uneinigkeit in Organisationsfragen abgebrochene Frankfurter Delegiertenkonferenz fortgesetzt. Anstatt sich nun auf einen Weg zu gemeinsamen Zielen zu einigen, kam erneut keine Verständigung darüber zustande, wie die erträumte »sozialistische Transformation der Bundesrepublik« erreicht werden solle. Vor alle einige West-Berliner SDS-Mitglieder, die bei früheren Delegiertenversammlungen durch ihre autoritätsferne Unbefangenheit aufgefallen waren, hielten nun dogmatische Reden, in denen sie sich dem Maoismus annäherten. Ein West-Berliner rief in den Saal: »Wer jetzt nicht bereit ist, Molotow-Cocktails in die Staatsanwaltschaft zu werfen, hat bei uns nichts zu suchen.« Andere Teilnehmer nutzten die Bühne der Versammlung zu einem Happening. Nicht zuletzt deshalb mutmaßte Bernd Rabehl am 25. November im *Spiegel*, die antiautoritäre Revolte zerstöre die eigene Organisation. Er hätte auch schreiben können: »Die Revolution frisst ihre Kinder.«

Der Prozess der Abspaltung in unterschiedlich orientierte kommunistische Sekten, sogenannte K-Gruppen, und in stramm ideologisch ausgerichtete Kleinparteien, von denen sich die meisten später erneut spalteten, hatte schon zwei Monate zuvor begonnen. Nach der Konstituierung der DKP am 26. September 1968 waren die SDS-Gruppen von Marburg und Köln fast geschlossen in die neue sowjethörige Partei übergetreten. Am 31. Dezember 1968, dem 50. Jahrestag der Gründung der alten KPD der Weimarer Zeit – Schauplatz war 1918 der Festsaal im Preußischen Abgeordnetenhaus –, wurde die an der Volksrepublik China orientierte KPD/ML (Marxisten-Leninisten) ins Leben gerufen.

Der Berliner SDS-Funktionär Semler, der lange versucht hatte, die »große revolutionäre Bewegung« der APO aufrechtzuerhalten, spürte, dass seine Aufrufe zur Gewalt nicht das erwartete Echo fanden. »Das war so, als ob es einem zwischen den Händen zerrinnen würde«, erinnerte er sich Jahre danach an den Frust, den ihm der Zerfall der APO bereitet hatte. Letztlich bewegten Semler die Nachwehen der »Schlacht am Tegeler Weg« zu dem Beschluss, »Mao ernst zu nehmen«. Er gründete im Februar 1970 aus »Zerfallsprodukten« der Studentenbewegung die maoistische KPD/AO (Aufbauorganisation) in der utopischen Hoffnung, auf diese Weise die Volksmassen für die Revolution zu gewinnen. Der Kommunistische Bund Westdeutschlands (KBW), der 1973 entstand, war ebenfalls ein Sammelbecken ehemaliger SDS- und APO-Mitglieder.

Die terroristische Rote-Armee-Fraktion (RAF), deren Anfänge bis auf die von Andreas Baader und Gudrun Ensslin in Berlin geplante Frankfurter Kaufhaus-Brandstiftung vom 2. April 1968 zurückgeht, wäre ohne die Studentenbewegung nicht denkbar. Ins Bewusstsein der Öffentlichkeit trat diese Gruppierung, die sich bald RAF nannte, aber erst nach der gewaltsamen Befreiung des Häftlings Baader während dessen Ausführung in das Dahlemer Zentralinstitut für soziale Fragen am 14. Mai 1970. Keine zwei Monate zuvor, nämlich am 21. März 1970, hatte der SDS-Bundesvorstand die offizielle Auflösung des Studentenverbandes vollzogen. Doch da war dieser linksradikale Studentenverband in Wirklichkeit schon ein verwesender Leichnam.

CHRONIK DER JAHRE 1967/1968

CHRONIK 1967

1. Januar:	Gründung der Kommune 1
16. Januar:	Die Politische Polizei durchsucht die Räume des SDS am Kurfürstendamm. Beschlagnahmung der Mitgliederkartei, die später ungeöffnet zurückgegeben wird.
19. Februar:	Die Kommune 1 zieht in die untervermietete Wohnung des Schriftstellers Uwe Johnson in der Niedstraße 14 (Friedenau) ein.
14. März:	Wahlen zum Berliner Abgeordnetenhaus: SPD 56,9%, CDU 32,9 %, FDP 7,1 %, SED 2,0 %
5. April:	Festnahme von elf Personen, unter ihnen alle Mitglieder der Kommune 1, wegen eines für den folgenden Tag geplanten Anschlags – das sogenannte Pudding-Attentat – auf US-Vizepräsident Hubert H. Humphrey.
6. April:	Das neu gewählte Abgeordnetenhaus tritt erstmals zusammen. Heinrich Albertz wird als Regierender Bürgermeister bestätigt, scheitert aber in der SPD-Fraktion mit dem Versuch, Bundessenator Spangenberg zum Finanzsenator nominieren zu lassen. Antiamerikanische Demonstrationen beim Besuch Humphreys vor dem Schloss Charlottenburg und dem Springer-Verlag
19. April:	Sit-in an der FU während einer Sitzung des Akademischen Senats der FU zum Thema Disziplinarmaßnahmen gegen zwölf Studenten wegen ihres Verhaltens während des Humphrey-Besu-

ches. Der Räumungseinsatz der Polizei bleibt erfolglos und wird deshalb abgebrochen.

Der erste deutsche Bundeskanzler Konrad Adenauer (CDU/ 1949-1963) stirbt in seinem Haus in Rhöndorf am Rhein.

21. April: Militärputsch in Griechenland. Studentendemonstrationen zur Berliner griechischen Militärmission in der Uhlandstraße.

22. April: FU-Rektor Lieber gibt die Einleitung von Disziplinarverfahren gegen den 1. AStA-Vorsitzenden Hartmut Häußermann, den 2. Asta-Vorsitzenden Bernhard Wilhelmer, den Konventsvorsitzenden Wolfgang Lefèvre, den Konventsältesten Knut Nevermann und Rudi Dutschke wegen deren Teilnahme am Sit-in des 19. April bekannt.

30. April: Gründung des Republikanischen Clubs.

5. Mai: In einer Rede ruft der spätere Schriftsteller Peter Schneider während einer Vollversammlung im Audimax der FU auf zur »Abschaffung von Ruhe und Ordnung« und zu »undemokratischem Verhalten« gegen die »vergreiste Universitätsverfassung«, den »Magnifizenzenwahn« und gegen »Sachlichkeit, die nichts anderes als Müdigkeit bedeutet«.

23. Mai: Studenten der Kommune 1 verteilen vor der FU-Mensa ein Flugblatt, auf dem es heißt: »Wann brennen Berliner Kaufhäuser?«

31. Mai: Studenten stören die Festsitzung zur 125-Jahrfeier des Ordens Pour le Merite im Audimax der FU in Anwesenheit von Bundespräsident Heinrich Lübke und Physik-Nobelpreisträger Otto Hahn. Sie klappern während des Vortrags des Göttinger Historikers und Ordenskanzler Percy Ernst Schramm mit Sammelbüchsen für den Vietcong. Der Berlin-Beauftragte der Bundesregierung, Ernst Lemmer (CDU), ruft den Demonstranten zu: »Geht doch zur Linden-Universität studieren. Dort wird sich schnell zeigen, wie brav ihr sein könnt.«

1. Juni: In einer Vorbereitungsveranstaltung auf den Schah-Besuch an der FU ruft der persische Dozent Bahman Nirumand zu Demonstrationen auf.

2. Juni:	Schah-Krawalle vor dem Rathaus Schöneberg und der Deutschen Oper. Der Student Benno Ohnesorg wird von einem Polizeibeamten erschossen.
5. Juni:	Beginn des Sechstagekrieges in Nahost.
8. Juni:	Trauerfeier für Benno Ohnesorg an der FU, danach Konvoi zum Zehlendorfer Kleeblatt. Sternfahrt bei der Überführung des Leichnams nach Hannover. Sondersitzung des Abgeordnetenhauses über Ereignisse des 2. Juni. Einsetzung eines Untersuchungsausschusses. Polizeipräsident Duensing auf eigenen Wunsch beurlaubt.
9. Juni:	Beisetzung Ohnesorgs in Hannover. Am Abend dort Kongress »Hochschule und Demokratie« mit 5000, zum großen Teil aus Berlin angereisten Teilnehmern. Der Sozialphilosoph Jürgen Habermas warnt vor »linkem Faschismus«.
12. Juni:	An der FU wird nach einwöchiger Unterbrechung der Lehrbetrieb wieder aufgenommen. Am Abend fordert in der FU der Schriftsteller Erich Kuby den Rücktritt des Regierenden Bürgermeisters Albertz und des Senators Büsch sowie die sofortige Freilassung des seit dem 2. Juni in Untersuchungshaft sitzenden Kommunarden Fritz Teufel.
13. Juni:	Nach zehntägigem Demonstrationsverbot erster genehmigter Aufzug der Studenten gegen Polizei und politische Instanzen vom Hammarskjöldplatz zum Theodor-Heuss-Platz in Charlottenburg; dort Kundgebung.
14. Juni:	Justizsenator Hans-Günter Hoppe gibt bekannt, das bei den Schah-Krawallen vor der Oper 75 Personen verletzt wurden; 50 von ihnen mussten sich in einem Krankenhaus behandeln lassen. Von 42 verletzten Demonstranten befinden sich noch drei im Krankenhaus.
20. Juni:	Beginn eines Hungerstreiks von Studenten für den in Untersuchungshaft sitzenden Fritz Teufel. Dutschke als Agitator auf der Kanzel der Neu-Westend-Kirche.

23. Juni:	Beginn der Anhörungen des parlamentarischen Untersuchungsausschusses, der zur Erforschung der Ereignisse des 2. Juni sowie der Ursachen der Studentenunruhen eingesetzt wurde. Als erster Zeuge wird Polizeipräsident Erich Duensing vernommen.
25./26. Juni:	In einer vertraulichen Strategiediskussion trägt Rudi Dutschke seine Pläne für ein Rätesystem und eine »Freie Stadt West-Berlin« vor.
30. Juni:	Der Studentenkonvent der FU fordert in einem Offenen Brief an die vier Alliierten, die Anwendung der westdeutschen Notstandsgesetze in West-Berlin zu verhindern.
9. Juli:	Beginn einer dreitägigen Vorlesungsreihe des amerikanischen Sozialphilosophen Herbert Marcuse an der FU über »Das Ende der Utopie«, »Das Problem der Gewalt in der Opposition« und »Moral und Politik in der Überflussgesellschaft«.
10. Juli:	Erstes großes *Spiegel*-Interview mit Rudi Dutschke.
9. August:	Mummenschanz der Kommune 1 während der Trauerfeier für Paul Löbe vor dem Rathaus Schöneberg.
12. August:	Happening der APO und der Kommune 1 auf dem Kurfürstendamm wegen der vorübergehenden Freilassung von Fritz Teufel aus der Untersuchungshaft. Fahrzeugverkehr wird blockiert, einschreitende Polizisten tätlich angegriffen.
26. August:	Studentische Demonstranten verhindern verlängerte Verkaufszeit der Kaufhäuser KaDeWe und Bilka.
4.-8. September:	Bei der SDS-Delegiertenkonferenz in Frankfurt am Main setzt sich der Flügel der »Antiautoritären« um den Berliner Studentenführer Rudi Dutschke durch. In einem von Dutschke und dem Theoretiker des SDS, Hans-Jürgen Krahl, gemeinsam verfassten Referat heißt es: »Die ›Propaganda der Schüsse‹ (Che Guevara) in der Dritten Welt muss durch die ›Propaganda der Tat‹ in den Metropolen vervollständigt werden.« In dem Referat ist erstmals vom »Stadtguerilla« als »Organisator schlechthinniger Irregularität« die Rede.

15. September:	Massive Störversuche während einer Sondersitzung des Abgeordnetenhauses über die innere Situation in Berlin nach den Ereignissen des 2. Juni. Während der Debatte Rededuell von Heinrich Albertz mit dem CDU-Landes- und Fraktionsvorsitzenden Franz Amrehn.
17. September:	Der FU-Politologe Ernst Fraenkel sagt in einem Interview der *Berliner Morgenpost*, der SDS verwende »haargenau die gleichen Methoden, die vor einer Generation die Rollkommandos der SA angewandt haben«.
18. September:	Erster Bericht des parlamentarischen Untersuchungsausschusses über die Vorgänge am 2. Juni.
19. September:	Rücktritt von Innensenator Wolfgang Büsch (SPD).
22. September:	Polizeipräsident Erich Duensing kommt seiner Abwahl durch das Abgeordnetenhaus mit Rücktritt zuvor.
23. September:	Glienicker Tagung der Berliner SPD.
26. September:	Rücktritt des Regierenden Bürgermeisters Heinrich Albertz (SPD).
6. Oktober:	An der FU in Anwesenheit von Bundesaußenminister Willy Brandt Störung der Feier zum 100. Geburtstag des früheren Reichsaußenministers Walther Rathenau.
9. Oktober:	In Bolivien wird Ernesto »Che« Guevara, Idol der Studentenbewegung, von der Armee erschossen. Dies führt am 21. Oktober zu einer Demonstration auf dem Kurfürstendamm.
19. Oktober:	Klaus Schütz (SPD) wird vom Abgeordnetenhaus zum Regierenden Bürgermeister gewählt.
21. Oktober:	Vietnam-Protesttag. Nach einer genehmigten Demonstration mit 7000 Teilnehmern, zu der 33 Organisationen aufgerufen haben, kommt es zu schweren Auseinandersetzungen mit der Polizei, weil 1500 Personen den Kurfürstendamm blockieren.
1. November:	Gründungsversammlung für die »Kritische Universität« im überfüllten Audimax der FU. Es nehmen auch Studenten der anderen Berliner Hochschulen teil. Die Veranstaltung entwickelt sich zu einer stürmischen Auseinandersetzung zwischen

linksradikalen und gemäßigten Studenten. Zeitweise wird sie zum Happening, wenn ganze Bün-
del von Flugblättern und Luftballons vom Balkon
in den Saal geworfen werden. Nach sechs Stunden muss die Versammlung wegen einer Bom-
bendrohung abgebrochen werden.

21. November: Eine Große Strafkammer spricht in Moabit den
                  Kriminalobermeister Karl-Heinz Kurras von der
                  Anklage der fahrlässigen Tötung Benno Ohne-
                  sorgs frei.

23. November.   Der »Springer-Arbeitskreis« des SDS stellt die
                  Broschüre »Enteignet Springer« vor.

27. November: Schwere Auseinandersetzungen zu Beginn des
                  Landfriedensbruchsprozesses gegen Fritz Teufel.
                  Etwa 1000 Studenten, von denen manche rote
                  und schwarze Fahnen tragen, durchbrechen
                  bei der nicht angemeldeten Demonstration mit
                  Dutschke an der Spitze die Polizeiabsperrung vor
                  dem Kriminalgericht in Moabit. Sie können durch
                  den Einsatz von vier Wasserwerfern und beritte-
                  ner Polizei abgedrängt werden. Es kommt zu 14
                  Festnahmen. Drei Polizisten werden verletzt.

27. November: In den späten Abendstunden ziehen nach einer
                  Veranstaltung in der FU etwa 200 Demonstran-
                  ten vor das Gebäude der Griechischen Militärmis-
                  sion in der Uhlandstraße 7/8. Sie beschädigen die
                  Eingangstür. Es kommt zu Handgreiflichkeiten
                  mit der Polizei, der es erst mit Hilfe herbeigerufe-
                  ner Einsatzkommandos unter Schlagstockeinsatz
                  gelingt, die Angreifer abzuwehren.

19. Dezember: Heftige Tumulte im Audimax der FU während ei-
                  ner Podiumsdiskussion mit Klaus Schütz.

22. Dezember: Urteil im Prozess gegen Fritz Teufel. Während der
                  SDS vor dem Kriminalgericht in Moabit erneut de-
                  monstriert, wird der Angeklagte freigesprochen.

24. Dezember: Dutschke und SDS-Anhänger stören den Heilig-
                  abendgottesdienst in der Kaiser-Wilhelm-Gedächt-
                  niskirche.

31. Dezember   Erneute Gottesdienststörung in der Gedächtnis-
                  kirche, diesmal durch die Kommune 1.

CHRONIK 1968

1. Januar:	Die in der Bundesrepublik eingeführte Mehrwertsteuer (von zunächst 10 und ermäßigt 5 Prozent, ab 1. Juli 5,5 und 11 Prozent) sowie die neue Rezeptgebühr (1 Mark) in Apotheken empören die Berliner.
2. Januar:	Die evangelische Kirchenleitung in West-Berlin erklärt angesichts von Gottesdienststörungen an Heiligabend und Silvester 1967 in der Kaiser-Wilhelm-Gedächtniskirche: »Demonstrationen und Diskussionen gehören nicht in den Gottesdienst der Gemeinde.«
6. Januar:	Etwa 150 Demonstranten versuchen den Juristenball zu stören.
11. Januar:	Vor dem Untersuchungsausschuss des Abgeordnetenhauses kündigen der Philosophieprofessor Wilhelm Weischedel sowie drei Assistenten der FU an, sich künftig »unter Umständen über das Hausrecht der Universität und andere Normen hinwegzusetzen«.
12. Januar:	Dutschkes Sohn Hosea-Che wird geboren.
19. Januar:	Justizsenator Hans-Günter Hoppe gibt bekannt, dass gegen Rudi Dutschke sieben Ermittlungsverfahren laufen. Außerdem ist gegen ihn ein Antrag auf einen Strafbefehl gestellt worden. Zwei weitere Ermittlungsverfahren wurden eingestellt.
24. Januar:	Am Romanischen Seminar der FU wird der Lehrbetrieb vorübergehend eingestellt, weil er nicht mehr störungsfrei stattfinden kann.

| 26. Januar: | Bei einer »Frauenvollversammlung« im Audimax der FU wird ein »Aktionsrat zur Befreiung der Frauen« gegründet. |
| 30. Januar: | In zahlreichen Städten Süd-Vietnams starten Soldaten des kommunistischen Nordens und Vietcong-Guerillas am buddhistischen Neujahrsfest (Tet) eine Großoffensive. Sie greifen in Saigon den Präsidentenpalast an und besetzen die US-Botschaft sechs Stunden lang. Die Angriffe, die nach schweren Kämpfen erst im März niedergeschlagen werden können, geben den antiamerikanischen Studentenprotesten auch in Berlin Auftrieb. |

31. Januar:	An der FU wird eine wegen der Einstellung des Lehrbetriebes am Romanischen Seminar einberufene Sitzung der Philosophischen Fakultät mit rund 80 Professoren von Studenten gesprengt.
1. Februar:	An der TU wird zum Abschluss einer SDS-Veranstaltung der Anti-Springer-Kampagne ein fünf Minuten dauernden Film des späteren RAF-Terroristen Holger Meins über die Herstellung eines Molotow-Cocktails vorgeführt. In der letzten Einstellung zeigt der Film kommentarlos, aber unmissverständlich als Ziel für solche Brandbomben das Hochhaus des Springer-Verlags. Noch in der Nacht werden nach zwei Uhr die Schaufensterscheiben von sechs Filialen der *Berliner Morgenpost* sowie einer Buchhandlung mit Steinen eingeworfen, die in Flugblätter mit dem Slogan »Enteignet Springer« gewickelt sind. Am frühen Morgen des folgenden Tages werden erneut Scheiben eines *Morgenpost*-Ladens zertrümmert.
3. Februar:	Ungenehmigte Sitzdemonstration vor der Griechischen Militärmission in der Uhlandstraße.
5. Februar:	Der Regierende Bürgermeister Klaus Schütz erklärt: »Wir müssen feststellen, dass die Lage an den Universitäten offenbar zulässt, dass politische Veranstaltungen im Universitätsrahmen zu kriminellen Akten missbraucht werden.«

7. Februar:	Der Henry-Ford-Bau der FU muss geschlossen werden, um eine ungestörte Sitzung des Akademischen Senats zu ermöglichen. Aber etwa 1000 Studenten blockieren Vorräume und Treppen.
9. Februar:	Das vom SDS, dem Republikanischen Club und anderen Organisationen seit Monaten vorbereitete und mit viel Aufwand angekündigte »Springer-Hearing«, für das die TU zwar nicht das Audimax, aber den Ernst-Reuter-Saal an der Straße des 17. Juni zur Verfügung gestellt hat, muss nach eineinhalb Stunden vorzeitig beendet werden. Fast alle geladenen linksliberalen Experten und Wissenschaftler (außer Eugen Kogon und Erich Kuby) lehnen wegen der gewalttätigen Aktionen gegen Springer ihre Teilnahme ab.
11. Februar:	Der Regierende Bürgermeister Klaus Schütz sagt auf einem SPD-Landesparteitag in der Kongresshalle in Tiergarten (heute: Haus der Kulturen der Welt) über die Demonstranten: »Da müsst ihr diese Typen sehen, da müsst ihr ihnen ins Gesicht sehen, dann wisst ihr: ... denen geht es darum, unsere freiheitliche Grundordnung lahm zu legen, und wenn Sozialdemokraten nicht schaffen, damit fertig zu werden, dann werden sie von den gleichen Arbeitern, die sie gewählt haben, weggejagt.«
17./18. Februar:	Internationaler Vietnam-Kongress im Audimax der TU mit rund 4000 Teilnehmern aus dem In- und Ausland.
18. Februar:	Vietnam-Demonstration mit 12 000 Teilnehmern unter roten Fahnen, Mao- und Ho-Chi-Minh-Bildern durch Charlottenburg bis zur Deutschen Oper. Im Zug auch zahlreiche SPD-Mitglieder, die sich Plakate mit der Aufschrift »Ich bin SPD-Mitglied« umgehängt haben.
20. Februar:	Sechs SDS-Mitglieder, darunter Rudi Dutschke, verweigern vor dem parlamentarischen Untersuchungsausschuss, der die Vorgänge des 2. Juni 1967 durchleuchtet, die Aussage. Sie erhalten je

200 Mark Geldstrafe. Dutschke muss wegen »ungebührlichen Verhaltens« zusätzlich 200 Mark bezahlen.

21. Februar: Senat, Parteien und Gewerkschaften veranstalten auf dem John-F.-Kennedy-Platz vor dem Rathaus Schöneberg unter dem Motto »Für Freiheit und Frieden« eine Gegenkundgebung zur Vietnam-Demonstration des 18. Februar mit 80 000 Teilnehmern.

23. Februar: Letzte öffentliche Sitzung des parlamentarischen Untersuchungsausschusses, der seit Juni 1967 die Vorgänge beim Schah-Besuch und die Ursachen der Studentenunruhen durchleuchtet.

6. März: Im obersten Stockwerk des Kriminalgerichts Moabit wird ein auf dem Flur unter einer Bank versteckter Molotow-Cocktail durch Zeitzünder in Brand gesetzt.

6. März: Veranstaltung der Humanistischen Union, der Liga für Menschenrechte und des Arbeitskreises Kirche und Gesellschaft unter dem Motto »Appell zur Vernunft« gegen die aufgebrachte Stimmung, wie sie bei der Kundgebung am 21. Februar vor dem Rathaus Schöneberg herrschte. Im überfüllten Audimax der TU sprechen unter anderem Gerd Bucerius, Günter Grass, Heinz Brandt und Peter Wapnewski.

17.-21. März: Auf dem Nürnberger SPD-Bundesparteitag werden die Berliner Parteifunktionäre Harry Ristock, Erwin Beck und Jürgen Gerull, die kurz zuvor wegen ihrer Teilnahme an der Vietnam-Demonstration vom 18. Februar aus der SPD ausgeschlossen worden waren, rehabilitiert. Der Parteivorsitzende Willy Brandt sagt über Demonstranten, die den Parteitag gestört haben: »Pöbel bleibt Pöbel, auch wenn junge Gesichter darunter sind.«

22. März: Freispruch der Kommune-Mitglieder Langhans und Teufel, die im Mai 1967 als Mitverfasser angeblich satirischer Flugblätter zur Kaufhausbrandstiftung aufgerufen haben sollten.

23. März:	Die Hochschulen der Bundesrepublik beschließen die Einführung von Zugangsbeschränkungen nach dem Durchschnitt der Abiturnoten (Numerus clausus).
2./3. April:	Die aus Berlin angereisten späteren Terroristen Andreas Baader, Thorwald Proll und Gudrun Ensslin sowie der Münchener Horst Söhnlein setzen in der Nacht in Frankfurt am Main durch Zeitzünder-Brandsätze zwei Kaufhäuser in Brand. Enormer Sachschaden. Die Brandstifter werden schon am 5. April in Frankfurt festgenommen.
5. April:	Einen Tag nach der Ermordung des schwarzen amerikanischen Bürgerrechtlers und Friedensnobelpreisträgers Martin Luther King in Memphis/ Tennessee ruft Schütz die Berliner zu einer Gedenkminute auf.
11. April:	Auf Rudi Dutschke wird am Kurfürstendamm durch den Gelegenheitsarbeiter Josef Bachmann ein Pistolenanschlag verübt. Dutschke überlebt nach einer Notoperation. Der Täter wird gefasst. Aber das Attentat löst eine fünf Tage dauernde Welle von Krawallen in Berlin und zahlreichen anderen deutschen Städten aus. Noch am Abend des 11. April ziehen mehrere Tausend Demonstranten von der Technischen Universität zum Axel-Springer-Verlag an der Kochstraße in Kreuzberg und versuchen vergeblich das Hochhaus zu stürmen. Sie beschädigen die Glasfassade durch Steinwürfe und setzen nach Mitternacht Lieferfahrzeuge in Brand, ohne die Auslieferung der *Berliner Morgenpost* für den folgenden Tag verhindern zu können.
12. April: (Karfreitag)	Die Außerparlamentarische Opposition fordert unter anderem den Rücktritt des Senats, die Enteignung Springers und bis zum 1. Mai täglich eine Stunde Sendezeit in den Berliner Sendern. Um dem Nachdruck zu verleihen demonstrieren Studenten an diesem Tag vor dem Sender RIAS.
13. April:	Schwere Auseinandersetzungen am Kurfürstendamm und in den Seitenstraßen. Es werden 230 Personen festgenommen.

14. April: (Ostersonntag)	Bundesjustizminister Gustav Heinemann (SPD) warnt vor Ausschreitungen: »Gewalttat ist gemeines Unrecht und eine Dummheit obendrein.« Zweistündige Straßenschlacht nach einer Kundgebung auf dem Wittenbergplatz, während der der Verkehr auf dem Kurfürstendamm blockiert wird.
15. April: (Ostermontag)	Die in der TU permanent tagende Studentenversammlung beschließt, anstatt zu Springer zum SFB zu ziehen. Dort auf dem Hammarskjöldplatz Kundgebung der APO, bei der auch Heinrich Albertz spricht.
17. April:	In München sterben der 32-jährige Klaus Frings und der 27-jährige Rüdiger Schreck an Kopfverletzungen, die sie dort zwei Tage zuvor bei gewalttätigen Demonstrationen erlitten haben.
18. April:	In einer fünfstündigen Debatte des Abgeordnetenhauses werden die Gewaltakte und Störaktionen während der Osterunruhen einmütig verurteilt.
19. April:	Gemeinsame Erklärung der Studentenvertretungen von FU, TU und Kirchlicher Hochschule, in der »Gewalt gegen Sachen« befürwortet wird.
26. April:	Die DDR-Grenzorgane verweigern in Dreilinden dem Regierenden Bürgermeister Klaus Schütz in seiner Eigenschaft als Präsident des Bundesrates die Durchfahrt nach Westdeutschland. Begründung: Seine Funktion im Bundesrat verstoße gegen den Viermächtestatus Berlins.
30. April:	Der Bundestag in Bonn debattiert in einer Sondersitzung über die Studentenunruhen.
1. Mai:	Auf der Maikundgebung des DGB mit 100 000 Teilnehmern sprechen Außenminister Willy Brandt und der Regierende Bürgermeister Klaus Schütz vor dem Berliner Reichstagsgebäude. SDS und SEW veranstalten eine eigene Maidemonstration in Neukölln mit rund 25 000 Teilnehmern.
3. Mai:	Eine Protestversammlung von 250 Studenten der Pariser Sorbonne eskaliert zu einer Straßenschlacht im Quartier Latin. Sie bildet den Auftakt

zum »französische Mai« mit Barrikadenkämpfen und fast täglichen Demonstrationen. Am 13. Mai beginnt ein von den drei größten französischen Gewerkschaften aus Solidarität mit den Studenten ausgerufener Generalstreik, der erst am 6. Juni zu Ende geht. Er führt zu einer Staatskrise und weckt bei den rebellischen Berliner Studenten große Erwartungen. Am 30. Mai löst Präsident de Gaulle die französische Nationalversammlung auf.

5. Mai: In der TU wird ein aus 13 Mitgliedern bestehender Zentralrat der APO per Akklamation gegründet. Unter ihnen sind zwei Vorstandsmitglieder der SEW, deren Namen aber nicht mitgeteilt werden.

11. Mai: Sternmarsch nach Bonn von 60 000 Gegnern der Notstandsgesetze, unter ihnen viele Tausend Berliner. Allein mit einem Sonderzug der DDR-«Reichsbahn» reisen aus Berlin 723 Personen an. Die Forderung der Demonstranten an den DGB, einen Generalstreik auszurufen, wird abgelehnt.

13. Mai: Der amerikanische Sozialphilosoph Herbert Marcuse spricht an der FU über »Geschichte, Transzendenz und sozialen Wandel«. Seine Gastvorlesung im überfüllten Audimax wird in drei weitere Hörsäle übertragen. Als Marcuse gegangen ist, wird durch eine Gruppe von Teilnehmern das etwa zwei Meter hohe Emblem der FU von der Stirnwand des Audimax entfernt und vor dem Gebäude des Rektors in Brand gesteckt.

21. Mai: Daniel Cohn-Bendit, der bekannteste Führer der französischen Studentenrevolte, ruft während eines kurzen Berlin-Besuches vor 2500 Zuhörern im Audimax der FU zum Bau von Barrikaden auf.

25. Mai: Auf einem SPD-Landesparteitag wird Klaus Schütz mit 148 zu 63 Stimmen bei 13 Enthaltungen zum Berliner SPD-Vorsitzenden gewählt.

26. Mai: Etwa 150 Notstandsgesetz-Gegner stürmen am Abend die Schaubühne am Halleschen Ufer und

CHRONIK

	erzwingen eine Diskussion anstelle der Vorstellung.

27. Mai: Studentische Rowdys verhindern an der TU die »Queen's Lecture« und damit einen Festvortrag des britischen Archäologen Sir Mortimer Wheeler. Am Tag darauf tritt TU-Rektor Kurt Weichselberger zurück.

28. Mai: Nur mit gezogener Waffe können Polizisten während der Abendvorstellung das Eindringen von etwa 600 Demonstranten in das Foyer des Schillertheaters verhindern.

29. Mai: Im Anschluss an eine Demonstration gegen die Notstandsgesetze auf dem Kurfürstendamm versuchen Studenten das Bundeshaus, den Sitz der Bundesbehörden in Berlin, sowie das Maison de France zu stürmen.

30. Mai: Der Bundestag verabschiedet die Notstandsgesetze in dritter Lesung mit 384 zu 100 Stimmen bei einer Enthaltung.

31. Mai: Durchsuchung der des Diebstahls verdächtigten Kommune 1 am Stuttgarter Platz. Es werden kein Diebesgut, aber zwei Molotow-Cocktails gefunden.

5. Juni: Auf US-Senator Robert F. Kennedy, Bruder des 1963 ermordeten Präsidenten John F. Kennedy und aussichtsreicher Bewerber für die Präsidentschaftswahlen im November, wird in Los Angeles ein Attentat verübt, an dessen Folgen er einen Tag später stirbt. Kennedy war als scharfer Kritiker des Vietnamkrieges ein Idol der amerikanischen Studentenbewegung.

6. Juni: Der Soziologiestudent Peter Brandt, Sohn von Bundesaußenminister und Vizekanzler Willy Brandt, wird in Berlin wegen Teilnahme an verschiedenen nicht genehmigten Demonstrationen zu zwei Wochen Dauerarrest verurteilt.

10. Juni: Rudi Dutschke ist von den Schussverletzungen so weit genesen, dass er (heimlich, unter dem Pseudonym Mister Klein) Berlin verlassen und zur weiteren Erholung in ein Schweizer Sanatorium reisen kann.

10. Juni:	Beginn des Zivilprozesses gegen den Rechtsanwalt Horst Mahler, der vom Verlagshaus Axel Springer auf Schadensersatz im Zusammenhang mit den Krawallen am 11. April vor dem Verlagsgebäude an der Kochstraße verklagt worden ist.
10./11. Juni:	Die DDR-Volkskammer beschließt die Einführung der Pass- und Visumspflicht für den Reise- und Transitverkehr zwischen der Bundesrepublik und West-Berlin. Die Visumsgebühr in Höhe von fünf Mark wird vom 22. Juni an bei West-Berliner Postämtern zurückerstattet.
14. Juni:	Die Notstandsgesetzgebung nimmt die letzte Hürde im Bundesrat. Einstimmiges Ja der Länder bei Enthaltung Berlins, das nicht direkt betroffen ist.
27. Juni:	Studenten dringen gewaltsam in das Rektorat der FU ein. Die Besetzung wird von der Polizei erst am frühen Morgen des darauffolgenden Tages beendet.
3. Juli:	Nach mehr als einjähriger Arbeit und 117 Sitzungen legt der Untersuchungsausschuss über die Schah-Krawalle am 2. Juni 1967 seinen Abschlussbericht vor.
6. Juli:	Die SEW, der West-Berliner Ableger der DDR-Staatspartei SED, distanziert sich von ultralinken Plänen der APO wie Einführung einer Räterepublik, rigorose Enteignung des Privateigentums und von der »unfruchtbaren Konfrontation mit der Polizei«.
10. Juli:	Zweite Besetzung des FU-Rektorats. Räumung nach drei Stunden durch die Polizei. Es sind fast alle Räume verwüstet, Stempel und Siegel sowie wichtige Akten verschwunden. Der Schaden beläuft sich auf 10 000 Mark.
21. August:	Nach dem Einmarsch der Truppen von fünf Staaten des Warschauer Paktes in die Tschechoslowakei kommen Tausende von Studenten zu einer Protestversammlung in der TU und einer anschließenden Demonstration zur tschechischen

Militärmission in Dahlem zusammen. Die Studentenvertretungen der West-Berliner Universitäten und Hochschulen sowie die »Falken« bedauern in einem Flugblatt, dass durch die Intervention »alle Chancen für eine wirklich kommunistische Entwicklung abgeschnitten« worden seien. Der Text schließt mit dem Aufruf: »Es lebe die sozialistische Weltrevolution!«

13. September: Die Berliner FU-Studentin Sigrid Rüger wirft bei der SDS-Delegiertenkonferenz in Frankfurt dem SDS-Ideologen Hans-Jürgen Krahl aus Protest gegen die »männliche Ignoranz« in dem linksradikalen Verband eine Tomate an den Kopf. Das Ereignis gilt fortan als Geburtsstunde der neuen Frauenbewegung. Die Konferenz wird wegen mangelnder Einigkeit in Organisationsfragen abgebrochen. Sie schließt zuvor fünf Mitglieder des sich damals gerade formierenden DKP-Flügels aus.

4. September: Der Kommunarde Karl Heinz Pawla verrichtet als Angeklagter im Moabiter Gerichtssaal seine Notdurft.

28. September: Bundesaußenminister Willy Brandt erklärt sich bereit, von der Existenz zweier deutscher Staaten auszugehen und der DDR-Regierung auf gleichberechtigter Basis zu begegnen.

9. Oktober: Übergabe des für 303 Millionen Mark neu erbauten Klinikums Steglitz (heute: Campus Benjamin Franklin der Charité) an die FU. Beim Festakt in der Kongresshalle im Tiergarten kommt es während der Rede von US-Botschafter Henry Cabot Lodge zu Zwischenrufen von Studenten.

10. Oktober: Das Abgeordnetenhaus verabschiedet ein Vorschaltgesetz zum künftigen Berliner Hochschulgesetz, mit dem – erstmals in Deutschland – Abschied von der alten Ordinarienuniversität genommen wird. Es beginnt der Weg hin zur politisierten Gruppenuniversität.

14. Oktober: Der von der APO und in vielen Medien wegen seiner angeblichen NS-Vergangenheit geschmähte

Bundespräsident Heinrich Lübke kündigt zum 30. Juni 1969 seinen vorzeitigen Rückzug aus dem Amt an. Die Dokumente, mit denen Lübke wegen seiner früheren angeblichen Tätigkeit als »KZ-Baumeister« verleumdet wurde, erwiesen sich später als Fälschungen des DDR-Staatssicherheitsdienstes.

30. Oktober: Der Akademische Senat der FU wird erstmals daran gehindert, eine reguläre Sitzung abzuhalten.

31. Oktober: Im Frankfurter Kaufhausbrandstifter-Prozess werden Andreas Baader, Gudrun Ensslin, Thorwald Proll sowie Horst Söhnlein zu je drei Jahren Zuchthaus verurteilt. Sie haben nach Anrechnung der Untersuchungshaft noch jeweils 22 Monate abzusitzen. 80 Angehörige der APO randalieren in Frankfurt vor dem Gericht.

4. November: In der Nacht Brandanschlag auf die Pferdeställe der berittenen Polizei in Düppel.

4. November: Blutige Auseinandersetzung zwischen Studenten und Polizei nahe dem Landgericht Berlin am Tegeler Weg anlässlich eines Ehrengerichtsverfahrens um die Anwaltszulassung von Horst Mahler. Das Gericht entzieht Mahler die Zulassung nicht. Im Steinhagel werden 130 Polizisten und 21 Demonstranten verletzt.

7. November: Auf dem Bundesparteitag der CDU in der Kongresshalle im Tiergarten ohrfeigt die 29-jährige Beate Klarsfeld Bundeskanzler Kurt-Georg Kiesinger, weil er seit 1933 Mitglied der NSDAP und im Krieg stellvertretender Abteilungsleiter in der Rundfunkabteilung des Auswärtigen Amtes war. Die in Frankreich als Sekretärin des Deutschfranzösischen Jugendwerks tätige Frau wird festgenommen und am Tag darauf in einem Schnellverfahren zu einem Jahr Gefängnis verurteilt, danach aber auf freien Fuß gesetzt.

11. November: Die Philosophische Fakultät der FU gibt das traditionelle Lehrstuhlprinzip auf und stellt habilitierte Dozenten und Assistenten mit den Ordinarien gleich.

12. November:	Der Bundesgerichtshof verwirft die Revision der Kaufhausbrandstifter Baader, Ensslin, Proll und Söhnlein. (Sie werden aber im Februar 1969 der Aufforderung zum Haftantritt nicht nachkommen, untertauchen und 1970 mit anderen Linksextremisten die terroristische Rote Armee Fraktion (RAF) gründen.)
20. November:	Die 23. Delegiertenkonferenz des SDS in Hannover entwickelt sich zu einem Dauerhappening. Bei den Streitigkeiten zeichnet sich der Zerfall der Organisation in Gruppen und Sekten ab.
25. November:	Brandanschlag auf die Wohnungen von drei Berliner Richtern.
3. Dezember:	Bei einer Veranstaltung im Audimax der FU wird ein Plakat mit »Bendas Haus« gezeigt, unter dem Flammen züngeln. Einem SFB-Kamerateam wird die Ausrüstung entwendet.
4. Dezember:	Der FU-Philosoph Wilhelm Weischedel, seit vielen Jahren ein engagierter Förderer des SDS, gibt in einem Brief an den Dekan der Philosophischen Fakultät, Otto von Simson, zu, dass er sich geirrt habe. Andere, die in der Studentenrebellion Gefahren erblickten, hätten Recht behalten.
6. Dezember:	Der ehemalige Kammergerichtsrat Hans-Joachim Rehse, der in der NS-Zeit als Beisitzer am Freisler'schen Volksgerichtshof an mindestens 231 Todesurteilen mitgewirkt haben soll, wird in einem vom Bundesgerichtshof angeordneten Revisionsverfahren durch das Berliner Landgericht von der Mordanklage freigesprochen.
11. Dezember:	Etwa 150 Studenten der Pädagogischen Hochschule dringen gewaltsam in eine Sitzung der Steglitzer Bezirksverordneten ein, um für den umstrittenen Professor Wilfried Gottschalch zu demonstrieren.
14. Dezember:	Etwa 5000 überwiegend jugendliche Demonstranten ziehen vor das Rathaus Schöneberg, um gegen das Rehse-Urteil zu protestieren. Im Anschluss versuchen etwa 500 Personen in das KaDeWe einzudringen.

24. Dezember: Eine Gruppe von Studenten stört – wie ein Jahr zuvor – den Mitternachtsgottesdienst in der Kaiser-Wilhelm-Gedächtniskirche. In der Nacht zum ersten Weihnachtsfeiertag stürzen fünf Personen die Christusstatue im Altbau der Kirche.

ANHANG

PERSONENREGISTER

Abendroth, Wolfgang 265
Abrassimow, Pjotr A. 9
Adenauer, Konrad 13, 306
Adorno, Theodor W. 11
Agnoli, Johannes 196
Albers, Detlev 267
Albertz, Heinrich 7, 20, 33, 45-48, 50f.,
        53, 56, 61, 66, 70, 72ff., 76f.,
        96, 123f., 127f., 131, 133,
        136-145, 147, 149, 259, 261f.,
        305, 307, 309, 316
Ali, Tariq 204
Amon Düül 116
Amrehn, Franz 128, 215, 309
Augstein, Rudolf 69, 111, 173f., 182, 263
Aust, Stefan 231, 250

Baader, Andreas 39, 44, 104, 109, 303,
        315, 321f.
Bachmann, Josef Erwin 221ff., 238ff.,
        299, 315
Bailey, Dave 228
Baring, Arnulf 177, 226, 242, 285f.
Barsig, Franz 257, 262
Barthel, Walter 121, 225
Baschwitz, Kurt 164
Baumann, Michael »Bommi« 183, 227
Beck, Erwin 161, 208, 314
Benda, Ernst 263, 297
Bergdoll, Udo 253
Betz, Anton 188
Biermann, Wolf 158
Bloch, Ernst 11, 206
Boenisch, Peter 178
Bölke, Joachim 64
Born, William 213
Borowsky, Peter 253
Brandt, Heinz 220, 314

Brandt, Peter 205, 256, 318
Brandt, Willy 13f., 50, 76, 126, 130,
        137, 140, 142-149, 156, 165,
        205, 309, 316, 318, 320
Brecht, Bert 37, 161
Brenner, Otto 190, 208
Bucerius, Gerd 69, 182, 220, 226, 314
Burck, Heinz 56
Büsch, Wolfgang 29, 45f., 53, 71, 73,
        133, 141, 307, 309

Capron, Christopher 16f.
Castro, Fidel 148, 207
Chruschtschow, Nikita 11, 165, 213
Coburg, Götz von 219
Cohn-Bendit, Daniel 273, 317

Dahrendorf, Ralph 259, 262
Dalos, György 193
Danelius, Gerhard 282
Davis, Angela 89
Debray, Regis 178
Degenhardt, Franz-Josef 44
Delius, Christian 302
Diba, Farah 20, 29, 39, 45
Diekermann, Wolfgang 228, 232
Diekmann, Kai 12, 14
Ditfurth, Jutta 13, 250
Dittmann, Günter 235
Doetinchem de Rande, Dagmar 105
Dollinger, Friederike 26
Dovifat, Emil 270
Duensing, Erich 32, 45, 48, 53, 56, 64,
        71, 124, 133, 307ff.
Dutschke, Gretchen 91, 116
Dutschke, Hosea-Che 238, 311
Dutschke, Rudi 8, 10f., 13f., 16, 37, 44,
        51, 53, 61, 74f., 77f., 80ff.,

Dutschke, Rudi (Forts.) 84f., 88-92, 101, 108f., 114, 126ff., 147, 149, 152, 154f., 158, 170-174, 178, 182, 184f., 195f., 199, 201f., 205, 208, 216-219, 221f., 224, 226, 232, 237-242, 244, 250, 284, 287f., 299f., 306ff., 310f., 313ff., 318
Duve, Freimut 39

Eberhard, Fritz 104, 270
Eckardt, Hans 270, 272f.
Ehmann, Christoph 265
Elisabeth II., Königin von England 276
Engelbrecht, Manfred 79, 81
Ensslin, Gudrun 44, 104, 303, 315, 321f.
Enzensberger, Dagrun 92f., 97, 99
Enzensberger, Hans Magnus 38, 43, 92, 96, 103, 261
Enzensberger, Tanaquil 93
Enzensberger, Ulrich 91ff., 99, 104f., 108, 110, 131, 174, 178, 202, 230, 263, 279
Erhard, Ludwig 36
Evers, Carl-Heinz 262, 273

Fichter, Tilmann 232
Fischer, Martin 220
Fraenkel, Ernst 309
Fried, Erich 204
Frings, Klaus 263, 316
Fronius, Sigrid 232
Funke, Hans-Joachim 275

Ganz, Rudolph 61
Gäng, Peter 37, 298
Gaus, Günter 237
Gebbert, Volker 92, 93
Gerull, Jürgen 208, 314
Ghazi, Ali 30
Ghazi, Mohammed 30
Glietsch, Dieter 60
Glotz, Peter 285
Götting, Gerald 70
Gollwitzer, Helmut 53, 69, 73, 258, 300
Gottschalch, Wilfried 244, 322
Graetz, Wolfgang 99
Grass, Günter 53, 99, 103, 177, 202, 220, 314
Grimming, Jürgen 214
Guevara, Ernesto »Che« 89, 127, 149, 157, 198, 308f.
Günther, Eberhard 186ff., 191
Guggomos, Carl L. 121, 225
Gundlach, Friedrich-Wilhelm 277
Gurezka, Klaus-Dieter 162

Habermas, Jürgen 12, 13, 74, 75, 287, 300, 301, 307
Haffner, Sebastian 64, 66
Hahn, Otto 306
Hameister, Hans-Joachim 88, 89, 92, 99, 100, 115, 232
Harndt, Ewald 115, 264, 284f.
Harpprecht, Klaus 179
Hausen, Herbert 219
Häußermann, Hartmut 40, 306
Heinemann, Gustav 117, 253, 316
Heinrich, Christian 298
Heinitz, Ernst 272
Helbich, Hans-Martin 84
Hemmer, Eike 88, 100
Hemmer, Gertrud 100
Hemmer, Nessim 100, 105
Hendrix, Jimi 117
Henze, Hans Werner 179, 206
Hermann, Kai 61, 206, 218
Herzog, Roman 126, 130, 268
Herz, Hanns-Peter 40
Heß, Hans Jürgen 139ff., 145, 160f.
Hesterberg, Thomas 105
Heyen, Rolf 137, 140
Ho-Chi-Minh 19, 155, 196, 206, 313
Homburg, Wilhelm von 228
Hoppe, Hans-Günter 57, 213, 252, 307, 311
Horlemann, Jürgen 37, 301
Hrdlicka, Alfred 60
Humphrey, Hubert H. 95-98, 305

Iwicki, Heribert 48, 125

Jagger, Mick 117
Jens, Walter 104
Johnson, Lyndon B. 36
Johnson, Uwe 92, 98, 305

Kathe, Werner 181
Kellerhoff, Sven Felix 15, 334
Kennedy, John F. 213, 267, 318
Kennedy, Robert F. 318
Kiesinger, Kurt Georg 126, 158, 262, 321
King, Martin Luther 238, 315
Klarsfeld, Beate 321
Kluthe, Hans Albert 177
Knabe, Hubertus 121, 168, 170
Knipping, Franz 167
Körner, Rolf 201
Köster, Heinz 25, 180, 227
Kogon, Eugen 182, 313
Kolle, Oswald 13
Krahl, Hans-Jürgen 172, 299, 308, 320
Krause, Wulf 95

Kraushaar, Wolfgang 12
Krüger, Antje 105, 108, 112, 232
Kuby, Erich 15, 53, 75, 182, 184, 210,
        307, 313
Kunzelmann, Dieter 88-92, 98, 110ff.,
        114-117, 126, 128, 149, 229f.,
        232, 262, 298, 301
Kunzelmann, Grischa 91, 100
Kunzelmann, Otto 98
Kurras, Karl-Heinz 28, 48, 57f., 85,
        111, 222f., 310

Landsberg, Wolfgang 232, 298
Langguth, Gerd 14
Langhans, Rainer 94, 98, 103, 105,
        110ff., 115-118, 128, 238,
        296f., 314
Lefèvre, Wolfgang 70, 85, 101, 124,
        226, 243f., 250, 306
Lemmer, Ernst 306
Lenin, Wladimir Iljitsch 11, 207, 282
Lieber, Hans-Joachim 40, 53, 60f.,
        101, 306
Liehr, Harry 142
Lodge, Henry Cabot 320
Löbe, Paul 126, 308
Löffler, Gerd 23, 26, 50, 124f., 130-136,
        140, 268, 282f., 285f.
Lösche, Peter 283
Löwenthal, Richard 53, 279
Lohde, Werner 32, 34
Loos, Erich 73
Lorenz, Peter 160
Ludwig, Volker 301
Lübke, Heinrich 20, 165, 306, 321
Lüers, Herbert 210
Luxemburg, Rosa 207

Mahler, Horst 9, 47, 73, 89, 117, 158,
        181, 201, 203f., 225, 227,
        229f., 232, 234, 236, 252,
        255, 260, 263, 284, 288ff.,
        295f., 319, 321
Maier, Franz-Karl 69
Mann, Golo 177
Mao Tse-tung 11, 89, 110, 112, 136,
        198, 207, 303, 313
Marcuse, Herbert 11, 108, 126, 271,
        308, 317
Marx, Karl 11, 207
Matthes, Günter 66, 300
Mattick, Kurt 123, 140, 147, 215
Meichsner, Dieter 286
Meinhof, Ulrike 13, 39, 107, 231, 250f.,
        255, 287
Meins, Holger 178, 312
Menne, Lothar 88f.

Meschkat, Klaus 53, 196, 205, 244,
        261
Michel, Detlev 93f.
Miermeister, Jürgen 77, 174, 299
Moch, Georg 203, 262
Möller, Inga 117
Mossadegh, Mohammed 19, 38
Müller, Dirk 243

Negt, Oskar 12, 14, 75
Neubauer, Kurt 141f., 147f., 158, 178,
        223, 230, 250, 253f., 262,
        294f.
Neumann, Franz 144
Neuss, Wolfgang 109
Nevermann, Knut 306
Nirumand, Bahman 37-41, 43f., 149,
        232, 306
Norden, Albert 166
Novotny, Antonin 29

Obermaier, Uschi 111, 116ff.
Ohnesorg, Benno 10, 27, 46ff., 51, 53,
        58-61, 67, 69f., 72ff., 79, 111,
        128, 136, 139, 160, 162, 180,
        206, 222, 263, 307
Ohnesorg, Christa 47

Pawla, Karl Heinz 114f., 117, 229f.,
        279, 320
Pinkall, Lothar 208
Pohl, Günter 256
Prelinger, Diether 199
Prill, Hans-Joachim 125, 235
Proll, Thorwald 104, 315, 321
Pross, Harry 270

Rabehl, Bernd 11, 37, 88f., 225f., 232,
        284, 302
Raddatz, Fritz J. 38, 43
Raspe, Jan-Carl 100
Rathenau, Walther 147, 309
Rauch, Rupprecht 20, 30, 45
Reemtsma, Jan-Philipp 12
Regensburger, Marianne 232
Rehse, Hans-Joachim 301, 322
Reich, Wilhelm 111
Reiche, Eduard 81
Reuter, Ernst 13, 19, 182, 227, 313
Rexin, Manfred 226, 232
Richards, Keith 117
Richter, Hans Werner 103
Ridder, Dorothea 92, 97, 100
Ristock, Harry 76, 88, 147, 161, 208f.,
        261f., 271, 314
Ritter, Gerhard A. 281
Röhl, Bettina 14, 109, 231

Röhl, Klaus Rainer 109, 255
Roos, Gerd Joachim 28
Rüger, Sigrid 320
Rudert, Walter 200

Sander, Helke 178
Salvatore, Gaston 207
Sangmeister, Wolfram 47f.
Sartre, Jean-Paul 206
Schah Reza Pahlawi 7, 19ff., 25, 29-33,
        35, 37-46, 48, 53f., 66, 69f.,
        76, 104f., 124, 129ff., 135ff.,
        148, 150, 162, 282, 306f.,
        314, 319
Scharf, Kurt 70, 80, 202, 258
Scheel, Walter 14
Schertz, Georg 60
Schily, Otto 58
Schlotterer, Jörg 232, 301
Schmidt, Helmut 123, 147, 265
Schneider, Peter 174, 178, 182, 232,
        306
Schramm, Percy Ernst 306
Schreck, Rüdiger 263, 316
Schröder, Gerhard 12
Schroers, Rolf 226
Schütz, Klaus 112ff., 140, 143-161,
        202, 205, 209, 212, 214, 216,
        244, 248, 252ff., 261, 265,
        269, 277, 309f., 312f., 315ff.
Schulz, Klaus-Peter 66
Schuster, Hans 228
Schwan, Alexander 274, 279, 285
Schwan, Gesine 285
Schwedler, Rolf 142, 147
Schwenger, Hannes 159
Seehuber, Dagmar 88, 92f., 97
Semler, Christian 232f., 273, 289, 295,
        299, 301ff.
Sickert, Walter 53, 143, 186, 215
Siepmann, Ina 117
Silex, Karl 214
Simson, Otto von 322
Skriver, Ansgar 226
Skuhr, Werner 279
Söhnlein, Horst 104, 315, 321, 322
Sonnenfeld, Hans 190
Sontheimer, Kurt 279
Spangenberg, Dietrich 140, 305
Springer, Axel 7, 9, 15ff., 25, 53, 55,
        66, 75f., 82ff., 89, 97, 114f.,
        128, 148, 158, 162-191, 206,
        220f., 223-228, 230f., 235f.,
        242ff., 247, 250-253, 256f.,
        262f., 288, 305, 310, 312f.,
        315f., 319
Stahl, Herbert 298

Stein, Werner 130, 148, 268, 282, 298
Stergar, Marion 91
Stiege, Rudolf 219
Stobbe, Dietrich 7, 23, 50, 131, 135,
        140
Strauß, Franz Josef 13, 130
Struve, Günter 143, 145
Sudrow, Richard 79
Süssmuth, Rita 13
Suhr, Otto 13
Szondi, Peter 104

Tamm, Peter 178, 228
Teufel, Fritz 7, 78, 81, 85f., 92, 94, 98,
        100, 103ff., 109-112, 115,
        117, 128, 148, 232, 279, 307,
        308, 310, 314
Textor, Werner 256
Trotzki, Leo 207

Ulbricht, Walter 9, 166
Urbach, Peter 44, 117, 234, 279

Venohr, Wolfgang 237
Vieten, Rolf 70, 255
Voelker, Alexander 147

Wachau, Friedrich 155
Wapnewski, Peter 220, 314
Wedel, Reymar von 83
Weichselberger, Kurt 182, 254f., 277,
        318
Weischedel, Wilhelm 69, 311, 322
Weiss, Peter 206
Werner, Hans-Ulrich 32, 124
Wethekam, Reiner 196, 232
Wetzel, Dietrich 51
Wheeler, Sir Mortimer 276, 318
Wienges, Sebastian 14
Wildberger jr., Erich 180
Wilhelmer, Bernhard 67, 306
Wohlrabe, Jürgen 274
Wolff, Karl-Dietrich 196

QUELLEN
UND
LITERATUR

Appel, Reinhard: Die Regierenden von Berlin seit 1945, Berlin 1996

Baring, Arnulf: Es lebe die Republik, es lebe Deutschland, Stuttgart 1999

Baschwitz, Kurt: Der Massenwahn, seine Wirkung und Beherrschung, München 1923

Baumann, Michael »Bommi«: Wie alles anfing, München 1975

Chaussy, Ulrich: Die drei Leben des Rudi Dutschke, Zürich und München 1999

Cohn-Bendit, Daniel/Dammann, Rüdiger, Hg.: 1968. Die Revolte, Frankfurt/M. 2007

Diekmann, Kai: Der große Selbstbetrug, München 2007

Die Zeit Geschichte, Hg.: Die 68er Revolte, Hamburg 2007

Ditfurth, Jutta: Ulrike Meinhof. Die Biografie, Berlin 2007

Döpfner, Mathias, Hg.: Axel Springer. Neue Blicke auf den Verleger, Berlin 2005

Dutschke, Rudi: Mein langer Marsch. Reden, Schriften und Tagebücher aus 20 Jahren – herausgegeben von Gretchen Dutschke, Helmut Gollwitzer und Jürgen Miermeister, Reinbek bei Hamburg 1980

Enzensberger, Ulrich: Die Jahre der Kommune I, München 2006

Gilcher-Holtey, Ingrid: Die 68er Bewegung. Deutschland-Westeuropa-USA, 3. Aufl. München 2005

Habermas, Jürgen: Protestbewegung und Hochschulreform, Frankfurt/M. 1969

Hagemann, Walter: Dankt die Presse ab? München 1957

Hammans, Peter u. a.: Chronik 1968. Tag für Tag in Wort und Bild, Gütersloh/München 1998

Hermann, Kai: Die Revolte der Studenten, Hamburg 1967

Hess, Hans-Jürgen: Innerparteiliche Gruppenbildung, Bonn 1984

Holmsten, Georg: Die Berlin-Chronik, Düsseldorf 1984

Jarausch, Konrad: Die Umkehr. Deutsche Wandlungen 1945-1995, München 2004

Knabe, Hubertus: Der diskrete Charme der DDR. Stasi und Westmedien, Berlin und München 2001

Knipping, Franz: Jeder vierte zahlt an Axel Cäsar. Das Abenteuer des Hauses Springer, Berlin 1963

Kraushaar, Wolfgang: 1968 als Mythos, Chiffre und Zäsur, Hamburg 2000

Langguth, Gerd: Protestbewegung. Entwicklung – Niedergang – Renaissance, Köln 1983

Langguth, Gerd/Eisel, Stephan: Mythos 68. Zur APO und ihren Folgen, Sankt Augustin 2001

Lohmeyer, Henno: Springer. Ein deutsches Imperium, Berlin 1992

Miermeister, Jürgen: Rudi Dutschke, 6. Aufl. Reinbek bei Hamburg 2003

Negt, Oskar: Achtundsechzig. Politische Intellektuelle und die Macht, 3. Aufl. Göttingen 2001

Nirumand, Bahman: Persien, Modell eines Entwicklungslandes, Reinbek bei Hamburg 1967

Präsident der Freien Universität, Hg.: Freie Universität Berlin

Rathgeb, Eberhard, Hg.: Deutschland kontrovers. Debatten 1945-2005, München und Wien 2005

Ristock, Harry: Neben dem roten Teppich, Berlin 1991

Röhl, Bettina: So macht Kommunismus Spaß, Hamburg 2006

Schütz, Klaus: Logenplatz und Schleudersitz, Berlin und Frankfurt/M. 1992

Schwenger, Hannes, Hg.: Worte des Regierenden Klaus, Berlin 1968

Sievers, Rudolf Hg.: 1968. Eine Enzyklopädie, Frankfurt/M. 2004

Soukup, Uwe: Wie starb Benno Ohnesorg? Der 2. Juni 1967, Berlin 2007

Springer, Axel: Von Berlin aus gesehen, Stuttgart 1971

Wienges, Sebastian: 68er Spätlese – Was bleibt von 1968, Münster 2007

Wolffsohn, Michael: Kinder der Nazi-Eltern? Vergangenheitsbewältigung, Antisemitismus und die 68er, gedrucktes Vortragsmanuskript des Bundes Freiheit der Wissenschaft, Berlin 2001

ZEITUNGEN UND ZEITSCHRIFTEN

Berliner Morgenpost
Berliner Zeitung
BZ
BZ am Abend
Der Abend
Der Spiegel
Der Tagesspiegel
Die Zeit
Frankfurter Allgemeine Zeitung

Frankfurter Rundschau

Liberal

nacht-depesche

Neue Gesellschaft. Frankfurter Hefte, Hg.: Friedrich-Ebert-Stiftung, Bonn 2007

Neues Deutschland

Stern

Spandauer Volksblatt

Süddeutsche Zeitung

Telegraf

QUELLEN UND LITERATUR

Abbildungsverzeichnis

Agentur Schirner/DHM, Berlin 15; Archiv des Autors 4/5, 24, 27, 31, 34, 42, 49, 59, 68, 71, 80, 86, 101, 103, 113, 114, 121, 122, 125, 127, 150, 175/176, 181, 185, 187, 200, 203, 241, 275, 280; Archiv Till Kaposty 65, 108/109, 251; Bibliothek des Instituts für Publizistik der FU 154, 239, 246; Ludwig Binder 129; »CheSchahShit« 33, 190; KreuzbergMuseum/Jürgen Henschel 18; Klaus Lehnartz (photonet.de) 72, 73, 84, 85, 91, 97, 139, 153, 163, 166, 184, 195, 201, 207, 208, 209, 217 (2), 235, 270, 271, 276, 290, 291; Mikrofilmarchiv der Bibliothek für Politik und Sozialwissenschaften der FU 62/63, 65, 189, 249, 262, 266/267, 296/297; Michael Ludwig Müller 137, 157; Staatsbibliothek zu Berlin Preußischer Kulturbesitz 25, 47, 54, 132, 134, 240, 254, 277; Unternehmensarchiv/Infopool Berlin Axel Springer AG 28, 41, 52, 57, 83, 149, 171, 179, 183, 192, 197, 211, 215, 218, 220, 229, 231, 233, 234, 245, 292/293

Sollten trotz unserer Recherchen Bildrechte nicht berücksichtigt worden sein, erfüllen wir berechtigte Honorarforderungen selbstverständlich unmittelbar gemäß MFM-Empfehlung.

Landesarchiv Berlin (Hg.)

DIE BERLINER MAUER
1961-1989
FOTOGRAFIEN AUS DEN
BESTÄNDEN DES
LANDESARCHIVS BERLIN
128 Seiten, 24 x 17 cm, 9,80 €
ISBN 13: 978-3-929829-70-9
28 Jahre trennte die Mauer
brutal die Stadt Berlin. Familien wurden auseinanderge-
rissen. Menschen erschossen. Die Grenze zwischen dem Westen und dem
Osten, zwischen den Systemen, verlief im Kalten Krieg mitten durch Straßen und Häuser. Drei Millionen Menschen flohen vor dem Bau der Mauer
aus der sozialistischen DDR in den freien Westen.
Das Landesarchiv Berlin und der Berlin Story Verlag erinnern mit diesem
Fotoband an diesen dramatischen Zeitabschnitt und an eines der scheuß-
lichsten Bauwerke, das Berlin von 1961 bis 1989 teilte.
WWW.BERLINER-MAUER-BUCH.DE

Wieland Giebel (Hg.)

BERLIN –
DAMALS UND HEUTE
96 Seiten, 28 x 24 cm, 19,80 €
ISBN 13: 978-3-929829-48-8

Die Metamorphose einer Stadt:
Der großformatige Fotoband
»Berlin – damals und heute«
zeigt das »alte« Berlin vor seiner Zerstörung im Zweiten
Weltkrieg. Den historischen
Fotografien der mehr als 40
bedeutenden Berliner Orte werden aktuelle Aufnahmen von 2007 gegen-
über gestellt - fotografiert aus vergleichender Perspektive.
Faszinierende Bilder zeigen das Gesicht der alten und der neuen Welt-
stadt zum Vergleichen jeweils nebeneinander auf einer großen Doppel-
seite. Tauchen Sie in die historische Stadt vor der Zerstörung ein – und
heute, im neuen Berlin, wieder auf!
Alle Bilder sind mit Erläuterungen in vier Sprachen (Deutsch · Englisch ·
Spanisch · Italienisch) versehen.
WWW.BERLIN-DAMALS-UND-HEUTE.DE

Kreuzberg Museum (Hg.)

JÜRGEN HENSCHEL
**DER FOTOGRAF
DER WAHRHEIT**
192 Seiten, 24 x 17 cm, 6,00 €
ISBN 13: 978-3-929829-45-7

Der Fotograf FJürgen Henschel ist Chronist des aufmüpfigen West-Berliner Bezirks Kreuzberg. Er dokumentiert die Studentenrevolte der späten 1960er Jahre, die linke Kunst- und Kulturszene, die Emanzipationsbestrebungen der Zuwanderer und den Häuserkampf im Verlauf der Proteste gegen die Sanierungspolitik des Senats. Wo immer sich etwas bewegt in dieser unruhigen Zeit, ist Henschel mit der Kamera dabei. Objektiv ist er dabei nicht – und will es nicht sein. Er fotografiert für die »Wahrheit«, das Presseorgan der Sozialistischen Einheitspartei West berlin, die damals wohl umstrittenste Zeitung Berlins. Seine hier präsentierten Bilder aus den Jahren 1967 bis 1988 lassen ein Stück Kreuz berger Geschichte lebendig werden. Texte von Zeitzeugen ergänzen den Band.
WWW.KREUZBERGMUSEUM.DE

Peter Frischmuth/
Kreuzberg Museum (Hg.)

BERLIN KREUZBERG SO36
128 Seiten, 21 x 21 cm, 19,80 €
ISBN 13: 978-3-929829-68-6

Vom Frontbezirk des Westens zurück ins Herz der Stadt:
Mit dem Mauerbau 1961 gerät Kreuzberg in eine Randlage, werden lebhafte Verbindungen zwischen Ost- und West-Berlin gekappt. 1982 hält Peter Frischmuth die Lage fotografisch fest – 2006, ein Vierteljahrhundert später und ohne Mauer, kehrt er auf seinen eigenen Spuren zurück und vergleicht. Und diese direkte Gegenüberstellung der Bilder beeindruckt. Sie zieht den Betrachter geradezu magisch in die Zeit der Mauer zurück, nur um ihn auf der gegenüberliegenden Seite doch zu erlösen: Die Wunde ist geschlossen, die Mauer musste weg – und sie ist tatsächlich weg! Auch die Menschen von 1982 hat Frischmuth aufgespürt, hat ihre Orte wieder aufgesucht und zeigt so auf wunderbare Weise: Kreuzberg SO 36 ist mitten ins Herz der Stadt zurückgekehrt.
WWW.KREUZBERGMUSEUM.DE

BERLIN STORY VERLAG

Unter den Linden 40, 10117 Berlin

Sven Felix Kellerhoff

ORTSTERMIN MITTE

SPURENSUCHE IN BERLINS INNENSTADT

256 Seiten, 12,5 x 20,5 cm, 19,80 €

ISBN 13: 978-3-929829-57-0

Berlin für Fortgeschrittene, mehr als die Hauptsehenswürdigkeiten, von einem jungen Historiker geschrieben, der außergewöhnlich interessant Geschichte in Geschichten (30 insgesamt) erzählen kann, weil er das laufend und erfolgreich tut. Kellerhoff ist der Geschichtsredakteur der WELT und der Berliner Morgenpost. Bei uns erschien von ihm »Mythos Führerbunker« (inzwischen auch auf englisch und italienisch). Erstmals erzählte Geschichten wie die vom Hotelbesitzer Curt Elschner, der Hitler die Tür wies; Admiralspalast am Rande des Rotlichmilieus; die Goebbels-Villa und ihr Bunker; Schloss Monbijou; der Tod Peter Fechners 1962 an der Mauer. Wir wurden immer wieder gebeten, etwas mehr in die Tiefe zu gehen, jetzt liegt das Ergebnis vor. Der Band ist mit vielen Abbildungen versehen, und auf einer Karte findet man die Orte.

WWW.ORTSTERMIN-MITTE.DE

Nele Lenze (Hg.)

TUCHOLSKY IN BERLIN

GESAMMELTE FEUILLETONS 1912-1930

160 Seiten, 12,5 x 20,5 cm, 14,95 €

ISBN 13: 978-3-929829-71-6

Tucholskys unterhaltsamer Blick auf die Stadt. Dieses Buch vereint ironische und kritische Artikel und Gedichte aus Feuilletons Berliner Zeitungen von 1912 bis 1930. Geschehnisse, Wörter und Dinge, die Tucholsky in seiner Umgebung auffallen, nimmt er unter die Lupe: Straßenbahnfahrer, Varieté, Tanzbälle, die Öffentlichkeit. Von satirisch bis süffisant, von kritisch bis kratzbürstig: Die besten Texte Tucholskys aus seiner Berliner Zeit.

WWW.TUCHOLSKY-IN-BERLIN.DE

BERLIN STORY VERLAG

Unter den Linden 40, 10117 Berlin

Michael Bienert/Elke Linda Buchholz

DIE ZWANZIGER JAHRE IN BERLIN
EIN WEGWEISER DURCH DIE STADT
280 Seiten, 12,5 x 20,5 cm, 19,80 €
ISBN 13: 978-3-929829-28-0

Dreigroschenoper, Bubikopf, Dada, Bauhausarchitektur, Metropolis, Straßenkämpfe – der Mythos der Zwanziger Jahre prägt bis heute das Bild Berlins in der ganzen Welt. Zum ersten Mal liegt nun ein Stadtführer vor, der hilft, die Zwanziger Jahre mit all ihren Facetten im wiedervereinigten Berlin wiederzuentdecken. Zahlreiche Abbildungen, Register und ein Serviceteil erleichtern die Orientierung.
WWW.ZWANZIGER-JAHRE-IN-BERLIN.DE

Gianluca Falanga

BERLIN 1937
DIE RUHE VOR DEM STURM
236 Seiten, 12,5 x 20,5 cm, 19,80 €
ISBN 13: 978-3-929829-46-4

»Die Ruhe vor dem Sturm«, nach der Olympiade, vor dem Krieg. Die Welt schaute 1937 besorgt auf Berlin: Der Widerspruch zwischen Hitlers Friedensbeteuerungen und den Rüstungsbestrebungen war nicht mehr zu übersehen. Von der Propagandaschau »Gebt mir vier Jahre Zeit« über die 700-Jahr-Festwoche bis hin zum Staatsbesuch Mussolinis lässt dieser Band wie in einem Jahrbuch die entscheidendsten Ereignisse des Jahres 1937 Revue passieren und zeichnet ein Porträt Berlins in einem wesentlichen Augenblick seiner Geschichte.
WWW.BERLIN1937.DE

BERLIN STORY

BUCHHANDLUNG & VERLAG

ALLES ÜBER BERLIN

Bücher (2500 Titel)	*Books (250 in English)*
Reiseführer in 12 Sprachen	*Guides in 12 languages*
CDs · DVDs · Videos	*CDs · DVDs · Videos (PAL&NTSC)*
Poster · Souvenirs · T-Shirts	*Posters · Souvenirs · T-Shirts*
Original Mauersteine	*Authentic Pieces of the Wall*
Pläne, neu & historisch	*Maps, new & historical*

FILM

»THE MAKING OF BERLIN«

25-Minuten-Film über Berlin	*25 minute film, history and sights*
(Eintritt frei)	*(free admission)*

AUSSTELLUNG

Historisches Berlin	*Historic Berlin*
Drittes Reich	*Third Reich*
Mauer	*The Wall*
Berlin heute	*Berlin today*

Täglich 10–19 Uhr, auch am Sonntag

BERLIN STORY

Berlin Story Wieland Giebel GmbH
Unter den Linden 26, 10117 Berlin
Tel.: 030/20 45 38 42 · Fax: 030/20 45 38 41
E-Mail: Service@BerlinStory.de

WWW.BERLINSTORY.DE